A HISTÓRIA DO HOMEM

A HISTÓRIA DO HOMEM

_ CYRIL AYDON

Tradução de
CÁSSIO DE ARANTES LEITE

Revisão técnica de
FRANCISCO CARLOS PALOMANES MARTINHO

EDITORA RECORD
RIO DE JANEIRO • SÃO PAULO
2011

CIP-Brasil. Catalogação-na-fonte
Sindicato Nacional dos Editores de Livros, RJ

A976h Aydon, Cyril
A história do homem: uma introdução a 150 mil anos de história humana / Cyril Aydon; tradução Cássio de Arantes Leite. – Rio de Janeiro: Record, 2011.

Tradução de: The story of man
Inclui índice
ISBN 978-85-01-08572-6

1. Civilização - História. 2. Homem. I. Título. II. Título: Uma introdução a cento e cinquenta mil anos de história humana.

11-0365 CDD: 909
CDU: 94

Texto revisado segundo o novo Acordo Ortográfico da Língua Portuguesa.

Título original em inglês:
THE STORY OF MAN

Originalmente publicado no Reino Unido em 2007 por Constable

Impresso no Brasil

ISBN 978-85-01-08572-6

Para Reg Gwilliam e Tamara Moon

Sumário

Lista de Mapas e Diagramas

MAPAS

DIAGRAMAS

Lista de Tabelas

Agradecimentos

UM LIVRO COMO ESTE, ESCRITO POR ALGUÉM QUE NÃO É HISTORIADOR profissional, inevitavelmente toma muita coisa emprestada de quem realmente é. Desse modo, é com prazer que reconheço o débito que tenho com os livros listados na seção Leitura complementar. Também reforcei minhas leituras com muitos outros textos excelentes, incluindo: *Maps of Time,* de David Christian; *The Fontana Economic History of Europe,* editado por Carlo Cipolla; *Rising Sun and Russian Bear,* de Richard Connaughton; *The Chinese Experience,* de Raymond Dawson; *The First Industrial Revolution,* de Phyllis Deane; *A Short History of Technology,* de T. K. Derry e T. I. Williams; *The Crusades,* de Geoffrey Hindley; *Forces of Change,* de Henry Hobhouse; *The Language of the Genes,* de Steve Jones; *The Ancient American Civilizations,* de Friedrich Katz; *Ship,* de Brian Lavery; *The Great Wall,* de Julia Lovell; *The Human Web,* de J. R. and W. H. McNeill; *A World History,* de W. H. McNeill; *The Shaping of America,* de D. W. Meinig; *After the Ice,* de Steven Mithen; *Eternal Egypt,* de Pierre Montet; *The Discovery of India,* de Jawaharlal Nehru; *Empires of the Word,* de Nicholas Ostler; *A History of Russia,* de Nicolas Riasanovsky; *The Holocene,* de Neil Roberts; *Identity and Violence,* de Amartya Sen; *Marx,* de Peter Singer; *Conquests and Cultures,* de Thomas Sowell; *Early India,* de Romila Thapar; *An Unfinished History of the World,* de Hugh Thomas; *Neanderthals, Bandits and Farmers,* de Colin Tudge; e *Europe and the People Without History,* de Eric Wolf.

Dentre os amigos que me ajudaram a tornar este um livro melhor do que de outro modo teria sido, estou em particular débito com dois: Reg

Gwilliam acrescentou a quase toda uma vida de favores pessoais o serviço de ler cada palavra do manuscrito inicial e gentilmente apontou inúmeros solecismos contidos no texto; e Jim Honeybone fez o mesmo, tornando este o terceiro livro de minha autoria a ganhar forma graças à sua inteligência crítica. Não se deve pensar que um ou outro concorde com todas as opiniões expressas nestas páginas. Peter Thoday e Martha Nochimson leram e fizeram valiosos comentários a respeito de parte do texto, mas têm o direito de pedir uma isenção adicional, já que há partes substanciais que não chegaram a ler. Outros cujos comentários me ajudaram a fazer o livro são Deborah e Sue Aydon, Mike Fenner, Alec Muir, Patrick Neale e Tom Troy.

Jan Chamier e sua equipe da Constable & Robinson nunca falharam em seu apoio ao projeto e demonstraram um grau de perícia e cuidado que talvez fosse inimaginável no comércio editorial ferozmente exigente de hoje. Minhas editoras, Becky Hardie e Hannah Boursnell, exibiram uma combinação exemplar de sugestões úteis, infalível cortesia e controle firme. Christopher Feeney, com sua longa experiência em edição de história, pôde contribuir muito mais para o livro finalizado do que seria de se esperar do trabalho de um copidesque. Chris Summerville não só desenhou os mapas como também melhorou a qualidade da informação contida neles. E minha editora, Claudia Dyer, supervisionou todo o processo de produção com tranquila eficiência. O elemento final do esforço de equipe que este livro representa contou com a colaboração de Joyce Aydon, cujo apoio moral e conhecimentos em Tecnologia da Informação lançaram luz sobre a tarefa de efetivamente escrevê-lo.

Introdução

ESTA É A HISTÓRIA DE COMO OS SERES HUMANOS SE ESPALHARAM PELO mundo a partir de seu lar original na África, e de suas aventuras e desventuras vivenciadas desde então. É também a história de algumas ideias que têm governado a vida das pessoas, sobretudo no que diz respeito à religião, à política e à maneira como funciona o mundo natural.

É *uma* história, não *a* história, uma vez que cada narrador tem seu próprio ponto de vista. Uma história verdadeiramente objetiva da espécie humana seria a coisa mais chata de se imaginar: uma lista de nomes, lugares e datas. Também seria quase inútil. O único tipo de história que tem alguma utilidade é a que tenta explicar não apenas *o que* aconteceu, mas também *como* e *por que* algo ocorreu. Mas toda explicação inevitavelmente ganha um colorido próprio com a perspectiva, e os preconceitos, da pessoa encarregada de explicar — de modo que este livro não constitui exceção.

Acredito que a história da humanidade foi moldada por dois grandes acontecimentos. O primeiro foi o surgimento de povoamentos agrícolas fixos em diferentes partes do mundo no período que chamamos de neolítico. O segundo foi a Revolução Industrial ocorrida na Europa por volta do século XVIII. Essas duas transformações são o eixo em torno do qual gira minha história. É na esperança de conseguir ajudar os leitores a compreender melhor esses dois marcos que escolhi escrever a história do homem desse modo particular.

Embora destacando esses dois acontecimentos como base material para a existência humana, encontrei espaço para incluir aqui outras histórias fascinantes. Algumas, como a da Peste Negra ou a do repovoamento das Américas, devem ser familiares para inúmeros leitores, ainda que, provavelmente, não com tantos detalhes. Outras, como a da Revolução Industrial na China do século I ou a da origem dos Jogos Olímpicos modernos, tenho certeza, serão uma revelação para a maioria.

É possível que estejamos próximos de mais uma grande transformação. O crescimento descontrolado da população humana e a industrialização ao longo do último meio século, com suas implicações para a mudança climática e a poluição ambiental, ameaçam como possíveis causas de um colapso da civilização antes que algumas partes do mundo nem sequer tenham começado a desfrutar de seus benefícios. Para ser sincero, esse é um assunto para a futurologia, não para a história. Mas um relato da jornada humana que ignorasse tais consequências seria incompleto, e tentei fazer justiça a esse tópico tão importante e controverso no último capítulo.

Seja lá qual for a opinião que os leitores possam ter sobre o modo como decidi contá-la, tenho certeza de que todos concordarão comigo de que se trata de uma história e tanto.

1

Origens africanas

PODEMOS HABITAR QUALQUER PARTE DO MUNDO, MAS SOMOS TODOS africanos. A África é o lar de nossos parentes mais próximos, os chimpanzés e os gorilas, que por sua vez guardam uma semelhança mais direta conosco do que com os orangotangos e outros primatas. E foi lá, há cerca de 6 milhões de anos, que ocorreu a divisão entre a linha que deu origem aos chimpanzés e a que levou aos humanos modernos. Desde então, diversas espécies humanoides (semelhantes aos humanos) evoluíram, desenvolveram-se por algum tempo e depois desapareceram. Quais dessas são nossas ancestrais diretas, e quais são apenas parentes distantes, ainda não foi definido. O que se sabe, com certeza, é que por volta de 150 mil anos atrás, nas amplas planícies relvadas da África Oriental que chamamos de savana, houve seres humanos que se pareciam muito conosco.

Uma prova de que a África constitui o lar original da espécie humana é fornecida pela análise genética. Existe mais variação genética entre os habitantes da África do que em qualquer outra parte do planeta. É exatamente o que se espera caso os seres humanos houvessem se originado, e vivido ali por um longo tempo, antes de partirem para qualquer outro lugar. Se ignorarmos os imigrantes de primeira e segunda geração, a diferença entre a composição genética dos habitantes de algumas aldeias africanas separadas por trinta quilômetros é maior do que a existente entre certas nações europeias.

Durante os séculos XIX e XX, quando os biólogos tendiam a ser ocidentais de classes abastadas, confiantes na superioridade de seus próprios grupos sociais, havia uma crença disseminada na origem distinta das assim chamadas raças "branca", "negra" e "amarela" da humanidade. Conhecemos atualmente muito mais sobre a genética e as origens humanas, e podemos considerar o termo "raças" produto da ignorância ou da ilusão.

Ainda falta muito para que sejamos capazes de construir uma árvore genealógica que mostre a linha de descendência dos seres humanos desde sua ramificação de 6 milhões de anos atrás. Sabemos, a partir de vestígios fósseis, que em alguns momentos ao longo dos últimos 3 ou 4 milhões de anos coexistiram diversas espécies de humanos. Mas esses vestígios — fragmentos de crânios e ossadas incompletas — não são numerosos, e precisaremos de mais vestígios antes de podermos estabelecer uma linha ancestral da humanidade. Tendo-se em mente que apenas uma minúscula proporção dos seres humanos que existiram em uma data tão recente quanto 100 mil anos atrás pode ter deixado descendentes, as chances de que alguma antiga criatura ainda por ser descoberta seja literalmente um ancestral direto nosso são praticamente nulas. Pode ser que algumas delas representem espécies que, coletivamente, foram nossas ancestrais, mas essa suposição está longe de ser confirmada.

Vestígios de espécies pré-humanas primitivas foram encontrados em diversas regiões no leste e no sudoeste da África. Essas espécies extintas receberam nomes latinos conforme o sistema divisado no século XVIII pelo naturalista sueco Carl von Linné, que é geralmente mais conhecido por seu nome latinizado, Lineu. No sistema lineano, pode-se descrever qualquer planta ou animal em duas partes. A primeira designa o gênero, ou tipo, e a segunda, a espécie, ou a característica biológica precisa. Dingos, galgos e são-bernardos pertencem ao gênero *Canis*, que significa cão. Mas os dingos são classificados como uma espécie separada — *Canis dingo* —, ao passo que galgos e são-bernardos são classificados como *Canis familiaris* ("cão doméstico") e constituem duas variedades da mesma espécie.

Quando chegou o momento de Lineu classificar os primatas (lêmures, macacos, humanos etc.), ele colocou os seres humanos no gênero *Homo* (que significa "humano") e gorilas e chimpanzés no gênero *Gorilla* e *Pan*, respectivamente. Mas classificou os gorilas, chimpanzés e humanos na mesma subordem, *Anthropoidae* (do grego, antropomorfo, de forma humana).

Ao fazê-lo, ele atentou contra as crenças religiosas de seu tempo, que diziam que os seres humanos eram únicos na criação. De acordo com a fé cristã, baseada nos textos bíblicos, os humanos foram criados "à imagem de Deus", "para exercer seu domínio sobre todos os animais da Terra". Na opinião de Lineu, os humanos não diferiam suficientemente dos grandes macacos para justificar qualquer separação maior em sua descrição biológica.

Caso a genética já existisse nos dias de Lineu, ele jamais teria colocado gorilas, macacos e humanos tão distantes. O chimpanzé comum e o chimpanzé pigmeu (ou bonobo) compartilham 99,3 por cento de seus genes. Ambos compartilham 98,4 por cento de seus genes com os humanos. Essa diferença de 1,6 por cento entre chimpanzés e humanos é apenas aproximadamente a metade da diferença entre chimpanzés e humanos por um lado e gorilas por outro. Não resta muita dúvida de que, se Lineu classificasse os primatas nos anos 1990, e não na década de 1750, chimpanzés comuns, bonobos e humanos estariam incluídos no mesmo gênero, *Homo*.

Os biólogos continuam a reservar a descrição *Homo* para os humanos modernos e seus parentes extintos mais próximos. Algumas espécies mais antigas são inseridas no gênero *Australopithecus* ("macaco do sul"). Esses australopitecinos tinham cérebros um pouco maiores que os dos chimpanzés. Eram dotados de braços compridos, o que presumivelmente significava serem capazes de se locomover com facilidade entre as árvores, e, como a maioria dos macacos, os machos eram muito maiores do que as fêmeas. Mas eles, definitivamente, compartilhavam algumas características com o grupo posterior do *Homo*, incluindo o andar ereto e os dentes frontais menores. Essas espécies de algum modo desenvolveram o hábito de caminhar eretas e proporcionaram as mudanças físicas que se fizeram acompanhar. Uma teoria sustenta que, com a mudança climática e a floresta cedendo terreno para o capim alto, os macacos com tendência para caminhar eretos podiam enxergar mais longe. A consequente capacidade de evitar predadores teria aumentado suas chances de sobrevivência e a probabilidade de passar adiante essa tendência como uma característica herdada. Mas também é verdade que o andar ereto consome apenas cerca da metade da energia de locomoção sobre os quatro membros. Pode ser que essa eficácia energética tenha sido um poderoso incentivo ao ato de caminhar ereto.

Cerca de 4 milhões de anos atrás, havia uma espécie que andava ereta, e era semelhante a um macaco. Conhecida como *Australopithecus afarensis*, "macaco meridional de Afar" (uma região na Etiópia), vivia na África Oriental. Essa é a espécie à qual "Lucy", o hominídeo fóssil mais famoso do mundo, pertence. Lucy foi descoberta em Hadar, na Etiópia, em 1974, por uma equipe conjunta de norte-americanos e franceses liderada por Donald Johanson e Maurice Taieb. (Johanson estava escutando a canção dos Beatles "Lucy in the Sky with Diamonds" no momento da descoberta.) Essa espécie, em média com cerca de 1,20 metro, ou uma espécie semelhante, deixou-nos uma evidência de seu hábito de caminhar ereta. Perto da garganta de Olduvai, na Tanzânia, em 1978, a antropóloga Mary Leakey descobriu três pares de pegadas com 3,7 milhões de anos, que a princípio pertenceram a dois adultos e uma criança. Elas se estendiam por 54 metros ao longo de uma extensão de cinza vulcânica que uma chuva transformara em cimento de secagem rápida.

Dois e meio milhões de anos atrás, uma criatura de aspecto mais próximo do humano moderno — o *Homo habilis* — viveu no Quênia e na Tanzânia. O número de vestígios fósseis classificados como pertencentes a essa espécie é pequeno, e alguns paleontólogos questionam se representam uma espécie identificável. Presumindo-se que sim, eles sugerem um tamanho médio de cérebro de 655 centímetros cúbicos, cerca de 40 por cento maior que o de um chimpanzé, mas menos da metade da medida de um humano moderno. Essas criaturas provavelmente apresentavam comunicação rudimentar. Todos os primatas são dotados de linguagem, mas o espectro limitado de sons e sinais disponíveis para chimpanzés e gorilas não constitui fala. A comunicação desenvolveu-se após dois estágios evolucionários: complicadas mudanças na estrutura do maxilar e da laringe e mudanças na estrutura e organização do cérebro. O modo como essas transformações interagiram e o que as impulsionou permanecem obscuros. Pelas evidências, é possível que as pessoas identificadas como *Homo habilis* tenham cruzado a fronteira que separa a comunicação animal da fala humana.

O *Homo habilis* era também um fabricante de ferramentas. Chimpanzés usam gravetos e pedras *como* ferramentas, mas aquela espécie transformava pedras *em* ferramentas. Embora muito simples na forma, essas ferramentas representaram um avanço na prática de espécies anteriores que se valiam delas. O material utilizado para sua produção era escolhido com muito cuidado, e seu formato, embora simples, era modelado com precisão.

O *Homo habilis* foi uma espécie que viveu por cerca de um milhão de anos, e se confinou à África, assim como todas as criaturas humanoides anteriores a 1,5 milhão de anos. A primeira espécie a se aventurar fora da África parece ter sido o *Homo erectus*. Os vestígios mais antigos dessa espécie, datando de cerca de 1,6 milhão de anos, são encontrados na África. Mais tarde, ela se propagou amplamente, e novas descobertas foram realizadas por toda a Europa e Ásia. Além de se difundir bastante, o *Homo erectus* foi outra espécie que perdurou. Fósseis que datam de um período recente, 200 mil anos atrás, foram encontrados na China, em Java e no Cáucaso, o que dá a entender que houve pessoas desse tipo vivendo em alguma parte do mundo por mais ou menos 1,5 milhão de anos.

Dois dos fósseis humanoides mais famosos, o "Homem de Java" e o "Homem de Pequim", pertencem a essa espécie. Os vestígios do primeiro foram descobertos em uma caverna em 1891 por um jovem holandês, médico e paleontólogo apaixonado, chamado Eugène Dubois. Outros exemplares encontrados desde então na ilha indicam que a espécie viveu ali mais ou menos de 1 milhão a cerca de 500 mil anos atrás. O Homem de Pequim foi identificado inicialmente como um novo fóssil humano a partir de um único dente encontrado em uma caverna em Chou-k'ou-tien, perto de Pequim, em 1927, pelo canadense Davidson Black, também um médico. A identificação foi subsequentemente confirmada por diversos achados no mesmo sítio. Esses vestígios receberam datas variadas que vão de cerca de 900 mil a 130 mil anos atrás. Uma das descobertas mais impressionantes na caverna foi a de uma camada de cinzas com seis metros de espessura, que não só mostrava que o local fora ocupado continuamente por um longo período de tempo como também que esses antigos humanos já utilizavam o fogo com segurança.

Além do uso do fogo, o *Homo erectus* fabricava ferramentas moderadamente sofisticadas, produzindo bifaces ("machados de mão") e uma variedade de utensílios rudemente construídos a partir de pederneira, sílex e quartzito. Tanto em altura quanto em tamanho do cérebro, o *Homo erec-*

tus se revelou algo a meio caminho entre o *Homo habilis* e os humanos modernos, e a espécie muito possivelmente tinha uma capacidade de fala razoavelmente bem desenvolvida, embora decerto muito mais primitiva que a nossa.

A questão do tamanho do cérebro nos leva a outra mudança imensamente significativa que ocorreu em algum momento ao longo da trilha evolucionária que deriva de nossos ancestrais não humanos. Cérebro grande exige cabeça igualmente grande. Mas uma cabeça grande acarreta dificuldades, como qualquer mãe pode verificar. Em um macaco adepto do bipedalismo, há um limite no tamanho de cabeça que se permite passar pela cintura pélvica. Mas o cérebro grande deu ao seu possuidor uma vantagem tão imensa na corrida pela sobrevivência que deve ter havido forte pressão evolucionária para que o cérebro crescesse ao máximo, dentro de limites exequíveis. O resultado dessa disputa de mão dupla entre as vantagens de um cérebro grande para a criança e as de uma cabeça de bebê pequena para a mãe foi, na prática, um nascimento prematuro. A gravidez de nove meses foi seguida pelo surgimento de uma prole cujo cérebro teria de completar seu desenvolvimento ao longo de um período de muitos meses, durante o qual a criança fica totalmente dependente de sua mãe ou responsável. Nenhum outro mamífero nasce num estágio tão prematuro. Se os bebês humanos nascessem no mesmo estágio de desenvolvimento de cérebro de outros mamíferos, eles permaneceriam no útero por no mínimo 20 meses. O fato de que não o fazem é resultado de uma barganha entre a vulnerabilidade de uma dependência prolongada e as vantagens de um cérebro altamente desenvolvido.

Não se sabe se o *Homo erectus* foi um ancestral direto dos humanos modernos, ou se a ascendência *sapiens* e a *erectus* derivaram separadamente de uma espécie ancestral comum (*Homo habilis*, ou algum parente próximo) em algum ponto entre um e dois milhões de anos atrás. Mas seja qual for a verdadeira linhagem de descendência, a sucessão não ocorreu em todas as partes do mundo onde os vestígios de *Homo erectus* foram descobertos. Novas espécies não se desenvolvem paralelamente em lugares diferentes. A especiação — o desenvolvimento de uma nova espécie a partir de outra preexistente — é um evento único que ocorre exclusivamente em um local.

Só depois que uma nova espécie evoluiu em um determinado lugar ela se espalha para ocupar outros territórios. Se a linhagem de nossa espécie descende de fato do *Homo erectus*, ela só pode ter se originado em um lugar, e esse lugar tem de ser alguma região da África. Em termos de cronologia, a transição do *Homo erectus* para o *Homo sapiens*, se foi mesmo isso que ocorreu, provavelmente aconteceu há mais de 500 mil anos. Vestígios fósseis dessa época descobertos na África exibem uma mistura de características *erectus* e *sapiens*.

Não é senão em torno de 150 mil a 120 mil anos atrás que encontramos, na África, os vestígios de criaturas cuja estrutura corporal é tão similar à nossa que biólogos se sentem à vontade para incluí-las na espécie *Homo sapiens* e em rotulá-las como "humanos modernos". Quando querem ser bem precisos em suas classificações, biólogos os chamam de *Homo sapiens sapiens*, para distingui-los das versões anteriores de *Homo sapiens*, que andaram pelo mundo cerca de 300 mil ou 400 mil anos atrás. Não se pode esperar maior precisão que isso. Mesmo se tivéssemos muito mais exemplares do que o pequeno punhado de que dispomos atualmente, ainda nos veríamos diante do problema de definir exatamente no que consiste um ser humano moderno. O leque de tempo sugerido aqui — 150 mil a 120 mil anos atrás — é tão preciso como datação para o surgimento de humanos anatomicamente modernos quanto sustenta a atual evidência fragmentária.

É importante compreender o que significa chamar esse grupo de pessoas que viveram na África cerca de 150 mil anos atrás de "humanos modernos". A evolução humana não parou há 150 mil anos. Nossa espécie sem dúvida mudou desde então, e não apenas de maneira superficialmente óbvia, como o desenvolvimento de diferentes cores de pele e texturas de pelos. Também deve ter havido transformações significativas nas capacidades intelectuais e verbais. O que podemos afirmar, com certeza, é que bem antes de 100 mil anos atrás nossos ancestrais se aproximaram fisicamente de uma forma muito parecida com a nossa atual.

Quando nos afastamos da questão dessas características, o grau de confiança com que podemos caracterizar os primeiros humanos modernos fica muito reduzido. Só é possível conjeturar quanto à extensão de suas capacidades linguísticas, sua visão de si mesmos, suas crenças e práticas religiosas, sua organização social, suas aptidões artísticas e quanto ao papel que a música e a dança desempenhavam em suas vidas. Mas podemos dizer, com segurança, que de fato possuíam o que reconhecemos como linguagem, autoconsciência, crenças e práticas religiosas, organização social, música e dança. Por quê? Porque os humanos, ao longo de toda a História, incluindo os povos nativos da Austrália e tribos isoladas por toda parte, têm apresentado essas características, de modo que elas devem ter feito parte das vidas de nossos ancestrais muito antes que um determinado grupo deles deixasse a África, cerca de 60 mil anos atrás.

Duas escolas de pensamento contemporâneas opostas competem entre si para interpretar a evidência demasiado limitada de que dispomos. Uma teoria está resumida na expressão chinesa "o grande salto adiante", usada nos anos 1990 pelo fisiologista e biólogo evolucionário americano Jared Diamond em seu livro *The Rise and Fall of the Third Chimpanzee.* Seus adeptos acreditam que em algum momento em torno de 50 mil anos atrás houve uma *step-change* (escalonamento súbito) na evolução humana, disparada por mudanças genéticas que provocaram um "*rewiring*" (religação elétrica) do cérebro humano. A evidência que a sustenta é um tanto quanto escassa, bem como a evidência para refutá-la. As pessoas que compartilham dessa visão atribuem grande importância à variedade muito maior de ferramentas de pedra e de osso empregadas em torno de 50.000 a.C. e às habilidades técnicas envolvidas em sua manufatura. Elas também apontam para o que parece ser um repentino florescimento do talento artístico, sobretudo o que se vê nas magníficas pinturas de cavernas em lugares como Altamira, na Espanha, e Lascaux, na França, feitas por povos da cultura europeia conhecida como cro-magnon de cerca de 30.000 a.C.

Essa interpretação da evidência muito limitada leva alguns a aceitar a descrição de nossos ancestrais de 150 mil anos atrás ou mais como "humanos modernos". Mas eles fazem uma ressalva na descrição com a expressão "humanos anatomicamente modernos", e insistem em um termo diferente — "humanos comportamentalmente modernos" — para descrever os seres humanos que existem desde mais ou menos 60 mil anos atrás.

A escola de pensamento oposta é representada pelo psicólogo evolucionário Robin Dunbar da Universidade de Liverpool, que defende em seu livro *The Human Story* que a evidência sustentará igualmente a visão de que o desenvolvimento da linguagem, da autoconsciência e da capacidade intelectual teve lugar gradualmente durante um período muito mais longo. Visto dessa forma, não é o caso de invocar um "grande salto adiante" e não há necessidade de uma categoria rotulada como "humanos comportamentalmente modernos". A diferença entre nossos ancestrais de 100 mil e 150 mil anos atrás e nós passa a ser mais de grau do que de qualidade.

Tanto a genética como a neurociência são ciências recentes, ainda, e essas questões serão provavelmente muito mais bem compreendidas em gerações futuras. É razoável esperar que até lá tenhamos coletado uma quantidade de evidência fóssil bem mais informativa. Nesse meio-tempo, somos todos livres para ouvir os argumentos, e para manter a mente aberta ou tomar posição de um lado ou de outro, sem nos deixar intimidar em demasia pela importância das partes litigantes. Para este autor, a teoria de um grande salto adiante por volta de 50.000 a.C. parece no momento repousar sobre um *corpus* de evidência frágil demais para ser realmente convincente.

2

O povoamento da Terra

OS HUMANOS MODERNOS QUE VIVERAM NA ÁFRICA ORIENTAL HÁ 100 MIL anos, se asseados e vestidos adequadamente, poderiam passar no caixa de um supermercado sem grandes motivos para chamar a atenção. Mas, embora não pudessem atemorizar os clientes no horário de pico, eles ficariam assustados com a experiência de ir às compras. Multidão era algo de que nunca ouviram falar. Em toda a África Oriental de 100 mil anos atrás, não houve provavelmente mais do que 10 mil pessoas — a população de uma cidade pequena — espalhadas por uma área com duas vezes o tamanho da França. E disperso entre esses 10 mil havia um punhado de pessoas que foram os ancestrais diretos de todo mundo que vive hoje.

Como os chimpanzés, esses nossos ancestrais viviam de forma nômade, em grupos familiares de vinte ou trinta indivíduos. Como os chimpanzés, eles garantiam o sustento com o que encontravam pelo caminho, numa dieta em grande parte vegetariana. Ela era suplementada pela carne de pequenos animais caçados ou de presas maiores deixadas por carnívoros como leões e leopardos. Mas comparados com os nossos primos primatas, detinham muito maior controle sobre o ambiente e o modo de vida. Tinham cérebros tão grandes quanto os nossos, e parece razoável supor que podiam comunicar-se de um modo bastante sofisticado. Como resultado, trabalhavam em cooperação, e compartilhavam informação, de maneira mais eficiente do que criaturas com cérebros menores e nenhuma linguagem. Foram os cérebros grandes e a linguagem que os capacitaram a procurar — e a compartilhar informação sobre — plantas comestíveis. Foram

2.1 O povoamento da Terra

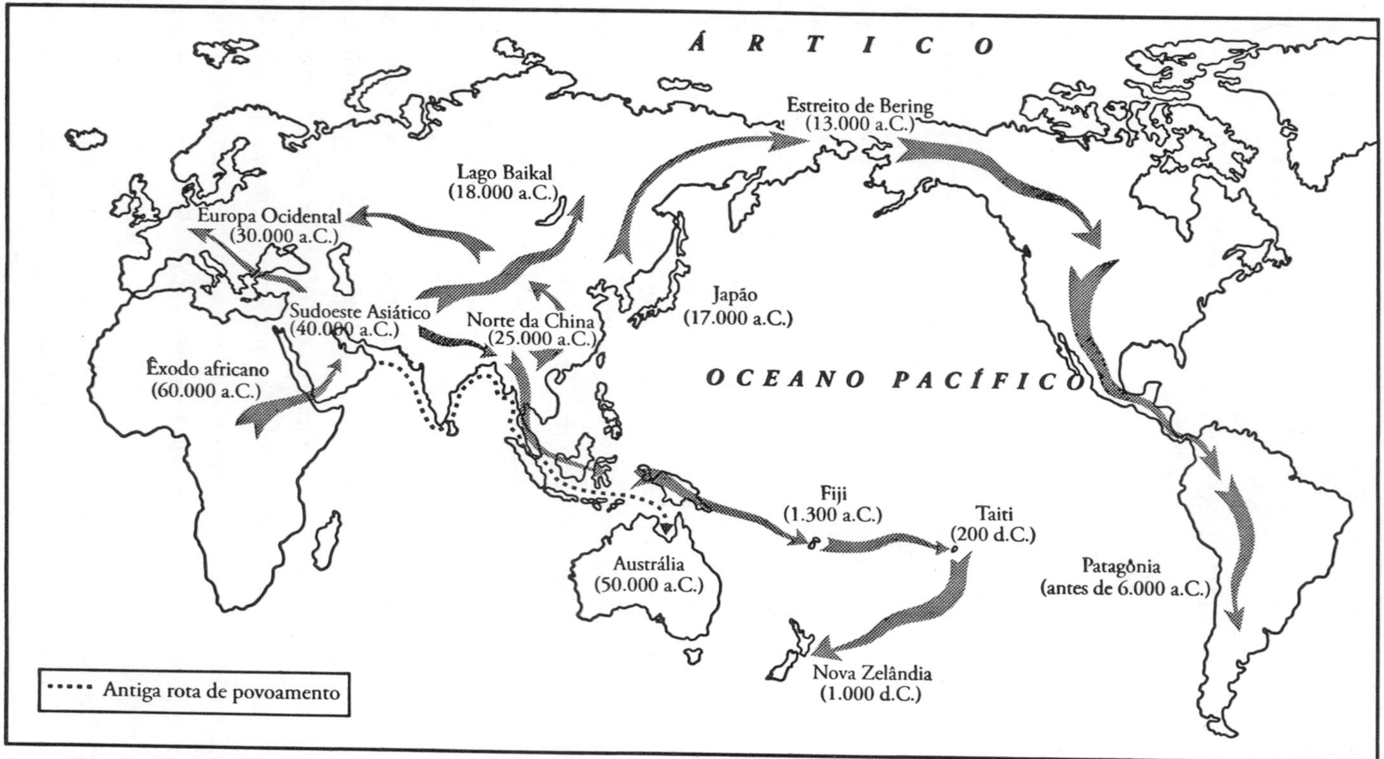

Este mapa mostra o padrão provável de disseminação dos humanos modernos após terem deixado sua terra natal, na África. Todas as datas estão sujeitas a uma possível revisão substancial, conforme o acúmulo de evidências de futuros estudos genéticos e descobertas fósseis. A linha pontilhada mostra a rota hoje submersa por onde a Austrália foi provavelmente colonizada pela primeira vez. Fonte: S. Oppenheimer, *Out of Eden* (Robinson, 2003).

os cérebros grandes e a linguagem que os capacitaram a matar animais de seu próprio tamanho, e até maiores: cavando buracos para que caíssem dentro; fazendo com que caíssem de despenhadeiros; ou acossando-os e os apedrejando de uma distância segura. E, com o clima quente, os humanos ganharam uma vantagem extra sobre outros grandes mamíferos: suavam profusamente e perdiam calor com rapidez, de modo que tudo que tinham a fazer às vezes era perseguir pacientemente sua presa até ela ficar prostrada pela exaustão.

Linguagem mais eficiente e cérebro grande não significaram apenas o aperfeiçoamento da caça e da coleta. Possibilitaram duas outras vantagens — ter e partilhar ideias — que dali em diante iriam distinguir os seres humanos do restante do reino animal e lançar os homens numa montanha-russa de mudança na qual andamos até hoje. Cérebros grandes eram capazes de conceber ideias, não apenas a respeito do que já existia, mas também sobre o que poderia ser inventado. E a linguagem tornou possível transmitir ideias para gerações posteriores.

Não era apenas em comparação com chimpanzés que esses primeiros humanos se destacavam para vencer em qualquer ambiente em que estivessem: eles eram mais bem equipados que a maioria dos humanos atuais. Tinham uma cultura rica, que incluía amplo leque de ferramentas e habilidades. E possuíam grande estoque de conhecimento acumulado, grande parte dele — como o uso do fogo — herdado de seus ancestrais pré-humanos. Eles conheciam o ambiente e sabiam que centenas de tipos diferentes de plantas poderiam ser consumidas, proporcionando-lhes um domínio de causar inveja a um moderno habitante das cidades.

É tentador pensar que a vida desses nossos antepassados devia ser marcada pela privação, mas em muitos sentidos isso está longe da verdade. A terra em que viviam era quente e comparativamente abundante. Havia frutas e plantas comestíveis para serem colhidas; pequenos animais para caçar; e roupas eram desnecessárias. Sua dieta era variada, num grau inimaginável para os agricultores que surgiram depois. Seus dentes eram mais fortes, e sua saúde, melhor. As necessidades da vida podiam ser supridas com poucas horas de trabalho diário, deixando amplo tempo de lazer para conversar, dançar, fazer amor, contar histórias e brincar com as crianças:

todas essas coisas para as quais o ser humano "civilizado" acha difícil encontrar tempo para fazer. É verdade que havia os leões e leopardos, mas, se as pessoas sabiam como mantê-los longe do caminho, a vida nas savanas de 100 mil anos atrás tinha mais prós do que contras.

A África é quase inteiramente cercada por oceanos, de modo que a maioria das criaturas que nascia ali nunca deixava o continente. Mas há um ponto no qual um animal errante não é detido por uma extensão de mar: a extremidade onde a África se encontra com a Ásia, na costa do Mar Vermelho. De tempos em tempos, pequenos grupos de criaturas — incluindo humanos — viram-se nesse extremo, e foram levados pela curiosidade a conhecer outros continentes, onde seus descendentes até hoje podem ser encontrados.

A facilidade com que as pessoas podiam migrar da África variou com o tempo. Por motivos ligados a mudanças na trajetória da órbita terrestre, e variações em seu eixo, a quantidade de calor recebida do sol nas regiões mais ao norte e mais ao sul variam por longos períodos de tempo. Particularmente importante é a quantidade de calor recebida pelas massas de terra adjacentes ao Polo Norte. Se há uma redução no derretimento do verão, a superfície congelada aumenta e mais luz do sol é refletida de volta para o espaço, intensificando o efeito de resfriamento em toda a Terra. Como resultado dessas influências, as regiões setentrionais e meridionais passam por Eras do Gelo periódicas, ainda que não regulares, que são interrompidas por períodos quentes conhecidos como interglaciais, quando os efeitos funcionam ao contrário.

Desde a evolução dos seres humanos, houve uma série de Eras do Gelo, e temos a sorte de viver atualmente em um período interglacial que começou por volta de 11.000 a.C. A quantidade de água presa na forma de gelo tem variado com as oscilações no clima. Quando o manto de gelo se encontrava em seu ponto de maior extensão, os níveis do mar eram muito mais baixos, e vastas áreas da superfície terrestre que hoje estão submersas constituíam terra seca. O Japão se ligava ao continente asiático; Austrália e Nova Guiné eram um só continente; a América do Norte e a Ásia Oriental formavam uma massa de terra contínua; e o Mar Vermelho era seco, criando uma via única da África para a Ásia.

De tempos em tempos, durante o milhão de anos ou algo assim anterior à evolução do humano moderno, os antigos hominídeos vagaram por essa ponte de terra, a maioria pertencendo à espécie identificada como *Homo erectus*. Entre uma e outra Era do Gelo, alguns deles abriram caminho para os extremos mais distantes da Europa e da Ásia, onde seus descendentes viveram e seus vestígios são ocasionalmente desenterrados. O *Homo erectus* e todas as demais espécies que deixaram a África — à exceção de nossa própria espécie — acabaram sucumbindo a Eras do Gelo posteriores. Um desses grupos era composto dos ancestrais dos humanos conhecidos como neandertais (de Neanderthal, um vale na Alemanha Ocidental, onde seus vestígios foram inicialmente descobertos, em 1856). Os neandertais constituem uma espécie separada, o *Homo neanderthalensis*. Eram dotados de corpos muito robustos e cérebros até maiores que o nosso. Eles descendiam de uma linhagem que se separou da nossa na África há cerca de meio milhão de anos. Evoluíram *fora* da África há 250 mil anos, pouco antes do período em que os humanos modernos evoluíram *dentro* da África.

Existem vestígios sugestivos de que talvez uns poucos humanos modernos tenham encontrado uma saída da África para o Levante (a região no extremo leste do Mediterrâneo) há 100 mil anos. Se o fizeram, não restou nenhum traço deles nos genes das pessoas que vivem hoje. Foi somente há cerca de 60 mil a 70 mil anos — pelo menos 50 mil anos depois da evolução de nossa espécie — que um pequeno número (talvez uma centena) fez a jornada para fora da África que permitiu aos seres humanos colonizar o restante do mundo. Alguns de seus descendentes parecem ter seguido um caminho ao longo do litoral pelo sul e sudeste da Ásia. (O nível do mar era mais baixo do que o atual, e grande parte do que era terra seca hoje forma o leito oceânico, de modo que não temos evidências de sua jornada.) Em um admirável feito de exploração, alguns parecem ter percorrido o longo caminho até a Austrália (ao longo de várias gerações, é claro), onde seus vestígios foram descobertos em depósitos que datavam de 50 mil anos atrás. A despeito do baixo nível do oceano, essa jornada ainda assim teria exigido a travessia de cinquenta quilômetros de mar aberto, além do qual o único indício de terra seria a fumaça de incêndios naturais.

Há evidências de que uma segunda leva de povoamento possa ter ocorrido em torno de 40.000 a.C., mas, fora isso, podemos dizer que os nativos da Austrália são os herdeiros de uma cultura que se desenvolveu de forma mais ou menos imperturbável por quase 50 mil anos. Na época em que grupos posteriores de humanos chegaram ao sudeste asiático, o derretimento do manto de gelo havia submergido diversas faixas de terra. Isso tornou a travessia para a Austrália um desafio difícil, que somente o aperfeiçoamento muito posterior na construção de barcos e nas técnicas de navegação conseguiria suplantar.

O povoamento do restante do mundo foi algo muito mais lento. Não foi senão há 40 mil anos que os humanos modernos começaram a se espalhar pela Europa e pelo sudoeste da Ásia. Eles chegaram à Europa ocidental mais ou menos na mesma época, 30 mil anos atrás, em que os derradeiros neandertais saíam de cena. A partir do que podemos deduzir de seus vestígios, os neandertais exibiam inúmeras características do que hoje interpretamos como peculiarmente humanas. Eram habilidosos fabricantes de ferramentas, ainda que fossem menos refinadas do que as produzidas pelos humanos modernos. Pareciam cuidar dos mais velhos e incapacitados, e enterravam seus mortos com objetos funerários. Tendo em mente que sua linhagem ancestral divergiu da nossa apenas há meio milhão de anos, é provável que fossem dotados de capacidade de fala. Mas até que ponto suas habilidades linguísticas — e, a propósito, sua capacidade cerebral — se equiparavam à nossa é algo que jamais saberemos. E se nossos ancestrais tiveram alguma participação em seu desaparecimento é algo que não descobrimos.

Algumas pessoas expressam perplexidade com a extinção dos neandertais, enquanto nossa espécie, o *Homo sapiens*, que existe desde mais ou menos a mesma época, conseguiu sobreviver. Nenhuma explicação dramática é necessária. A maioria das espécies que já existiu está extinta, e isso é fato para todas as espécies de hominídeo com exceção da nossa. Os neandertais eram originários de regiões mais setentrionais, onde ficaram vulneráveis a um clima em transformação, e seu desaparecimento coincidiu com o estágio mais severo da última Era do Gelo. Humanos modernos viveram em regiões mais quentes, onde havia maior possibilidade de sobrevivência, e seu número teria sido proporcionalmente maior. A questão não é por que os neandertais se extinguiram, mas por que nossa espécie sobreviveu. E a resposta é que isso provavelmente teve a ver com a sorte, tanto quanto com qualquer vantagem natural. Pode ter acontecido de esses grupos de neandertais, por mais rijos e inteligentes que sem dúvida fossem, simplesmente estarem no lugar errado, na hora errada.

Como resultado de descobertas recentes, sabemos hoje que os neandertais não eram a única outra espécie humana existente na época em que nossos ancestrais começavam sua exploração do mundo. Em 2003, uma equipe australiana descobriu três vestígios de humanos pigmeus em uma caverna na ilha de Flores, na Indonésia. Essa espécie, que batizaram de *Homo floresiensis*, e apelidaram de "Hobbit", parece ter ocupado a caverna de mais ou menos 70 mil a 20 mil anos atrás. A única conclusão sensata desse achado espantoso é que deve ter havido outras espécies humanas nesse período cujos vestígios ainda estão por ser localizados.

À medida que os humanos modernos se espalharam pelo globo, e geração sucedeu geração em ambientes amplamente variados, as diferenças na aparência física se tornaram mais pronunciadas. Os habitantes da África já se encontravam bem próximos da variedade que exibem hoje: peles que vão do negro ao amarronzado; corpos tanto atarracados quanto muito altos e magros; e assim por diante. Fora da África, surgiram variações adicionais, incluindo novas colorações de pele, formatos de rosto e constituição corporal. Como variedades de flores, as características fenotípicas foram passadas adiante e, com o tempo, o número total dessas variedades com certas características fenotípicas se multiplicou. As diferenças mais notáveis — fora da África — foram as que caracterizaram os habitantes da massa de terra australiana, como seria de se esperar, dado o pequeno tamanho da população do continente e o longo tempo que ficaram separados de outros emigrantes africanos.

Todas essas características surgiram em pequenas populações isoladas. Algumas foram indubitavelmente consequência do processo que Charles Darwin chamou de seleção natural: a disseminação gradual de diferenças genéticas que dão a algumas criaturas uma vantagem na competição pela sobrevivência. Muitas foram, provavelmente, resultado da outra, menos conhecida, teoria de Darwin: a seleção sexual. Mas é seguro dizer que muitas surgiram por puro acaso, no processo conhecido como deriva genética: uma tendência aleatória na constituição genética de pequenos grupos sem nenhuma relação com pressões seletivas de nenhum tipo.

O isolamento em pequenos grupos não só acelerou a taxa da evolução física, mas também incrementou o ritmo da mudança linguística. Todos os sistemas linguísticos mudam com o tempo. Mas, quando as populações são separadas por obstáculos físicos como rios e cadeias montanhosas, eles se desenvolvem em diferentes direções, formando dialetos e, finalmente, línguas mutuamente ininteligíveis. E foi assim que uma língua compartilhada se dividiu em dialetos que se tornaram as formas originárias dos grandes grupos linguísticos que conhecemos hoje: o indo-europeu, o sino-tibetano e assim por diante. Esses, por sua vez, se subdividiram, de modo que, por exemplo, o indo-europeu deu origem ao latim — fonte tanto do francês quanto do espanhol — e ao sânscrito — fonte do hindi e do bengali.

À medida que o ser humano se disseminava, seu número igualmente crescia. Há 30 mil anos, a população do mundo era provavelmente de meio milhão. Com tão poucos vestígios, temos apenas uma vaga ideia sobre seu modo de vida. Alguns se estabeleciam junto a fontes de água e viviam da pesca. Mas a maioria era constituída de forrageadores: pessoas que levantavam acampamento de tantas em tantas semanas, após terem exaurido os recursos em torno. E, para a maior parte delas, coletar, mais do que caçar, era o principal meio de subsistência. A expressão "homem caçador", que é às vezes aplicada a esses antigos ancestrais nossos, tem somente dois fatores errados: as palavras "homem" e "caçador". Ela superestima a contribuição masculina em suprir de alimento suas famílias e exagera a importância da caça na vida da maioria das comunidades forrageadoras.

Algumas dessas pessoas já faziam potes e teciam cestas. Usavam contas e braceletes, e esculpiam marfim. Em regiões delimitadas pelo gelo, como o sul da Austrália e a Rússia dos dias atuais, não dispunham de frutos, mas o suprimento de carne era grande, e elas costuravam roupas de pele. Mas, independentemente de seu modo de vida, nossos antepassados de 30 mil anos atrás tinham algo em comum: ainda viviam em pequenos grupos familiares, ou "bandos", como seus ancestrais haviam feito por milhares de anos antes.

Esses bandos não estavam completamente isolados. Há evidências, nas ferramentas e outros objetos que deixaram, de contatos uns com outros, em redes de comércio que se estendiam por consideráveis distâncias. Esses contatos eram de grande importância para o acúmulo de conhecimento e o amadurecimento do que chamaríamos de cultura compartilhada. Um exemplo notável é fornecido pelas estatuetas conhecidas como "Vênus", encontradas em toda a Europa, desde os Pireneus até as praias setentrionais do Mar Negro.

Como caçadores-coletores do século XX, esses bandos presumivelmente se juntavam de tempos em tempos em socializações de algumas centenas, para celebrações em que música, dança e contação de histórias tinham papel central. Em regiões com chuvas sazonais, grupos assim, maiores, teriam ocasionalmente vivido em torno de uma fonte de água por várias semanas.

Embora as redes mais amplas de comércio e socialização fossem importantes na difusão da cultura, os assuntos cotidianos ainda eram tratados restritamente. O povoamento, na medida em que existiu, era muito pequeno. E vastas regiões do planeta ainda estavam por presenciar a marca da pegada humana. O sul e o sudeste da Ásia já abrigavam populações humanas dispersas há 40 mil anos, e há evidências de que seus descendentes chegaram à atual Pequim cerca de 25 mil anos atrás. Mas a maior parte da Ásia Central e a América do Norte e a do Sul inteiras ainda permaneciam "desconhecidas".

A disseminação dos seres humanos por esses continentes levou mais 15 mil anos para ocorrer. Esse tempo inclui o período que vai de 25 mil a 18 mil anos atrás, quando a última Era do Gelo se encontrava em seu período mais severo e o desafio para a maior parte da humanidade era sobreviver nos territórios onde estavam, em vez de explorar os novos. Mas essas pessoas eram duras na queda. Por volta de 18.000 a.C., alguns deles já haviam penetrado na Ásia Central e chegado no distante lago Baikal, na atual Sibéria.

A questão a respeito de quando os seres humanos chegaram às Américas ainda é motivo de acalorados debates. A depreender apenas da evidência arqueológica, parece que não foi senão por volta de 13.000 a.C. que o homem atingiu a extremidade oriental da Sibéria e fez a travessia da ponte de terra então existente para a América do Norte. Mas as evidências genéticas, particularmente da América do Sul, sugerem que as Américas podem ter tido mais de uma população fundadora, e que pelo menos uma delas talvez tenha feito a travessia já em 20.000 a.C. Seja qual for a teoria que no final das contas se prove correta, podemos dizer com confiança que muito antes de 6000 a.C. os seres humanos já haviam percorrido todo o continente até o extremo meridional da América do Sul.

A colonização africana do mundo a essa altura estava quase completa. Apenas as ilhas do Pacífico e as terras em torno dos polos ainda aguardavam os primeiros visitantes humanos. Por volta de 6000 a.C., uma série de povoamentos se distribuía do cabo Horn à baía de Hudson, e da Terra Nova por todo o restante da América do Norte, pela Ásia e pela Europa até o longínquo oeste da Irlanda. Nessa época, a população mundial era de cerca de 10 milhões de pessoas.

O estilo de vida ainda se conformava ao modelo caçador-coletor, que descreve a vida dos antigos humanos de 100 mil anos antes, embora os detalhes variem imensamente. No leste da África, a coleta de alimentos — frutas e plantas comestíveis — desempenhava um papel central, e roupas eram uma preocupação secundária. Na Sibéria e no Ártico canadenses, o cotidiano girava em torno de caça e pesca. Ali, a capacidade de esfolar grandes animais, e transformar as peles em casacos e calças, era uma questão de vida ou morte. Os caçadores de mamute da Rússia meridional passavam o inverno em barracas feitas de pele, com ossos de mamute servindo de cavilhas e postes, comendo carne acondicionada no gelo (poços de estocagem cavados no permafrost) que degelavam sobre o fogo. Na Austrália, os descendentes daquela "primeira esquadra" de 50 mil anos faziam uma dieta de pato selvagem, que caçavam com seus bumerangues. Seus contemporâneos do Meio Oeste americano caçavam bisões com lanças.

Qualquer que fosse o alimento, as ferramentas e as armas utilizadas, na maior parte do planeta a vida humana continuava a ser conduzida em bandos pequenos, consistindo em não mais que vinte ou trinta adultos e algumas crianças. O povoamento permanente era uma exceção, não a regra. E as crianças eram poucas, porque ter muitos filhos significaria uma responsabilidade. Esses bandos necessitavam viajar com pouca carga. Em um mundo cheio de predadores, uma mulher com uma criança de colo e um pequenino dando os primeiros passos era um luxo que os nômades mal podiam se permitir. O bebê que viesse imediatamente após o irmão ou a irmã mais velhos já nascia com uma provável condenação à morte.

A despeito dessas dificuldades, a população mundial continuou a crescer, de uma estimativa de 500 mil em 30.000 a.C. para 10 milhões em 6000 a.C. Uma taxa de crescimento como essa pode não parecer nada de excepcional pelos padrões das últimas centenas de anos, mas, comparada com a realidade da época, significou números dramáticos. Algo claramente estava operando a favor da humanidade, e foi a revolução mais importante da história humana.

3

Fincando raízes

A MAIOR PARTE DO CRESCIMENTO DA POPULAÇÃO HUMANA ENTRE 30.000 a.C. e 6000 a.C. ocorreu mais próximo ao fim desse período. Antes de 11.000 a.C., mantos de gelo cobriam todo o norte da Europa (incluindo a maior parte da Bretanha), a Ásia Central e a América do Norte setentrional, e isso limitou a quantidade de terra adequada para a existência humana. Bandos que viviam em cavernas, vestiam-se com peles de animais e sabiam como usar o fogo eram capazes de sobreviver nas regiões cobertas pelo gelo, mas seu número era pequeno. À medida que o tempo passou, melhorias na prática da caça — a invenção do arco e flecha, do arremessador de lanças e do arpão — possibilitaram a mais pessoas tirar seu sustento de uma determinada região. Mas, para que a caça e a coleta favorecessem um substancial aumento da população, a quantidade de terra disponível tinha de aumentar. A partir de 11.000 a.C., aproximadamente, quando o gelo recuou, novos campos de pastagem se ofereceram para os animais que serviam de presa, e seu número aumentou. À medida que os caçadores iam atrás deles, seu número também aumentou. Conforme os rios congelados se degelavam, a pesca se tornava mais difundida, e os peixes — e os pescadores — ficavam mais abundantes. Para os que não eram meramente caçadores, mas coletores também, houve um duplo benefício: enquanto a relva se espalhava por novas áreas, o mesmo se dava com as árvores frutíferas e os cereais silvestres.

Os benefícios da mudança climática eram disseminados. Um efeito colateral das condições geladas em regiões próximas aos polos havia sido a redução das chuvas nas terras próximas ao equador. Isso limitara a propagação de inúmeras plantas, e dos animais que se alimentavam delas. Mas, à medida que o clima esquentava, muitos lugares tiveram um aumento da precipitação das chuvas, com um consequente aumento na riqueza de vida vegetal e animal.

De repente, havia mais de tudo. Pessoas hábeis continuavam a inventar ferramentas e armas, possibilitando que mais bocas fossem alimentadas. Mas isso não conduziu a um novo estilo de vida; eram simplesmente melhorias que persistiram por milhares de anos. Independentemente da eficiência com que os caçadores-coletores se entregassem a suas ocupações tradicionais, jamais se tornariam corretores imobiliários ou engenheiros de software. Para isso, algo fundamental tinha de acontecer.

Suponhamos que um bando de caçadores-coletores encontrem-se às margens de um lago repleto de peixes, onde os caniços floresçam e os animais venham matar a sede. A reação deles será ficar por ali. Qual o sentido de percorrer quilômetros atrás de comida, quando ela insiste em vir até você? Após algum tempo, mais gente chegou; mas a comida é abundante, e há espaço para todos, de modo que não existe necessidade de lutar nem por uma coisa nem por outra. Velhos hábitos são difíceis de mudar e, no início, grupos familiares individuais mantêm sua distância. Após alguns anos, moradias de colmo margeiam o lago, e o cheiro de peixe e carne grelhados e as risadas das crianças enchem o ar. Logo as crianças de famílias vizinhas estão brincando juntas; e os pais mais gregários começam a convidar os pais dos amigos de seus filhos para compartilhar de um peixe ao jantar.

Mas carne e peixe *delivery* é só uma das vantagens do novo espaço. Como em toda comunidade, essa contém algumas pessoas mais afeitas a cozinhar; outras, com uma predileção especial por plantas. Entre si, descobrem que o campo ao redor é cheio de cereais silvestres que são bons de comer, sobretudo se cozidos. Logo, estão preparando mingau. Os apreciadores de plantas — que estão prestes a se tornar jardineiros — naturalmente selecionam os melhores cereais, com as maiores espigas e as sementes mais polpudas. Às vezes, quando voltam de uma caminhada após colher o que precisam, deixam cair alguns grãos no chão, rico com os nutrientes trazidos pelo rio que alimenta o lago e espalhados por suas cheias. Alguns desses grãos, que já foram cuidadosamente selecionados, lançam raízes. Em pouco tempo a área em torno do povoado abriga uma interessante plantação de gramíneas, com espigas maiores do que o normal, contendo grãos notavelmente carnudos. Certo dia, um brilhante jardineiro tem a ideia de selecionar as melhores espigas desse já seleto acúmulo não para comer, mas para plantar. No ano seguinte, alguém sugere que o melhor grão dessa colheita seja separado e usado como semente no ano seguinte.

O resultado desses acontecimentos é óbvio. Troquemos o cenário por uma margem de lago na Palestina — ou, se preferirmos, um vale fluvial na China central — e vamos ter uma versão acelerada da Revolução Agrícola (ou Revolução Neolítica): a mudança fundamental nos hábitos de sobrevivência que tornou o mundo moderno possível.

Embora o termo "Revolução Agrícola" seja utilizado pelos historiadores e arqueólogos, não significa o início repentino de um novo processo. O termo "protolavoura" (*protofarming*) é usado por alguns autores para descrever o longo período de transição durante o qual os coletores devem ter feito experiências com locais de plantio e irrigação de plantas silvestres, antes de se fixar para praticar a agricultura como um modo de vida permanente. O processo consistiu em uma série de degraus, com adaptações diante de circunstâncias variáveis ao longo de um extenso período.

Um dos motivos pelos quais as pessoas tendem a criar um quadro excessivamente dramático do surgimento dos povoamentos agrícolas é a interpretação equivocada do termo "caçador-coletor". A Revolução Agrícola não foi uma troca súbita de um estilo de vida em que os *homens* caçavam antílopes para outro em que os *homens* encontravam prazer em cultivar legumes maiores do que os de seus vizinhos. Na maioria das sociedades caçadoras-coletoras, a coleta de alimento é tão significativa quanto a caça, e em várias delas é de longe muito mais importante. Culturas como as dos inuit, na América do Norte, em que a carne responde pela maior parte da demanda alimentar, não são típicas: elas foram necessárias em razão de um ambiente inóspito. Nos climas mais amenos em que a agricultura surgiu inicialmente, deve ter havido um longo período de aprendizado durante o qual mulheres *e* homens adquiriram profunda compreensão sobre as plantas silvestres comestíveis e o comportamento de animais menos bravios.

Quando se viram em lugares onde as possibilidades de um povoamento pareceram atraentes, já tinham posse da maior parte do conhecimento necessário para ingressar em um modo de vida baseado na agricultura.

Embora nosso exercício reflexivo mostre *como* a mudança para uma cultura agrícola deve ter ocorrido, ele não explica o *porquê*. Esse tipo de questão geralmente diz respeito a motivação: "Por que você fez isso?" ou "Por que a galinha atravessa a rua?". Não podemos fazer esse tipo de pergunta sobre a Revolução Agrícola, pois ela não foi resultante de uma intenção deliberada. Ninguém disse "Estou cheio de caçar e coletar — vamos inventar a civilização urbana". Ninguém *escolheu* esse novo estilo de vida. Mudanças ocorridas por longos períodos de tempo são resultado de milhares de escolhas individuais sobre resultados desejados para a semana seguinte, ou o ano seguinte. Tais transformações ocorrem gradualmente, sem que ninguém as queira em particular e geralmente sem que ninguém se dê conta de que *estão* ocorrendo.

A pergunta que precisamos fazer agora é: "Onde, e quando, e em que tipos de ambiente tiveram lugar as mudanças que levaram à substituição da caça-coleta pelas civilizações agrícolas?" Graças às descobertas realizadas pelos arqueólogos durante os últimos cem anos, essa é uma pergunta a que estamos bem próximos de responder.

Não houve uma Revolução Agrícola, mas várias, em diversas partes do planeta. Cada uma ocorreu de um modo distinto e envolveu diferentes cultivos e métodos de cultivo. A tabela 3.1 contém uma lista de seis regiões onde sabemos que revoluções independentes aconteceram, embora sem dúvida tenham existido outras. Dessas seis, a que foi mais intensamente pesquisada ocorreu no "Crescente Fértil" — a extensão de terra que vai do sul da Palestina, passando pela Síria, sul da Turquia e norte do Iraque, até a região oeste do Irã. As outras ocorreram no vale do rio Amarelo, no norte da China; no vale do rio Yangtze, na China central; no centro do México; no altiplano Andino, a partir da Colômbia, pelo Peru, até o norte do Chile; e na África, ao sul do Saara.

As datas mostradas na tabela são de quando aproximadamente as populações das várias regiões fizeram a mudança de um estilo de vida nômade para um sistema de agricultura com povoamento. Essas datas não são definitivas. O período em que teve início cada caso pode muito bem recuar no passado, como resultado de futuras descobertas. Isso se aplica particularmente ao norte e ao centro da China, que não foram submetidos a tanta exploração arqueológica quanto o Crescente Fértil.

Como a transformação ocorreu? A geografia e o clima de cada região eram diferentes, assim como as variedades de plantas e animais disponíveis para os povoadores, mas um fator foi comum em todos os casos: o processo de domesticação, a incorporação de plantas e animais em uma parceria com os seres humanos. Foi somente quando homens e mulheres (ajudados por seus filhos) domesticaram espécies selvagens que a lavoura verdadeiramente começou.

3.1 O surgimento da agricultura

Região	Período de surgimento	Principais	
		Plantas	Animais
1 O Crescente Fértil (Palestina ao Irã)	c. 8000 a.C.	Trigo Cevada	Cabras Ovelhas Vacas Porcos
2 China central (Yangtze)	c. 6500 a.C.	Arroz	Porcos Búfalos-d'água
3 Norte da China (rio Amarelo)	c. 6500 a.C.	Painço	Galinhas Porcos
4 América Central (México)	c. 3000 a.C.	Milho Abóbora Feijão	
5 América do Sul (Peru/Chile)	c. 2500 a.C.	Batata Quinua	Lhamas Alpacas Cobaias
6 África subsaariana	c. 2000 a.C.	Sorgo Painço	Vacas

Fonte: B. D. Smith, *The Emergence of Agriculture* (Scientific American Library, 1995).

Domesticação compreende dois elementos: *manipulação* e *criação de dependência*. Manipulação significa a seleção cuidadosa das espécies mais desejáveis partindo de gerações sucessivas de plantas e animais, de modo a gerar variedades mais úteis por meio da procriação. No caso do trigo, espécies selvagens eram cultivadas em solos cuidadosamente preparados, e a semente para subsequentes plantações era selecionada com base no tamanho, na resistência e no rendimento. Pela repetição continuada desse processo, novas variedades foram desenvolvidas para render mais farinha, de melhor qualidade, e — o mais importante — eram confiáveis para se reproduzir sem desviar do tipo. No caso de carneiros, novas variedades produziam pernis maiores e uma carne mais saborosa. Posteriormente, foram criados para ter uma cobertura lanosa grossa, em lugar dos pelos mais curtos de seus ancestrais selvagens. Na Ásia ocidental, chegaram a ser criados para fornecer um suprimento copioso de leite, que os povos da região conseguiam digerir (algo que muitos adultos em outras regiões do mundo nunca foram capazes de fazer). O exemplo mais notável de manipulação humana de uma espécie selvagem — o lobo — foi um dos mais antigos. Essa era outra criatura com instinto para seguir um líder. Filhotes de uma matilha pegos perto de um acampamento podiam aprender a seguir um líder humano. Nesse caso, experimentos de procriação ao longo de várias gerações resultaram numa espécie inteiramente nova — o cão —, confiável a ponto de não comer as ovelhas e capaz de impedir os lobos de comê-las.

Por mais importante que fosse a manipulação, sua contribuição à realização da Revolução Agrícola não deve ser exagerada. Grande parte da seleção que levou à evolução de novas variedades de animais e plantas deve ter sido involuntária. Toda vez que um tocador ou pastor matava um touro grande e de índole irascível ou um carneiro normalmente ameaçador, estava automaticamente reduzindo a incidência de genes de tamanho maior e de agressividade na população como um todo. (Variedades domesticadas primitivas eram invariavelmente menores que seus ancestrais selvagens.) Toda vez que uma mulher coletava trigo selvagem e mantinha parte das sementes para o plantio, estava automaticamente selecionando genes que forçavam o grão a permanecer firmemente preso na espiga até chegar o momento da colheita.

O outro traço definidor da domesticação é a criação de dependência. À medida que a procriação seletiva continuava ao longo das gerações, animais e plantas tornavam-se cada vez mais dependentes dos seres humanos. Alguns cães talvez ainda sejam capazes de viver em estado selvagem individualmente, se necessário, mas de preferência não o farão. E se forem obrigados a isso, pode ser que não sobrevivam por muito tempo como espécie separada. No caso dos carneiros, o estágio em que a nova variedade é incapaz de sobreviver sem proteção humana foi logo atingido. Pode-se dizer o mesmo para uma plantação de milho, em que o sabugo muito duro das variedades domésticas é incapaz de liberar suas sementes sem atividade humana. Isso é o que distingue o cultivo de plantas silvestres, e o manuseio de rebanhos selvagens, da verdadeira domesticação. Variedades domesticadas são criações do ser humano, e a maioria delas deixaria rapidamente de existir sem a intervenção do homem.

Mas, para que a domesticação seja possível, é preciso haver povoamento. Como vilas e cidades não poderiam passar a existir sem uma base agrícola, é comum se presumir que a agricultura veio primeiro, e o povoamento se seguiu a ela. Mas isso é verdade apenas para grandes povoamentos. Até os seres humanos se estabelecerem em locais específicos e criarem aldeias, a agricultura não poderia ter existido de maneira alguma. Então, em um sentido bem real, a aldeia é a fonte da civilização.

A mais antiga aldeia agrícola descoberta até hoje fica na área da Margem Ocidental palestina, 24 quilômetros a norte de Jericó. Ali, no sítio da antiga cidade de mesmo nome, sob mais de vinte camadas de povoamentos posteriores, jazem os vestígios de uma aldeia que, em torno de 8000 a.C., abrigou pelo menos trezentas pessoas. Elas viviam em casas de tijolos de argila, à beira de um lago suprido por uma nascente. Cultivavam figos, dois tipos de trigo e dois tipos de cevada, que colhiam com foices de sílex presas a cabos de madeira. Elas traziam mais estímulo a suas vidas, e variedade em sua dieta, caçando carneiros selvagens e gazelas que viviam nas proximidades.

Embora Jericó seja o povoamento agrícola mais antigo descoberto até agora, outros foram datados de um período mais ou menos próximo na porção oeste do Crescente Fértil, que os arqueólogos chamam de Corredor Levantino. Que essa região, tão deserta e árida atualmente, tenha servido

3.1 Agricultura primitiva no sudoeste da Ásia, 8000 a.C.-6000 a.C.

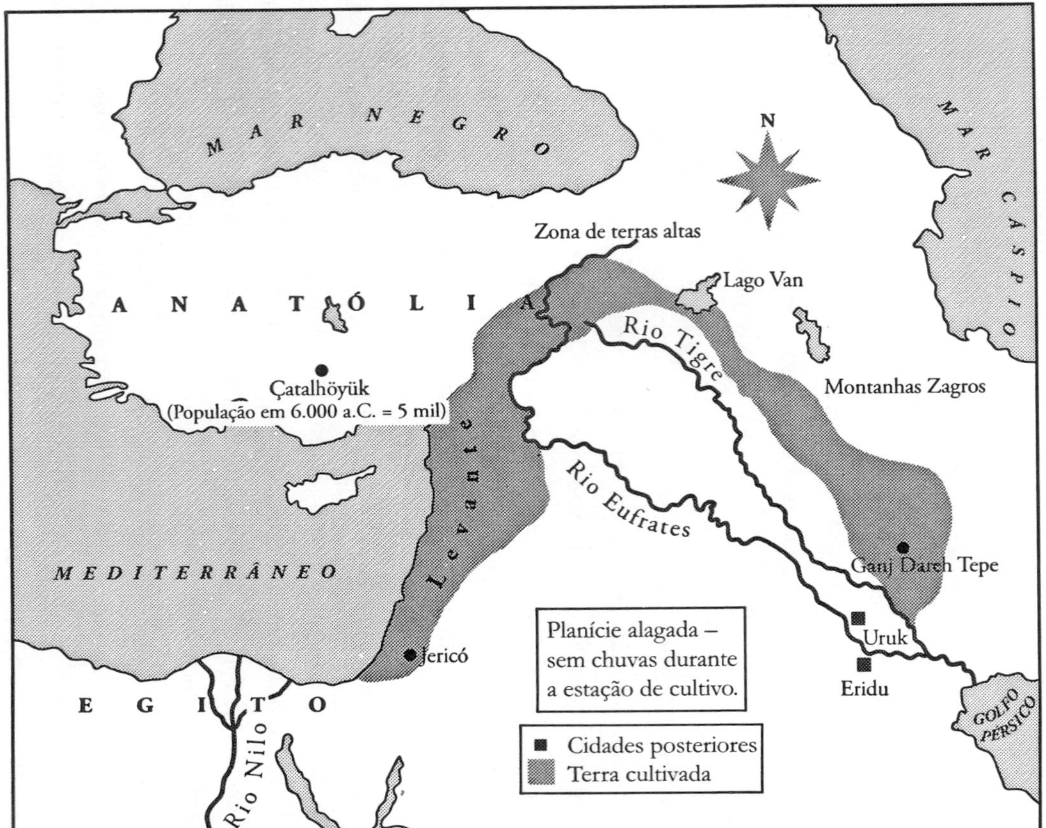

Uma das inúmeras regiões do mundo em que a agricultura surgiu de forma independente. A área sombreada – "O Crescente Fértil" – é provavelmente a mais antiga dessas regiões.
Fonte: B. Smith, *The Emergence of Agriculture* (Scientific American Library, 1995).

de berço para as primeiras aldeias agrícolas do mundo pode parecer estranho. Mas "Crescente Fértil" é uma descrição apropriada da área que vai da Palestina ao Irã ocidental como era na época: uma região verde, arborizada, com caça abundante.

A despeito do nome, a região não tinha um solo particularmente fértil. As planícies ao sul, nutridas pelas cheias de grandes rios, eram potencialmente mais ricas, mas recebiam pouca chuva, de modo que eram irrelevantes numa época sem irrigação artificial. Os contrafortes montanhosos em torno do Crescente Fértil, por outro lado, desfrutavam de chuvas periódicas o ano todo e tinham um solo em que formas silvestres de trigo e cevada ficavam perfeitamente à vontade.

Os cientistas que estudam a história de manipulação das espécies silvestres acreditam que trezentos anos teriam sido necessários para desenvolver variedades domésticas a partir das espécies selvagens que existiam nos campos. Essa é uma conclusão que não surpreenderia um moderno criador de plantas. E faz sentido, também. É difícil imaginar um agricultor da Idade da Pedra com paciência para perseverar na criação de gerações de cereais que exibiam poucas melhorias no transcorrer de toda uma vida de trabalho.

Assim como o desenvolvimento de terras aráveis dependia dos cereais silvestres disponíveis nas redondezas, o desenvolvimento da criação de rebanhos requeria um suprimento de animais adequado para a domesticação. Quanto a esse aspecto, também, o Crescente Fértil era o sonho de qualquer criador. O candidato ideal para a domesticação é um animal dócil e de movimentos lentos que seja fácil de capturar, tolerante ao confinamento e que se reproduza em cativeiro sem problemas. Ajuda se ele não for seletivo demais quanto ao que come e se seu instinto é o de seguir um líder. Que uma criatura como essa exista na natureza soa bom demais para ser verdade; mas os povoadores do Crescente Fértil se viram na companhia não de um, mas de três animais assim: a ovelha, a cabra e a vaca. Com esse estoque de carne, e uma tal variedade de grãos silvestres, a região era como um supermercado ao ar livre. Não admira que os seres humanos que descobriram o local tenham decidido parar o carro na porta e se concentrado em aprimorar as linhagens.

Embora os povoamentos agrícolas mais antigos sejam encontrados no extremo oeste do Crescente Fértil, e seja lá que os cereais foram inicialmente domesticados, foi no extremo leste que um sistema de criação mista, combinando plantações e rebanhos, surgiu. Escavações em Ganj Dareh Tepe, um sítio no centro-oeste do Irã, datando de cerca de 7000 a.C., forneceram evidências da domesticação tanto de cabras como de cevada. Essa foi uma região com uma longa história de pastoreio de cabras selvagens, e a partir dali a prática de mantê-las se espalhou posteriormente para o Levante.

O último dos três animais a ser domesticado foi a vaca. Tratou-se de uma aventura arriscada, e um feito impressionante. Os ancestrais selvagens da vaca foram os auroques, uma criatura enorme que se elevava a quase dois metros do chão, com chifres longos, curvados, virados para a frente. Esse animal sobreviveu em estado selvagem até o século XVII, uma fera formidável cuja domesticação é um tributo ao espírito e à determinação dos primeiros criadores que os puseram dentro de um cercado, e desenvolveram a partir dessa fera a besta doméstica menor e mais dócil que conhecemos hoje.

Um tipo diferente de agricultura surgiu no vale do rio Yangtze, na China central. Ali as chuvas abundantes produziram uma região de terras alagadiças e lagos interligados sem paralelo fora dos trópicos. O cereal que ocorria na natureza era o arroz, e existem evidências de colheitas de arroz silvestre já em 12000 a.C. Esta é uma planta que prospera com a terra encharcada na época do plantio. Água era algo que o vale do Yangtze tinha em abundância, de modo que os povoadores locais resolveram proporcionar às suas variedades de arroz o ambiente que a planta apreciava, construindo muros de retenção nas encostas dos vales para criar várzeas inundadas enquanto o cereal germinava. Depois eles fendiam esses muros, liberando a água e permitindo que o arroz secasse. Essa foi a origem do sistema de cultivo dos arrozais, elemento característico da paisagem chinesa atual.

As aldeias fazendeiras mais antigas descobertas até hoje no vale do Yangtze remontam a cerca de 6500 a.C. Isso é mil anos posterior à mais antiga escavação do Levante, mas é possível que futuras escavações estabeleçam a data um pouco mais ao passado. Como o Crescente Fértil, a região do

3.2 Agricultura primitiva na China, 6500 a.C.-5500 a.C.

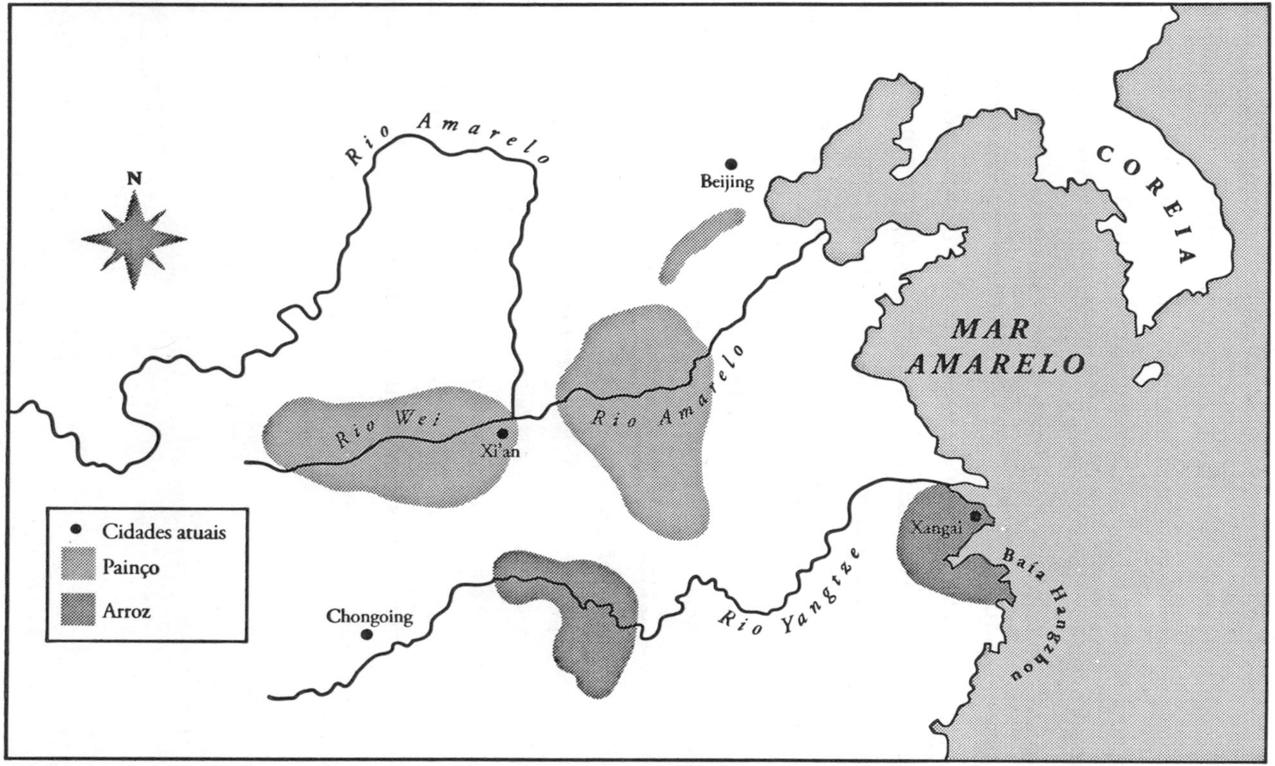

Os mais antigos povoamentos datados de forma confiável na região do rio Amarelo são quase tão antigos quanto os mais primitivos do Crescente Fértil. Fonte: B. Smith, *The Emergence of Agriculture* (Scientific American Library, 1995).

Yangtze tinha animais selvagens cuja carne era apreciada e que se prestavam à domesticação. As espécies que caíram do céu nesse caso foram o porco selvagem, com sua capacidade de transformar qualquer tipo de refugo em carne saborosa, e o búfalo-d'água (ou búfalo-asiático), uma criatura que parecia feita sob medida para labutar o dia todo nos campos, com omoplatas que constituíam ferramentas perfeitas para o trabalho naquele solo.

Quase setecentos quilômetros ao norte, no vale do rio Amarelo, a natureza criara outra tentadora mercearia. Essa era uma área vasta de chuva esparsa e invernos frios — sem possibilidades para o arroz. Contudo, a região continha diversas espécies de painço silvestre — uma planta que prospera em climas secos. Para as pessoas que lá se estabeleceram, o painço forneceu um complemento útil a uma dieta rica em peixe, veado e plantas silvestres variadas. Nos intervalos entre uma refeição de peixe e um assado de veado, os homens passavam o tempo fazendo experimentos destinados a aumentar a produção do painço silvestre e, mediante cruzamentos, a criar novas variedades. Essas experiências geraram duas variedades — o sorgo e a cauda-de-raposa (*Alopecurus*) — que posteriormente iriam assumir uma importância para as economias da Ásia Oriental e do sudeste asiático menor apenas que o arroz. Ambas constituem valiosas fontes de alimento e também servem de forragem para porcos e galinhas. Esses animais viviam em estado selvagem no vale do rio Amarelo e não era preciso ser um gênio para fazer a ligação entre eles e o painço domesticado. Por volta de 5000 a.C., as galinhas e os porcos estavam em cercados, e coxas de frango e costelinhas de porco passaram a figurar com destaque na dieta local. Os ossos são uma visão familiar nos sítios arqueológicos atuais.

4

O mundo em 4000 a.C.

POR VOLTA DE 4000 A.C., A AGRICULTURA ERA UM MODO DE VIDA estabelecido por toda a extensão do Crescente Fértil, no vale do Nilo e por amplas áreas da China central e setentrional. A consequência mais significativa disso foi a aceleração da taxa de transformação cultural. Para compreender por que isso ocorreu, precisamos raciocinar em termos de redes. A ideia de "*networking*" (criar uma rede de comunicação) soa como uma invenção moderna, porém é mais antiga que os primeiros povoamentos humanos. Redes eram o que os caçadores-coletores faziam há 20 mil anos, quando trocavam ferramentas e informações com pessoas que conheciam em suas viagens. Mas a quantidade dessas transações aumentou quando as pessoas começaram a viver em aldeias com poucos quilômetros de distância entre si. Quando os mais inteligentes tinham oportunidade de discutir ideias diariamente, o ritmo da inovação acelerou. Os viajantes se encontravam duas ou três vezes por mês, em vez de duas ou três vezes por ano, e o ritmo da disseminação de novas tecnologias disparou como um foguete. Enquanto o estilo de vida de comunidades dispersas de coletores de comida podia permanecer essencialmente inalterado por centenas ou até milhares de anos, as comunidades de fazendeiros viam-se envolvidas em um processo de transformação contínua. Deve ter sido mais ou menos por essa época que se ouviu pela primeira vez os mais velhos dizendo "Lembro de quando nada disso era campo".

Assim como levara apenas algumas centenas de anos para domesticar as plantas e os animais que se tornaram a base desse novo modo de vida, as novas culturas se disseminaram por regiões inteiras. E elas o fizeram em um cenário de mudança climática que abria continuamente novas áreas para povoamento. Nos centros mais antigos de população, não era apenas a quantidade e densidade de aldeias que aumentava; seu tamanho médio também. À medida que cresciam, as características das maiores delas se alteravam. Elas se tornavam vilas: centros de comércio, fofocas e diversão, abrigando os primeiros comerciantes e vendedores porta a porta do mundo.

Conforme as aldeias se transformavam em vilas, a vida de seus habitantes mudava. A informalidade da vida na aldeia já não dava conta eficientemente de tudo o que era necessário ser feito. A organização tornou-se essencial. Os mercados operavam melhor quando funcionavam a intervalos regulares, previstos. Projetos, como construção de muros, exigiam planejamento e liderança. Tarefas como fabricação de ferramentas, pesca e cultivo dos cereais podiam ser realizadas com maior eficácia se fossem deixadas para especialistas que trabalhassem em período integral em uma única ocupação. Uma vez que a população dos povoamentos era medida em milhares, mais do que centenas, todos esses procedimentos se tornaram possíveis. Foi com o desenvolvimento das primeiras vilas que três traços distintivos do mundo moderno — burocracia, especialização ocupacional e a classe dos chefes — surgiram.

Os benefícios da agricultura eram óbvios. Nas terras onde foi adotada, a capacidade de suportar uma população era muito maior. Dependendo do ambiente, um bando caçador e coletor de duas dúzias de pessoas precisava de um território de cerca de 80 mil metros quadrados (8 mil hectares) para assegurar um suprimento confiável de alimento; uma família de fazendeiros do mesmo tamanho podia se virar com cerca de vinte hectares. Suas provisões de alimentos também ficavam mais seguras. As colheitas podiam ser armazenadas em celeiros e a carne provinha do rebanho em pé. E, em um ambiente povoado, os bebês que chegavam em rápida sucessão não eram mais um empecilho; eram úteis para espantar os pássaros das plantações e cuidar dos animais.

A curto prazo, devia parecer que só havia vantagens. Mas esses benefícios tinham um temível lado negativo, que não seria revelado senão quando o processo já tivesse ido longe demais para ser revertido. Grande proximidade com animais significava convívio muito próximo com seus parasitas, e as doenças que esses portavam. Algumas eram transmissíveis aos humanos. Enquanto as pessoas viviam em aldeias esparsas, o perigo era pequeno. Qualquer irrupção de doença provavelmente diminuía até desaparecer, antes de causar danos maiores, por falta de novos indivíduos para infectar. Mas quando as pessoas, e seus animais, começaram a viver em vilas, e estas começaram a se multiplicar, foram criadas as condições ideais para que as doenças se disseminassem rapidamente, devastando populações que ainda não haviam desenvolvido imunidade.

A concentração mais densa de aldeias e vilas em 4000 a.C. era no Crescente Fértil. A região abrigara os primeiros povoamentos agrícolas conhecidos, e os povos que viviam ali foram pioneiros na vida urbana. Desde o sul da Palestina, através da Anatólia, até o golfo Pérsico, centenas de aldeias grandes e vilas pequenas pontuavam a paisagem. No mínimo uma delas — Eridu, nas margens do Eufrates, onde hoje é o sul do Iraque — podia vangloriar-se de abrigar 5 mil habitantes. Entre os cultivos que o povo dessa região introduzira para auxiliar nos cuidados com seus animais estavam variedades domesticadas de duas plantas que cresciam em estado silvestre: a videira e a tamareira. Parte de suas vinhas aperfeiçoadas fornecia uvas para consumo alimentar; outra — *Vitis vinifera*, a uva do vinho — ofereceu prazeres ainda maiores. A tamareira era uma cornucópia de produtos úteis, incluindo o fruto fresco ou seco, a madeira para fabricação de móveis e as folhas usadas na cestaria.

Além de ajudar a mobiliar os lares, a tamareira também fornecia matéria-prima para a produção de balsas. Esse povo de rio e vale não tinha conhecimento do cavalo, e não há nenhuma evidência de que possuíssem carros. A imagem mais primitiva de uma roda encontrada até hoje data de aproximadamente 3500 a.C. Em 4000 a.C., cargas pesadas demais para serem carregadas eram transportadas em qualquer artefato semelhante a um trenó (*sledges*, em inglês) puxado com as mãos. Na ausência de veículos dotados de rodas, e das estradas necessárias para eles, balsas constituíam um meio de transporte essencial tanto para pessoas quanto para materiais. Essa dependência do transporte fluvial foi um fator determinante na localização de diversas das primeiras vilas.

Em termos de tecnologia, essa era uma idade da pedra. A caixa de ferramentas dos artífices de Eridu, e os barracões de ferramentas de seus vizinhos fazendeiros, continha uma ampla gama de implementos, mas os que não eram feitos de madeira eram confeccionados de materiais rochosos como sílex, granito e obsidiana. Esta última, um vidro vulcânico preto passível de ser trabalhado para criar uma lâmina incrivelmente afiada, era particularmente valorizada e foi comercializada por centenas de quilômetros desde seu local de origem, às margens do lago Van, na fronteira dos atuais Turquia e Irã.

A metalurgia e os trabalhos em metal ainda estavam por ser desenvolvidos. Em algumas partes do mundo, como África Ocidental e o norte do Irã, onde o cobre podia ser encontrado em estado natural, esse metal vinha sendo usado havia pelo menos 2 mil anos com fins ornamentais. Porém, era maleável demais para ser capaz de competir com a pedra como material de mil utilidades para as ferramentas, e a venturosa descoberta de técnicas para fortalecê-lo combinando-o com outros metais residia num futuro ainda bem distante.

Vivendo como vivemos, em um mundo dependente de metais, é fácil incorrer no hábito de pensar que uma cultura da "Idade da Pedra" devia ser primitiva. Para algumas pessoas, o termo "tijolo de lama" carrega conotações semelhantes. Essa interpretação é mais do que injusta com as vidas desses habitantes das vilas de 6 mil anos atrás. Sua existência era tão alegrada por música, canções e dança quanto a nossa. Eles produziam pinturas, objetos de madeira entalhada, tecidos feitos no tear, joias, elegantes potes moldados no torno de oleiro. Construíam suas casas e edifícios públicos com tijolos de lama não porque fossem incapazes de pensar em alguma outra maneira de fazê-lo, mas porque tijolos secos ao sol eram simples e fáceis de fazer, e a terra em que viviam não dispunha de matéria-prima rochosa acessível.

Essa gente do Crescente Fértil tinha sem dúvida a cultura mais sofisticada de sua época, e uma versão mais simples de seu estilo de vida foi seguida por toda a Europa, da Espanha à Ucrânia. Para trabalhar em seus campos, esses lavradores europeus contavam com uma ferramenta de invenção então recente: o arado. Com estrutura de madeira, sem rodas, sem aivecas e usando uma armação de veado como relha, não era forte o bastante para revolver o solo e a vegetação subterrânea. Mas era uma forma muito mais eficaz de preparar o campo para a semeadura que o bastão de cavoucar utilizado por seus ancestrais, e a produtividade resultante aumentou enormemente o número de pessoas que uma determinada área poderia alimentar. Eles não tinham vilas comparáveis às do Crescente Fértil, mas suas aldeias, localizadas nas clareiras das florestas, chegavam aos milhares.

Em 4000 a.C., a cultura agrícola estabelecida no continente europeu ainda não chegara às ilhas próximas. A Bretanha e a Irlanda estavam separadas do continente pela elevação do nível oceânico mais ou menos desde 8000 a.C, ambas cobertas por densas florestas patrulhadas por ursos e lobos. Essas florestas não eram lugar para humanos; mas nas descampadas terras de charcos (*moorlands*) acima delas, alguns milhares de pessoas mantinham o estilo de vida da caça e da coleta que seus ancestrais haviam trazido consigo antes da elevação do mar.

As práticas agropecuárias do Crescente Fértil haviam se espalhado não apenas a norte e a oeste, mas também ao sul e ao leste. Antes de 5000 a.C., a região atualmente conhecida como Saara fora um terreno de savana aberta, pontilhado de grandes lagos e fervilhando de vida selvagem, onde fazendeiros cultivavam cereais e tocavam gado selvagem. O vale do Nilo, por outro lado, fora um pântano arborizado. Mas temperaturas em elevação combinadas com a reduzida precipitação das chuvas iniciaram um processo de ressecamento. Quando os primeiros trechos desérticos surgiram, e o vale fluvial ficou mais seco, os fazendeiros e suas famílias partiram. À medida que desmatavam as florestas, eles descobriam que haviam se mudado para uma área cujo solo era revigorado todo ano pelas cheias do rio. A exemplo de seus vizinhos na Palestina, plantaram ervilhas e feijões, trigo e cevada. Domesticaram ovelhas, porcos, cabras e gado bovino e tornaram-se hábeis pescadores. Nesse novo e rico ambiente, a população cresceu vertiginosamente, e nas aldeias e vilas ribeirinhas eles agora lançavam as fundações de uma brilhante civilização.

No leste da Ásia, a cultura agropecuária que surgira ao longo do rio Amarelo se espalhara para grande parte da China setentrional. Mais ao sul, o estilo arroz-com-porco do Yangtze se difundira para uma ampla área, mas o arroz ainda compunha apenas uma modesta porção do consumo alimentício das pessoas que viviam lá. O arroz é um grão imensamente fecundo, com produção muito maior do que outros cereais, mas exige um maciço investimento na mão de obra para criar as condições propícias a seu cultivo. Levaria muitos séculos até ele se tornar um elemento essencial da dieta chinesa e sustentar uma nação urbana. A China em 4000 a.C. possuía, como a Europa, mais aldeias do que vilas.

No Japão a vida girava em torno da pesca e da caça. A elevação do nível dos mares ao fim da Era do Gelo isolara o país, e seus habitantes haviam desenvolvido uma cultura nativa baseada na vida litorânea em pequenas aldeias. O mar que os privou de ideias estrangeiras por sua vez impediu que seus vizinhos soubessem como era o estilo de vida na ilha, que incluía uma cultura de fabricação de potes muito mais avançada do que qualquer outra encontrada no continente asiático.

Nas terras ao sul da China, a cultura dominante continuava sendo a da caça-coleta. As barreiras para a circulação de pessoas e ideias eram monumentais, e levaria ainda mil anos para que a lavoura do arroz conseguisse chegar ao sudeste asiático.

Pela maior parte do sul da Ásia, também, a prática essencial ainda era a coleta de alimento. Mas no extremo noroeste do subcontinente indiano havia uma cultura agrícola estabelecida. Nosso conhecimento da história primitiva dessa região é fragmentado, e grande parte das evidências foi varrida pelas inundações que periodicamente a devastaram. Mas escavações recentes no Baloquistão, no noroeste do Paquistão, deixaram claro que há uma história a ser contada sobre a antiga domesticação de animais e plantas. Se isso vai se revelar mais um exemplo do desenvolvimento independente da agricultura, ou se, como parece mais provável, vai se provar como um prolongamento dos acontecimentos no Crescente Fértil, não se pode dizer no momento.

Um único continente — Austrália — estava destinado a nunca passar por uma Revolução Agrícola. A elevação dos níveis oceânicos o isolou completamente, e levaria milhares de anos para que o estilo de vida agrícola atingisse seus habitantes. O fato de não terem desenvolvido uma cultura agropecuária própria não é consequência de falta de energia ou de inteligência. A lavoura e a pecuária só emergiram de forma independente meia dúzia de vezes na história, e o fizeram apenas em regiões férteis onde houvesse animais e plantas que se prestassem à domesticação. E, mesmo então, foi necessária uma "massa crítica" de povoamentos de tamanho considerável para que o processo de inovação agrícola fosse impulsionado. Em uma escala de um a dez de fatores necessários para uma Revolução Agrícola, o ambiente da maioria dos nativos australianos era próximo de um. Tendo em vista a mãozinha que a natureza lhes dera, não é surpresa que os australianos de 4000 a.C. ainda fossem coletores e caçadores, assim como os primeiros australianos haviam sido 50 mil anos antes.

A agricultura australiana dessa época era um exemplo do sistema conhecido como "roçar e queimar", uma expressão infeliz para designar o que, na verdade, é um esquema deliberado de manuseio ambiental. O que soa como um ataque impiedoso e destrutivo ao meio ambiente era um processo calculado, baseado em séculos de experiência, em que áreas de floresta eram devastadas com uma mistura de derrubada de árvores e queimadas, para criar uma clareira, fertilizada pela cinza, onde novos brotos de um tipo desejado de vegetação podiam fixar-se por si mesmos. Na Austrália, assim como em inúmeras outras regiões do mundo, isso foi obra de pessoas que sabiam o que estavam fazendo e representou uma domesticação da paisagem tão profunda quanto a domesticação de animais e vegetais realizada por povoamentos fixos.

No outro lado do Pacífico, o vasto continente das Américas abrigava muitas culturas diferentes. A maioria se caracterizava por um estilo de vida itinerante, baseado no relacionamento com os grandes mamíferos com quem compartilhavam seus ambientes: o caribu, no Norte, o bisão, no Meio Oeste; e o guanaco e a vicunha no altiplano Andino. (A lhama — produto do cruzamento entre o guanaco e a vicunha — ainda não havia sido gerada.) Os povos das Américas eram todos caçadores ou caçadores-coletores, e a maior parte de seus decendentes o seriam por séculos. Mas no México central, várias tribos nômades que há muito praticavam o cultivo sazonal estavam para iniciar a agricultura fixa.

4.1 O desenvolvimento das culturas humanas

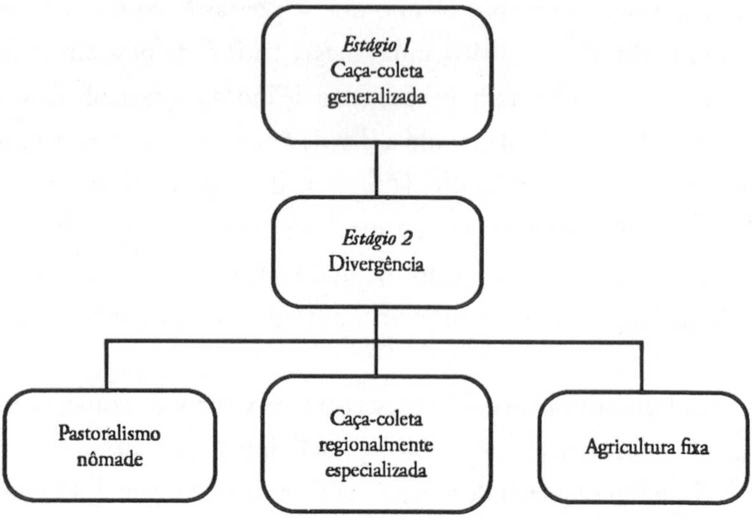

4.2 A transição para a agricultura fixa

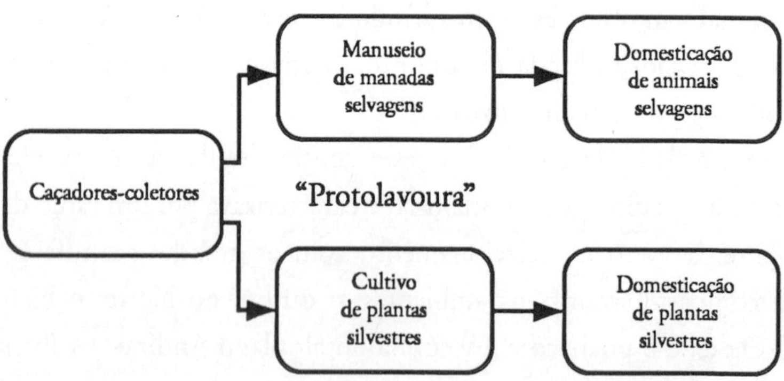

A transição de caça e coleta para atividades agropecuárias em tempo integral foi gradativa: durante um longo período, existiu, em parte do tempo, o que se chamou de "protolavoura".

Este passeio que estamos fazendo por várias partes do mundo tem se concentrado em dois tipos de existência fortemente contrastantes: agropecuária e caça (ou caça e coleta). Mas seria uma História enganosa se abordasse exclusivamente esses dois aspectos. Um terceiro estilo de vida foi seguido por milhões de pessoas e continua a ser amplamente praticado atualmente. É chamado de pastoralismo nômade, e seus praticantes contribuíram para alguns dos eventos mais significativos da história humana.

Pastoralistas são criadores de rebanhos que viajam com seus animais. Enquanto outros conservam seus rebanhos e manadas na mesma localidade ano após ano, os nômades se movem com os seus de um lugar para outro, a fim de tirar vantagem da pastagem sazonal. Suas habitações são transportáveis, e a moradia característica é uma barraca feita de peles. Nem todos vivem em pequenos bandos. Seus rebanhos e manadas podem ser imensos, e o número de pessoas pode ser igualmente grande.

A relação histórica entre pastoralismo e outras culturas está ilustrada no Diagrama 4.1. Tanto o pastoralismo quanto a agropecuária surgiram da caça e da coleta e foram baseados em um conhecimento preciso. Ambos se preocupavam com a qualidade de seu gado e eram igualmente informados em questões de criação. Riqueza podia ser acumulada em ambas as atividades. O dono de um bom rebanho ovino não tinha motivos para se sentir diminuído perante o dono de uma grande fazenda; em relação a um lavrador e criador pobre, talvez não sentisse outra coisa além de piedade.

Na África, e nas terras que margeavam o Crescente Fértil, bem como em grande parte da Ásia Central, o pastoralismo se tornaria mais tarde o modo de vida de muitos povos, mas sua história pertence a um capítulo subsequente. Em 4000 a.C., os povos cujos descendentes iriam um dia adotar o pastoralismo ainda eram basicamente coletores de alimentos. Em uma única parte do mundo, a Rússia meridional, havia sinais de uma revolução por vir. Lá, nas amplas vastidões das estepes, os tocadores de carneiros selvagens haviam triunfado em domar um animal muito diferente das criaturas dóceis que estavam sendo domesticadas em todos os demais lugares. Esse animal era o cavalo, e seu recrutamento na lista de animais obedientes da espécie humana traria profundas consequências.

O aquecimento global contínuo abrira novas áreas de colonização para plantas e animais, e também para os animais humanos. A agricultura estabelecida possibilitava que terras já ocupadas sustentassem populações cada vez maiores. Até mesmo os povos que não se dedicavam à agropecuária desfrutavam de ferramentas e armas evoluídas para seus trabalhos e caçadas. À medida que os seres humanos incrementaram sua capacidade de explorar e controlar o meio ambiente, o número de pessoas cresceu. Em 6000 a.C., a população humana fora cerca de 10 milhões. Por volta de 4000 a.C., crescera para cerca de 30 milhões.

Em todos aqueles anos desde que os humanos modernos haviam deixado a África, a separação por mares, rios, florestas e cadeias montanhosas resultara em grande diversidade de culturas e línguas. As fronteiras culturais e linguísticas dificilmente são as mesmas. Se alguém vê um estranho usando arco e flecha, não precisa saber a denominação de *arco*, nem de *flecha*, para ser capaz de apreciar as vantagens de possuir os dois objetos. Foi assim que algumas práticas passaram a ser adotadas em amplas regiões, mesmo quando as pessoas que as utilizavam falavam diferentes línguas. Em 4000 a.C., os 30 milhões de habitantes do mundo provavelmente falavam cerca de 10 mil línguas distintas — mais ou menos o dobro do que existe hoje. Isso significa que o número médio de pessoas que compartilhavam o mesmo idioma girava em torno de 3 mil. Essa estatística põe em evidência com clareza assombrosa o tamanho diminuto e o caráter local do universo social habitado por nossos ancestrais de 6 mil anos atrás.

5

A invenção do Estado

A PARTIR DE MAIS OU MENOS 4000 A.C., MUITAS SOCIEDADES HUMANAS começaram a mudar a um ritmo visivelmente veloz, e sua organização se tornou mais complexa.

À história da ascensão das aldeias e vilas agora acrescentamos a das cidades. A diferença entre uma aldeia e uma vila, ou entre uma vila e uma cidade, é a diferença entre o que acontece nelas, mais do que o número de pessoas que ali vivem. O que caracteriza uma cidade não é tanto o tamanho, mas seu papel na administração — política, financeira e religiosa — do território circundante. Em uma cidade, sempre houve alguma espécie de centro de governo: quando não o palácio de um soberano, no mínimo um importante conjunto de prédios oficiais. Também existiriam uma classe superior em templos, mesquitas ou igrejas e vários edifícios bancários lindamente construídos, ou, nos dias que precederam os bancos, as casas dos comerciantes ricos.

Essas três — aldeia, vila e cidade — são as categorias significativas do povoamento humano. Mas, para falar sobre as atividades sociais, precisamos levar em consideração não só as descrições físicas dos lugares onde as pessoas vivem, mas os relacionamentos entre os seres humanos em grandes concentrações, o que significa um olhar sobre a cultura, o estado e a civilização.

O conceito de cultura já foi abordado diversas vezes como significado de um modo de vida compartilhado por grande número de pessoas ao longo de distâncias consideráveis, mas sem necessitar de nenhum tipo de organização formal. Um Estado é a vinculação de um grande número de pessoas a um governo comum, respaldado pela força. Investigaremos o desenvolvimento — que levou à civilização — dos primeiros estados neste capítulo. Civilização é uma palavra que suscita fortes sentimentos, mas seu uso neste livro é bastante específico.

Quando Mohandas Gandhi, o grande defensor da independência indiana, visitou a Inglaterra na década de 1930, um repórter lhe perguntou: "Senhor Gandhi, qual sua opinião sobre a civilização ocidental?" A resposta dele foi: "Acho que seria uma coisa ótima." Essa resposta sugeriu sutilmente os muitos significados possíveis da palavra e o modo impensado como às vezes é utilizada. Muitas sociedades — incluindo a Roma antiga, a China do século XVIII e a Grã-Bretanha no século XIX — a empregaram com uma mensagem subentendida: "Nós somos civilizados; vocês são bárbaros; eles são selvagens." É impossível chamar a si mesmo de "civilizado" sem dar a entender que o outro é "incivilizado", o que nos leva a concluir que todo uso da palavra nesse sentido necessariamente subentende uma visão pejorativa sobre alguém. Neste livro, o termo "civilização" é usado com um único sentido: uma cultura que se disseminou por uma grande região e perdura por um longo período de tempo, e que encontra expressão em um estilo particular de vida urbana.

É hora de regressar àquelas vilas dentro e em torno do Crescente Fértil, e em particular àquelas da Mesopotâmia, a região atravessada pelos rios Tigre e Eufrates, no atual Iraque. A Mesopotâmia costuma ser chamada de "berço da civilização", mas isso é ir longe demais. A pretensão de ser considerada especial reside não em seu caráter singular, mas em ter se constituído no mais antigo de tais "berços". A região também conta com a vantagem para o historiador de ter sido local de origem de uma forma de escrita duradoura, a cuneiforme, que nos permite traçar o desenvolvimento dessa forma de civilização de um modo que é impossível, por exemplo, para o subcontinente indiano ou a China. Trata-se uma inovação cuja importância rivalizou com a da Revolução Agrícola de 6 mil anos antes.

A Mesopotâmia no período de 4000 a.C. a 3500 a.C. foi um exemplo perfeito da veracidade do ditado "nada é mais bem-sucedido do que o sucesso". Esse conjunto de grandes aldeias facilmente ao alcance umas das outras, num ambiente tão favorável, deve ter constituído uma verdadeira estufa para a proliferação de novas ideias.

Uma dessas ideias cruciais foi a irrigação. A Mesopotâmia conta com um amplo suprimento de água na forma de escoamento superficial das montanhas circundantes, mas "escoamento superficial" é apenas um termo funcional. Depois que as águas chegavam ao Tigre e ao Eufrates, efetivamente abriam caminhos secundários através das extensas planícies por onde os rios passavam e onde a precipitação pluviométrica era escassa. O solo potencialmente fértil era reabastecido pela cheia dos rios, mas, entre uma e outra cheia, a terra cozinhava sob o sol escaldante. Reservatórios e canais solucionaram o problema do suprimento de água durante a estação seca, e uma população maior fornecia tanto a força de trabalho quanto o incentivo para sua construção. Tendo sido tornada possível pela ampliação populacional, a irrigação por sua vez proporcionava o alimento necessário para outros aumentos demográficos, que demandavam, e tornavam possível, projetos ainda mais ambiciosos.

Muito já se debateu sobre o que surgiu primeiro: Estados organizados ou irrigação de larga escala. É uma discussão inútil, pois está baseada na pressuposição de que um fator deve ter sido a causa de outro. A única resposta sensata é que irrigação em larga escala e Estados organizados evoluíram juntos, e um foi significativo na evolução do outro.

Esses reservatórios e canais não só asseguravam o fornecimento de água por toda a época do cultivo como também ajudavam a controlar os rios de grande vazão. Aquela era uma região com experiência recente de inundações devastadoras, cuja lembrança posteriormente seria incorporada a uma das mais antigas narrativas populares do mundo — *A epopeia de Gilgamesh* —, que por sua vez inspirou a lenda bíblica de Noé e sua arca. Essa narrativa dos feitos heroicos do rei mesopotâmico Gilgamesh está registrada em tabuletas de argila que datam do século XVII a.C., descobertas nas ruínas da grande biblioteca de Nínive. Fragmentos encontrados em outras partes sugerem que a história tem pelos menos 2 mil anos de idade.

À medida que esses projetos se tornavam maiores, o planejamento e o gerenciamento da força de trabalho também aumentaram. Foi essa relação entre a grandiosidade do projeto e a organização exigida para sua execução que conduziu o hábito de cooperação e o desenvolvimento de habilidades organizacionais, o que tornou mais fácil levar a termo projetos ainda maiores. Tais projetos demandavam não apenas habilidades organizacionais, mas estruturas organizacionais. Alguém tinha de liderar, dar ordens e verificar se eram cumpridas. Com o tempo, as práticas de comando começaram a assumir a forma que reconheceríamos hoje como os primeiros estágios na criação dos Estados. Jamais saberemos a sequência de passos exata ao longo dos quais as principais vilas da Mesopotâmia se tornaram cidades-Estado, mas há evidências de que por volta de 3500 a.C. o processo já estava bem avançado.

O desenvolvimento desse grupo de cidades-Estado na região da Mesopotâmia meridional conhecida como Suméria foi acelerado pela invenção da escrita. É impossível organizar grandes projetos utilizando apenas a palavra falada. Em torno de 3500 a.C., moedas de argila passaram a ser usadas como formas de autorização para o fornecimento de bens, e informações contábeis foram registradas pela primeira vez, em tabuletas de argila. No início, os registros eram pictográficos: dois riscos junto ao desenho grosseiro de uma vaca significavam "duas vacas". Em pouco tempo, sinais para conceitos como "semana que vem" e "urgente" foram adicionados. Funcionários atarefados estavam sempre em busca de modos econômicos de registrar informação. Por volta de 3000 a.C., a lista curta original de pictogramas fora substituída por um vocabulário de vários milhares de sinais que não apresentavam semelhança com objetos conhecidos. Muitos transmitiam mensagens como "Diga a ele que queremos para já" e "Se ao menos chovesse". E, se um escriba desejava escrever sobre "duas vacas", não tinha mais de fazer duas marcas para representar o "dois". Ele agora tinha numerais: símbolos simples que lhe permitiam escrever qualquer número que quisesse. Foi assim que a contabilidade deu origem à matemática. E, com a matemática, a ciência estava a um passo.

A linguagem escrita — a primeira do mundo — era registrada em tabuletas de argila úmida de rio, postas para secar a fim de se tornarem permanentes. As impressões eram feitas com a ponta afiada de um caniço, dando aos caracteres um aspecto de cunha, o que deu origem ao nome escrita cuneiforme. Essas tabuletas foram um dos modos de escrita mais duradouros, e os museus do mundo abrigam centenas de milhares delas, a maioria já decifrada, podendo ser lidas com facilidade.

A população da Suméria, por muito tempo o mercado mais rico do mundo, continuou a se expandir. Por volta de 2700 a.C., a cidade de Uruk, no que era então um trecho amplo e navegável do Eufrates, a sessenta quilômetros do mar, tinha 50 mil habitantes. Eles viviam no interior de um circuito de dez quilômetros de muralhas, que por sua vez era cercado por canais e bosques de palmeiras, onde hoje há apenas deserto. Uruk pode ter sido a maior cidade, mas possuía muitas rivais. Conforme suas populações aumentavam, essas cidades se tornavam cada vez mais uma ameaça umas para as outras pela necessidade de terra, água e recursos naturais. Diante dessas pressões, elas gradualmente evoluíram para cidades-Estado muradas, organizadas e preparadas para lutar e preservar sua independência. Nos primórdios, essas sociedades prontas-para-a-briga-a-qualquer-momento eram governadas por "gabinetes" de nobres, que elegiam alguém dentro de sua própria classe para ser o governante supremo em períodos de guerra. Mas, à medida que o tempo passava, ficava cada vez mais difícil destituir esses ditadores "temporários", até que finalmente viravam reis: soberanos permanentes, explorando a suposta capacidade de intervir junto aos deuses a fim de preservar seu controle sobre os súditos. Para administrar o reino, contavam com grande número de funcionários públicos, porém exércitos permanentes compostos de soldados profissionais ainda não existiam. As forças de combate eram reunidas à medida que a necessidade surgia.

A tecnologia e as necessidades da vida cotidiana haviam melhorado desde 4000 a.C. A invenção do torno de oleiro na Mesopotâmia, por volta de 3500 a.C., trouxe uma melhoria tanto na qualidade quanto na produtividade dos negócios de olaria. Não demorou muito para que alguém um pouco mais esperto percebesse que rodas semelhantes a um torno poderiam ser utilizadas para outras finalidades. A mais antiga representação de um veículo com rodas — um trenó com quatro rodas sólidas — é suméria, datando de pouco depois de 3500 a.C. Logo, carrinhos de mão se tornaram uma visão comum nas ruas. Com eles, havia carros puxados por jumentos, capazes de transportar cargas três vezes mais pesadas do que esse animal conseguia carregar nas costas.

Os excedentes alimentícios gerados pelo sistema de agricultura altamente produtivo eram, em teoria, oferecidos aos deuses — que essas cidades contavam em profusão — e armazenados no templo, que constituía o coração da vida urbana. Esses excedentes não só possibilitavam às classes dominantes viver em meio a luxo e conforto; também tornavam possível para essas comunidades sustentar grande número de trabalhadores especializados em metal, que produziam belíssimos objetos em ouro, prata e cobre em período integral. A Suméria não tinha fontes de minério, mas seus excedentes de alimento facilitavam o pagamento pelos metais de que o povo necessitava, que eram importados por mar e rio de lugares distantes.

A contabilidade era crucial para a manutenção dessa civilização, mas não como a conhecemos. Ela dizia respeito unicamente a quantidades físicas, como de materiais recebidos, e trabalhos completados. A despeito de sua prosperidade, nem os cidadãos desses Estados nem os próprios Estados usavam dinheiro. Ainda não havia uma cultura monetária. O comércio entre as cidades, e com terras distantes, era conduzido na base do escambo. O trabalho era remunerado pelas autoridades em espécie: alimentos, bebidas e favores. Um mundo assim, sem dinheiro, é de difícil compreensão para nós; mas nosso mundo *com* dinheiro teria sido ainda mais incompreensível para a imaginação deles. A riqueza residia nos objetos físicos. A pessoa que possuía muitas vacas era rica, porque seus vizinhos ficavam felizes por receber uma delas como pagamento para cuidar de um jardim ou uma determinada quantidade de leite em troca do conserto de um arado.

Essas cidades-Estado, compreendendo as cidades e suas aldeias-satélites, continuaram a crescer durante todo o terceiro milênio a.C. Por volta de 2500 a.C., as duas maiores, Uruk e Lagash, tinham, cada uma, cerca de 200 mil habitantes. Mas seus dias de independência estavam contados. Em 2350 a.C., o rei Lugalzagesi, da cidade de Umma, estabeleceu sua soberania sobre toda a Suméria. A conquista lhe granjeou mais de um milhão de súditos e trouxe uma nova dimensão à ideia de Estado.

Enquanto a civilização da planície mesopotâmica se desenvolvia, transformações similares ocorriam em outras partes; algumas imitando deliberadamente o que os sumérios estavam fazendo, outras sem ter conhecimento do que se passava na Mesopotâmia. Às margens do Nilo, o povo do Egito — em contato com o Crescente Fértil, mas isolado por desertos em expansão a leste e a oeste — entregava-se a um exercício de superação. A fertilidade inexaurível do vale fluvial e o aumento da população subsequente estavam potencializando o desenvolvimento de uma civilização que partilhava inúmeras características com as culturas vizinhas, mas possuía elementos próprios.

O Nilo era o suporte vital do Egito. O país em si recebia pouca chuva, mas as terras altas etíopes, ao sul, onde a maior parte da água do rio se originava, recebia chuvas sazonais que eram mais do que suficientes. Em outubro, quando as águas da cheia retrocediam, os fazendeiros preparavam seus campos com arados puxados por bois e semeavam suas plantações: trigo e cevada; ervilha e feijão; cebola, alho-porro e pepino; uva, figo, tâmara e pêssego; melão e romã. Tinham pouco pasto, mas suas vacas, porcos, ovelhas, cabras, patos e gansos ficavam felizes empanturrando-se com baldes de papa e gamelas cheias de sobras vegetais. Seus donos também eram felizes, ou pelo menos os mais ricos entre eles, sentados em suas varandas, bebericando vinhos de uva e de romã produzidos em suas casas. Abril era época de colheita, quando famílias inteiras trabalhavam do nascer ao pôr do sol para recolher a fartura trazida pelo rio. Depois disso, era época de arrumar as cercas e limpar as valas, preparando-se para a próxima cheia, que quase nunca falhava.

Como na Mesopotâmia, as aldeias do Egito cresceram e se tornaram vilas, e algumas delas em pouco tempo viraram cidades. Por volta de 3500 a.C., a maior delas, Nekhen — oitenta quilômetros a norte de Assuã e mais conhecida por seu nome grego posterior, Hierakonpolis —, já contava com um complexo de templos e estabelecimentos que produziam cerâmica e cerveja em escala industrial. É a partir de Hierakonpolis, em torno dessa data, que encontramos a primeira evidência de uma prática que seria um elemento significativo da cultura egípcia pelos 3 mil anos seguintes: a mumificação dos mortos.

Dissemos que a cheia do Nilo quase nunca falhava. Esse *quase* encerra uma das chaves para a história do Egito. Mais ou menos a cada dez anos, em média, o rio negava sua dádiva: a cheia não vinha, e as safras não podiam ser plantadas, muito menos colhidas. Quando isso ocorria, o país enfrentava a fome. Qualquer um capaz de apresentar uma solução para o problema tomaria o poder. Foi assim que um grupo de personalidades poderosas — que em breve estariam chamando a si mesmos de reis — pôde assumir o domínio sobre as cidades da região, em troca da promessa de organizar o acúmulo de excedentes alimentícios nos anos bons, como preparativo para os ruins.

Sem dúvida, em se tratando de pessoas, é mais fácil obter o controle sobre os corpos quando se conquista o domínio sobre as mentes, e isso não passou despercebido pelas classes dominantes do Egito. A promessa de reservas físicas de alimento foi acompanhada pelo conto do vigário de uma suposta "linha direta" com os deuses que governavam as águas e forneciam às safras seu sopro vital. A mesma fórmula — exploração do medo supersticioso para dar sustentação à religião estabelecida, que por sua vez é usada para dar sustentação ao poder do Estado — foi utilizada ao longo de toda a História. Mas em nenhuma outra parte foi usada com consequências mais poderosas do que no Antigo Egito, onde a religião do Estado, com o passar do tempo, levaria a ideia a sua conclusão lógica, declarando que os reis na verdade *eram* os deuses e deviam ser venerados como tal. A fórmula se mostrou à prova de fogo. Durante nove de cada dez anos, o povo assustado e submisso se dobrava à autoridade de seus superiores sagrados e seculares pela ameaça de castigo divino. No décimo ano, quando a cheia não vinha, eram informados de que se tratava de uma punição por seus pecados (incluindo ignorar as determinações desses mesmos superiores). Era uma situação dos sonhos para qualquer classe dominante: vencer ou vencer.

À medida que cidades antes independentes formavam uma conurbação, um exército de funcionários públicos era empregado para administrá-las. Como na Suméria, a necessidade de manter registros e comunicar instruções levou à invenção de um sistema de escrita. Esse, também, inicialmente assumiu a forma de imagens que representavam objetos, e somente mais tarde se desenvolveu e incluiu ideias e conceitos. Mas seus avanços posteriores foram muito diferentes. Na Suméria, a necessidade de gravar rapidamente em uma superfície pouco favorável — placas de argila — originou a simplificação dos símbolos, de modo que estes se tornaram o sistema econômico de sinais conhecido como cuneiforme. A evolução da escrita egípcia tomou dois rumos diferentes. Um veio a ser a linda escrita pictográfica que chamamos de hieróglifos (do grego, "entalhe sagrado"). Os hieróglifos eram entalhados nos edifícios públicos e pintados em paredes, sobretudo as de túmulos, e permaneceram praticamente inalterados ao longo dos 3 mil anos seguintes.

O outro, hierática, foi uma resposta à necessidade de encontrar um modo mais rápido de escrever. Para essa escrita menos monumental, os egípcios tinham acesso ao que foi, na prática, o primeiro papel de escrever. Às margens do Nilo, um caniço em forma de guarda-chuva chamado papiro crescia em touças muito altas. A parte de baixo do caule, doce, era mastigada, assim como a cana-de-açúcar hoje em dia. As partes superiores eram trançadas na fabricação de cestas e pequenos botes. Em torno de 3000 a.C., descobriu-se que, se tiras sobrepostas da medula do caule fossem deixadas secando, a goma que continham as colava, produzindo uma superfície fina ideal para escrever. Esse material, denominado papiro conforme o nome da planta de onde vinha, tornou-se o suporte de escrita cotidiano dos egípcios. Para o preto, eles usavam o negro de fumo; para os coloridos, tinturas vegetais e minerais. Dois mil anos depois, o papiro seria adotado primeiro pelos gregos, depois pelos romanos.

Como a Suméria, o Egito do quarto e do terceiro milênios a.C. era uma sociedade da Idade da Pedra. Mas com sua classe de homens empunhando martelos, uma força de trabalho quase ilimitada e uma autoridade na matemática aplicada, os egípcios construíram monumentos de magnificência duradoura. Os reis, sendo deuses, eram imortais, e seu futuro precisava ser bem provido. Assim nasceu a prática de sepultá-los em túmulos suntuosos, equipados com tudo de que precisariam em uma existência monárquica pós-vida. Em um país com 2 milhões de pessoas, grande parte delas ociosas na agricultura entre o plantio e a colheita, mão de obra não era problema.

A tradição encontrou sua expressão mais extravagante na Grande Pirâmide de Gizé, perto da moderna Cairo. Esse foi o túmulo do rei Khufu (em grego, Quéops), que morreu por volta de 2600 a.C. A maior estrutura de pedra jamais construída, contém mais de 2 milhões de blocos, tendo em média 2,5 toneladas cada, alguns deles levados por via fluvial de oitocentos quilômetros de distância. Segundo o historiador grego Heródoto, foram necessários 100 mil trabalhadores durante um período de vinte anos. Esse foi o maior monumento da Idade da Pedra. Foi também um de seus derradeiros. Os milhares de pessoas reunidos para testemunhar a colocação do pináculo não sabiam que as primeiras agitações de uma nova era — a Idade do Bronze — já se faziam sentir em outra parte. O processo de mudança incessante iniciado com a Revolução Agrícola estava prestes a girar uma engrenagem.

6

Impérios de bronze

ANTES DE MERGULHARMOS NA IDADE DO BRONZE, VALE A PENA FAZER UMA pausa para refletir como a invenção desse metal causou um efeito tão significativo no curso da história.

Bronze é uma liga de cobre e estanho, feita pelo aquecimento de metais combinados. É mais duro que o cobre, mas tem um ponto de fusão mais baixo, e é mais fácil de moldar. O cobre é obtido de minérios como a calcopirita (uma combinação de cobre, ferro e enxofre), mas é ocasionalmente encontrado em estado puro — por exemplo, em meteoritos. Muitas sociedades da Idade da Pedra estavam familiarizadas com ele, e o metal era muito procurado para a confecção de ornamentos e joias. Mas sua raridade e maleabilidade eram desvantajosas quando se tratava de fazer ferramentas e armas. No terceiro milênio a.C., as pessoas descobriram como produzir cobre aquecendo minérios de cobre além do ponto de fusão do metal. Aprenderam também a combinar cobre com estanho para aumentar a dureza. A liga resultante — o bronze — revolucionou a manufatura de ferramentas. E levou a uma revolução ainda maior na confecção de armas.

O bronze foi produzido pela primeira vez por volta de 3000 a.C., mas por centenas de anos permaneceu escasso, pois era difícil obter estanho. Não foi senão com a descoberta de ricas reservas de estanho, como as da Espanha e da Anatólia, que o bronze pôde ser utilizado em larga escala. Quando isso ocorreu, as armas de bronze transformaram as práticas de guerra. Uma lança de bronze era mais forte que uma de pedra. Era feita de uma única peça, ao passo que uma lança de pedra tinha a força somente de sua haste e das amarras que a prendiam à haste. O mesmo pode ser dito da adaga de bronze. A espada de bronze não tinha equivalente na Idade da Pedra. A arma que mais se aproximava de sua eficiência era a clava de pedra.

Armas e ferramentas de bronze não só eram mais eficazes como também mais fáceis de fazer. Ferramentas de pedra produzidas a mão, demandavam tempo e exigiam habilidade considerável. Objetos de metal podiam ser produzidos em massa. Um único modelo feito a mão podia ser usado para fazer centenas de moldes, cujas fornadas podiam ser enchidas com uma concha de metal. Quando o metal esfriava, o trabalho envolvido em desbastar as aparas do molde bruto levava uma fração do tempo envolvido na produção de uma ferramenta ou uma arma de pedra.

Essa mudança na tecnologia da paz e da guerra teve lugar no cenário das transformações da sociedade humana. Uma das consequências de guerras recorrentes foi a redução no número de cidades-Estado, à medida que as derrotadas eram absorvidas pelas fronteiras de suas rivais vitoriosas. Algumas das vitoriosas, por sua vez, eram conquistadas posteriormente, abrindo caminho para Estados ainda maiores. Em 2334 a.C., os exércitos do rei Sargon da Acádia, na Mesopotâmia setentrional, conquistaram o reino da Suméria, que somava apenas 16 anos de existência mas já possuía mais de um milhão de pessoas. Ao fazê-lo, ele criou o primeiro império do mundo. Mas não estava destinado a durar muito. Os mil anos seguintes na Mesopotâmia testemunharam um processo de ascensão e queda de impérios sucessivos, conforme os povos nas regiões circundantes se deslocavam, e cada um, respectivamente, cobiçava a abundância e as amenidades do rico território.

Essa longa competição entre impérios rivais originou uma melhoria contínua na tecnologia de guerra. A eficácia das armas de bronze, e sua facilidade de manufatura, constitui apenas parte da história. O que de fato mudou a guerra foi o uso de armas e armaduras de bronze combinado com outra invenção que surgira na mesma região: o cavalo de batalha.

Cavalos haviam sido domesticados por volta de 4000 a.C. por nômades do leste da Europa e da Ásia Central, mas por muito tempo permaneceram apenas como fonte de alimento. Eles forneciam carne e leite, mas seus donos mais antigos os consideravam montaria tanto quanto teriam pensado em montar numa vaca. Não foi senão por volta de 2000 a.C. que os cavalos foram montados com um propósito sério, e o lugar onde a prática se originou parece ter sido o norte do atual Irã. Assim que a habilidade foi dominada, sua utilidade para o combate logo se tornou aparente, e a tradicional prática de procriação para obter docilidade foi invertida, na medida em que a ênfase recaiu sobre a força e a velocidade. Por volta de 1500 a.C., tropas montadas eram um componente padrão dos exércitos por todo o Crescente Fértil, e a cavalaria nômade instilava o terror nas comunidades de fazendeiros do leste da Europa ao oeste da China. Desse modo, tiveram início recorrentes incursões a cavalo aos territórios povoados da Europa e da Ásia, que continuariam pelos 3 mil anos seguintes. Nesses conflitos, os nômades errantes do leste da Europa e da Ásia Central contavam com uma arma secreta imbatível: grama. Era algo que os cavaleiros das estepes tinham em abundância, e isso facilitou aos povos nômades manter grandes bandos de cavalos e, mais do que tudo, criá-los visando aprimorar a velocidade e o vigor físico. Uma vida sobre a sela também significava que todo homem e rapaz eram potenciais cavaleiros, capazes de ser mobilizados de um momento para outro.

A combinação de cavalo e metal tornou possível o carro de batalha. Essa invenção foi um avanço comparável à introdução do tanque de guerra no século XX. Assim que os construtores de carros passaram a contar com um material duro e fácil de trabalhar como o bronze, as vantagens do metal sobre a madeira na construção de veículos militares tornaram-se óbvias. Entre 2000 a.C. e 1500 a.C., muitos povos do sudoeste da Ásia desenvolveram algum tipo de carro de batalha. Mas a versão leve dois homens-duas rodas criada pelos nômades das estepes foi uma arma de guerra muito mais eficaz do que os desajeitados carros de quatro rodas usados pelos povos das planícies. Esse carro leve e os arqueiros a cavalo, capazes de disparar flechas cavalgando em alta velocidade, criaram um novo tipo de guerra. Exércitos agora podiam deslocar-se por grandes distâncias, e ataques podiam ser lançados contra cidades desprovidas de defesa por forças que nem sequer imaginavam encontrar pelas redondezas.

Essas mudanças na tecnologia de guerra foram acompanhadas por outras igualmente drásticas nos assuntos da vida cotidiana. A rede de comér-

6.1 O Mediterrâneo no período clássico

O Mediterrâneo é o maior mar continental do mundo. Sua costa tem 16 mil quilômetros, mas nenhum ponto de sua superfície está a mais de 160 quilômetros do continente.

cio agora se estendia por milhares de quilômetros. O transporte fluvial fora transformado com a invenção da vela. Se antes o transporte aquático se limitara a balsas flutuando rio abaixo ao sabor da corrente, agora era possível para os barcos cumprir rotas com a ajuda do vento. Em nenhum lugar isso teve mais importância do que no Egito, um país erguido às margens de um rio. Os egípcios já usavam botes feitos de tábuas, que lhes possibilitaram transportar pesadas cargas a jusante. Mas depois que inventaram a vela, por volta de 3500 a.C., puderam explorar os ventos do norte para viajar a montante com a mesma facilidade com que desciam o rio. Essa capacidade de transportar objetos em ambas as direções, e os recursos que a atividade disponibilizou, foi talvez o fator isolado mais importante no exercício competitivo empreendido pelos egípcios entre 3000 a.C. e 2000 a.C.

A invenção da vela não só transformou o transporte fluvial: também tornou possível a travessia de oceanos. Em vez de remar ao longo da costa, os marinheiros tornaram-se aptos a enfrentar o desafio do mar aberto. Os primeiros veleiros egípcios contavam com velas longas e estreitas presas a dois mastros. À medida que se aventuraram pelo Mediterrâneo, desenvolveram a vela grande e quadrada, que mais tarde se tornaria o padrão de navegação marítima por toda parte. Essas naus oceânicas — as primeiras do mundo — ampliaram enormemente o alcance do comércio egípcio e inauguraram uma era de supremacia naval do Egito que durou quase 2 mil anos. Eles traziam cobre de Chipre, estanho da Ásia Menor e, o mais importante, em um país sem florestas, madeira do Líbano.

O desenvolvimento da navegação de alto-mar foi um fator crucial na aceleração da mudança que caracterizou a transição da Idade da Pedra para a Idade do Bronze. O transporte marítimo era muito mais fácil que o terrestre. Isso gerou imensa vantagem para qualquer sociedade com acesso a águas navegáveis; vantagem que perduraria até a invenção da locomotiva a vapor, no século XIX. Em nenhum lugar essa vantagem foi mais importante do que para sociedades que cresceram em torno do Mediterrâneo. Com uma área de mais de 2,5 milhões de quilômetros quadrados, uma linha costeira de mais de 15 mil quilômetros de comprimento, embora quase nenhum ponto a mais de 150 quilômetros da terra firme, o Mediterrâneo era o sonho de qualquer marinheiro. À medida que povoamentos e portos se instalavam às suas margens, ele assumia cada vez mais o caráter de um grande lago interior, ao redor do qual se estabeleceram diversos Estados, na frase evocativa do filósofo grego Platão, "como rãs em torno de um charco".

O Egito, com sua localização privilegiada para se beneficiar do comércio oceânico tanto no Mediterrâneo quanto no golfo Pérsico, foi a mais brilhante e poderosa dessas civilizações marítimas. Mas, durante o segundo milênio a.C., outras surgiram em cena. Uma delas, a minoica, estabeleceu-se na ilha rochosa de Creta. Ali, no que à primeira vista era uma paisagem inóspita, uma estirpe de resistentes agricultores cultivava trigo, plantava oliveiras e videiras e criava ovelhas. Por quinhentos anos, eles conduziram um comércio de exportação de lã, vinho e azeite com outros países e com suas próprias colônias em torno do Egeu. Os vestígios de seus palácios dão um testemunho da prosperidade resultante. Nas ruínas de um deles, um tabuleiro de jogo foi encontrado, incrustado de marfim e lindas pedras de lápis-lazúli. O marfim devia ser originário de presas de elefantes africanos e o lápis-lazúli de sua única fonte disponível na época, as minas acima de Faizabad, no Afeganistão. Era um achado que condensava tanto o luxo usufruído pelas classes dominantes nas civilizações da Idade do Bronze como as redes mercantis em que esse luxo estava baseado.

Em 1628 a.C., os povoamentos costeiros minoicos foram inundados por um tsunami, e seus campos soterrados pelas cinzas de uma erupção vulcânica na ilha de Thera (Santorini), 160 quilômetros ao norte. A civilização sobreviveu, a despeito da fome e da desordem social, mas em 1450 a.C. finalmente sucumbiu a um ataque de invasores vindos de Micenas, no continente grego, durante o qual a maioria de seus palácios e vilas foram arrasados.

A queda da civilização minoica coincidiu com o surgimento de uma nova cultura marítima no Mediterrâneo oriental — a dos fenícios. Eles falavam uma língua aparentada com o hebraico e viviam em áreas litorâneas onde hoje estão situados os atuais Síria e Líbano. Essa região é abençoada com alguns dos melhores portos naturais do mundo. Em 1500 a.C., já existia um agitado comércio transoceânico com o Egito e a Mesopotâmia. Três produtos em particular formavam sua base: madeira de pinheiro e cedro; tecidos tingidos com o famoso púrpura de Tiro, também conhecido como púrpura "real" ou "imperial", obtido do molusco *Murex*; e marfim de elefantes africanos, que era destinado à Mesopotâmia e a toda parte.

No início, os fenícios haviam se sujeitado à soberania do Egito, mas este império estava se desmanchando diante dos ataques tanto do norte quanto do sul. Por volta de 1000 a.C., com o enfraquecimento da influência egípcia na região, as principais cidades fenícias — Tiro, Sídon, Biblos, Berytus (Beirute) e Ugarite — evoluíram para cidades-Estado independentes. Elas abrigavam milhares de artífices, que produziam artigos de grande procura, como obras de metal, tecidos finos e bordados. À medida que o mercado marítimo prosperava, os fenícios estabeleceram postos de comércio por toda a extensão e amplitude do Mediterrâneo. Um desses, Cartago, na Tunísia moderna, se tornaria mais tarde a maior cidade fenícia.

Um retrato vívido das atividades comerciais dos fenícios nessa época é fornecido pelo relato de um mercador egípcio chamado Weinamun, que foi enviado a Biblos pelo faraó governante em 1075 a.C. para obter madeira de navio. Ele foi despachado furiosamente por Zeker Ba'l, soberano de Biblos, irritado com a sugestão de que deveria entregar a madeira como um tributo, de acordo com o que se esperava que seus ancestrais fizessem. Quando Weinamun voltou com cinco jarras de prata, quatro jarras de ouro, quinhentas peles de boi, grande quantidade de cordas e tecidos e trinta cestos de peixe, Zeker Ba'l amoleceu, e trezentos homens e 3 mil bois foram convocados para derrubar enormes cedros e transportá-los até o porto.

O império comercial dos fenícios deixou um supremo legado na forma do alfabeto, o mais econômico sistema de escrita de todos. Não foi de fato invenção sua; eles o haviam adaptado de outro, utilizado por seus predecessores nessa parte do mundo, os canaanitas. Onde, e quando, o alfabeto foi inventado é um mistério. Tudo o que sabemos com certeza é que havia certa quantidade de escritas similares em uso pelo Mediterrâneo oriental em 1500 a.C., uma das quais, a norte-semítica, deu origem a centenas de alfabetos pela Europa, oeste e centro da Ásia e África. Foi o uso desse alfabeto norte-semítico pelos fenícios, por volta de 1100 a.C., que levou a uma versão posteriormente adotada pelos gregos e, por intermédio deles, por todos os povos da Europa. O alfabeto fenício tinha apenas consoantes e compreendia 22 letras. Foram os gregos que acrescentaram cinco sinais para representar as vogais e deram para os europeus, e as pessoas que falavam línguas de origem europeia, os alfabetos em uso atualmente.

A invenção do alfabeto foi um marco. As escritas cuneiforme, hieroglífica e pictográfica chinesa foram cruciais para o desenvolvimento de suas respectivas civilizações. Mas todos esses antigos sistemas de escrita envolviam um longo aprendizado, que só podia estar ao alcance de uma pequena elite ociosa. A escrita alfabética ofereceu a perspectiva de aprendizado para um número de pessoas muito maior, e o papel que ela desempenharia mais tarde, possibilitando a impressão de livros baratos com o tipo móvel, a situa firmemente nesse supertime de invenções que incluem os veículos com rodas, a máquina a vapor e o computador.

O grande volume de material escrito que herdamos das civilizações da Idade do Bronze no Mediterrâneo e no Crescente Fértil desempenhou um marco na escrita da História. A julgar pelos relatos de alguns historiadores sobre o período, pensaríamos que a Europa a norte dos Alpes era nessa época uma espécie de "buraco negro", fosse desabitado, fosse povoado exclusivamente por tribos selvagens. Nada pode estar mais longe da verdade. Como muitos desses povos eram iletrados, seus relatos não chegaram até nós. E, se nos ativermos à definição de civilização que insiste na existência de cidades, não podemos chamá-los de civilizados. Mas a disseminação da cultura da Idade do Bronze não parou nos contrafortes alpinos, ou na entrada do mar Negro. Nos séculos subsequentes a 1500 a.C., da Espanha à Ucrânia, uma cultura agropecuária altamente desenvolvida evoluiu. Ela se baseava mais em aldeias do que em vilas, mas comportava uma população substancial. A riqueza que gerou para seus soberanos tribais é demonstrada pelos túmulos em que foram sepultados. Suas espadas e carros de guerra, seus recipientes, utensílios e joias de ouro e seus fiéis servos foram enterrados juntos a eles, a fim de servi-los em sua jornada no além-túmulo.

7

O mundo em 1000 a.C.

EM 4000 A.C., A POPULAÇÃO MUNDIAL ERA DE CERCA DE 30 MILHÕES. Se fosse realizado um censo em 1000 a.C., provavelmente mostraria um total próximo a 120 milhões. Mais da metade vivia em quatro regiões de povoamento agrícola longamente estabelecido. Essas quatro, cada uma com uma população de mais ou menos 20 milhões, eram:

1 China
2 subcontinente indiano
3 Egito, Crescente Fértil e Irã
4 Europa

A ênfase dos dois capítulos anteriores na história antiga do sudoeste da Ásia e do Mediterrâneo é justificada pela influência mundial de muitos acontecimentos ocorridos lá. Mas também reflete a quantidade de informação disponível. Escavações arqueológicas no sudoeste da Ásia revelaram um vasto tesouro de registros escritos em argila, pedra e papiro, que nos possibilitam ler o que as pessoas dessas civilizações faziam e diziam.

Não dispomos de tanta informação sobre a história antiga do sul e do sudeste da Ásia. Sabemos que o vale do Indo, no atual Paquistão, abrigou uma civilização considerada antiga já no terceiro milênio a.C. Infelizmente, grande parte da evidência física dessa civilização foi destruída por inundações. Sua linguagem escrita não foi decifrada, e grande quantidade dela foi realizada em materiais perecíveis como folhas de palmeira, deixando pouco a ser decifrado. A agricultura se disseminara por essa região a partir do Crescente Fértil, e, como no Crescente Fértil, ficou inicialmente confinada a regiões altas. Mas o domínio de técnicas de irrigação possibilitou mais tarde que se espalhasse pelas planícies. Como o Nilo, o Indo tinha cheias anuais, levando um rico solo aluvial a uma ampla área de cultivo de trigo, cevada, arroz e algodão. Gado zebu, búfalos, ovelhas, cabras, porcos, elefantes e camelos foram domesticados.

Por volta de 2500 a.C., esse sistema combinado de agricultura e pecuária sustentava uma população de cerca de 5 milhões de pessoas, distribuída por uma vasta área. Não sabemos se a região era composta por um único Estado ou por um agrupamento de cidades-Estado. Ela abrigava duas grandes cidades de tijolos vermelhos — Harappa e Mohenjo-Daro — cujos confortos não fariam feio diante das cidades mais desenvolvidas da Mesopotâmia. Elas tinham ruas amplas, ordenadas em padrão de grade; belas casas com pátio central e poço individual; banhos públicos; e sistemas de esgoto sem igual em lugar algum. As casas eram construídas com tijolos de lama, mas os encanamentos e prédios públicos, com tijolos de alta qualidade, queimados em forno. Embora essas duas cidades fossem os povoamentos mais importantes, havia centenas de vilas menores e aldeias na região, cobrindo a maior parte do atual Paquistão e onde hoje é a Índia. Mas a partir de 1900 a.C. essa civilização entrou em declínio, e suas cidades foram abandonadas. As inundações sem dúvida foram parcialmente culpadas. Algumas escavações em Harappa exigiram a remoção de uma camada de dez metros de lama aluvial. Em outros lugares, a seca parece constituir a principal explicação, com rios minguando completamente. Seja qual for a combinação de fatores que levaram ao desaparecimento dessa sofisticada civilização, por volta de 1000 a.C. ela não passava de uma lembrança folclórica para os moradores das aldeias remanescentes.

Nosso conhecimento da antiga história chinesa é igualmente fragmentário, pois não possuímos registros atualmente, e somos forçados a nos basear em relatos semimíticos escritos muito mais tarde. Os mais antigos exemplares remanescentes de escrita chinesa não remontam a mais de 1500 a.C., aproximadamente. Eles apontam para a existência de um sistema de escrita amadurecido, com uma longa história; mas dela nada se sabe. Essa escrita é composta de caracteres similares aos utilizados hoje em dia, a tal ponto que alguns podem ser lidos por um chinês moderno mesmo sem conhecimento especializado. A semelhança familiar entre esses caracteres de 4 mil anos de idade e a língua escrita moderna é emblemática de um traço único da civilização chinesa: a continuidade por enormes períodos de tempo, algo que vimos acontecer repetidamente na história desse povo.

A China ficava bem distante do oeste da Ásia e do Mediterrâneo. Mas não havia barreira insuperável ao norte das montanhas tibetanas, e contatos comerciais — através de regiões intermediárias — existiram desde antiga data. Mais importante ainda era o comércio transoceânico nas costas do oceano Índico. As tecnologias que a China importou de povos mais a oeste incluíam o cultivo de trigo e cevada, a manufatura do bronze, a ideia do carro de guerra e aquelas que foram as supremas invenções do povo das estepes, o cavalo como montaria e o estribo. Em troca, a Europa e o oeste da Ásia obtiveram tantos benefícios que se torna difícil listar. Porcelana (primeiro século d.C.), papel (primeiro século d.C.), pólvora (nono século d.C.) e a bússola magnética (por volta de 900 d.C.) são apenas algumas invenções chinesas que por fim abririam caminho ao longo dessas duas grandes artérias comerciais: a trilha costeira contornando o oceano Índico e a Rota da Seda através da Ásia Central.

Na China, assim como nos países a oeste, a história tomara um novo curso com a invenção do bronze. Essa transformação é vividamente ilustrada por uma descoberta realizada em 1976, perto da cidade de Anyang, a quinhentos quilômetros de Pequim: um túmulo ileso que continha uma assombrosa coleção. Inscrições na tumba a identificaram como o lugar de descanso final da dama Fu Hao, esposa de um rei chamado Wu Ding. Junto com milhares de outros objetos, e em meio à habitual aglomeração de esqueletos dos fiéis servos, a tumba continha centenas de magníficos recipientes de bronze e esculturas de jade, tudo de uma beleza e qualidade artesanal extraordinárias.

A moderna Anyang é uma vila agradável, de tamanho modesto, mas a antiga cidade de mesmo nome cobria uma área de 65 mil quilômetros quadrados. Escavações por toda parte na região confirmaram a existência de cidades até então inimagináveis, todas elas erguidas em torno de palácios reais e centros rituais. Essas escavações acharam grande quantidade de "ossos oraculares": escápulas de boi e carapaças de tartaruga com fins divinatórios. A decifração das inscrições nesses ossos revelou as antigas raízes da reverência ao passado, e em particular pelos ancestrais das pessoas, que até hoje é de enorme importância.

O uso das palavras "China" e "chinês" não deve ser tomado como implicação de unidade política. Em 1000 a.C., o que chamamos de "China" era o que havia sido e permaneceria sendo por centenas de anos: um agrupamento de estados feudais independentes, cada um com o próprio exército, e todos sempre dispostos a ir para a guerra contra os demais.

Do outro lado do mar, no Japão, nenhuma civilização comparável surgira. Lá, havia uma cultura de caça, pesca e coleta de alimento estabelecida ainda na Idade da Pedra. A comida era abundante, mas, com sociedades caçadoras-coletoras por toda parte, a quantidade permanecia pequena, e os maiores povoamentos nada mais eram que aglomerações de cabanas cônicas feitas de colmo.

Bem longe, ao sul, igualmente alheios ao contato com o mundo exterior e espalhados esparsamente pelo continente inóspito, os povos nativos da Austrália praticavam um estilo de vida móvel de caça e coleta que pouco mudara em relação aos seus ancestrais de 3 mil anos antes.

A norte e a leste da Austrália, centenas de ilhas que em 4000 a.C. ainda não haviam testemunhado nenhuma pegada humana agora abrigavam povoamentos permanentes. Durante um período de 2 mil anos, começando por volta de 3000 a.C., o oceano Pacífico fora cenário de uma assombrosa sucessão de viagens feitas pelos ancestrais dos povos que hoje classificamos como micronésios e polinésios. A começar pelo sudeste da Ásia, eles colonizaram toda a Indonésia e as Filipinas em torno de 2000 a.C. Por volta de 1500 a.C., orientando-se pelas estrelas e auxiliados pelo profundo conhecimento do comportamento das correntes oceânicas, haviam percorrido toda a Micronésia e a Polinésia e se estabelecido em praticamente todas as ilhas numa área de 10 milhões de quilômetros quadrados de oceano. Em 1000 a.C., suas aldeias de pescadores e agricultores cobriam quase a totalidade do Pacífico oeste, ao sul do Trópico de Câncer e a norte da Nova Zelândia.

No outro lado do Pacífico, os descendentes dos colonizadores originais das Américas haviam prosperado e se multiplicado. A maioria deles ainda seguia um estilo de vida caçador-coletor, mas, nas zonas tropicais de ambos os continentes, Revoluções Agrícolas independentes ocorreram sem dever nada aos exemplos do Crescente Fértil ou da China. Uma delas, na América Central, foi única. Quase que em qualquer outra parte, o povoamento estabelecido baseava-se na dupla domesticação de animais e vegetais selvagens. Mas os animais adequados para a domesticação não habitavam esse canto do mundo. A região possuía, entretanto, diversas plantas silvestres comestíveis com potencial para o aperfeiçoamento, incluindo milho, abóbora e feijão. Começando mais ou menos em 3000 a.C., esses povos conceberam uma Revolução Agrícola que não dependia do trabalho de bestas ou da carne que pudessem fornecer. A despeito dessas desvantagens, criaram uma cultura agrícola capaz de sustentar uma população numerosa. Sua realização mais impressionante foi a transformação do milho de insignificante cereal silvestre em fonte de alimento que acabaria provendo noventa por cento das necessidades nutricionais dos povos da América Central. O ancestral selvagem do milho era uma gramínea chamada teosinto, existente até hoje no México. Vestígios fósseis de minúsculos sabugos de milho primitivo datando dos primeiros tempos da domesticação revelam que incrível realização foi a transformação dessa planta e o longo tempo exigido.

A cultura mais notável da América Central em 1000 a.C. foi a dos olmecas, que viveram na costa meridional do golfo do México. Essa região foi agraciada com chuvas abundantes e solo rico, que lhe possibilitaram suportar um estilo de agricultura impossível nas regiões mais áridas ao norte e a oeste. Como outras sociedades agrícolas maduras, esse povo começou a realizar comércio de longa distância. Os mercadores que o operavam — negociavam até mesmo bens preciosos como jade, obsidiana e sementes de cacau — viviam em vilas. Mas a densidade populacional era muito mais baixa do que a das civilizações da Eurásia, e nenhuma dessas vilas era grande o bastante para poder ser chamada de cidade. Entretanto, elas abrigavam impressionantes centros cerimoniais e templos, adornados com magníficas esculturas de pedra. A grande era da cultura olmeca durou quinhentos anos, de 1300 a.C. a mais ou menos 800 a.C., mas sua arte e religião, incluindo o culto ao jaguar, e a construção de pirâmides exerceram uma poderosa influência em civilizações posteriores, até nos astecas do século XVI.

Três mil quilômetros ao sul, no Peru dos dias atuais, outro sistema de agricultura altamente individualizado se desenvolvera no altiplano Andino, onde a natureza reunira um rico conjunto de plantas e animais muito fáceis de domesticar. Ainda temos muito a aprender sobre o surgimento da agricultura nesse ambiente de altitude, mas está claro que por volta de 1000 a.C. uma cultura agrícola baseada em plantações em terraços nas encostas do vale já tinha mil anos de idade. As plantas utilizadas eram um cereal — a quinoa — e a batata, que viria a se tornar um dos cultivos para fins alimentícios mais importantes do mundo. Seus animais incluíam a cobaia e três membros da família do camelo, a alpaca, o guanaco e a lhama, que forneciam leite, carne e lã e desempenhavam um papel vital como animais de carga.

A despeito das dificuldades de deslocamento nesse terreno acidentado, essas resistentes criaturas tornaram possível para os fazendeiros dos Andes empreender o comércio com as comunidades pesqueiras da costa do Pacífico, oitocentos quilômetros ao norte. Entre as plantas que esses povos de pescadores haviam domesticado estava a cabaça, usada como boia em suas redes, e o algodão, que utilizavam tanto para trançar as redes como para fazer tecidos. Como a maioria dos povos das Américas, eles viviam em aldeias. À parte o punhado de pequenas vilas que os olmecas haviam construído, as aldeias eram os únicos povoamentos em todo o continente. A primeira cidade americana ainda demoraria mil anos para surgir.

Nosso destino final nesse giro pelo mundo é o continente africano, onde nossa história começou. Sua região mais densamente povoada em 1000 a.C. continuava sendo a do vale do Nilo, no Egito. Isso representava apenas um por cento da área do continente, mas continha cinquenta por cento de sua população. Mais para o oeste, 4 mil anos de seca criaram o deserto do Saara. Caravanas de camelos ocasionalmente se aventuravam em uma travessia, mas em termos de povoamento humano o continente estava mais vazio do que estivera por 20 mil anos. Nas terras altas a leste, onde a humanidade surgira, pastores nômades viajavam com seus bandos e rebanhos, como seus ancestrais haviam feito por centenas de anos. Por toda parte, o flagelo da doença do sono, transmitida pela mosca tsé-tsé, tornou algumas partes do continente praticamente inabitáveis e enfraqueceram desesperadamente as populações de muitas outras.

No cinturão de savana descampada ao sul do Saara, e ao norte da floresta tropical úmida, uma Revolução Agrícola semelhante à de outros lugares ocorrera. A população envolvida nessa cultura agropecuária era pequena, assim como os povoamentos, e evidências sobre a extensão e as datas são difíceis de obter. O gado era importante, e entre os cultivos estavam o sorgo e o painço, duas plantas que atualmente são o alimento básico de milhões de pessoas. Mas, no que diz respeito à tecnologia, os povos da África subsaariana ainda viviam na Idade da Pedra. A Idade do Bronze, que criara certa comoção em outras partes, ali passara ao largo.

8

O mundo dos gregos

A INVENÇÃO DO BRONZE EXERCEU UM EFEITO DRÁSTICO NA ESCALA E NO estilo da guerra e deu início a um período de mil anos de sublevações, à medida que Estados lutavam contra outros e impérios se sucediam. Por volta de 1200 a.C., outro metal — o ferro — surgiu em cena, e o negócio da guerra foi transformado mais uma vez.

O ferro é um dos materiais mais comuns da crosta terrestre, e, embora raro em estado puro, o minério de ferro encontra-se vastamente distribuído pelo mundo, com depósitos substanciais acessíveis perto da superfície. O problema do ferro não é sua disponibilidade, mas seu aproveitamento. Mesmo que se consiga a temperatura elevada necessária para extrair o metal do minério, o material remanescente é uma massa de cinzas contendo alguns grumos de um metal quebradiço demais para a confecção de ferramentas, armas ou o que quer que seja minimamente útil.

O conteúdo metálico do minério de ferro provavelmente foi descoberto por acidente, quando pedaços foram parar em alguma fonte de fogo. Os trabalhadores em metal que produziam bronze teriam reconhecido a similaridade entre o minério de cobre e o de ferro muito antes de serem capazes de produzir algo com ele. Um resumo do que eles enfim aprenderam a fazer mostra quão impressionante foi essa realização. Para produzir ferro com qualidade para a fabricação de armas, eles tiveram de:

1 esquentar o minério a pelo menos 1.450ºC (em comparação com apenas mil graus centígrados, no caso do cobre).

2 reaquecer repetidamente o lingote resultante em um leito de carvão em brasa (para introduzir carbono no amálgama).
3 malhar após cada aquecida (para eliminar as cinzas e moldar na forma desejada).
4 fazer um aquecimento final, antes de mergulhar o objeto produzido num banho de água fria.

Quando se leva em consideração que essas etapas só puderam ser cumpridas por tentativa e erro, é de se admirar a determinação dos gênios que resolveram o problema.

O minério de ferro parece ter sido fundido com sucesso pela primeira vez na região produtora de cobre que se estende da Anatólia (Turquia) à Pérsia (atual Irã), pouco depois de 2000 a.C. Consequentemente, levou centenas de anos para que a tecnologia fosse plenamente dominada e se disseminasse por uma área mais ampla. O produto resultante foi o ferro forjado, ou, mais propriamente, o ferro forjado temperado. A fabricação de ferro fundido, para fins de construção, foi uma realização chinesa que só se disseminou amplamente por outros lugares no século XIV de nossa era.

Esse novo metal, mais barato e abundante que o bronze, revolucionou as artes da paz e da guerra. A partir de mais ou menos 1200 a.C., ferreiros itinerantes andavam em todas as direções, fabricando foices e relhas de arado para fazendeiros e espadas e lanças para soldados. As relhas de ferro tornaram a lavoura mais fácil e rápida e possibilitaram o cultivo de terras que até então eram consideradas difíceis de ser trabalhadas.

As novas espadas trouxeram consequências ainda mais significativas. Os primeiros a tirar vantagem delas foram os pastores nômades das estepes, que habitavam as terras onde o ferro foi obtido pela primeira vez. Mas eles não eram os únicos a se beneficiar das novas armas. Em países mais ao sul, a Idade do Bronze fora a era do auriga aristocrático. Agora, com a introdução da espada, da lança e do escudo, todos de ferro e economicamente acessíveis, a balança da vantagem pendeu decisivamente em favor dos bem treinados soldados a pé.

Um grupo que abraçou entusiasticamente a nova tecnologia de guerra foram os povos falantes do grego que viviam em torno do Egeu. Sua origem está envolta em mistério, mas ao que parece eles partiram para a Grécia vindos do norte em uma série de migrações entre 2000 a.C. e 1500 a.C. Por volta de 800 a.C., com suas espadas de ferro e táticas militares superiores, haviam conquistado a totalidade do continente grego e ocupado grande parte da costa da Ásia Menor.

Se esses invasores algum dia tiveram um sistema de escrita próprio, aparentemente o perderam durante o período conhecido como "Idade das Trevas grega". Não foi senão quando desenvolveram sua própria versão do alfabeto fenício, por volta de 800 a.C., que começaram a deixar registros escritos a partir dos quais sua história posterior pode ser fragmentariamente reunida. De acordo com esses registros, podemos identificar muitas características que parecem ser fundamentalmente gregas. O mais notável delas era uma autoconsciência feroz e orgulhosa. Isso ocorreu em grande parte devido à situação física em que viviam. O ambiente comum eram pequenos territórios formados por uma vila e seu interior agrícola, em um vale estreito que desembocava no mar, separados dos vizinhos por cadeias montanhosas. Tal situação encorajou a tendência ao separatismo, que foi corporificada na palavra — *polis* — utilizada por eles para descrever as comunidades de que faziam parte. *Polis* (plural *poleis*) é normalmente traduzido como "cidade-Estado", mas a tradução perde a essência do que a palavra grega realmente queria dizer. Para seus cidadão, a *polis* não era apenas a vila e seus arredores. Era o corpo de cidadãos que decidiam coletivamente como suas comunidades deviam ser governadas. Durante a Idade das Trevas, as *poleis* parecem ter sido governadas por reis. Mas por volta de 800 a.C., a maioria era governada por pequenos grupos de proprietários de terras, contando com a aquiescência dos cidadãos.

O belicoso orgulho cívico desses cidadãos era uma prova de que jamais haveria um Estado grego unitário. Isso também criava uma disposição de espírito em que uma *polis* estava pronta para lutar com outra a qualquer momento, visando salvaguardar sua independência. Mas a despeito de seu sentimento altamente desenvolvido de separatismo, e sua predisposição a guerrear umas com as outras, essas comunidades estavam unidas em sua consciência de serem gregas, embora essa não fosse a palavra que usavam para si mesmas. "Gregos" foi o nome que os romanos lhes deram mais tarde. Eles chamavam a si mesmos de *helenos*. E traçavam uma linha clara entre helenos e não helenos. Chamavam estes de "bárbaros", uma imitação dos sons de "bar, bar" feitos pelos povos que não falavam sua língua. Seu senso de uma herança comum foi reforçado por dois elementos de sua cultura que datavam ambos do século oitavo a.C.: os épicos homéricos e os Jogos Olímpicos.

Talvez nunca tenha havido de fato um poeta chamado Homero, mas, mesmo que tenha existido, os dois magníficos poemas atribuídos a ele — a *Ilíada* e a *Odisseia* — são claramente obra de mais de um homem. Os acontecimentos míticos ou semimíticos aos quais se referem — o sítio de Troia e a jornada de volta para casa empenhada por Ulisses — estão situados no fim da Idade do Bronze, e as crianças gregas os vinham escutando sentadas no joelho de suas mães por séculos antes que chegassem à forma escrita pela primeira vez.

Os Jogos Olímpicos eram o evento mais importante de uma série de festivais atléticos similares, em que jovens competiam pela glória de suas *poleis*. Eles aconteciam em Olympia, um abastado centro religioso perto da costa oeste do Peloponeso, a grande península que forma a parte meridional do território grego. Esse festival adquiriu proporções tão grandes na percepção dos gregos que se tornou a base de seu cálculo de tempo. No calendário grego, os anos eram contados a partir da suposta data dos primeiros jogos a terem sido realizados, fixada em 776 a.C. Os intervalos de quatro anos entre jogos sucessivos eram referidos como Primeira Olimpíada, Segunda Olimpíada e assim por diante. No início, a competição ocorreu em um dia e envolvera apenas um evento, uma corrida de 180 metros. Ao longo dos três ou quatro séculos seguintes a programação foi ampliada para incluir salto, arremesso, luta e corrida de carros, até acabar durando um total de cinco dias. Os vencedores recebiam apenas uma coroa feita de ramos de oliveira como prêmio, mas a fama que conquistavam, nas próprias cidades e por todo o mundo falante de grego, é evocativa da veneração heroica que em nossa época dedicamos a Pelé ou Maradona. Como seria de se esperar, com tanta coisa em jogo, o profissionalismo logo passou a dar o ar de sua graça. Como os clubes de futebol nos dias atuais, algumas das *poleis* passariam mais tarde a recrutar atletas profissionais de lugares distantes.

O crescimento e a sobrevivência dessa série de pequenos Estados foram muito ajudados por um golpe de sorte da história. Na época em que os gregos estavam criando suas tradições e combatendo em suas guerras, não havia nenhuma grande potência no leste do Mediterrâneo capaz de tirar vantagem de suas fraquezas e submetê-los à servidão. Os minoicos haviam saído de cena. O Egito se preocupava com as ameaças às próprias fronteiras, e não tinha energia extra para se aventurar pelo Mediterrâneo. O outrora poderoso reino hitita, na Anatólia, entrara em colapso. A Pérsia, uma potência que mais tarde constituiria uma ameaça à sobrevivência grega, estava muito longe e ainda demoraria um bom tempo antes de se tornar o grande império que conhecemos. O vácuo de poder assim criado não só protegia essa série de pequenos Estados da interferência externa como também abriu ricas oportunidades para o comércio e a colonização.

"Pequenos Estados" é uma descrição precisa do que eram essas comunidades. Em 400 a.C., quando essa vivência em civilização estava prestes a ingressar em seu período mais brilhante, apenas três delas tinham mais do que 20 mil cidadãos. Eram as cidades de Atenas — a mais populosa do continente grego —, Siracusa e Acragas, dois povoamentos na ilha da Sicília que haviam sido fundados por gregos do continente centenas de anos antes.

"Cidadão", nesse contexto, não tem o mesmo significado atual. Um cidadão era alguém que tinha o direito de participar das discussões públicas sobre os assuntos comunitários e de registrar seu voto em tais questões. Acima de tudo, o cidadão era do sexo masculino. No que diz respeito a opinar, votar ou até estar presente nas assembleias públicas, mulheres eram não pessoas: elas ficavam em um limbo político, com os estrangeiros residentes, crianças e escravos. Os cerca de 60 mil cidadãos autorizados a participar da discussão dos assuntos referentes à gestão pública na Atenas de 400 a.C. eram a porção politicamente visível de uma população de meio milhão. Escravos e estrangeiros residentes os superavam em quantidade numa proporção de quatro para um.

Tendemos a acreditar que uma série de pequenas comunidades, muitas delas ocupando vales estreitos, sem fácil comunicação com o restante do território, devia necessariamente ter sido pobre em termos materiais, mas isso significaria subestimar a importância do mar às suas portas. Cadeias de ilhas tornam a navegação propícia, e centenas de povoamentos gregos pontilhavam as costas, não apenas no próprio continente grego, mas também na Ásia Menor e no Mar Negro. Todo o leste do Mediterrâneo constituía uma enorme praça de mercado, e esses povoamentos gregos, junto com as cidades dos fenícios e a grande cidade de Alexandria, na foz do Nilo, eram suas barracas de produtos.

Em nenhum outro lugar houve algo remotamente parecido. Centenas de navios singrando o oceano de um lado para o outro. As cidades-Estado gregas, parecendo tão insignificantes como entidades individuais, usufruíam do melhor de dois mundos: a atmosfera de liberdade da cidade e os benefícios de uma *world wide web* de comércio e aprendizado. Elas controlavam os próprios negócios, livres da burocracia imperial, e contudo podiam usufruir de uma vasta rede comercial. Essa situação proporcionou o surgimento de uma civilização única, mais brilhante do que qualquer outra que a antecedeu e tão fantástica quanto qualquer outra que viesse depois.

Um dos motivos para as extraordinárias realizações dessa civilização foi o que podemos chamar, sem fugir à verdade, de desarraigamento. Esses gregos eram recém-chegados em suas novas pátrias. Comparados com os egípcios ou os chineses, eles carregavam muito menos bagagem cultural trazida do passado. Eles honravam seus ancestrais, e tinham seus heróis antigos, mas não se inibiam em fazer e avaliar o que não havia sido feito ou avaliado antes. E nenhuma conspiração de reis-deuses e sacerdotes para lhes dizer o que deveriam pensar. Tinham seus deuses — uma miríade deles —, mas estes devotavam tanto tempo à perseguição de seus casos amorosos ilícitos que dificilmente faziam o tipo capaz de intimidar cidadãos livre-pensadores.

Em uma onda de criatividade que durou trezentos anos, entre 500 a.C. e 200 a.C., essas cidades gregas em torno do Mediterrâneo criaram obras-primas nas artes, na arquitetura e na literatura que até hoje nos deixam sem fôlego. Elas produziram inúmeros gênios — entre eles Arquimedes, Aristóteles, Pitágoras — cujos trabalhos em mecânica, matemática, astronomia e história natural lançaram as bases para as ciências modernas. E inventaram uma abordagem do argumento lógico e da inquirição filosófica que se tornaria tão dominante que a maioria de nós nem sequer tem consciência de que ela foi *inventada*, e acha que é apenas o modo normal de pensar sobre as coisas.

Como seria de se esperar, foi na mais populosa dessas cidades-Estado — Atenas — que a luz da civilização brilhou com maior força. E foi lá que um experimento notável em vivência comunitária — a prática da democracia — efetivou-se pela primeira vez. Em 507 a.C., o chefe dos magistrados, Clístenes, decidido a limitar a influência das famílias nobres na condução da gestão pública, "firmou uma parceria com o povo". Os direitos e deveres públicos dali por diante não se baseavam mais na família ou no clã, mas na participação em uma *deme*, ou municipalidade, que mantinha o próprio registro de cidadãos; e elegia não só seus representantes, mas também uma proporção do conselho de quinhentos membros, que supervisionava os negócios da *polis*. Todo cidadão (ou seja, todo homem adulto e livre) tinha ainda o direito de comparecer — e votar — à assembleia, que se reunia na própria cidade.

A nobreza ultrajada recorreu à ajuda da cidade-Estado rival, Esparta, em uma tentativa de frustrar essa nova constituição, mas o agravo entre os cidadãos atenienses foi tão grande que os espartanos tiveram de recuar. O apelo a uma potência estrangeira não foi perdoado nem esquecido, e o episódio intensificou a determinação ateniense de persistir no sistema de governo democrático por eles inventado e dele extrair seu melhor.

Muitas pessoas presumem que a moderna democracia parlamentar veio do modelo ateniense, mas isso é um equívoco. A democracia moderna não deriva das práticas dos escravocratas atenienses de 2 mil anos atrás. A ideia origina-se da vaidade dos políticos proprietários e comerciantes de escravos da Grã-Bretanha e dos Estados Unidos nos séculos XVIII e XIX, que moravam em casas que imitavam a arquitetura de Atenas e que viam a si mesmos como reencarnações dos oradores e estadistas dessa era brilhante.

As verdadeiras raízes da democracia dos dias atuais encontram-se nos eventos econômicos e políticos ocorridos na Europa — particularmente na Inglaterra e na França — entre os séculos XVI e XVIII. O que Atenas nos legou não foi a prática da democracia, mas o modo como falavam e pensavam a respeito. Obtivemos acesso a essa sabedoria quando os escritos dos filósofos políticos gregos foram redescobertos nos séculos XV e XVI.

A independência dessas cidades-Estado foi extinta quando um príncipe macedônio — o futuro Alexandre, o Grande — herdou a coroa de seu pai, em 326 a.C., e partiu para a conquista do mundo conhecido. Naturalmente, ele começou por incorporar os Estados gregos a seu império embrionário. Isso pôs um ponto final na independência política que fornecia o solo de onde a civilização helênica extraíra sua vitalidade. Mas também significou o fim da perpétua luta entre eles e lhes propiciou sessenta anos de paz, durante os quais sua civilização criou algumas de suas maiores realizações.

9

Ascensão e queda de Roma

AS CONQUISTAS DE ALEXANDRE, O GRANDE, DIFUNDIRAM A INFLUÊNCIA grega pelo leste do Mediterrâneo e pelo sudoeste e área central da Ásia, chegando até o norte da Índia, onde os soldados inimigos finalmente o forçaram a dar meia-volta. Ele morreu na Babilônia, a caminho de casa. Após sua morte, seu império de vida curta se dividiu em uma série de grandes fragmentos, governados por seus generais. Quatrocentos anos mais tarde, esses fragmentos foram reunidos em um império ainda maior, com sede em Roma.

No oitavo século a.C., próximo ao período em que os épicos homéricos foram escritos pela primeira vez e ocorreram os primeiros Jogos Olímpicos, Roma não passava de uma pequena vila comercial no ponto de travessia mais baixo no rio Tibre, a 25 quilômetros do mar. Por volta de 500 a.C., crescera e se tornara uma próspera cidade-Estado de cerca de 50 mil habitantes, com um regime de governo republicano.

Em algum momento por volta de 380 a.C., a cidade sofreu um severo revés quando foi submetida a um sítio de sete meses por um exército invasor de gauleses vindos do norte da Itália. Em determinado momento, apenas a colina Capitolina continuava em mãos romanas. Os gauleses acabaram sendo rechaçados, mas somente depois que reduziram a cidade inteira a ruínas. Quando os agressores se dispersaram, os romanos reconstruíram a cidade atrás de novas muralhas defensivas.

Entre 380 a.C. e 300 a.C., os romanos se envolveram numa sucessão de guerras sangrentas com Estados vizinhos que resultou no controle de toda a

Itália. Isso levou a uma confrontação com Cartago, a grande cidade fenícia no litoral norte da África. A população de Roma nessa época estava perto de 100 mil habitantes, mas a de Cartago chegava a 250 mil. Sua prosperidade e seu império comercial estimularam a inveja e o ressentimento nos comerciantes romanos. O resultado foi uma série de guerras que teve início em 264 a.C. e durou mais de cem anos, a fim de determinar quem era o "cachorro grande" do Mediterrâneo. A questão foi resolvida em 146 a.C., quando um exército romano capturou Cartago, trucidou 200 mil de seus habitantes e vendeu os 50 mil sobreviventes como escravos.

Um século e meio de guerra, na Itália e além, proporcionou ao Estado romano um exército e uma marinha de primeira linha. Com Cartago fora do caminho, Roma se transformou na soberana indiscutível de Itália, Espanha e norte da África. A guerra a essa altura se tornara um hábito, e cada conquista alimentava o apetite por mais. O sul da França veio em seguida; depois foi a vez da Grécia continental e das cidades gregas da Ásia Menor. O ímpeto de conquista era irrefreável. No primeiro século a.C., exércitos romanos devastaram toda a Europa continental a oeste do Reno e ao sul do Danúbio. Em seguida vieram Síria, Palestina e Egito. Perto do fim do século primeiro d.C., o império se estendia do sul da Escócia ao golfo Pérsico.

Esse era um império construído pela guerra. Mas, embora as guerras continuassem a expandir as fronteiras, no interior delas a guerra se tornara matéria do passado. A *Pax Romana* instituiu um ambiente em que o comércio floresceu e a vida urbana prosperou. Milhares de quilômetros de estradas magníficas ofereciam trânsito rápido e seguro entre as cidades. Aquedutos transportavam a água das montanhas, e hidrômetros domésticos registravam a quantidade consumida. Esplêndidos edifícios públicos ladeavam as ruas. Ancoradouros artificiais e faróis foram construídos em grandes portos como Ostia e Alexandria, onde navios com mais de mil toneladas podiam ser construídos e reparados.

No que respeita à engenharia, essa era a civilização mais inventiva e criativa que o mundo já vira. Mas, estranhamente, em matéria de ciência, uma das mais estéreis. O imenso império, com sua enorme riqueza, com o lazer privilegiado que ela tornara possível e com acesso ao conhecimento acumulado de egípcios, babilônios e gregos, quase não acrescentou nada digno de nota ao estoque mundial de conhecimento matemático ou científico em meia dúzia de séculos. No outro lado do mundo, os chineses realizavam descoberta atrás de descoberta. Mas os romanos pouco sabiam a respeito desses avanços, e talvez não ficassem muito empolgados se viessem a conhecê-los. O modo de pensar romano fora moldado em torno do empreendimento bélico e da administração de um império muito extenso. Não é o tipo de atitude mental que motiva a uma Revolução Industrial ou Científica.

Até a época das Guerras Cartaginesas, Roma fora uma sociedade razoavelmente igualitária. Os soldados que lutavam em batalha eram fazendeiros livres, participando de uma sociedade sem extremos de riqueza, de fato. Mas longos anos de conscrição para servir na guerra, durante os quais ficaram impossibilitados de cuidar de suas fazendas, deixaram suas famílias sobrecarregadas por dívidas. Quando regressavam à vida civil, eles descobriam que eram os novos pobres e que sua cidade era governada por, e para, uma classe de aristocratas abastados donos de enormes propriedades mantidas com base na mão de obra escrava. Ao longo dos dois séculos seguintes, o ressentimento dessa classe agrária solapada resultou numa série de revoltas malsucedidas, todas brutalmente controladas.

Em 73 a.C., foi a vez de os escravos se insurgirem contra os senhores. Um antigo soldado de nome Espártaco, que fora vendido como escravo, fugiu com outros setenta cativos e buscou esconderijo. Foi o início de uma grande rebelião que acabou reunindo 90 mil escravos, envolvidos numa campanha que durou dois anos. Quando foram finalmente derrotados, 6 mil morreram crucificados nas estradas que levavam a Roma.

Entre 100 d.C. e 200 d.C., o Império Romano atingiu um pináculo de riqueza e poder. Para controlar a população de quase 50 milhões, as autoridades imperiais podiam convocar um exército regular de 300 mil homens. Roma, com mais de meio milhão de habitantes, era a cidade mais populosa do mundo, porém não era um grande centro comercial e industrial. Sua vida girava em torno da administração e do consumo de produtos do grande império. Para os cidadãos ricos e bem relacionados da cidade, foi uma era dourada. "O universo se tornou uma única cidade", escreveu um professor de retórica, Aelius Aristides, em seu *Elogio de Roma*, por volta de

150 d.C. "O mundo inteiro está em um clima festivo. Abandonou suas armas de guerra para se entregar à alegria de viver." Seu contemporâneo, o historiador Apiano de Alexandria, falava de "Uma paz certa e duradoura, instituída para criar a felicidade permanente".

Mas o império estava na sobrevida. Enquanto romanos prósperos se recostavam em otomanas com sedas chinesas e perfumes árabes, brincando com macacos de estimação à medida que seus escravos os refrescavam com abanos feitos de plumas de avestruz, uma maré crescente batia em suas muralhas. Ao longo de todas as fronteiras norte, os bárbaros que eles tanto desprezavam — francos, godos e os demais — contavam com número cada vez maior. Atraídos pela riqueza, mas também motivados pela pressão gerada por outras tribos às suas costas no leste da Europa e na Ásia Central, eles exigiam ser admitidos dentro das margens do império, a fim de fixar moradia. Em 251, os godos cruzaram o Danúbio. Em 256, os francos cruzaram o Reno. Não demorou muito, os alamanos estavam fazendo incursões muito ao sul, como Milão. Os moradores das cidades cujas muralhas defensivas haviam sido negligenciadas e deixadas em mau estado durante o longo período de paz agora corriam para restaurá-las.

Embora o império lutasse para repelir esses ataques, por dentro começava a se desintegrar, solapado por guerras civis e inflação desenfreada. Ao mesmo tempo, uma cisão começara a se abrir entre o leste, falante de grego, e o oeste, falante de latim. A principal cidade do império a leste era a antiga cidade grega de Bizâncio, na Ásia Menor (a moderna Istambul), cujas riqueza e população haviam crescido a ponto de rivalizar com a própria Roma. Em 324, o imperador Constantino I (Constantino, o Grande), fez dela sua capital, chamando-a de "Nova Roma" e rebatizando-a Constantinopla.

Constantino, filho de um oficial do exército que chegara ao status de representante do imperador, abrira caminho até o trono imperial por meio de uma sucessão de guerras civis, após ter sido proclamado imperador por suas tropas, quando em campanha na Grã-Bretanha. Sendo supersticioso, como a maioria dos romanos de seu tempo, ele atribuiu seu sucesso à intervenção divina do deus da religião cristã à qual se convertera (embora tomando o cuidado de mencionar o papel desempenhado por seu próprio gênio).

Na época em que Constantino se converteu, o cristianismo já estava com dois séculos e meio de existência. Ele se originara na província romana da Judeia, no extremo leste do Mediterrâneo. Baseava-se nos ensinamentos de um pregador itinerante judeu chamado Jesus, que nasceu por volta de 6-4 a.C. A maior parte do que sabemos sobre ele está contida em registros compilados pelo menos quarenta anos após sua morte. Pouco depois de fazer trinta anos, ele passou dois ou três anos pregando. Mais ou menos no ano 30, quando teria entre os 35 e 39 anos, incorreu na ira das autoridades religiosas de Jerusalém, que o acusaram de blasfêmia, em um julgamento que resultou em crucificação.

Os discípulos de Jesus, e um grupo de convertidos posteriores dentre os quais o mais notável foi um judeu helenizado de Tarso, no centro-sul da Turquia, posteriormente canonizado como São Paulo, tiveram sucesso em perpetuar sua memória e divulgar sua mensagem, muito além de qualquer expectativa razoável. Embora Jesus fosse um judeu ortodoxo, seu ensinamento — de salvação pessoal no pós-vida, como recompensa pela fé — foi modelado pelos seguidores dele em termos inclusivos que o tornavam atraente para os desesperados e oprimidos de qualquer crença, ou de nenhuma. Sua mensagem de amor universal e desprezo pela vaidade das coisas e poderes mundanos rompeu barreiras de classe, atingindo judeus e não judeus igualmente. Na época em que Constantino se converteu, havia centenas de congregações cristãs espalhadas por todo o império.

Essa nova religião, fundada por um judeu e inicialmente restrita sobretudo a judeus, tinha raízes na própria religião desse povo, o judaísmo, que contava cerca de dois milênios de idade quando Jesus nasceu. Os primeiros cristãos extraíram do judaísmo duas ideias fundamentais. A primeira era a crença em um deus único e todo-poderoso. Os judeus originalmente haviam adorado inúmeros deuses. Ao longo dos séculos, um deles, Yahweh (ou Jeová), assumiu gradualmente a proeminência em sua adoração, até chegar a um estágio em que eles abandonaram os outros deuses e passaram a cultuar somente Ele. (*Ele*, não *Ela*, porque o judaísmo, como todas as religiões que veneram um único deus, foi inventado por homens, que naturalmente imaginavam seu deus como alguém do sexo masculino.) Essa atitude mental — a monolatria —, em que admitiam a existência de outros deuses, porém não mais os adoravam, foi mais tarde abandonada em favor do monoteísmo, a crença na existência de um deus único. Os seguidores de Jesus — judeus e não judeus — aderiram a essa crença, e tinham bastante clareza de que estavam venerando o Jeová judaico.

Onde o cristianismo divergiu da religião da qual se originara foi em sua segunda proposição fundamental, que, ironicamente, também derivava em última instância do judaísmo. Durante séculos de exílio e perseguição, os judeus haviam se aferrado à crença de que eram o povo escolhido por Deus e de que um dia Deus lhes enviaria um redentor — um messias ("ungido") — que salvaria Seu povo da sujeição. Os primeiros cristãos se convenceram de que a promessa fora cumprida e de que Jesus era o messias. A palavra "cristão" veio de *christos*, o termo grego para messias.

É difícil saber se Jesus via a si mesmo como alguém além de um profeta, mas podemos afirmar com segurança que o guia de conduta contido em seus ensinamentos apenas por si só jamais teria estimulado a disseminação triunfante do cristianismo. A motivação foi propiciada pelos "adendos" feitos por seus seguidores, principalmente Paulo. Essa formulação mais sistemática da crença continha três elementos principais. O primeiro era o de que Jesus não era meramente um mortal, mas o "Filho de Deus", uma espécie de encarnação do próprio Jeová. O segundo era que ele se erguera dos mortos, três dias após sua crucificação, e agora "reinava" para sempre no céu. O terceiro — um golpe de mestre de Paulo — era que, por intermédio de sua morte na cruz, Jesus obtivera o perdão dos pecados e a promessa de vida eterna no céu para todos os que acreditavam nele. Era um pacote do qual qualquer vendedor teria se orgulhado. Depois que os três fatores foram reunidos, os deuses tradicionais de Roma não tiveram a menor chance.

A maior parte dos primeiros adeptos da nova religião eram judeus, e a divulgação dela fora enormemente ajudada pela dispersão muito ampla do elemento judaico na população do império. Perto do século I, havia cerca de 7 milhões de judeus dentro de suas fronteiras, a maioria vivendo fora da Palestina. (Quase metade da população de Alexandria era de judeus, por exemplo.) Durante o século II, o elemento judaico na comunidade cristã foi diluído ao ponto da insignificância, à medida que cada vez mais não judeus assumiam a atividade missionária. Isso a despeito da perseguição constante, que por vezes incluiu espetáculos nas arenas esportivas do império em que cristãos eram jogados aos leões.

A religião de rápido crescimento recebeu uma motivação extra em 313, quando Constantino lançou um decreto — o Édito de Milão — assegurando a tolerância a todas as crenças religiosas mas adotando o cristianismo como religião do Estado e restaurando todas as propriedades da Igreja confiscadas durante o período precedente de perseguições. Pelo restante de seu reinado, ele prodigalizou riquezas para as igrejas cristãs e participou ativamente em seus negócios. Por exemplo, transformou o cristianismo em uma afirmação da moda para as classes dominantes. Na época em que morreu, por volta de 337, poderia ter alegado sem fugir à verdade que sua devoção inabalável abrira as portas para que os ensinamentos do pregador judaico viessem a formar a base de uma religião mundial. Em 380, quando outro imperador, Teodósio I, se recusou a admitir os antigos deuses romanos e tornou o cristianismo a religião oficial do império, essa possibilidade se tornou uma probabilidade.

Uma coisa que nem Constantino nem seus sucessores podiam esperar mudar era a onda de invasores ameaçando as fronteiras do império. Após sua morte, a pressão dos bárbaros ao norte se tornou mais insistente. Em 376, os godos atravessaram o Danúbio. Em dezembro de 406, os vândalos e os suevos cruzaram o Reno congelado, assolando grande parte da Gália. Finalmente, em 410, os visigodos penetraram no coração do império e saquearam Roma. Por três dias e três noites eles pilharam a cidade, enquanto os cidadãos em condições de fugir partiram.

Em 455, Roma foi saqueada ainda mais violentamente, dessa vez pelos vândalos. Em 476, foi a vez de outro grupo de invasores vindos do norte, os godos. Nessa ocasião, a visita indesejável ficou. Seu general, Odoacro, com as bênçãos das autoridades imperiais em Constantinopla, proclamou-se "rei da Itália". Quando ele o fez, o império ocidental, que já se esfacelara, deixou de existir.

O império oriental de Constantino durou até ser conquistado pelos turcos, em 1453. Mas o cair do pano para o império ocidental em 476 constitui um marco conveniente para o limiar entre a era clássica greco-romana e o mundo da Europa medieval.

10

O nascimento da Índia

HÁ MOMENTOS EM QUE A EXPRESSÃO "SUBCONTINENTE INDIANO" VEM A calhar. Mas no geral mais atrapalha do que ajuda, de modo que pelo restante deste livro, até chegarmos a 1947, usaremos o termo "Índia" para nos referir a todo o subcontinente, ao sul das montanhas do Himalaia e ao Kush Hindu.

Por volta de 1500 a.C., um povo invasor entrou na Índia pelo noroeste. Eram pastores nômades com pele clara e que chamavam a si mesmos de arianos. Falavam um idioma pertencente à família linguística indo-europeia à qual línguas europeias modernas como o inglês, o francês e o russo pertencem, junto com línguas asiáticas como persa e hindi. Por vários séculos após sua chegada, os arianos mantiveram um estilo de vida nômade baseado na criação de gado, e não foi senão por volta de 1000 a.C. que passaram a estabelecer povoamentos agrícolas. Como não deixaram registros escritos, a única informação de que dispomos relativa a suas vidas está contida nos poemas épicos posteriores, largamente míticos, que encarnam suas tradições de narrativa oral. Eles contêm relatos de aventuras heroicas e guerras contra os habitantes nativos que em muitos aspectos se parecem com os épicos da antiga Grécia.

Os relatos mais semelhantes à *Ilíada* e à *Odisseia* de Homero são as duas grandes coleções de histórias conhecidas como *Mahabharata* e *Ramayana*. O *Mahabharata* — o poema mais longo do mundo — expõe a aventura mítica dos primeiros estágios da conquista da Índia. O *Ramayana* conta a história de um herói semidivino (Rama) e uma Helena de Troia indiana (Sita), que é raptada por Ravana, o rei demônio de Sri Lanka. Ambos datam da mesma época dos épicos gregos e ainda conservam grande parte de sua ressonância. Para a maioria dos europeus fora da Grécia, as histórias de Homero são mais conhecidas por relatos do que propiamente por leitura. Para os hindus, e para a maioria dos demais habitantes do subcontinente, os personagens de suas histórias antigas são presença viva e inspiração para uma torrente incessante de produções cinematográficas.

Os outros grandes monumentos da antiga literatura indiana são os textos litúrgicos conhecidos como Vedas. Eles são o mais sagrado dos livros santos do hinduísmo, a primeira a surgir entre as grandes religiões mundiais. O texto mais antigo de todos é o *Rig Veda*, uma coletânea de hinos aos deuses, que aparentemente remonta a uma cultura da Idade do Bronze, em algum momento antes de 1000 a.C. Todos os Vedas foram escritos em sânscrito, uma língua clássica que guarda a mesma relação com o hindi e o bengali modernos que o latim tem com o francês e o espanhol. No século XIX, foi revelado que os próprios sânscrito e latim possuem relações históricas, compartilhando um ancestral comum (indo-europeu), com uma terra natal em algum lugar na região de estepes onde o leste da Europa se encontra com a Ásia Central.

À medida que os invasores arianos se estabeleceram nessas novas terras, o desenvolvimento de sua cultura espelhou o dos gregos. Eles começaram a fabricar ferramentas e armas de ferro por volta de 1000 a.C., embora não em escala significativa até cerca de 500 a.C. Eles se fixaram primeiramente no vale do Ganges, mas por volta de 400 a.C. seus povoamentos se estendiam bem mais ao sul, até o rio Godavari. O vale do Ganges tinha um clima mais úmido do que o do Indo, de modo que o cultivo básico era o arroz, superando o do trigo ou o da cevada. Agricultura fixa e tecnologia do ferro tornaram possível um substancial aumento na população. Por volta de 500 a.C., o conflito entre reinos tribais rivais resultara na consolidação de cerca de meia dúzia de Estados, cada um centrado em uma pequena capital defendida por muros feitos com tijolos de lama.

Foi durante esse período de Estados em guerra que os livros sagrados da religião hindu assumiram a forma escrita. Até lá, seu conteúdo havia sido transmitido através gerações de brâmanes, uma classe sacerdotal hereditária que constituía um dos patamares mais elevados no sistema de castas.

A casta é uma rígida divisão em camadas da sociedade, remontando aos primórdios da invasão ariana mas que se cristalizou no período de 800 a.C. a 500 a.C. No patamar dos brâmanes estavam os kshatriyas (guerreiros); abaixo deles vinham os vaishias (comerciantes) e os shudras (fazendeiros). O contato entre os membros de diferentes castas era limitado e estritamente controlado pelas normas sociais. Casamento entre pessoas de castas diferentes era raro. Era possível se a mulher fosse de casta mais baixa que o futuro marido, mas uma virtual impossibilidade se o homem fosse de casta mais baixa que a esposa desejada. Além das quatro castas principais havia uma infinidade de gente sem casta alguma, cujo status, ao longo dos séculos seguintes, se reduziu ao ponto de "intocável".

A preocupação com a casta continua sendo uma característica presente na vida indiana e constitui um elemento poderoso na vida política bem como social. A classificação original baseada em quatro castas principais proliferou desde então em uma variedade de castas e subcastas. Exatamente por seu surgimento coincidir com o período em que a própria religião hindu era criada, o sistema continua intimamente relacionado com ela. Mas o hinduísmo e as castas podem existir separados, como de fato ocorre. Por exemplo, o sistema de casta vigora normalmente como instituição social nas montanhas centrais de Sri Lanka, entre pessoas de ancestralidade indiana, mas de fé budista. Por outro lado, na ilha de Bali, na Indonésia, há devotos do hinduísmo para quem a casta é uma preocupação irrelevante.

O hinduísmo é uma religião complexa e sutil. Mesmo seus praticantes mais eruditos discordam a respeito de sua verdadeira essência. Isso é em parte consequência da antiguidade da religião. Por ser mais antiga que outras, houve mais tempo para se desenvolver tal complexidade. Mas isso também reflete seus dois diferentes aspectos presentes no mundo. No imediatamente visível, o hinduísmo é uma complicada reunião de rituais e celebrações, permitindo a adoração de diversos deuses locais. Mas a religião tem outra face, que não é vista pelo observador casual. É a tradição filosófica de 3 mil anos, originada nos *Upanixades*, uma coleção de comentários sobre os Vedas, cujo tema é a busca pela verdade suprema e uma base para a moralidade. Para muitos hindus, essa busca é a essência de sua religião, não uma dada série particular de observâncias.

Por volta do século V a.C., outra religião surgiu no nordeste da Índia para se tornar uma das mais praticadas do mundo. Trata-se do budismo. Sua origem remonta aos ensinamentos de um príncipe do norte da Índia cuja família tinha por sobrenome Gautama. Ele nasceu nos contrafortes do Himalaia, em algum momento entre 550 a.C. e 420 a.C. — provavelmente, mais próximo a esta última data. A incerteza ligada ao seu nascimento é um indicativo do pouco que sabemos sobre sua vida. Também sabemos pouco sobre a história antiga do movimento religioso que ele inspirou. O que é certo é o impacto colossal de seu ensinamento nos primeiros seguidores e o poder que seu pensamento possui até hoje.

As opiniões e os ensinamentos de Gautama eram produtos da época e do lugar em que ele foi criado. O príncipe nasceu em uma sociedade em que o conceito de reencarnação — o renascimento de uma alma em outro corpo — era um aspecto fundamental da crença religiosa. (Pitágoras, o grande matemático grego, que viveu mais ou menos no mesmo período, também acreditava nisso.) Essa foi uma época em que era comum os jovens introspectivos reservarem um período para viver uma vida simples, enquanto contemplavam as tristezas do mundo. (Jovens introspectivas estavam ocupadas demais tendo filhos e cuidando de crianças para ter a oportunidade de se entregar a tais atividades.)

Diz a lenda que, quando estava com cerca de trinta anos, Gautama largou a esposa e o filho recém-nascido e partiu no meio da noite. Diz-se também que viajou por sete anos, vivendo uma vida austera e simples, na esperança de encontrar uma resposta para o problema do sofrimento por meio da meditação. A iluminação que finalmente afirmou experimentar levou-o a ser chamado de Buda ("o desperto").

Gautama aceitara inicialmente a ideia de que uma vida humana individual era somente um estágio em um ciclo sem fim, envolvendo o renascimento em diferentes formas. Mas ele acabou acreditando que o sofrimento e a desilusão eram consequências de desejos insatisfeitos, e de que o espírito humano podia escapar do perpétuo ciclo de renascimento sobrepujando o desejo (no mais amplo sentido de anseios do tipo mundano). Outra ideia preexistente que foi incorporada pela doutrina do budismo era a do carma, uma relação de causa e efeito entre ações passadas e experiência futura, por meio da qual a boa conduta é recompensada tanto por um estado mental feliz quanto por uma tendência a promovê-la — seja nessa vida, seja numa posterior.

Um aspecto central do ensinamento de Gautama era a busca pelo Caminho do Meio: uma via entre os extremos da mundanidade absoluta e a autonegação estrita. Ele pregava a importância da meditação na busca do nirvana, um estado de paz e bem-aventurança, em que o espírito é capaz de ascender acima da dor e das desilusões da vida cotidiana. O nirvana não era uma condição a ser celebrada, como o céu cristão, com seus anjos e trompetes, ou o paraíso muçulmano, com seus jardins e lindas donzelas. Era um estado de paz, em que a alma não mais era perturbada pelos anseios e frustrações terrenos. A superioridade sobre o desejo que levava ao nirvana devia ser atingida pela busca do nobre caminho óctuplo: opinião correta, intenção correta, fala correta, ação correta, meio de vida correto, esforço correto, atenção correta, concentração correta.

O budismo era basicamente uma religião sem deus, mas a necessidade que muitos seres humanos têm de alguém, ou algo, para adorar, posteriormente levaria à veneração de seu fundador como uma espécie de divindade. Nos séculos que se seguiram a sua morte, a fé baseada em seus ensinamentos se dividiu em seitas ferozmente antagônicas, como aconteceu com o cristianismo e o islamismo. Essas seitas desenvolveriam as próprias versões do budismo, que foram difundidas amplamente pela atividade missionária de monges e freiras, patrocinados pelas benesses de comerciantes budistas que se estabeleceram em lugares como o norte da China.

Nada promove mais uma religião do que a conversão de um soberano poderoso. No caso do budismo, esse impulso veio da notória conversão de um dos maiores soberanos da história indiana (ou de qualquer história): o imperador Asoka (pronuncia-se Ashoka). Asoka foi o último grande imperador da dinastia Maurya, que chegara ao poder no nordeste da Índia como resultado de um golpe militar em 321 a.C. O líder do golpe, Chandragupta Maurya, avô de Asoka, criara um império que se estendia do Kush Hindu ao delta do Ganges. Seus domínios foram posteriormente ampliados por seu filho, Bindusara, para incluir o grande planalto central do Decão. Foi esse império de fronteiras estendidas, cobrindo a maior parte da Índia e do Paquistão modernos, que o filho de Bindusara, Asoka, herdou quando subiu ao trono, por volta de 268 a.C. (pairam algumas incertezas a respeito das datas).

Asoka iniciou seu reinado com mais conquistas. Mas no oitavo ano de trono, após uma guerra violenta contra o Estado de Kalinga (atual Orissa), aparentemente sentiu repulsa de sua própria sede de sangue. Então, optou pelo caminho do budismo. A característica mais marcante de seu reinado foi o infatigável empenho em persuadir pessoas de todas as crenças a trabalhar unidas em tolerância pelo bem geral (e pela administração mais fácil de um império enorme e díspar). Durante os 35 anos seguintes no poder, ele se devotou à paz de seu reino e ao bem-estar de seu povo.

A admiração de Asoka pelo budismo não levou à criação de uma religião de Estado, um conceito tão estranho ao pensamento indiano da época como é hoje em dia. Tampouco conseguiu tomar o lugar do hinduísmo, muito mais antigo. Mas o prestígio associado ao encorajamento de um imperador, e o apoio ativo que ele proporcionou a seus missionários, resultou nas centenas de milhões de seguidores espalhados hoje pela Ásia Central, pelo Sudeste Asiático e pela China.

O império do avô de Asoka, Chandragupta Maurya, fora um Estado poderoso e próspero, com um imenso exército permanente. Suas estradas e sua elegante capital, Pataliputra (atual Patna), impressionaram vivamente um embaixador grego, Megástenes, que transmitiu a seus conterrâneos uma empolgada descrição de sua primeira visita. Dada a tendência de todos os relatos gregos sobre a Índia misturarem fato e a mais completa ficção, não se deve tomar o relato ao pé da letra. Mas, para ter excitado a imaginação de um diplomata e historiador grego culto, o império e sua capital, mesmo em 300 a.C., deviam ter sido impressionantes. Mas esse império de Chandragupta Maurya tinha um lado sombrio. Era o que hoje chamaríamos de Estado policial, com um código penal draconiano, presidido por um imperador preocupado em nunca dormir na mesma cama duas vezes e que exigia ter sua comida provada diante de seus olhos, por medo de ser envenenado.

O estado que Asoka se propôs a criar era tão diferente do modelo de seu avô quanto possível. O budismo ao qual aderiu manifestamente (mas cuja adesão nunca tornou pública) pregava uma moralidade política que incluía a obrigação de combater a pobreza e a insegurança. Asoka tentou com afinco cumprir essa tarefa. Substituiu o princípio de conquista militar por "conquista pelo darma" (o princípio da vida correta). Reduziu enormemente o tamanho de seu exército e direcionou os recursos excedentes para um grande programa de obras públicas: poços e tanques de banho; hospitais (para pessoas e animais); hospedarias para os viajantes; e fontes de água para o gado. Promoveu a instrução feminina. Apoiou um regime de tolerância a todas as religiões e viajou amplamente por seus domínios, para observar por si mesmo a vida de seus súditos e assegurar a consecução de suas políticas. Designou comissários regionais, cujos deveres eram escutar queixas e prestar atenção especial às necessidades de mulheres e grupos minoritários. Ordenou que suas aspirações, e seus princípios orientadores, fossem gravadas em colunas de pedra por todo o império. Um anúncio típico dizia: "Todos os homens são meus filhos. Como desejo todo bem-estar e felicidade deste mundo, e do próximo, para meus próprios filhos, igualmente os desejo para todos os homens."

Até que ponto esses sentimentos refletiam convicção profunda e até onde representavam o que hoje chamaríamos de "marketing político" não sabemos dizer. Mas não se pode pôr em dúvida o efeito benéfico do longo reinado de Asoka para a busca do bem-estar e da prosperidade do povo em seu extenso império.

Era uma atitude, e um programa, que não se podia esperar que sobrevivesse a sua morte, e realmente não sobreviveu. Mesmo durante o reinado de Asoka, a atitude tolerante para com inúmeras crenças e seitas antagônicas contribuiu tanto para encorajar a dissensão como para desencorajá-la. Após sua morte, por volta de 238 a.C., o império se desintegrou. Mais de 2 mil anos depois, porém, sua memória ainda serve como inspiração àqueles que lutam para construir uma vida melhor para o povo do país que ele serviu com empenho tão sábio.

A dinastia Maurya, que terminou com Asoka, governou o mais populoso, e um dos mais prósperos, império que o mundo já vira. Na época de sua morte, a população da Índia girava em torno de 50 milhões de pessoas. Isso era uma vez e meia a população da China e um quarto da população de todo o mundo.

Então se seguiram vários séculos de "Idade das Trevas" indiana. O que os historiadores querem dizer quando rotulam qualquer período dessa maneira é: "Isso aconteceu antes de uma era brilhante e bem documentada, e não sabemos muito a respeito dela; então vamos presumir que nada muito importante ocorreu". O que sabemos é que durante esses séculos a população caiu vertiginosamente. Não se sabe em que medida isso se deveu a guerras, fome ou peste. Mas seja qual tenha sido a causa, entre 238 a.C. e 320 d.C. a população da Índia declinou de mais de 50 para menos de 40 milhões.

No ano de 320, grande parte da Índia estava reunida sob uma nova dinastia, os Guptas. Os dois séculos que se seguiram foram um período de comércio ativo com países distantes, que renderam riquezas e luxos para os que se encontravam no topo da pirâmide social. Significaram também uma era dourada de realizações artísticas, com obras de arte à altura das que foram feitas por qualquer outra civilização na história. Entre elas figuravam magníficas esculturas de pedra e belíssimos objetos de cobre e bronze. Na literatura, foi nesse período que os grandes épicos, o *Mahabharata* e o *Ramayana*, ganharam sua versão definitiva em sânscrito. Foi também quando Kalidasa — o Shakespeare sânscrito — escreveu seu grande poema de amor, *Meghaduta* ("O mensageiro da nuvem"), e a peça *Shakuntala*, uma das obras-primas mais sublimes do teatro mundial.

A dinastia Gupta não foi notável apenas por suas realizações artísticas; foi também um importante ponto de escala na história da ciência. Ela testemunhou o reflorescimento das universidades que haviam trazido glória ao reinado de Asoka. Daí surgiu uma produção escrita que mais tarde inspiraria a cultura científica do islamismo, e por intermédio do islamismo a Revolução Científica na Europa. Ocupando posição de destaque entre as inovações científicas introduzidas pelos brilhantes matemáticos desse período está o sistema de notação que chamamos de algarismos arábicos. Foi um matemático indiano, Aryabhata, que, em 499, publicou o primeiro livro que empregava um sistema numérico de valor posicional e frações decimais. Seu trabalho acabou chegando, por Bagdá do século IX, à Europa do século XIII, e seria muito difícil exagerar a importância dessa contribuição indiana no desenvolvimento da civilização científica e comercial moderna.

11

A construção da China

O AR DE SUPERIORIDADE SUSTENTADO POR GREGOS E ROMANOS ENCONTROU sua imagem espelhada na China, onde as pessoas olhavam para o mundo e viam apenas bárbaros. Chineses instruídos sabiam da existência das civilizações mediterrâneas, e os gregos e romanos tinham conhecimento da China, mas não o suficiente para minar sua autoestima. A visão de mundo chinesa estava resumida no nome — *Zhongguo* — pelo qual se referiam ao seu próprio país. Em tradução literal, significava "o reino do meio", mas o sentido subjacente era "o centro do mundo".

O fascínio chinês com o jade criara um comércio de longa distância com os povos da Ásia Central, onde a pedra era encontrada. Esses povos centro-asiáticos também mantinham laços comerciais com os habitantes da Mesopotâmia, que nutriam um caso de amor similar com o lápis-lazúli, encontrado apenas no Afeganistão. Essas estradas oriente-ocidente acabariam se juntando para compor os 6.500 quilômetros da Rota da Seda. Por ela, mais ou menos a partir de 100 a.C., caravanas de camelos transportaram tecidos destinados às ricas senhoras romanas, loucas por sedas, no primeiro estágio de uma jornada através da terra e do mar de quase 15 mil quilômetros. Quando chegava a Roma, o pano era desfiado e refeito para criar o tecido semitransparente ao gosto dos romanos. Às vezes, chegava literalmente a valer seu peso em ouro.

A Rota da Seda tornou-se a via de transporte não só dos artigos têxteis do oriente, mas também de lã, prata e ouro vindos do ocidente, e para a troca de ideias em ambas as direções. Mas era um comércio conduzido por intermediários, deixando as civilizações dos dois extremos num estado de ignorância sobre as realizações de ambos os povos.

Assim como a Revolução Agrícola na China ocorreu mais tarde do que a do Crescente Fértil, igualmente se deu com a ascensão das vilas e cidades. Quando enfim surgiram, foi como resultado da introdução de irrigação em larga escala. A cultura baseada na lavoura do painço na região do rio Amarelo se originara nas encostas dos vales, onde a água da chuva podia ser retida com as plantações em terraços. Durante o primeiro milênio a.C., o aumento populacional e a propriedade de terras em larga escala tornaram possível a construção de um sistema de diques e canais através da planície aluvial do rio, resultando em notável expansão da terra fértil e sua utilização como áreas produtivas pela primeira vez.

Enquanto a transformação econômica nas margens do rio Amarelo estava em curso, uma mudança ocorreu no modo de produção agrícola do vale do Yangtze, 650 quilômetros ao sul. O processo foi semelhante ao ocorrido com a abertura do vale do Nilo. Ali, também, a floresta densa e pantanosa — nesse caso, uma selva quente e úmida — exibia clareiras que revelavam um solo fértil, nutrido pelas cheias. Mas para explorar plenamente esse potencial, um novo tipo de cultura teve de ser inventado. O cultivo básico da região, o arroz, tinha até então de ser feito em terras altas secas inundadas com água da chuva ou em tanques rasos construídos pelo homem. A partir de 500 a.C., aproximadamente, um novo método de cultivo foi desenvolvido, usando variedades que prosperavam com uma maior profundidade de água.

O surgimento dessa nova cultura de arrozais encharcados coincidiu com o início da Idade do Ferro na China. A mudança para uma sociedade baseada nesse metal exerceu impacto primeiro nas ferramentas e equipamentos usados na vida cotidiana. A guerra continuou a ser uma atividade de combate pessoal entre aurigas aristocráticos, mas, conforme novas armas de ferro eram inventadas, o equilíbrio de forças pendeu em favor dos exércitos com infantarias disciplinadas, como ocorrera no Mediterrâneo.

De 481 a.C. a 221 a.C., no que ficou conhecido como período dos Estados Combatentes, a guerra era uma característica permanente da vida chinesa. No início do período, 17 Estados mais ou menos equivalentes competiam pelo domínio do território. Em 318 a.C., aproximadamente, esse número caíra para sete. Nesse estágio, o Estado mais a oeste — Qin (pronuncia-se "Tchin") —, que conseguira evitar em grande parte se envolver nas lutas precedentes, partiu numa campanha de conquista, que terminou em 221 a.C. É a partir dessa data que enfim podemos usar o termo "China" como significativo de uma unidade política e cultural, não como mero rótulo geográfico.

O país não permaneceu unificado por muito tempo, e sua história pelos 2 mil anos seguintes seria uma sucessão de rupturas, seguidas de períodos de caos, seguidos de reunificações. As guerras civis que interromperam períodos de governo estabelecido foram em geral iniciadas por rebeliões de um campesinato faminto e oprimido. Mas, durante todas essas sublevações, a consciência de uma cultura e de uma história compartilhada permaneceriam dando à China um senso de continuidade com o passado distante que até hoje é uma poderosa força.

Um elemento central nesse senso de continuidade histórica foi propiciado pelos ensinamentos de um grande filósofo que nasceu em 551 a.C. e morreu, com a idade de 73 anos, no início do período dos Estados Combatentes. Seu nome era K'ung Fu-Tzu, ou, como é conhecido fora da China, Confúcio. Talvez ele fosse filho de nobres empobrecidos; sabe-se com certeza que cresceu em meio à pobreza. Inspirado pela mãe viúva, tornou-se um estudioso incansável e professor brilhante. Dos quarenta aos cinquenta e poucos anos, tornou-se um político de carreira bem-sucedida, mas, descobrindo que sua postura um tanto quanto austera não era bem-vinda nos círculos do poder, entregou-se ao exílio voluntário por 12 anos, devotando-se à educação de um grupo de discípulos. Com a idade de 67 anos, voltou para casa a fim de ensinar e de registrar por escrito suas teorias sociais e políticas.

Embora Confúcio fosse um reformador, não era um revolucionário. O princípio motriz de seu pensamento era a busca do que fosse bom nas tradições e práticas do passado, de modo que pudessem ser conservadas como normas de procedimento para a ação no presente. Sua principal preocupação era a ordenação correta da sociedade e as qualidades exigidas dos que aspiravam a governá-la. Ele insistia em que apenas os que haviam recebido uma educação apropriada estavam aptos a exercer a autoridade sobre o próximo. Essa proposição mais tarde formaria a base de uma das características mais duradouras da sociedade chinesa: a classe mandarim de funcionários públicos, selecionada por exames competitivos e respondendo diretamente ao imperador, em vez de servir aos interesses de uma aristocracia local. Esses mandarins muito bem pagos, contudo, eram recrutados em grande parte das classes de proprietários de terras, e em termos sociais eles e a aristocracia representavam uma única classe, tanto física como intelectualmente muito distantes das massas camponesas de quem coletavam impostos. Eram ao mesmo tempo funcionários públicos, eruditos e cavalheiros, uma combinação que as sociedades europeias da mesma época não teriam reconhecido. O poder deles posteriormente ficaria ainda maior, pelo fato de que na China não existia religião estabelecida para desafiar a autoridade estatal.

Esses mandarins eram tecnocratas. Seu ponto de vista é sumarizado numa famosa passagem do influente filósofo Meng-Tzu (Mêncio). Escrevendo no quarto século a.C., ele disse:

> As ambições dos homens qualificados não são as mesmas dos pobres.
> Aqueles trabalham com o cérebro; estes, com o corpo.
> Os que trabalham com o cérebro governam os demais; os que trabalham com o corpo são governados por eles [...].
> Os que são governados sustentam os outros; os que governam são sustentados pelo resto.

Ou, como pregava um dito popular da época, "Se um homem se torna funcionário público, todos os seus cachorros e galinhas são promovidos."

Esse sistema de administração exercida por funcionários de carreira altamente instruídos tinha vários pontos fortes, mas continha em si a própria fraqueza. Era uma máquina altamente eficaz para conduzir os assuntos cotidianos de um grande império. Mas as consequências da ineficiência eram severas, e inevitavelmente gerou uma atitude conservadora que não se limitou apenas a dominar a administração pública, mas também contaminou o modo de pensar sobre a vida de maneira geral. O conservadorismo resultante de exaltar constantemente o passado não constituía obstáculo ao progresso nas questões práticas, mas estagnava a especulação essencial para o progresso científico. O respeito confucionista pelo clã, pela família e pela idade avançada em geral era mais um fator a desencorajar qualquer dissensão. Foi essa combinação de um império centralizadamente administrado e padrões de pensamento conservadores que impediu essa civilização, brilhantemente inventiva, de produzir o incansável questionamento de ideias estabelecidas que tornou possível avanços científicos na Grécia clássica ou na Inglaterra do século XVII.

Na época da morte de Confúcio, em 479 a.C., a China se encontrava no limiar de uma revolução tecnológica. No momento em que o país foi unificado, em 221 a.C., a onda de inovações estava em pleno vapor. Nos séculos seguintes, o país experimentou uma Revolução Industrial similar à que a Inglaterra vivenciou no século XVIII. Algumas das invenções utilizadas industrialmente nessa época seriam introduzidas na Europa somente dali a mil anos.

Houve uma revolução paralela na agricultura. Perto do século VI a.C., fazendeiros chineses semeavam suas plantações em fileiras. Isso resultava numa produção muito maior do que se espalhassem as sementes com a mão, e tornava o mato mais fácil de controlar. (A técnica seria defendida como uma inovação por um manual inglês de agricultura publicado em 1731.) Um século mais tarde, o mato passou a ser controlado com o uso de enxadas de ferro fundido. Já em 85 a.C., os chineses usavam arados com múltiplas lâminas, contendo funis que liberavam as sementes automaticamente à medida que os sulcos eram abertos, uma tecnologia que só foi surgir na Europa no século XVIII.

Um avanço de enorme importância, sem contrapartida em lugar algum do mundo, foi a invenção, por volta de 200 a.C., dos tirantes e do arreio peitoral para os cavalos. Isso permitiu aos animais realizar tarefas fáceis que de outro modo os teriam matado. O império romano nessa mesma época era quase inteiramente dependente do transporte aquático para deslocar cargas pesadas. Seu maravilhoso sistema de estradas era quase inútil para o transporte de materiais, porque o único arreio existente teria estrangulado qualquer cavalo forçado a puxar um peso muito grande. Uma carga de feno que tivesse de ser transportada por cinquenta quilômetros custava o dobro do preço do que custaria na fazenda. Por outro lado, o trigo egípcio de um navio cheio podia ser vendido nos mercados romanos por apenas um quarto a mais do que o preço nos mercados de Alexandria.

No século I a.C., os chineses incrementaram a capacidade de trabalho de seus cavalos concebendo o arreio em colar que é utilizado nos animais de carga até hoje. Esse foi mais um apresto que não seria visto na Europa senão dentro de mil anos. Sua criação não só revolucionou o transporte terrestre como também, mais que tudo, propiciou um poderoso impulso à produtividade da agricultura chinesa. Um cavalo precisa de mais alimento que um boi, mas pode realizar um trabalho mais pesado mais rapidamente.

Esse período assistiu, também, à invenção da manufatura do papel, com consequências para todo o mundo. Nem os egípcios, nem os gregos, nem os romanos tinham qualquer conhecimento do papel. Seu equivalente mais próximo era o papiro, feito com o caule da planta egípcia de mesmo nome. Tampouco os futuros escribas da Europa medieval sabiam de sua existência. Eles escreviam em um pergaminho feito de couro animal.

O papel chinês era produzido misturando-se fibras de tecido com água e goma. A mistura era preparada em tanques que continham uma tela de pano ou arame, onde o líquido excedente era drenado. Após a secagem do resíduo a folha de papel resultante era destacada da tela. Esse é o processo, em essência, da fabricação de papel até hoje, embora a maior parte do papel produzido atualmente seja feita com fibra de algodão. Até onde sabemos, o processo só foi descoberto uma vez na história do mundo — na China de 100 a.C. O mais antigo pedaço de papel com alguma coisa escrita a ter sobrevivido data de mais ou menos 100 d.C. Levou setecentos anos para que o papel chinês chegasse à Europa (pelo mundo árabe) e mil anos para os europeus descobrirem o segredo de sua manufatura.

Algumas atividades industriais empreendidas na China desse período são de tirar o fôlego. Um exemplo que ilustra a escala e a ambição da antiga indústria chinesa foi a prática de perfurações profundas para se obter água salgada e gás natural. Por volta do século I a.C., os chineses eram capazes de utilizar brocas de trinta centímetros de diâmetro, com uma tubulação de bambu, a profundidades de cerca de 1,5 quilômetro. O método utilizado consistia em prender uma broca de ferro fundido à ponta de um cabo de bambu com trinta metros, que era suspenso por um tipo elevado de guindaste *derrick*. Uma equipe de homens pressionava, e depois soltava, uma alavanca, que levava a broca a cair subitamente no fundo do buraco. Conforme a profundidade aumentava, novas extensões de tubulação eram conectadas, e assim por diante. O processo era repetido, se necessário, por meses, até um lençol artesiano, carregado de água salgada, ser atingido. Quando isso ocorria, a salmoura, naturalmente pressurizada, era distribuída, às vezes por muitos quilômetros, ao longo de outro sistema de tubulação de bambus. Outros poços eram abertos para explorar reservatórios subterrâneos de gás natural, que era distribuído de modo similar para locais onde podia ser usado como combustível para aquecer vasilhas de ferro fundido em que a água salgada evaporava para deixar apenas o sal. O gás de poços rasos podia ser queimado assim que deixava a tubulação, mas o de reservas profundas tinha de ser previamente misturado com ar em carburadores gigantes de ferro fundido. Deve ter havido um monte de acidentes antes que um método operacional seguro fosse estabelecido.

Esses dois avanços na indústria e na agricultura contribuíram para, e foram impulsionados por, uma explosão populacional. Entre 1 e 2 d.C., o governo imperial empreendeu um censo que determinou uma população de 60 milhões de habitantes, igual a todo o império romano. A área mais densamente povoada ainda era a região em torno do rio Amarelo. Ali, onde outrora só existiram aldeias, e uma e outra vila, agora havia belas cidades, que não ficavam atrás de nenhuma outra encontrada em qualquer parte na mesma época. Nelas, a nobreza proprietária de terras e um exército de funcionários públicos viviam em meio a luxo. Os confortos da capital Changan, no século I, não diferiam muito da Londres ou Paris do século XV, e sua população era maior do que ambas combinadas.

Para as massas camponesas, vivendo próximas à subsistência, o crescimento populacional não se fazia acompanhar de uma melhoria correspondente no padrão de vida. Colheitas malogradas e fome eram ameaças permanentes. Quando as safras efetivamente sumiam, o desespero levava a revoltas. A maioria era implacavelmente subjugada, mas algumas eram tão explosivas que derrubavam uma dinastia. Após um período de caos, um novo líder surgia, e uma nova dinastia seria criada. Foi um processo que se repetiu muitas vezes ao longo dos 2 mil anos seguintes.

O descontentamento de um campesinato oprimido não era o único problema que os governantes da China tinham de combater. Havia ainda a constante ameaça de inimigos além das fronteiras imperiais. A leste, eles contavam com a proteção do oceano. Para o sul e o oeste, as montanhas constituíam uma barreira natural contra invasões. Mas a norte e a noroeste, o território era vulnerável aos ataques dos cavaleiros nômades cujos rebanhos vagavam pelos pastos da Ásia Central. Uma das primeiras ações do imperador Shih Huang Ti, da dinastia Qin, em 221 a.C., fora desarmar o império — à parte o próprio exército pessoal — e fundir as armas confiscadas para a fabricação de sinos e estátuas. Tendo desse modo neutralizado toda potencial oposição doméstica, ele voltou sua atenção para a ameaça externa e ordenou a construção de uma "Longa Muralha". Essa obra foi a precursora do que os não chineses hoje conhecem como a Grande Muralha da China ou, como costuma ser chamada, "o cemitério mais comprido do mundo" (por causa do número de pessoas que morreram em sua construção). Completada em 214 a.C., era tanto uma cadeia de torres de vigilância dominando as estepes de onde um possível ataque podia partir quanto uma afirmação para os estrangeiros de onde ficavam as fronteiras do império.

A cada nova dinastia, o sistema confucionista de administração pública retomava suas funções mais ou menos sem se alterar. E a teoria confucionista tinha uma fórmula para explicar o que havia ocorrido. Uma revolta bem-sucedida era, por definição, prova de que o imperador precedente deixara de governar seu povo do modo apropriado e perdera o "Mandato Celestial" que lhe concedia o direito de governar. O estabelecimento subsequente de uma nova dinastia era evidência de que o novo imperador recebera tal Mandato. O conceito é um tanto quanto vago, mas cativou a imaginação chinesa por 2 mil anos e exibe vigor até hoje. Ele está intimamente ligado a uma visão da história que interpreta os eventos humanos como uma série de ciclos repetidos de prosperidade, declínio moral, colapso dinástico, caos e renovação dinástica, levando mais uma vez à prosperidade.

O confucionismo não é uma religião, no sentido do cristianismo ou do islã. Confúcio era avesso à superstição e o sistema ético que defendeu não envolvia elementos sobrenaturais. Ele não considerava ideias como céu ou inferno e, falando estritamente, não exigia sacerdócio. Mas, na prática, os confucionistas mais velhos gradativamente assumiram a responsabilidade pela realização de rituais dedicados aos deuses tradicionais. Assim, além de organizar o suprimento de água quando as chuvas não vinham, tornava-se parte do dever dos magistrados locais conduzir as preces por mais chuva. Esse papel religioso propiciou um fortalecimento do poder da classe mandarim e do seu status.

A veneração com que Confúcio era visto com o passar do tempo levaria a que fosse adorado como uma espécie de divindade. Mas a natureza mundana de seus ensinamentos deixava seus seguidores livres para buscar o "consolo da religião" em outras partes, e a China — e seus pobres, em particular — permaneceu como um solo propício ao desenvolvimento de religiões estrangeiras.

Entre todas as religiões que mais tarde ofereceriam aos chineses o conforto que o confucionismo era incapaz de fornecer, a primeira, e mais importante, foi o budismo. Durante o fim da dinastia Han (45-220 d.C.), houve uma grande expansão do comércio exterior, e um número considerável de comerciantes centro-asiáticos passou a residir nas cidades do norte. Foi a partir dessas comunidades que o budismo se disseminou pela população chinesa. No período de deslocamentos que se seguiu à queda da dinastia Han, a doutrina conquistou inúmeros seguidores, incluindo os invasores bárbaros que haviam assumido o controle das regiões fronteiriças. Em um surpreendente paralelo com a experiência do cristianismo no império romano, essa importante religião sobreviveria a períodos posteriores de perseguição para se tornar a fé eleita não apenas pelo campesinato oprimido, mas por uma significativa parcela das classes mais abastadas, cujos donativos piedosos financiaram a construção, e estufaram os cofres, dos mosteiros e conventos.

Rebeliões camponesas e invasões nômades não foram os únicos infortúnios enfrentados por essa grande civilização ao longo dos séculos. O enorme aumento da população — de meros 20 milhões em 400 a.C. a mais de

60 milhões no ano 100 — refletiu-se no crescimento de grandes cidades, nas populações dessas cidades e na frequência de viagens entre elas. A consequência foi uma série de epidemias devastadoras, à medida que os exércitos chineses se aventuravam por regiões fronteiriças e uma sucessão de novos vírus e bactérias abriam caminho por concentrações urbanas de pessoas que não haviam adquirido imunidade. Em 208, uma delas dizimou dois terços das tropas do exército em Hupeh. Em 275, dezenas de milhares morreram em um surto em Honan. Em 312, alguma doença acometeu uma população já enfraquecida pela fome e as pragas de gafanhotos, e grande parte da China setentrional e central se tornou, na descrição de um contemporâneo, "uma enorme terra devastada". Nessa ocasião, segundo registros oficiais, apenas dois de uma centena de contribuintes na província de Shensi sobreviveram. Em 322, e novamente em 423, foi registrado que uma doença varreu 30 por cento da população de províncias sem nome. E esses são apenas alguns dados sobre grandes epidemias, a maioria das quais carece dos números de mortos. O que de fato se sabe é que no século V a população da China, que no ano 100 excedera os 60 milhões, reduzira-se para menos da metade disso. Parte se atribuiu à guerra e à fome, mas muito mais se deveu às epidemias. Na China, como em outros lugares, a domesticação de animais e a invenção da vida urbana revelaram um lado muito mais sombrio do mundo.

12

O mundo em 500

PERTO DO ANO 500, O CULTIVO DE ARROZ EM TERRAS ENCHARCADAS E COM ferramentas de ferro desenvolvido na China também estava firmemente estabelecido nos dois países — Coreia e Japão — mais expostos às influências chinesas. A cultura do arrozal encharcado chegara ao Japão, pela Coreia, em cerca de 300 a.C., mas foi apenas em 250 d.C. que se disseminou suficientemente para abrir a possibilidade de uma civilização do tipo que o povoamento agrícola criara em outros lugares. Registros históricos desse período são praticamente inexistentes, e as informações de que dispomos vêm de arquivos chineses e coreanos. Mas não resta dúvida de que o Japão estava unido sob um governo único e era já uma potência a ser considerada em 391, quando despachou uma força militar que havia conquistado três reinos ao sul da península coreana. Por volta de 500, a riqueza extraída desses domínios e o rápido aperfeiçoamento tecnológico do próprio Japão haviam estimulado um enorme crescimento de sua população e originado um luxuoso estilo de vida para as classes dominantes. De um mero milhão em 250 a.C., quando a cultura de arrozal encharcado foi introduzida, a população japonesa saltara para 5 milhões. Além do que pagava como tributo, a conexão coreana provia um fluxo constante de mão de obra gabaritada — especialistas em irrigação, tecelões, ferreiros e assim por diante. Foi também o veículo para uma variedade de inovações culturais originárias da China, dentre as quais as mais notáveis foram a filosofia de Confúcio e o sistema de escrita chinesa, posteriormente adaptada para criar uma escrita puramente japonesa.

Esse período da história japonesa é conhecido como Yamato, do nome da família imperial que alegava descender da deusa sol, Amaterasu, e de onde sairiam os imperadores japoneses pelos 1.500 anos seguintes.

Um elemento-chave da cultura japonesa da época era o respeito pelo *uji* — a família. Isso não significava apenas a família no sentido de relações de sangue. Também significava no sentido de clã, e a maior família de todas, o povo inteiro, de quem o imperador era o chefe. Cada família tinha sua própria divindade, e era responsabilidade do chefe da família assegurar a adoração apropriada da deidade familiar. Essa veneração familiar existia dentro de um contexto mais amplo, o xintó — ou, mais corretamente, xintó antigo —, uma religião com muitos deuses, alguns ligados a forças naturais ou objetos, como o mar ou as montanhas, e outros, a processos, como o crescimento ou a criação.

Ao sul e a leste do Japão, a colonização das ilhas do Pacífico estava a essa altura quase completa. Os destemidos polinésios, em suas canoas de dois cascos (ou outrigger), haviam acabado de chegar ao Havaí após um século de migração de ilha em ilha por 4 mil quilômetros desde as ilhas Marquesas. Outros polinésios haviam chegado até a distante Ilha da Páscoa, após uma jornada igualmente longa — tanto em quilômetros quanto em anos — a partir do Taiti. Esses povoamentos não resultaram de descobertas casuais. Foram consequência da exploração sistemática, por navegantes soberbos, que carregaram consigo cães e porcos, e fruta-pão, coco, banana e cará, que usariam para se estabelecer em seus novos lares. Apenas a Nova Zelândia permanecia por ser descoberta. Entre sua vegetação luxuriosa, bandos de aves terrestres gigantes vagavam, ignorando a ameaça humana que espreitava na esquina.

O povo da Austrália continuava isolado do restante do mundo. Uma população escassamente espalhada por um ambiente nem um pouco hospitaleiro, ela carecia dos meios para embarcar na aventura urbana/agrícola que transformara as vidas das pessoas em outros locais. Para eles, a mudança só viria lentamente, e seu modo de vida continuou no padrão caçador-coletor que o caracterizara por milhares de anos, e continuaria largamente inalterado por outros mil anos.

Do outro lado do Pacífico, a 4 mil metros de altitude, nos Andes sul-americanos, havia um lago — o Titicaca — que se estendia por quase 8 mil quilômetros quadrados. Ao longo de suas margens, uma antiga civilização, com séculos de prosperidade ainda diante de si, conhecia sua idade de ouro. Os arqueólogos a chamam Tiahuanaco, nome da grande cidade que ficava em seu coração. A base de sua riqueza e poder era um sistema único de agricultura, em que colheitas eram cultivadas em plataformas elevadas, os *camellones*, capazes de produzir dezenas de milhares de toneladas por ano. A água chegava nesses campos por meio de uma rede de canais de irrigação, construídos para reter o calor do sol a pino e, durante as geladas noites montanhosas, proteger as safras da geada. As colheitas abundantes sustentavam um império que abarcava enormes áreas de onde atualmente é Argentina, Bolívia, Peru e norte do Chile. A cidade de Tiahuanaco era uma capital cerimonial com talvez cerca de 50 mil habitantes, adornada com complexos de templos cujas ruínas magníficas impressionam até hoje. Algumas pedras usadas em sua construção pesam 100 toneladas, e o lugar mais próximo onde eram encontradas ficava a mais de cinco quilômetros. O povo dessa misteriosa civilização produziu joias e recipientes elegantes, mas não descobriram o segredo do ferro fundido. Sua arquitetura impressionante foi produto da tecnologia da Idade da Pedra, utilizando-se machados feitos de pederneira.

No vale do México, 8 mil quilômetros ao norte, outra civilização da Idade da Pedra também atingia seu ápice. Sua principal cidade, Teotihuacán ("Cidade dos Deuses"), era ainda maior que Tiahuanaco. No ano de 500, somava quatro séculos de existência, e, com uma população de cerca de 150 mil pessoas, era uma das maiores cidades do mundo. Em área, quando não em população, era maior que Roma. Cobria oito quilômetros quadrados e se distribuía em um padrão de grade, com palácios, praças, centenas de templos e duas grandes pirâmides: a Pirâmide do Sol e a Pirâmide da Lua. Com 64 metros de altura, e uma base medindo 231 por 219 metros, a Pirâmide do Sol era a maior construção das Américas, e a terceira maior pirâmide do mundo. Tal arte, arquitetura e população só teriam sido possíveis com um sistema de agricultura intensiva altamente produtivo. Mas, sem registros escritos, pouca coisa pode ser dita sobre a vida de seu povo, ou a extensão de seu império, se é que havia um império. Eles continuam sendo um fascinante mistério.

Centenas de quilômetros a leste de Teotihuacán, na península de Yucatán, a civilização maia estava em pleno florescimento. Essa civilização, que ocupava uma área de aproximadamente oitocentos por quinhentos quilômetros, não se parecia com nenhuma outra, de antes ou depois. Ela surgiu na selva quase impenetrável, onde nada podia ser construído e nenhuma lavoura podia ser semeada enquanto clareiras não fossem abertas (com machados de pedra). E isso em um clima quente e úmido, em que o índice pluviométrico anual era de 3 mil milímetros e a estação seca durava apenas alguns meses. A despeito dessas dificuldades, centenas de templos, espaços rituais e pirâmides eram construídos, que mesmo quando se tornaram ruínas inspiraram admiração por sua qualidade monumental e pela quantidade de trabalho que representam.

Os maias não eram de fato uma civilização urbana. O que seus descobridores do século XIX presumiram serem cidades são hoje considerados centros cerimoniais: capitais religiosas e administrativas de distritos em que a unidade básica era a aldeia agrícola. Tampouco eram um império, com uma administração central. A civilização maia parecia estar mais para um conjunto de cidades-Estado, com os centros cerimoniais preenchendo o papel da cidade e com a observância religiosa, e a propiciação dos deuses, ocupando um papel central na vida da comunidade. Os maias tinham um sistema de escrita hieroglífica altamente desenvolvido, porém a maior parte de sua literatura foi destruída, em um ato de barbárie, pelos padres espanhóis do século XVI, que a consideraram "obra do demônio" (descrição que se encaixa melhor no próprio comportamento deles). Como resultado, não se sabe praticamente nada sobre a vida cotidiana maia. Sabemos que milho e feijão compunham sua dieta básica, que abacate era um cultivo importante e que bebiam chocolate. E sabemos também que tinham uma ideia muito particular do que constituía beleza pessoal. Os crânios de bebês recém-nascidos eram pressionados entre tábuas para produzir uma cabeça alongada. O estrabismo era especialmente valorizado e, para consegui-lo, penduravam-se bolas de madeira entre os olhos dos bebês.

Os poucos escritos maias que possuímos são na maior parte registros astronômicos e sacerdotais. Os cálculos que eles contêm são de uma qualidade sem paralelo em qualquer civilização da Idade da Pedra. Mas, com todas as suas realizações intelectuais, os maias não fizeram grandes avanços em tecnologia. Dado o terreno onde viviam, é compreensível que jamais tenham desenvolvido veículos com rodas. Mas eles tampouco dispunham de animais de carga. Tudo nessa civilização, incluindo suas maciças construções, envolvia carregadores e força de trabalho humanos.

Ao norte da atual fronteira mexicana, nenhuma civilização urbana ainda surgira. Dentro e em torno do vale do Ohio, o povo da cultura hopewell tinha uma economia baseada no cultivo de milho, abóbora e feijão, além da caça, mas sua ocupação territorial era em aldeias, não em vilas. Em outras regiões do continente, culturas de caçadores-coletores permaneciam amplamente inalteradas. Essa ausência de agricultura estabelecida reflete-se no tamanho da população, em comparação com outras partes das Américas. A América do Norte nessa época, no norte do atual México, possivelmente não ultrapassava o número de 2 milhões de pessoas. As Américas Central e do Sul, por outro lado, tinham uma população de cerca de 13 milhões.

Na Europa, as culturas da Idade da Pedra haviam sido deixadas para trás muito antes disso. Poucos europeus viviam de caçar e coletar alimentos. Em quase todos os lugares, tanto o pastoralismo quanto o povoamento agrícola compunham os moldes da vida cotidiana. Dentro das fronteiras do antigo império ocidental, várias cidades mantinham as tradições da vida cívica romana, mas muitas outras foram abandonadas.

Tanto dentro como fora das antigas fronteiras do império, a tecnologia de ferramentas e armas de ferro era universal. Uma característica da vida europeia nessa época eram as migrações causadas pelo assédio de cavaleiros nômades vindos da Ásia. À medida que forçavam passagem pelo leste da Europa, os que haviam chegado antes eram compelidos a continuar se deslocando para oeste. Povos célticos abriram espaço para povos germânicos, que por sua vez tiveram de ceder terreno para eslavos, e assim por diante. Nos séculos V e VI, sem a presença das legiões romanas, todos os países da Europa ocidental sofreram ondas de invasão. No início, tendiam a ser oportunistas: raides em busca de pilhagem, mulheres e escravos. Mas, à medida que o tempo passou, elas se tornaram expedições à procura de um lar permanente. Quando um lugar promissor era encontrado, os invasores se estabeleciam e começavam a cultivar a terra e criar animais. As pessoas que eram desalojadas viam-se forçadas a buscar seu sustento em locais menos férteis, nas montanhas ou no litoral.

Em torno do Mediterrâneo, sobretudo no império oriental, a vida urbana seguia quase inalterada. Mas na Europa setentrional, da Bretanha às margens do Mar Negro, a aldeia agrícola era a unidade básica do povoamento humano. Muitas vilas romanas estavam semiarruinadas: havia mais pedreiras para materiais de construção que moradias. Na Bretanha, as famílias dos nobres nativos haviam se empenhado para manter o velho estilo de vida romano, mas durante o século V foram cada vez mais acossadas pelos invasores vindos do outro lado do Mar do Norte — anglos, saxões e jutos.

No extremo oposto da Eurásia, nas fronteiras da Índia, a implacável pressão de ataques dos nômades das estepes parecia enfim abrandar. Em 475, os hunos haviam cruzado os passos montanhosos do Afeganistão e avançado sobre Peshawar. Nos anos que se seguiram, ajudados pela desintegração do império Gupta, haviam chegado até o Indo e devastado Kashmir, deixando um rastro de massacres e destruição. Uma geração depois, dominaram o extremo noroeste do país, mas foram rechaçados de volta às montanhas. Eles permaneceriam como uma ameaça durante mais uma centena de anos, mas levaria muitos séculos até que uma horda nômade voltasse a descer para as planícies.

Na África, ao sul do Saara, a descoberta dos segredos da metalurgia do ferro e o desenvolvimento de sistemas nativos de agricultura possibilitaram a muitos povos compensar o tempo perdido durante a Idade do Bronze. No interior do continente, onde doenças como febre amarela, malária e a doença do sono eram endêmicas e doenças transmitidas por insetos impediam o uso do cavalo, boi ou camelo, o desenvolvimento de uma civilização agrícola era pouco provável. A vida ali continuava a seguir antigos sistemas de caça-coleta, e a população permanecia esparsa. Mas em outras partes, as habilidades em evolução tanto de pastoralistas como de fazendeiros haviam propiciado um incremento da produção alimentar e gerado novas tecnologias, que tornaram possível um rápido crescimento da população.

Uma das civilizações mais dinâmicas da África estava localizada a 2 mil metros de altura, nas montanhas etíopes, onde insetos não conseguiam viver, e portanto animais para puxar arado sim. Esse era o reino cristão de Aksum. Ele viera em expansão desde o século I, e o ativo porto de Adulis, no Mar Vermelho, era o centro de uma rede comercial que se estendia da Itália meridional ao sul da Índia.

No outro lado do continente, no rio Níger, havia outra cultura com séculos de existência baseada no cultivo de arrozais secos e na metalurgia do ferro que empreendeu um comércio fluvial de longa distância envolvendo cobre, ouro e objetos cerâmicos de luxo, e que compreendia ao menos uma cidade — Jenno Jene — com 10 mil habitantes.

Do Quênia até o distante Cabo, terras que outrora haviam abrigado bandos esparsos de caçadores-coletores da Idade da Pedra eram agora o lar de um enorme grupo de fazendeiros e pastoralistas dispondo do uso do ferro. Esses eram os povos falantes de banto, que em 3000 a.C. haviam emigrado em dois fluxos — um para o leste e outro para o sul — a partir da atual Nigéria. Por volta de 1000 a.C., o fluxo do leste havia atravessado o continente e chegado até o lago Vitória. Seguindo por terras altas onde a mosca tsé-tsé não podia viver, seus descendentes continuaram em frente, e por volta do ano 500 estavam estabelecidos no Transvaal Norte e em Natal. Os descendentes do ramo ocidental nesse meio-tempo haviam atingido as fronteiras ocidentais do deserto do Kalahari. À medida que se fixavam em novos territórios, seu número crescia substancialmente.

12.1 Total estimado da população mundial em datas selecionadas

Ano	População Global (*milhões*)
30.000 a.C.	0,5
6000 a.C.	10
4000 a.C.	30
1000 a.C.	120
500	200
1095	300
1455	400
1763	800
1913	1.600
2007	6.500

O crescimento da população na África subsaariana entre 100 d.C. e 500 d.C. — de mais ou menos 12 milhões para algo como 18 milhões — foi espetacular. E também foi uma exceção. Na maior parte do mundo, o crescimento populacional que crescia sem interrupção desde o surgimento da agricultura cessara. Em alguns lugares, chegara a sofrer uma acentuada reversão. De meros 10 milhões em 6000 a.C., a população mundial aumentara enormemente, até que no início do século I atingira os 250 milhões. Mas ao longo dos quatrocentos anos seguintes ela declinou para 200 milhões. Guerra e fome eram parte da explicação, mas o principal motivo foram as doenças.

Quando os seres humanos partiram da África, deixaram para trás os insetos que eram incapazes de segui-los para regiões mais frias. Ao fazê-lo, também deixaram as doenças que esses insetos portavam. O resultado foi um "recesso" das enfermidades que haviam durado milhares de anos. Mas, quando criaram povoamentos e domesticaram animais selvagens, os humanos ficaram expostos a novas doenças incubadas nesses animais, que evoluíram de modo a lhes possibilitar explorar hospedeiros humanos.

Na época em que os chineses usavam carrinhos de mão e as senhoras romanas e Cleópatra, a rainha do Egito, vestiam seda, os seres humanos vinham trocando micróbios com seus hóspedes desejados — porcos, galinhas, vacas — e indesejados — camundongos, ratos, moscas, pulgas — por milhares de anos. Mas as infecções resultantes ficaram por longo tempo confinadas a recantos específicos do mundo, e desertos, oceanos e cadeias montanhosas haviam se constituído em barreiras eficazes. Mesmo onde tais barreiras não existiam, as populações urbanas eram, em geral, pequenas demais para sustentar epidemias prolongadas. Contudo, o oceano Índico e o Mediterrâneo eram agora cruzados por inúmeros navios e a Rota da Seda e estradas similares viviam movimentadas. Alforjes e porões de navios tornaram-se moradias móveis ideais para roedores e insetos, e os parasitas portadores de doenças. Cidades apinhadas os aguardavam no fim da jornada. A humanidade inventara a aldeia global, e os insetos teriam um banquete.

As regiões que mais sofreram foram as mais extremas na rede eurasiana — Europa e China —, que haviam tido menos tempo para desenvolver resistência do que as antigas civilizações em seu coração. Vimos no capítulo precedente como a China suportara uma epidemia após outra nos trezentos anos após 100 d.C. Perto do fim desses três séculos de tormento, a população caíra de mais de 60 milhões para meros 25 milhões de pessoas. A experiência de Roma não fora menos terrível. No ano de 165, soldados que regressavam da Mesopotâmia trouxeram uma nova doença — possivelmente, varíola — que foi responsável por uma devastação através do império pelos 15 anos seguintes. Nos anos de 251 a 266, outra praga igualmente virulenta os acometeu. Quando a infecção atingiu seu auge, acredita-se que a cidade de Roma sofreu 5 mil mortes por dia. Aí, também, talvez se tratasse da varíola, embora igualmente pudesse ser o sarampo, apresentando o cartão de visita para uma Europa pega de surpresa.

Nessa nova situação, o aumento da produção alimentar e o aperfeiçoamento tecnológico não mais levaram inevitavelmente ao crescimento populacional. Toda a engenhosidade que os seres humanos conseguiam reunir não pôde poupá-los do declínio numérico. No Japão, na América Central e do Sul, e em partes mais saudáveis da África subsaariana — regiões isoladas das pragas europeias —, as populações continuaram a crescer. Por outro lado, durante esses quatrocentos anos, a população da Eurásia caíra em cerca de um quarto. A humanidade não era mais uma espécie em marcha. Em sua maior parte, era uma espécie sitiada.

12.2 Mudanças em populações humanas 100 d.C.-500 d.C.

Regiões vivenciando aumento populacional

	População (milhões)		
	África subsaariana	Japão	América Central e do Sul
Ano			
100	13	2	9
500	20	5	13
Mudança	+50%	+150%	+40%

(cont.) **Regiões vivenciando queda populacional**

	População (milhões)					
	China	**Índia**	**Sudoeste da Ásia**	**Europa**	**Outra***	**Mundo***
Ano						
100	65	45	46	37	38	255
500	32	33	41	30	31	205
Mudança	-50%	-25%	-10%	-20%	-20%	-20%

* Excluindo a América do Norte.
Fonte: D. Christian, *Maps of Time* (University of California Press, 2004), p. 344.

(Nenhum número é fornecido para a América do Norte, já que as estimativas para o continente nas datas em questão são motivo de considerável controvérsia.)

13

O triunfo do islã

HAVIA LEVADO TREZENTOS ANOS DESDE O PRIMEIRO SERMÃO AO AR LIVRE de Jesus para que o cristianismo se tornasse a religião oficial de um grande império. A religião seguinte a surgir no mesmo canto do mundo — o islamismo — conquistou resultado idêntico na metade do tempo. Enquanto o cristianismo teve de esperar pela conversão de um imperador, o islã conquistou seu império na ponta da espada.

O fundador do islã foi um comerciante árabe chamado Maomé, que nasceu na cidade de Meca, por volta de 570. Meca era um próspero oásis a cerca de trinta quilômetros da costa do Mar Vermelho e um entreposto nas rotas de comércio do sul da Arábia para as terras mediterrâneas. Como lar do santuário da Caaba, era também o destino de longas peregrinações. A Caaba foi uma pedra meteorítica preta que desempenhou importante papel na religião, que nessa época tinha muitos deuses. Uma vez por ano, as pessoas acorriam a Meca para visitar esse importante santuário, para realizar negócios, fechar casamentos e de um modo geral passar momentos auspiciosos.

Os pais de Maomé morreram antes que ele completasse seis anos, e ele foi criado por seu avô e, mais tarde, por seu tio. Quando estava com cerca de 25 anos, foi encarregado de comerciar os bens de Khadijah, uma viúva rica que ficou tão impressionada com suas habilidades que aceitou sua proposta de casamento. Essa união possibilitou a ele tocar negócios por conta própria.

Maomé era um jovem circunspecto e tinha o hábito de passar noites em uma caverna fora da cidade, refletindo sobre a vida que o cercava, e em particular sobre a ganância e o egoísmo dos comerciantes em sua terra natal. Certa noite, quando tinha cerca de 40 anos, foi visitado pelo anjo Gabriel, que lhe contou que ele (Maomé) era o "Mensageiro de Deus". Ao longo dos vinte anos seguintes, ele experimentou uma sucessão do que acatou como revelações divinas relativas à conduta dos homens para com Deus (Alá) e o próximo.

Maomé juntou um grupo de amigos com ideias afins e começou a pregar em público. Suas prédicas foram alvo de ressentimento na classe comerciante de sua cidade natal, sobretudo quando ele começou a angariar seguidores entre os mais pobres. Sua mensagem era subversiva. Ele pregava a adoração de um só Deus em uma cidade que era um centro religioso politeísta, para o provável detrimento do comércio de peregrinação. Também elevava os laços que uniam os fiéis acima dos laços de família e de clã que eram a base da cultura árabe. Enquanto gozou da proteção de seu clã, os inimigos foram incapazes de lhe fazer mal. Mas com a morte de seu tio, o novo chefe do clã o repudiou e o deixou à mercê deles. Em julho de 622, quando estava com cerca de 52 anos, ele fugiu para Medina, um enorme oásis a cerca de quatrocentos quilômetros ao norte de Meca. Essa fuga, conhecida com hégira (do árabe *hijra*), é a data a partir da qual a era muçulmana é computada.

Em Medina, Maomé se juntou a um grupo de simpatizantes com quem fizera contato previamente. Não dispondo de nenhuma base de poder na cidade, eles se sustentavam roubando caravanas de camelos de passagem pela região. Foi nessas empreitadas piráticas que Maomé revelou pela primeira vez os talentos organizacionais que comporiam os alicerces de seu posterior sucesso. Em suas transações pessoais, ao que tudo indica, era a essência do cavalheirismo (como decididos construtores de império geralmente são). Mas, na busca de poder religioso e político, era tão impiedoso quanto dotado. Ele permaneceu em Medina por sete anos, período em que aperfeiçoou suas habilidades militares e juntou recursos financeiros, por meio de contínuos ataques a caravanas. Durante todo esse tempo fortaleceu sistematicamente seu poder por meio de conversões individuais e negociando alianças militares. Foi tão bem-sucedido que em janeiro de 630 pôde marchar sobre Meca à frente de uma tropa com 10 mil guerreiros e se apossar da cidade sofrendo apenas duas baixas. Tendo estabelecido sua autoridade, ele conquistou os antigos inimigos e tornou a peregrinação, que era a causa da prosperidade da cidade, uma obrigação sagrada para seus seguidores.

Ele confirmou sua posição como o homem mais poderoso da Arábia com uma série posterior de alianças. Foi ajudado na empreitada por um acaso muito feliz. O império persa, uma das maiores potências da época, havia sido derrotado dois anos antes pelo império bizantino (o império romano oriental sediado em Constantinopla), e muitas tribos que outrora gozaram do apoio dos persas contra Bizâncio agora se voltavam para Maomé em busca de proteção. Em 630, em sua última grande campanha antes de morrer, ele liderou uma força de 30 mil homens até a fronteira síria, compondo novas alianças e preparando o terreno para uma futura invasão desse país.

Maomé morreu em Medina em 632, quando estava com cerca de 62 anos. Deixou como legado uma Arábia unida. E deixou ainda o potencial para a criação de uma magnífica máquina de guerra, equipada com uma arma que se mostraria irresistível após sua morte. Era o conceito de *jihad* — "conflito sagrado" —, em que o combate militar era uma empreitada missionária e a morte em batalha um caminho direto para a felicidade eterna. O que não deixou, contudo, foi um sucessor nomeado, omissão que mais tarde causaria uma ruptura na religião que ele criara: a disputa entre sunitas e xiitas. Os sunitas eram os que acreditavam que o profeta havia escolhido seu companheiro de armas Abu Bakr como sucessor (califa) antes de morrer e que Abu Bakr designara o próprio sucessor, e assim por diante. Os xiitas acreditavam que sua escolha recaíra sobre seu primo Ali, marido de sua filha Fátima. Além disso, acreditavam que a sucessão legítima fora transmitida por uma linhagem de líderes espirituais (imãs), descendentes de Ali e Fátima, cada um dos quais havia designado o próprio sucessor. Era uma disputa que persistiria ao longo de séculos, e assombra o islã até hoje.

Os discípulos de Maomé escreveram as revelações dele enquanto ele ainda vivia. Vinte anos após sua morte, elas foram reunidas para compor a base do livro santo da fé muçulmana — o Corão. Corão significa "recitação", e o ato de recitar seus versos, nas lindas cadências do árabe em que foi escrito, tem um significado, e um poder, que é impossível de transmitir a qualquer pessoa sem acesso à língua.

A mensagem revolucionária do Corão estava corporificada em sua proposição básica: "Não existe Deus senão Deus (Alá) e Maomé é seu Profeta." Islã significa "render-se a Deus" e é uma palavra que abarca tanto a religião prescrita no Corão como a atitude mental que ela impõe. Como Jesus, Maomé pregava a necessidade da conduta correta como preparação para o dia do juízo, após o qual os fiéis passariam a eternidade no paraíso, enquanto os infiéis — os que contradizem a fé — sofreriam tormentos sem fim. Foi essa promessa que propagou o estupendo sucesso do islã em seu primeiro século e meio de existência.

Não existe força nos negócios humanos capaz de competir com a devoção de pessoas que ficam felizes de morrer por uma causa e que sabem em seu íntimo que sua recompensa será a felicidade eterna. Foi a maneira calma com que os cristãos enfrentaram a morte na arena que persuadiu tantos romanos de que aquela era uma fé digna de se ter. O modo como os soldados do islã enfrentavam a morte em batalha talvez pareça a um olhar superficial uma coisa completamente diferente. Mas, lá no fundo, a jubilosa certeza era a mesma. Ambas as atitudes em relação à morte tinham o poder de mudar o mundo — e ambas o fizeram.

O Deus de Maomé, como o Deus de Jesus, era o Deus dos judeus, e ambas as religiões honravam os profetas hebreus. Mas uma diferença crucial iria sempre distinguir o islã do cristianismo. Aos olhos dos fiéis, Maomé era mortal. Ele foi um mensageiro divino, não um deus em si mesmo. O conceito da divindade de Jesus, que acabaria se tornando a doutrina central do cristianismo, não tinha contrapartida no islã.

Após a morte de Maomé, um de seus companheiros, Abu Bakr, foi reconhecido por alguns como o primeiro califa, ou sucessor. Sob ele e seu sucessor, Umar, as tribos foram moldadas em uma formidável força de combate, impulsionada pelo zelo religioso (e pela perspectiva de pilhagem), e também pela pressão da superpopulação na estéril península árabe. Segundo a tradição muçulmana, Maomé, antes de morrer, enviara mensagens para os imperadores do império romano oriental e da Pérsia, conclamando-os a aceitar seus ensinamentos. Quando a submissão exigida (compreensivelmente) não veio, seus sucessores embarcaram numa jihad. Ctesifonte, a capital persa, foi capturada em 637; Jerusalém, em 638. Tendo em seguida conquistado o Egito, usaram as embarcações egípcias para invadir Chipre em 649. Em cerca de 664, haviam tomado Cabul. Por volta de 711, haviam cruzado o estreito de Gibraltar e avançavam pela Espanha. Onde quer que fossem, as tropas árabes eram separadas em guarnições, para assegurar que não se estabeleceriam na confortável vida da cidade, como nômades vitoriosos em outros lugares sabidamente haviam feito.

À medida que o tempo passou e os ensinamentos do Corão foram coligidos, o "povo do livro" ganhou permissão de manter sua própria religião — e evitar o serviço militar —, contanto que pagassem um tributo, ou seja, um imposto anual. Povo do livro significava judeus, cristãos e quaisquer outros que tivessem um livro sagrado revelado por Deus antes do livro sagrado definitivo, o Corão. Quanto aos "pagãos", contudo, o negócio era diferente. Para alguns, a consequência da conquista era a escravidão. (A perspectiva de adquirir escravos era outro forte incentivo para os que embarcavam em uma jihad.) Mas para muitos a escolha era conversão imediata ou morte imediata.

Com a expansão do império islâmico, o incentivo para que judeus e cristãos se convertessem cresceu. Em cidades islâmicas próximas, a conversão abria portas para os jovens e ambiciosos, e isso foi um fator que não passou despercebido entre os jovens mais brilhantes do povo do livro.

O ímpeto da conquista varria tudo que tinha pela frente. Por volta de 780, sob o califa oriental, Harun al-Rashid, e um califado separado na Espanha e no Marrocos, o território do islã se estendia desde Lisboa, cobrindo a maior parte da Espanha, todo o Norte da África, atravessando a Mesopotâmia e a Pérsia, até chegar a Samarcanda, na Ásia Central.

Foi perto de Samarcanda, na batalha de Talas, em 751, que o exército do islã adquiriu um grupo de prisioneiros com um segredo que mudou o curso da história europeia. Eram fabricantes de papel chineses, e foi como resultado de sua captura que o conhecimento sobre sua fabricação chegou à Europa. Manuscritos árabes escritos em papel sobreviveram a partir do século IX. Foi por intermédio dos povos muçulmanos da Espanha meridional que o segredo da fabricação de papel passou para comunidades cristãs na Espanha e na Itália, e daí para a Europa setentrional. Livros já existiam na Europa, tendo sido inventados por cristãos do século I que queriam uma forma de juntar diversos textos em um único volume, em vez de usar um longo rolo de papiro. Mas, antes do papel, os livros custavam caro para ser produzidos. Com o uso de pergaminho, um volume de duzentas páginas de tamanho modesto exigia a pele de 12 ovelhas e uma quantidade monumental de trabalho. O papel reduziu o custo a uma fração do que era antes. Como consequência inesperada da conquista islâmica, a produção de Bíblias cristãs e as obras de escritores pagãos se tornaram muito mais baratas.

A segurança de um império de amplo alcance encorajou o comércio, facilitado por uma língua (árabe) e uma lei comum, e uma única moeda. Jade chinês, seda e porcelana eram importados, por intermédio de revendedores em Java ou Sumatra. Da África vinham ouro, escravos e marfim; e da Rússia, peles e âmbar. Apoiada nesse comércio, uma brilhante civilização surgiu, sem igual a não ser na China. Grandes cidades foram fundadas, como Córdoba, na Espanha, que abrigava meio milhão de pessoas e tinha uma biblioteca com 100 mil manuscritos catalogados. Na corte de al-Rashid, em Bagdá, a música e a literatura floresceram. Sob seus auspícios, a composição de um poema particularmente agradável podia merecer a dádiva de um saco de ouro, ou até de uma propriedade no campo.

Um elemento importante do islã era a obrigação de buscar conhecimento. Esse imperativo, e os recursos do império, criaram um ambiente em que a ciência floresceu. Nos primeiros anos da conquista, motivados pela crença de que o Corão era o único livro necessário, os exércitos do islã queimaram qualquer livro que encontraram. Mas, felizmente para as gerações subsequentes, um juízo mais sensato depois prevaleceu, e um grande acúmulo de conhecimento se seguiu. De Toledo, na Espanha, a Isfahan, na Pérsia, sob uma sucessão de soberanos amantes da ciência, antigos textos foram traduzidos do grego, sânscrito, siríaco e pahlavi. Em 830, o filho de al-Rashid, al-Ma'mun, fundou a Casa da Sabedoria em Bagdá, onde estudiosos trabalharam em traduções de obras de Aristóteles, Arquimedes, Ptolomeu e outros que haviam recuperado nos cantos mais distantes do império. Ao mesmo tempo, contatos comerciais com Índia e China introduziram ideias e técnicas matemáticas desconhecidas dos gregos. Os estudiosos islâmicos dessa época encontravam-se de posse de um corpus de conhecimento científico maior do que qualquer outro jamais reunido. Esse estoque de conhecimento serviria mais tarde de ponto de partida para a Revolução Científica na Europa, quando textos árabes foram traduzidos para o latim.

Uma das maiores dádivas do islã para a ciência foi o sistema que chamamos de números arábicos. O tipo de cálculos lápis-e-papel que cientistas como Isaac Newton tiveram de fazer teria sido impossível se existissem apenas os numerais romanos, em que o número 1767, digamos, é representado pelas letras MDCCLXVII. Falando estritamente, deveríamos chamar os números arábicos de números indianos, uma vez que foram desenvolvidos na Índia no primeiro milênio a.C. Mas os "algarismos" chegaram até nós por meio dos escritos do matemático al-Khwarismi, que foi um dos muitos cientistas brilhantes a terem contribuído com a Casa da Sabedoria de al-Ma'mun.

O período que vai do século IX ao XII constituiu a era de ouro do islamismo. No aspecto religião, seus dias mais gloriosos estavam por vir. O islã seguiria sua marcha e converteria fiéis às centenas de milhões: no sudeste da Europa; na África; por toda a Ásia, até chegar à China e à Indonésia. Mas, como poder secular, sua influência começou a enfraquecer por volta do século X. Ele continuou sendo uma potência a ser levada em consideração, mas, minado por dissensões internas e confrontado por nações com substanciais recursos próprios, já não era mais uma força irresistível.

14

A Europa depois de Roma

NA EUROPA, OS SÉCULOS ANTERIORES E POSTERIORES À QUEDA DO IMPÉRIO ocidental formaram um período tumultuado, à medida que onda após onda de invasores, eles próprios empurrados por outros ciclos de povos entrando na Europa pela Ásia, abria caminho através do continente procurando uma residência permanente.

Uma consequência da fragmentação do império ocidental, e do povoamento das regiões setentrionais pelos recém-chegados, foi o surgimento de novos idiomas. Embora diferente do que era praticado anteriormente, o latim falado nos anos de decadência do império era reconhecivelmente a mesma língua. À medida que o império cedia terreno para uma variedade de chefetes independentes, a língua se libertava. Em regiões separadas por barreiras naturais como os Pireneus e os Alpes, dialetos distintos do latim surgiram. Ao longo dos oito ou nove séculos seguintes, eles se transformaram nas línguas românicas, como o italiano, o espanhol, o português, o francês e o romeno. Isso ocorreu a despeito da conquista de povos falantes de línguas germânicas. Os descendentes dos francos, que conquistaram o que hoje é a França, acabariam falando o dialeto latino dos habitantes originais, não a língua germânica de seus ancestrais. Mais ao norte, contudo, onde os invasores se viram em territórios esparsamente povoados, não houve pressão para adotar os hábitos de fala da população local, e seus descendentes, separados por rios, mares e montanhas, gradualmente desenvolveram dialetos que mais tarde se tornariam o holandês, o alemão e o sueco.

Nas terras baixas da Bretanha, onde uma cultura romana florescera por séculos, seria de se esperar que os recém-chegados adotassem o latim, como os invasores da Gália (a moderna França) fizeram. Mas isso não aconteceu. Eles mantiveram sua língua germânica, que acabaria se tornando o que conhecemos como inglês. O britânico nativo, que não estava tão latinizado quanto os habitantes da Gália, havia conservado o próprio idioma, e, nas resguardadas montanhas onde os anglos e os saxões invasores não penetraram, ela gradualmente mudou para o moderno galês.

Ambos os grupos linguísticos — o germânico e o latim — eram membros da família indo-europeia, que se originava de algum lugar nas regiões de estepe onde a Europa se encontra com a Ásia. A leste das terras ocupadas por povos falantes de germânico, os eslavos praticavam um terceiro grupo de dialetos indo-europeus, os predecessores do tcheco, polonês, servo-croata e russo. Embora vivessem a leste dos falantes de latim e germânico, os eslavos, descendentes de nômades que haviam entrado na Europa a partir da Ásia por volta de 2000 a.C., haviam se estabelecido na Europa desde muito antes. Quando os ancestrais dos falantes de celta que agora ocupavam as costas ocidentais do continente viajaram pela mesma rota, por volta de 500 a.C., passaram pelas terras onde viviam os eslavos sem desalojá-los. Mas a passagem dos povos falantes de germânico (também vindos da Ásia) agira como uma cunha, cindindo os eslavos em dois grupos linguísticos. O mais ao sul desenvolveu dialetos que mais tarde se tornariam o tcheco e o servo-croata; o mais ao norte se tornaria o polonês e o russo.

Uma sucessão de epidemias, que provavelmente incluía varíola, sarampo, gripe e peste, atacou as terras densamente povoadas em torno do Mediterrâneo do século II ao VII. Elas sem dúvida desempenharam um proeminente papel no enfraquecimento do império ocidental. Durante esses séculos, ondas de povoamento desembocaram nas regiões esparsamente povoadas ao norte. Como em toda parte, povoamento significava agricultura. Mas não havia nenhum salto de aprendizagem a ser feito. Esses povos contavam com o conhecimento acumulado das populações existentes no norte e dos povos civilizados do sul, e suas novas terras tinham solo fértil e chuva abundante. O clima frio favorecia trigo, cevada, aveia e centeio.

Além disso, a chuva constante significava pasto vistoso, que significava vacas felizes. Sem dúvida clareiras precisavam ser abertas, mas os recém-chegados tinham as ferramentas para isso, e mão de obra suficiente. À medida que derrubavam florestas e preparavam novas terras para cultivar, a produção de alimento cresceu e sua população aumentou ainda mais. Perto do fim do século VIII, o número de pessoas nessas terras outrora quase vazias havia ultrapassado o dos antigos territórios imperiais povoados. Era uma mudança no destino que jamais teria volta.

Havia uma dificuldade a ser superada antes que as terras recém-desmatadas pudessem ser exploradas plenamente. Esses solos potencialmente férteis eram pesados. Eles consistiam em depósitos aluviais de águas vindas das montanhas ou em uma lama viscosa deixada por antigos glaciares. Trabalhá-las com arados manuais e relhas de armação de veado teria sido um jeito eficaz apenas de quebrar o ânimo. A drenagem, também, era um problema. No sul quente, a prioridade máxima era preservar a umidade do solo. No norte, o desafio era descobrir um modo de diminuí-la.

O sistema de agricultura surgido como resposta a essas dificuldades foi o acontecimento mais importante na história europeia nos seis séculos que se seguiram à queda do império ocidental, e construiu as fundações de tudo que veio em seguida. Entre os séculos VI e VIII, o aumento da produção de alimentos foi resultado em grande parte do desmatamento de florestas. Mas a partir do início do século IX, novas tecnologias desempenharam um papel cada vez mais importante. Perto do fim do século X, o cultivo da terra no norte da Europa fora inteiramente transformado, e medido por produtividade per capita se tornou o sistema de agricultura mais eficaz que o mundo já conhecera.

A nova tecnologia mais importante foi o pesado arado de duas rodas, com uma lâmina de ferro que cortava a camada superior de grama e solo, uma relha de ferro e uma aiveca que abria a leira. Com ele era possível trabalhar o terreno mais duro. E, o mais importante, enterrava e matava as ervas daninhas. Ao criar leiras, formava canais para que a água da superfície fosse drenada. Com sua ajuda, a tarefa de preparar novas terras para produzir foi transformada, de modo que muito mais se disponibilizava agora para sustentar a população crescente.

Mas as consequências da introdução do arado pesado foram muito além. Em solos pesados, ele requeria mais de oito bois, comparado com a simples parelha que até então fora suficiente. Isso significava que os fazendeiros viam-se obrigados a ter recursos tanto para possuir os arados como os animais para puxá-los. Também tinham de trabalhar em cooperação, revezando no uso do arado, em novos tipos de campos divididos em faixas, cada uma de propriedade de um indivíduo, e longas o bastante para evitar desvios de direção até que os animais precisassem parar para descansar. Mas esse novo arranjo significava que tarefas como semear, gradar e colher também necessitavam de uma organização cooperativa, o que só podia ser feito sob os auspícios de um conselho aldeão. O novo arado, assim, trouxe consequências imensas tanto para os direitos sobre a propriedade como para os relacionamentos sociais. Ele introduziu entre as pessoas a ideia de que os costumes e as instituições não eram imutáveis; acostumou-as ao pensamento, e à prática, do autogoverno; e forneceu uma drástica ilustração dos benefícios da mudança tecnológica. Novecentos anos antes da invenção da máquina a vapor, ele abriu a cabeça das pessoas para a possibilidade do processo de contínua reinvenção que deu origem ao nosso mundo moderno. Foi uma revolução que pôs em perspectiva a preocupação tradicional do historiador com a pequena mudança das sucessões dinásticas e a contagem de pontos ganhos e perdidos em batalhas.

O número de inovações importantes ocorridas na chamada Idade das Trevas europeia é grande demais para um exame detalhado aqui. Entre as que deixaram uma impressão permanente na agricultura e na economia estavam:

1 A implementação da rotação de culturas com três áreas em lugar da rotação precedente, com duas. Isso consistia em dois campos sob diferentes cultivos e um campo alqueivado, em vez do sistema anterior de uma terra alqueivada e uma cultivada. A mudança aumentou a produtividade por trabalhador em cinquenta por cento, além de prover segurança contra colheitas malogradas.

2 A introdução do arreio em colar inventado na China, que tornou possível pela primeira vez aos cavalos da Europa puxar cargas pesadas. Um cavalo podia realizar o dobro do trabalho diário de um boi, significando o dobro de produtividade no arado ou na grade.

3 A introdução da ferradura e do balancim (uma haste com charneira presa ao arreamento), que respectivamente protegia a pata do animal e possibilitava puxar grandes carros.

Mas não foi apenas na agricultura que esses séculos mostraram entusiasmo pela inovação. Em 1044, encontramos o primeiro moinho de marés em Veneza. O *Domesday Book*, levantamento feito sob as ordens de William I, rei da Inglaterra em 1086, revelou que havia 5 mil moinhos d'água só na Inglaterra. Se isso não impressiona, considere-se o caso do monge de nome Eilmer, da abadia beneditina inglesa de Malmesbury, que alçou voo da torre do mosteiro um dia em 1010 (novecentos anos antes que os irmãos Wright voassem em seu primeiro aeroplano) em um artefato planador de sua própria concepção. Ele voou por quase duzentos metros, mas quebrou as duas pernas, porque (como observou mais tarde) se esquecera da "caudam in posteriore parte". A Idade das Trevas definitivamente teve lá suas centelhas brilhantes.

Enquanto a tecnologia transformava a vida das pessoas, mudanças ocorriam na estrutura social. Nas caóticas condições criadas com o fim da soberania romana e as ondas migratórias, as pessoas procuravam proteção para suas vidas e propriedades. Ao mesmo tempo, indivíduos ambiciosos tiravam vantagem dessas condições para aumentar sua riqueza e influência. A partir desse encontro do desejo por segurança com a avidez pelo poder, brotou gradualmente um novo quadro de composições sociais: a instituição conhecida como feudalismo. Em sua forma mais desenvolvida, consistiu em uma hierarquia de garantias e obrigações mútuas. No nível mais baixo estava o camponês, que tinha o direito de trabalhar, manter e legar sua terra em troca da obrigação de prestar serviço ao seu superior, que podia ser o senhor de uma propriedade ou o abade de um mosteiro. O serviço consistia em trabalho na terra de seu superior por um certo número de dias mas também compreendia a obrigação de lutar em qualquer conflito em que este se envolvesse. O superior do camponês vivenciava uma relação similar com seu próprio superior, e assim por diante até a pessoa — duque, rei ou dignitário eclesiástico — que se situasse no topo da pirâmide do poder. Mas a obrigação funcionava em duas mãos. O direito à proteção do camponês por parte de seu senhor criava uma obrigação recíproca sobre esse mesmo senhor de lhe assegurar proteção.

Enquanto o sistema do feudalismo tomava forma, uma batalha pelo poder de um tipo diferente tinha lugar: a luta pelo domínio entre a Igreja e o Estado. Perto do século VIII, muitos pequenos reinos haviam formado unidades maiores. A maior de todas elas era o Sacro Império Romano, assim nomeado em virtude da aspiração de seus sucessivos soberanos de recriar na própria sociedade a glória do falecido império ocidental. O primeiro e mais famoso deles foi o imperador Carlos Magno, que se tornou rei dos francos em 768. Mediante uma série de conquistas, ele se proclamou soberano de um império que se estendia dos Pireneus ao Danúbio, e do mar Báltico a Roma. O elemento "Sacro" refletiu sua realização de converter para o cristianismo os súditos de muitos pequenos reinos.

Para a Igreja de Roma, as conquistas de Carlos Magno eram ao mesmo tempo notícias boas e más: elas aumentavam a influência e a riqueza da Igreja, mas também representavam poder e reivindicação rivais da lealdade de milhões que agora se filiavam à fé cristã. Os séculos seguintes testemunharam uma disputa acirrada pelo poder entre imperadores e papas. Essa luta pela supremacia ficou nitidamente simbolizada na tumultuada coroação de Carlos Magno em Roma no Natal do ano 800, quando o papa Leão III, pegando-o desprevenido, apareceu com uma coroa e a pôs em sua cabeça, saudando-o como "César" e "Augusto". Carlos Magno não achou graça, e deixou instruções para que seu sucessor não permitisse que algo parecido acontecesse com ele. O simbolismo de um papa dando legitimidade a um imperador era poderoso em uma era supersticiosa e caótica. Quando Napoleão Bonaparte assumiu o título de "imperador", mil anos mais tarde, tomou a precaução de coroar a si mesmo.

Os papas não estavam apenas engajados em uma luta contínua pela supremacia com os soberanos seculares do continente; viviam em conflitos pela supremacia com a Igreja oriental baseada em Constantinopla, a capital do império oriental, ou bizantino. O ano de 1054 testemunhou uma ruptura entre os dois, após prolongada disputa teológica. A partir daí, Roma ficou esperando por uma chance de subjugar a rival oriental.

Quarenta anos depois, a oportunidade se apresentou. Os seljúcidas — um grupo de tribos turcas muçulmanas sunitas — haviam surgido antes vindos da Ásia e tomado controle da Pérsia (Irã), Mesopotâmia (Iraque) e Síria setentrional. Teoricamente, estavam sujeitos à soberania espiritual do califa de Bagdá, mas seu imperador, o sultão, era o efetivo soberano de toda a região. Após conquistar a Armênia, eles haviam se voltado para o império bizantino, e infligido uma sangrenta derrota sobre seus exércitos na batalha de Manzikert (atual Malazgirt) na Turquia. No ano seguinte, eles varreram a Palestina e a Jerusalém ocupada. Aí massacraram milhares de muçulmanos xiitas. Menos tolerantes que seus predecessores árabes, eles também fecharam a cidade para as peregrinações cristãs. Por volta de 1092, postaram-se às margens do Bósforo, em posição para atacar Constantinopla. No extremo de sua necessidade, o imperador bizantino apelou por ajuda não junto à sua contraparte no Ocidente, mas ao papa em Roma.

O papa, Urbano II, sabia aproveitar uma oportunidade quando esta surgia. Se pudesse providenciar um resgate do que sobrara do império oriental, seria capaz de estabelecer de uma vez por todas a primazia do chefe da Igreja Romana, não só sobre o imperador ocidental como também sobre a Igreja do Oriente. Havia outros benefícios de uma campanha militar contra os turcos. A crescente prosperidade e o aumento populacional na Europa ocidental e setentrional haviam criado uma classe de jovens inquietos de boa estirpe, com tempo de sobra, que precisavam de escape para a agressividade juvenil. Sua inquietação encontrara expressão em mesquinhas guerras e rusgas que se tornaram uma grave preocupação para as autoridades eclesiásticas. Se em vez disso pudessem ser persuadidos a combater os turcos, o povo que ficava para trás podia alimentar esperanças de uma existência mais pacífica. Isso funcionara com o islã, quatrocentos anos antes. A primeira onda de guerra santa sob a liderança de Maomé fora parcialmente inspirada na necessidade de encontrar alívio para os instintos belicosos dos jovens membros tribais cujos feudos haviam tornado a vida do povo árabe miserável.

Para os jovens em questão, a oportunidade de matar com consciência limpa, e conquistar butins no processo, não precisou de grande promoção. E uma agora próspera cristandade ocidental dispunha dos recursos para montar o tipo de expedição que o papa tinha em mente.

Em 18 de novembro de 1095, Urbano convocou um conselho na cidade de Clermont, no sul da França. Em uma apinhada assembleia ao ar livre, proferiu um dos discursos mais graves da história europeia. Ele conclamou seu público a decretar uma trégua em suas disputas, a voltar as energias belicosas contra os turcos, a acorrer em auxílio de seus companheiros cristãos no leste e a reabrir a cidade santa de Jerusalém para as peregrinações cristãs. A reação ao seu discurso foi entusiástica. Quatrocentos anos após Maomé, a *jihad* — conflito sagrado — voltava a ser apregoada. Mas dessa vez os guerreiros marchavam ao som de um hino diferente.

15

O mundo em 1095

A EUROPA CRISTÃ QUE O PAPA URBANO CONCLAMOU ÀS ARMAS EM NOVEMBRO de 1095 era muito distinta do império governado por Constantino setecentos anos antes. Uma diferença notável era a ausência de grandes cidades. Não era apenas o fato de não haver nenhuma grande cidade como Roma para fornecer um objetivo e um modelo. Existiam poucas cidades em qualquer parte que fossem dignas do nome. A população das regiões mais setentrionais havia aumentado conforme os descendentes de primitivos invasores preparavam novas terras com seus pesados arados. Mas, nas regiões meridionais, os habitantes ainda não haviam se recuperado de séculos de fome, doença e guerra. Apenas um povoamento cristão — Constantinopla, com uma população de cerca de 100 mil pessoas — conservava alguma semelhança com a glória do império romano. Duas outras, Toledo, na Espanha, e Palermo, na Sicília — ambas antigas cidades muçulmanas —, tinham cerca de 20 mil habitantes, e Veneza talvez 10 mil. Nenhum outro povoamento cristão se aproximava disso. Tanto a cristandade quanto a Europa setentrional "pagã" eram compostas de aldeias e pequenas vilas. E, a despeito do fluxo contínuo de novos povos do leste, a devastação causada pela fome, pela guerra e por doenças foi tamanha que a população da Europa era menor do que fora mil anos antes.

Por mais triste que a comparação pareça, não era assim que os europeus cultos da época enxergavam as coisas, sobremaneira conscientes do progresso que haviam realizado ao longo de dois ou três séculos. Novas terras tornaram-se áreas de cultivo, e as práticas agrícolas melhoraram, nos séculos X e XI. Para aqueles que refletiam sobre essas mudanças, a conquista do mundo selvagem e a imensa melhoria da produtividade agrícola eram fontes de admiração, mais do que motivo de um pequeno orgulho.

Não era apenas o progresso tecnológico que fazia esses cristãos do século XI sentir-se mais seguros do que seus bisavôs. Por quase seis séculos, a Europa fora assolada por invasores: tribos germânicas do leste no século V, e novamente no VI e no VII; vikings em seus navios e magiares e muçulmanos a cavalo nos séculos IX e X. Mas no fim do século XI não só a pressão desses ataques diminuiu como também a Europa passou a contar com uma defesa formidável na figura do cavaleiro de armadura pesada, equipado com sua espada e acha de armas. O continente experimentava maior segurança dentro de suas fronteiras do que nos quinhentos anos anteriores, e, se algum combate deveria ocorrer, era conveniente que fosse levado aos inimigos da Europa, e não travado em solo europeu.

Um país europeu — a Inglaterra — acabara de vivenciar uma invasão que traria profundas consequências. Em 1066, uma disputa pela sucessão do trono inglês atraíra um exército sob o comando de William, duque da Normandia, vindo da França. Após a vitória na batalha de Hastings, na costa meridional, ele subiu no trono como rei William I. O país foi dividido entre seus companheiros de armas, cujos descendentes deram à Inglaterra uma aristocracia francófona pelos trezentos anos seguintes. Por volta de 1095, sob o governo de William, a Inglaterra, a despeito de sua ainda modesta população de cerca de um milhão de pessoas, fora transformada de fundo de quintal da Europa em potência de primeiro escalão.

A "cristandade" era uma entidade religiosa, não política. O nome se aplicava ao grupo de Estados europeus cujos soberanos adotaram a fé cristã. A cristandade ocidental ou católica, que recorria à orientação do papa em Roma, se estendia da Irlanda e do norte da Espanha às fronteiras a leste de Polônia e Hungria, e do norte da Noruega à ilha mediterrânea da Sardenha. A cristandade oriental ou ortodoxa, que prestava obediência ao patriarca em Constantinopla, compreendia a retaguarda do antigo império bizantino (Grécia e Constantinopla, e parte da Anatólia), além dos recém-convertidos principados da Rússia ocidental.

O "império islâmico" era, em muitos aspectos, a imagem espelhada da cristandade. Também era uma comunidade ligada pela fé, não uma entidade política. Suas fronteiras se estendiam do sul da Espanha até a distante Ásia Central. Como a cristandade, incluía um grande número de Estados soberanos de dimensões variadas, dentre os quais o mais vibrante e poderoso era o império seljúcida turco, que se estendia do leste do Mediterrâneo ao Afeganistão. O território do islã continha muitas cidades importantes, como Córdoba, Alexandria e Bagdá, com cuja opulência a cristandade só podia sonhar e onde a ciência era conduzida em um nível sem paralelo no mundo todo.

No outro extremo da Eurásia, a China gozava um período de paz e prosperidade, mais uma vez unida sob uma forte dinastia, a Sung. O país havia finalmente compensado as perdas populacionais dos séculos II, III e IV. Tendo caído de cerca de 65 milhões no século I para meros 30 milhões de pessoas no fim do V, a população se estabilizara nesse patamar, com o censo imperial ainda registrando uma população de 30 milhões em 845. Apenas 259 anos mais tarde, ela excedia os 80 milhões. A maior parte do crescimento ocorrera no sul, particularmente em torno do vale do rio Yangtze, que até então fora encarado como o primo pobre do norte, mais próspero.

A despeito desse aumento populacional maciço, o padrão de vida geral não despencou. Pelo contrário, continuou a melhorar. Foi provavelmente a primeira vez na história do mundo que o crescimento contínuo de uma população por uma área tão vasta se fizera acompanhar da elevação no padrão de vida.

Um elemento importante na criação dessa prosperidade foi a invenção do papel-moeda, ou, como os chineses diziam, "dinheiro voador" (porque é soprado com o vento). O governo inicialmente autorizara 16 bancos privados a fazer circular a nova moeda, mas em 1023 rescindira a permissão, criando sua própria agência para imprimir cédulas, amparado por depósitos em dinheiro. O papel-moeda permitiu que os impostos fossem coletados em espécie em vez de bens ou serviços. Mas uma consequência foi forçar grande parte da economia a se basear em dinheiro, enquanto comerciantes e camponeses igualmente tinham de vender bens e serviços em troca de dinheiro vivo para obter o papel-moeda com que pagariam seus impostos. A criação de uma economia baseada no papel-moeda — a primeira do mundo — não só forneceu um meio facilitador às transações comerciais mas também agiu como incentivo ao uso produtivo das horas ociosas.

Outro fator significativo foi o baixo custo do transporte através de grande parte do país. Balsas a vela nos maiores rios da China podiam ser proporcionalmente largas, e vento é de graça. Os custos de carga resultantes eram uma fração do que eram em países forçados a depender de transporte terrestre. As rotas fluviais no sentido leste-oeste estavam ligadas pelo Grande Canal norte-sul, completado em 611. Essa rede única de águas amplas e navegáveis propiciou fácil acesso a cerca de 50 milhões de pessoas, em uma população total de 80 milhões no país. Isso propiciou economia em escala para comerciantes e fabricantes e forneceu um poderoso incentivo rumo à especialização e à divisão do trabalho. O resultado foi um padrão comercializado de produtividade e operações cambiais e um volume de produtividade e consumo como o mundo nunca vira. Viajantes a caminho de outras terras tinham dificuldade em encontrar alguém disposto a escutar suas histórias sobre as maravilhas que haviam visto, no que era, sem dúvida, o país mais rico e desenvolvido do mundo.

As inovações que haviam impulsionado a primeira Revolução Tecnológica da China mil anos antes não tinham sido esquecidas, e agora forneciam a base de um renascimento comercial e tecnológico. Para dar apenas um exemplo, segundo relatórios do governo sobre a coleta de impostos, as fornalhas de coque do país no ano de 1078 produziram 125 mil toneladas de ferro. Isso foi quase tanto quanto a Europa toda produziria seiscentos anos mais tarde.

Nada desse crescimento econômico teria acontecido sem um equivalente na produção de alimentos. Isso se tornou possível com a introdução de uma nova variedade de arroz que podia ser cultivada em um terreno que recebia pouca chuva no verão. Ainda mais importante, permitia aos fazendeiros obter duas safras por ano em um terreno irrigado que outrora produzira apenas uma.

Do outro lado do mar, no Japão, nenhuma transformação econômica desse calibre ocorrera. As autoridades de lá haviam, por questões políticas, restringido o contato com a China dois séculos antes, e a vida prosseguira em larga medida nos moldes tradicionais. Tampouco ocorrera qualquer crescimento populacional comparável. A quantidade de habitantes do país em 1095 era praticamente a mesma do ano 500, por volta de 4 a 5 milhões. Mas embora esses séculos não houvessem trazido nenhuma mudança drástica na frente econômica, em termos culturais se revelaram os mais frutíferos na história do país. Um século e meio de paz e a reduzida exposição às influências chinesas haviam criado as condições para um florescimento cultural de extraordinárias proporções. O elemento mais importante disso foi o desenvolvimento de uma escrita puramente japonesa. Até então, os japoneses haviam feito uso dos caracteres chineses, um veículo desajeitado para a expressão de sua própria linguagem. Agora, com um sistema mais adequado, o japonês escrito, como um pássaro libertado da gaiola, voava e cantava. Entre as impressionantes obras produzidas nessa época estavam as escritas por filhas dos Fujiwara, uma família quase da realeza que tradicionalmente cedia aias para a casa imperial. Dois de seus livros — *A história de Genji*, da dama Murasaki Shikibu, e *O livro do travesseiro*, da dama Sei Shonagon — continuam sendo considerados obras-primas, não só do japonês mas também da literatura mundial, novecentos anos após terem sido escritos.

Desconhecidos desses povos da Ásia, e separados de sua riqueza e doenças, os povos nativos da Austrália continuavam com seu estilo de vida tradicional. Dependentes da caça e da coleta em um ambiente pouco generoso, sua população permanecia reduzida. Viajavam em pequenos bandos consistindo em duas ou mais famílias. Embora fossem nômades, ligavam-se intimamente a lugares com significado religioso e social, para onde regressavam com fins de celebração. Até mesmo nas regiões costeiras, mais densamente ocupadas, havia, em média, apenas vinte ou trinta pessoas por 260 quilômetros quadrados de território. No interior quase vazio, uma quantidade similar de pessoas teria 2.600 quilômetros quadrados para si. A população do continente inteiro provavelmente não somava mais que um milhão de pessoas. Mas a longa separação resultara em que esse milhão falasse mais de duzentas línguas. Eles não tinham livros, e suas posses eram escassas, mas possuíam uma cultura rica de canções, dança e narrativa oral.

Mais a leste, as ilhas norte e sul da Nova Zelândia enfim abrigavam uma população humana. Mas quando, e de onde, veio o primeiro povoamento, não se sabe. Os colonizadores falavam um idioma polinésio — maori — e provavelmente atingiram a ilha ao norte por volta do ano 800. Seja lá de onde vieram, sua jornada deve figurar entre uma das mais impressionantes jamais realizada. O grupo de ilhas mais próximo a noroeste são as Kermadecs. A viagem desde lá teria significado uma perigosa travessia oceânica rumo a um destino desconhecido, em canoas de dois cascos, por cerca de 1.200 quilômetros. A travessia a partir de qualquer outro grupo de ilhas teria sido ainda maior. Uma jornada como essa não poderia ter sido feita de modo acidental. Provavelmente foi uma viagem planejada, cuidadosamente aprovisionada, empreendida por pessoas em busca de um novo lar. Se os maoris atuais descendem de apenas um barco, ou de vários, ninguém sabe. Mas independentemente de sua quantidade, foram antepassados dos quais se orgulhar. Quando avistaram terra pela primeira vez, mal devem ter acreditado em sua sorte. Tinham atrás de si uma tradição com 2 mil anos de idade de agricultura intensiva e trouxeram consigo os inhames e porcos que precisariam para recriar as chácaras que os havia sustentado em sua terra de origem. Como descobririam, essas novas terras eram frias demais para sustentar a mistura de colheitas a que estavam acostumados, mas um bônus inesperado os aguardava, na forma de uma dúzia de diferentes espécies de aves terrestres chamadas moas. Algumas delas eram meramente do tamanho de perus; outras chegavam a três metros de altura e punham ovos de quase trinta centímetros de comprimento. Poucos exploradores foram recompensados com uma descoberta tão gratificante.

No outro lado do Pacífico, a população humana continuava a crescer. As regiões habitadas das Américas Central e do Sul abrigavam agora cerca de 20 milhões de pessoas; aí também apenas a metade do que havia no ano 500. Na região andina central em torno do lago Titicaca, a civilização tiahuanaco ainda sobrevivia. Mas, no México central, os dias de glória da grande cidade de Teotihuacán eram apenas vaga lembrança. No século X um povo chamado tolteca saqueara e queimara Teotihuacán, fundando um império baseado em sua própria capital de Tollan, oitenta quilômetros ao norte da atual Cidade do México. Sua influência se estendeu às planícies da Guatemala, onde a antiga civilização maia ruíra por motivos desconhecidos. Apenas nas terras altas da península de Yucatán cidades maias como Chichén Itzá e Mayapán continuaram a prosperar.

Ao norte do México central, a maioria das pessoas ainda vivia como caçadores-coletores. Mas eles contavam com uma nova arma — o arco e flecha —, que seus ancestrais desconheciam. Introduzido na América do Norte pelos inuit, o arco e flecha surgiu na região central norte-americana no século VIII. Ele transformara a vida de milhões de americanos nativos dependentes da capacidade de abater presas velozes, e a população deles cresceu proporcionalmente.

Em nenhum lugar do continente norte-americano a moradia em cidades se desenvolvera em escala comparável à que ocorrera mais ao sul. Mas aqui e ali povoamentos agrícolas haviam dado lugar a aldeias permanentes, com alguns povoamentos grandes o bastante para merecer o nome de vila. No coração do continente, onde as fronteiras dos atuais Utah, Colorado, Arizona e Novo México se encontram, a cultura conhecida como anasazi vivia em habitações comunitárias com mais de mil cômodos. Os primeiros colonizadores do lugar haviam habitado cavernas ou cabanas de adobe e suplementado um estilo de vida caçador com o cultivo de milho e moranga. Ao longo dos séculos, a vida em fazenda gradualmente assumira uma importância maior em sua existência. Eles haviam adicionado feijão ao seu repertório alimentar e domesticado o peru. Posteriormente, aprenderam a cultivar algodão, e por volta de 1095 produziam cerâmicas e artigos têxteis de admirável qualidade.

Nas áreas florestais onde os rios Ohio e Mississippi se encontram, outro complexo de culturas — a dos mississippianos — se disseminara pelos leitos dos vales. Baseada no cultivo de uma variedade superior de milho, essa cultura dera origem a uma série de vilas — as primeiras da América do Norte — em torno de um monte central com quase trinta metros de altura, algumas das quais abrigando templos outras, os palácios dos soberanos locais. Esses soberanos foram sepultados em túmulos que lembravam as tumbas chinesas da Idade do Bronze ou o Reino Médio egípcio. Um dos que foram escavados continha os restos de um homem de status elevado, que fora sepultado sobre uma plataforma feita de mil búzios, com setenta jovens sacrificadas para acompanhá-lo após a morte. No fim do século XI, a maior cidade mississippiana, Cahokia, a leste da atual St Louis, abrigou cerca de 20 mil pessoas.

Na África subsaariana, a população viera crescendo ao longo de grande parte de um período de mil anos. Começando com cerca de 15 milhões no século I, esse número aumentara constantemente até girar em torno de 30 milhões. Apesar do tamanho considerável, a ocupação era esparsa e essa parte da África possuía poucas vilas, mesmo pequenas, e nenhuma cidade.

Grande parte do aumento populacional africano derivou da adoção da agricultura fixa, mas outra parte era resultante da ocupação de novas terras por pastores nômades. Deve ter sido por volta dessa época que a grande migração de fazendeiros falantes de banto, que tivera início nas fronteiras dos atuais Nigéria e Camarões um milênio antes, finalmente chegara ao Cabo.

A humanidade vencera uma etapa perigosa. Por quase mil anos, doenças, guerras e fome haviam assolado os quatro cantos da Eurásia. Do patamar mais baixo de cerca de 200 milhões por volta do ano 500, a população humana finalmente começara a se recuperar. Apenas no sudoeste da Ásia a quantidade de habitantes era substancialmente menor do que fora mil anos antes. Na Europa e na Índia, a população praticamente voltara aos níveis do século I. Na China, no sul da África e nas Américas, as pessoas prosperavam mais do que nunca. O futuro sorria para a espécie humana. A população mundial, de 300 milhões, atingia níveis recordes. A tecnologia já ajudara muito, e prometia fazer ainda mais. Contemplando sua situação, os membros mais afortunados dessa espécie de desmedido sucesso poderiam ter sido perdoados por pensar que de fato eram os senhores do universo.

16

Andando na montanha-russa: a experiência europeia

O CLAMOR DO PAPA URBANO POR UMA GUERRA SANTA CONTRA O ISLÃ FOI bem cronometrado. O século XI foi um período de desunião e falta de confiança entre as comunidades islâmicas em torno do Mediterrâneo. Avanços cristãos na Espanha haviam levado à perda de Toledo em 1085. Em 1097, uma esquadra conjunta de Pisa e Gênova destruíra Mahdia, a capital comercial do norte da África. A Sicília sucumbira à invasão normanda de 1092. Ao mesmo tempo, as cidades muçulmanas da Síria e da Palestina, na fronteira entre o império fatímida islâmico e o império bizantino, haviam se acostumado a um grau de soberania que tornava difícil oferecer uma frente unida contra um invasor.

Após o malogro de algumas autointituladas cruzadas, o primeiro contingente "oficial" partiu da cidade germânica de Mainz em agosto de 1096. Com poucos muçulmanos nos países europeus pelos quais tiveram de passar, eles se contentaram em assassinar judeus onde quer que os encontrassem. O rei cristão da Hungria recusou-lhes passagem, mas outros soberanos se mostraram mais favoráveis (ou mais assustados), e, por volta de maio de 1097, esse primeiro grupo e dois outros que se haviam originado em lugares diferentes acamparam diante dos muros de Constantinopla, em uma força combinada de cerca de 100 mil homens. Na falta de uma resistência unificada, a campanha que se seguiu foi vitoriosa para os cristãos. Em 15 de julho de 1099, eles entraram na própria Jerusalém. Em uma orgia de matança que durou dois dias, massacraram quase a população inteira: homens, mulheres e crianças. Quando tudo terminou, marcharam em uma procissão solene para a Igreja do Santo Sepulcro, a fim de agradecer a Deus por Seu apoio nessas diligências.

Essa Primeira Cruzada deu início a uma série de ataques sanguinários contra o povo islâmico, e outros infelizes de outras partes, que prosseguiu ao longo dos trezentos anos seguintes. Sempre que um papa tinha algum problema doméstico ou sentia necessidade de obter alguma publicidade favorável, recorria a uma cruzada: contra o islã; ou contra países "pagãos" do leste da Europa; ou às vezes até contra grupos dissidentes dentro do próprio cristianismo. E as fogueiras e o derramamento de sangue principiavam mais uma vez. Mas claro que os massacres não eram originados somente em uma das partes. Durante os trezentos anos seguintes, exércitos muçulmanos pagaram na mesma moeda, e seria uma temeridade arriscar um palpite sobre que lado cortou o maior número de gargantas a serviço do mesmo Deus. Os detalhes são enfadonhos e deprimentes demais para merecer maior atenção. As consequências, infelizmente, permanecem conosco.

Esses conflitos, embora envolvessem algumas carnificinas memoráveis, não exerceram nenhum efeito visível nos níveis populacionais dos países envolvidos. Na Europa em particular, a quantidade de seres humanos continuou em crescimento acelerado. De um patamar próximo a 35 milhões em 1096, por volta do ano 1300 a população do continente dobrara para cerca de 70 milhões.

Esse crescimento refletiu em parte um aumento na quantidade de terra disponível para a produção de alimento. Em regiões elevadas, imensos tratos de terras antes vazios foram convertidos em pastagens de ovinos. Um fator importante nessa ampliação e melhoria da exploração da colheita e criação de animais foi o trabalho das ordens religiosas, que aplicaram tanto economias de escala quanto conhecimento científico à questão do aperfeiçoamento agropecuário. No curto intervalo de quarenta anos no início do século XIII, só os cistercienses criaram 328 casas monásticas, muitas das quais administrando imensos rebanhos de ovinos em terras onde nenhum animal doméstico fora visto anteriormente.

Em regiões onde a vida em aldeias já possuía uma longa história, o aumento populacional levou à criação de novas cidades. Em Flandres e em

Brabant (moderna Bélgica), metade da população agora vivia em um ambiente urbano. Por todo o continente, parte da enorme riqueza acumulada pela Igreja estava sendo empregada na construção de catedrais magníficas, oitenta das quais construídas só na França, entre 1150 e 1280. Em aldeias e vilas, milhares de igrejas menores, mas ainda assim belíssimas, eram construídas e decoradas com maravilhosos vitrais, pinturas e esculturas. A capacidade dessas comunidades de sustentar o exército de trabalhadores, especializados ou não, nelas empregados era uma ilustração vívida da escala de excedentes alimentícios que as novas tecnologias estavam gerando. Dava também uma medida da enorme riqueza que a Igreja tinha a sua disposição, tanto oriunda de seus próprios recursos como dos donativos de ricos benfeitores.

A evidência mais notável do crescimento da economia europeia entre 1100 e 1300 foi o aumento no tamanho das cidades, entre as quais as da Itália ocuparam posição proeminente. Em 1100, poucas haviam chegado a ter mais do que 5 mil habitantes. Por volta de 1300, Florença, Gênova, Nápoles e Palermo abrigavam cada uma cerca de 100 mil habitantes. Veneza, a maior cidade de todas e centro de um império marítimo que se estendia até a distante Constantinopla, ostentava cerca de 200 mil.

Esse aumento do elemento urbano foi um reflexo de uma contínua melhoria na produtividade agrícola. Um setor agrícola mais eficiente rendia dois benefícios. O aumento na produção por acre tornava possível sustentar uma população maior; o aumento na produção por trabalhador de fazenda solicitava uma proporção menor da força de trabalho necessária na agricultura. Isso por sua vez possibilitou que mais pessoas vivessem em cidades e que trabalhassem em outras ocupações além das rurais.

Na Europa setentrional, a eficiência aperfeiçoada da agricultura era fruto de novas tecnologias: cavalos, arados pesados e rotação com três áreas. Uma revolução simultânea de tipo diferente foi engendrada no sul da Europa, e no norte da Itália, em particular. O amplo vale do rio Po tinha solo fértil e luz solar abundante. O que não tinha era chuva no verão. Em 1177 e 1229, respectivamente, a cidade de Milão autorizou a construção de dois grandes canais, o Naviglio Grande e o Muzza, que continuam a ser os maiores do norte da Itália. Isso forneceu a base de uma rede de canais de irrigação, que espalhou uma superfície de água vital por toda a paisagem. Era possível agora cultivar uma nova combinação de culturas recém-introduzidas. O sorgo, planta que não necessita de muita água, já havia sido trazido da África no século IX. Perto do fim do século X, dois dos segredos mais bem guardados da China — amoras e o bicho-da-seda que se alimentava delas — eram cultivados perto de Brescia. Logo depois, o trigo-duro, rico em proteína e originário do mundo islâmico, foi introduzido. Perto do início do século XIV, seu grão estava sendo usado para fazer massas.

As cidades surgidas a reboque dessas revoluções na agricultura estavam ligadas por uma vasta rede de comércio. Até mais do que no período romano, o transporte fluvial e marítimo era a base da prosperidade europeia, e o acesso a águas navegáveis era um fator determinante para o crescimento das cidades. Comerciantes florentinos viajavam para a Inglaterra, onde se misturavam às multidões do dia a dia do mercado nas vilas produtoras de lã das Cotswolds. Navios vindos das cidades alemãs do norte levavam cobre suíço aos cais de Gênova. Galeras venezianas transportavam prata para Constantinopla e Alexandria e voltavam com algodão egípcio e especiarias do oceano Índico. Para os que usufruíam dos benefícios desse comércio, deve ter parecido que viviam numa era dourada. Mas em meio século esse *pageant* glorioso se dissolveria em um pesadelo de terror epidêmico.

Mesmo antes de 1300 houvera sinais de problema. Um fator importante no aumento da produção alimentícia precedente havia sido a notável mudança para melhor no clima do continente entre 950 e 1250. Mas, depois de 1250, a mudança climática reverteu brutalmente. Geleiras alpinas avançaram, e a chuva passou a ser mais intensa. Os invernos se tornaram mais longos e mais severos, e os verões ficaram mais curtos, frios e úmidos. O cultivo do trigo foi abandonado nas áreas altas, e vinhedos em regiões limítrofes como a Inglaterra ficaram destruídos. Essas tendências opostas de uma população crescente e produção alimentícia em declínio geraram ciclos de fome cada vez mais graves. A Inglaterra, cuja população triplicara para mais de 3 milhões em dois séculos, passara por meia dúzia de períodos de fome entre 1270 e 1311. Entre 1315 e 1332, este mal assolara vários países repetidamente. Os quatro anos de 1345 a 1348 assistiram a safras malogradas e desnutrição numa escala sem precedentes. Nessa época, devia parecer que a vida não podia decair mais. Porém, o pior ainda estava por vir.

No início de 1346, nas cidades mercantis da Europa, começaram a circular histórias de desastres no distante leste da Ásia. Os relatos ganhavam dimensões ainda mais alarmantes ao serem contados. Parecia não haver calamidade — inundações, fome, terremotos, epidemias — que não acometera as populosas cidades chinesas. Tudo acompanhado pela perda de vidas em uma escala apavorante. As classes de comerciantes da Itália e de Flandres estavam acostumadas a ouvir relatos de viajantes, e não se deixavam convencer facilmente sem dar uma boa dose de desconto. Mesmo assim, essas histórias pareciam conter um fundo de verdade que deixava os ouvintes profundamente gratos de estar separados por milhares de quilômetros de terra e oceano do cenário onde os desastres, fossem eles quais fossem, estavam realmente ocorrendo. Perto do fim de 1346, era de conhecimento geral que uma peste de proporções sem precedentes estava devastando a China e a Índia e matara milhares de pessoas em um país tão a oeste quanto a Síria. Ainda era uma narrativa exótica, aterrorizante de ser contada, mas distante demais para provocar qualquer preocupação real.

Certo dia, em outubro de 1347, 12 navios que voltavam para casa vindos do leste do Mediterrâneo atracaram no porto de Messina, na Sicília. Dias depois, a peste se espalhara pela cidade. Os que ainda não haviam sido atingidos se voltaram contra os marinheiros e os expulsaram do porto, para que fossem buscar refúgio em outro lugar. Em três meses a peste tomara conta de Gênova, Veneza e Pisa, de onde se disseminou rapidamente pelo norte da Itália. Perto do fim de junho de 1348, a ceifa abrira caminho entre as populações de Paris e Sevilha. Em junho de 1349, a devastação chegara a Londres e avançara através da Alemanha. Seis meses mais tarde, estendera suas garras por Irlanda e metade da Noruega. Em toda parte era a mesma cena. Alguns infectados sobreviviam, mas a maioria sofria uma morte horripilante dias após exibir os primeiros sintomas. Não há como saber quantos morreram, mas uma estimativa razoável é de que entre 1347 e 1352 a peste dizimou de trinta a quarenta por cento da população europeia a oeste da Rússia: talvez 25 milhões de um total de mais ou menos 75 milhões.

16.1 A Peste Negra na Europa, 1347-52

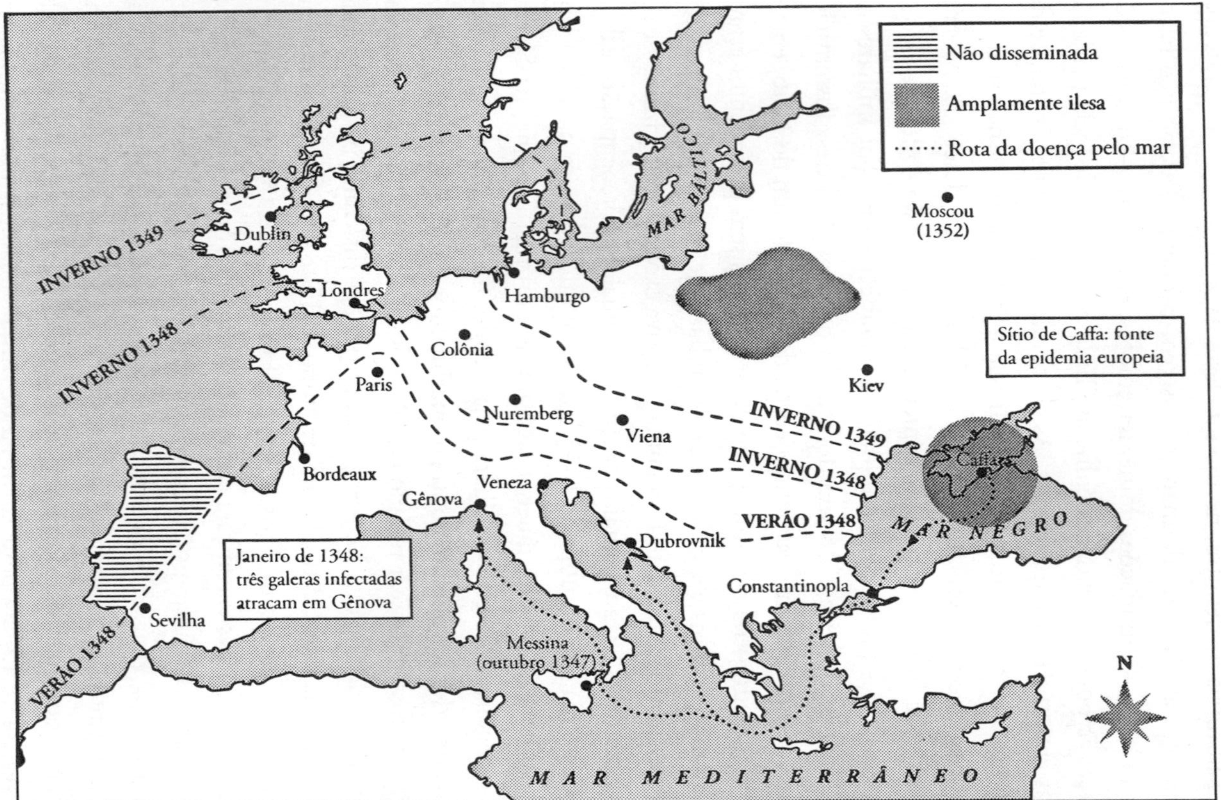

A doença sem dúvida chegou à Europa por mar desde Caffa, mas não em uma única viagem. Ela atingiu Gênova no mesmo mês em que chegou a Dubrovnik – três meses após ter devastado Messina. Só em 1352 chegou a Moscou, pois o transporte terrestre era praticamente inexistente.

A doença, que a Europa medieval chamou de Peste Negra, era a peste bubônica, voltando à Europa após uma ausência de seiscentos anos. Comparada com outras infecções — como a gripe —, a contaminação se propaga de um modo relativamente mais lento. Essa onda do século XIV levou cinco anos para abrir caminho através da Europa. Uma vez estabelecida em uma região, a doença costumava adquirir uma recorrência a intervalos regulares de cerca de um século ou mais. Após a devastação anterior de 542, quando igualmente fora disseminada por navios, ela ricocheteara de um lado a outro do continente por dois séculos. A fonte daquela pandemia anterior parece ter sido um ou outro dentre dois reservatórios de infecção havia muito estabelecidos entre roedores entocados e suas pulgas: um na África, o outro nos contrafortes dos Himalaias. Essa erupção do século XIV, contudo, quase certamente se originou nos prados que se estendem da Rússia meridional às fronteiras da China.

O agente dessa mais recente pandemia foi um exército mongol que, em 1346, sitiou a cidade comercial genovesa de Caffa (atual Feodosiya), na Crimeia. O sítio foi frustrado por uma irrupção de peste entre suas fileiras. Antes de partirem, eles deixaram um suvenir de sua estadia na forma de cadáveres acometidos pela peste, que catapultaram por cima das muralhas da cidade. Quando a peste se espalhou entre os habitantes, os sobreviventes bateram rapidamente em retirada para seus navios e rumaram para casa. Foram essas embarcações que aportaram em Messina naquele fatídico mês de outubro de 1347.

Não é possível hoje avaliar plenamente a sensação de desespero e deslocamento que se espalhou pela Europa medieval na esteira desse ataque devastador. Continuamos, como eles, expostos à ameaça de grandes pandemias. Mas, se uma peste como essa nos assolasse, ao menos teríamos uma ideia do que está acontecendo. As pessoas no século XIV não tinham esse conhecimento. Em uma época de superstições, sem nenhuma noção sobre a mecânica das infecções, as pessoas se voltavam para explicações sociais ou sobrenaturais. Muitos interpretavam a epidemia como o ato de um Deus vingador, despejando punições em um mundo de iniquidade. Outros procuravam por bodes expiatórios, e voltavam-se contra grupos minoritários como judeus e leprosos. Na cidade francesa de Estrasburgo, em 14 de fevereiro de 1349, mesmo antes da chegada da doença, 2 mil judeus foram assassinados por uma turba; e outros milhares conheceram destino semelhante nas semanas que se seguiram.

Até mesmo onde a superstição era vista com desprezo, a ditosa confiança gerada por dois séculos de crescente prosperidade evaporou. Para os sobreviventes, foi o fim de uma era, e parecia inconcebível que os bons tempos algum dia voltariam. Mas olhando em retrospecto hoje, o que é admirável é a força da recuperação que a Europa obteve a partir do maior desastre que seus povos haviam vivenciado. Levou muito tempo. Seria apenas por volta de 1550, duzentos longos anos após o primeiro surto da peste, que a população voltaria a atingir o patamar dos 75 milhões. Mas os avanços tecnológicos dos séculos precedentes não haviam sido perdidos, e dentro de uma geração as mentes mais brilhantes estavam outra vez assumindo o desafio da inovação. Em meados do século XV, um novo grupo de empreendedores e aventureiros surgira, para conhecer apenas o crescimento econômico e o progresso social e olhar adiante em busca de novas descobertas e aumento da prosperidade.

Social e psicologicamente, a Europa dessa época era um lugar muito diferente da Europa de cem anos antes. Antigas crenças haviam sido abaladas, e relações sociais estabelecidas desde longa data se romperam. Uma das principais vítimas fora o sistema de propriedade da terra que formara a estrutura social europeia por trezentos anos. Com menos bocas para alimentar, as terras menos produtivas ficaram sem cultivo algum. Nas terras boas, o problema era encontrar mão de obra. A competição entre os donos de terras pela força de trabalho disponível aumentou o poder de barganha dos que sobraram. O resultado foi uma mudança permanente da relação feudal, em que a terra era obtida em retribuição a um serviço na propriedade de um superior, para uma economia de dinheiro, em que o trabalho era pago, e arrendatários alugavam a terra, que era então trabalhada conforme o ocupante julgasse adequado. Com a força de seus braços valendo gratificação, a mão de obra rural que se ocupava em troca de salários não ficava mais presa a suas aldeias nativas. Jovens aptos para a labuta que não gostavam das condições que lhes fossem oferecidas podiam mudar-se para outra parte, e muitos o faziam.

Essa sociedade pós-Peste Negra não era livre apenas fisicamente, mas também psicologicamente. Trabalhadores que viajavam estavam mais abertos a novas ideias do que pessoas que haviam passado a vida inteira na mesma aldeia pequena, dependentes do mesmo senhor. Aqueles que tinham visto padres impotentes para impedir ou explicar adequadamente a destruição de famílias inteiras estavam muito mais abertos à pregação dos que sugeriam que nem tudo ia bem em relação ao aspecto religioso.

Talvez o fator mais importante a contribuir para a atmosfera transformada tenha sido a riqueza e a autoconfiança das cidades. Em termos políticos, elas criavam uma terceira força, separada da aristocracia de proprietários e da Igreja. Em termos culturais, constituíam uma nova fonte de patrocínio de artistas, arquitetos, escritores e músicos. E, em termos intelectuais, eram uma usina de novas ideias e um refúgio para pensadores independentes. É notável que no meio século entre 1400 e 1450 uma nova universidade europeia fosse fundada ano sim, ano não, todas elas em cidades.

Embora ninguém na Europa ou na Ásia pudesse saber disso, um marco significativo foi atingido em algum momento entre 1450 e 1500. Foi mais ou menos nessa época que a perícia europeia na ciência e na tecnologia finalmente conseguiu fazer frente à da China. A data não pode ser estabelecida com precisão porque estamos falando de um complexo de realizações e habilidades, não de um evento isolado. Mas, se a China continuava à frente da Europa nesses campos na segunda metade do século XV, sua posição de vanguarda perdia terreno rapidamente. Em termos puramente quantitativos, tanto na produção manufatureira quanto na atividade científica, a Europa estava muito atrás, e levaria ainda muitos e muitos anos antes que conseguisse emparelhar com a nação chinesa. Mas em termos de potencial, como atestam as realizações de seus inventores mais brilhantes de artefatos mecânicos e o conhecimento e as especulações de seus cientistas de ponta, a Europa enfim atingira o mesmo patamar.

Algo que podemos definir com precisão é a data do acontecimento que projetou a Europa na trajetória que deixaria todo possível rival científico a ver navios. O ano foi 1455, e o acontecimento foi a publicação da primeira Bíblia impressa com tipo móvel. O lugar foi a cidade de Mainz, no Reno, e a pessoa responsável foi um ferreiro e impressor chamado Johannes Gutenberg.

Na Europa do século XV, havia uma imensa demanda não satisfeita pela palavra escrita. As novas universidades eram um componente dessa demanda. As igrejas e mosteiros, com sua necessidade de bíblias e livros de orações, eram outro. Uma classe ociosa maior, em que muitos sabiam ler, representava um terceiro. A parcela de leitores potenciais aumentou ainda mais com o desenvolvimento do vidro óptico translúcido na Itália do século XIV, o que resultou na invenção dos óculos (também na Itália), de modo que o custo dos livros tornou-se o único impedimento à leitura para os míopes. No início do século XV, os livros ainda eram escritos a mão por copistas treinados. Todo o salário anual de um professor na Universidade de Pádua nessa época teria servido para comprar apenas dois livros de direito, ou dez de medicina. Fala-se muito hoje em dia sobre tecnologia da informação, mas as transformações operadas pela invenção sucessiva dos óculos e da palavra impressa constituíram uma revolução em TI tão significativa quanto qualquer coisa que tenhamos testemunhado em nossas vidas.

A solução encontrada por Gutenberg para o problema da impressão rápida e barata foi montar um bloco de caracteres metálicos reutilizáveis — o "tipo móvel" — em uma moldura, que era então encaixado em uma prensa onde o papel e o bloco com tinta eram pressionados um contra o outro. Nenhum elemento do processo era novo. O papel era uma invenção chinesa em uso na Europa havia mais de um século. Os coreanos utilizavam o tipo móvel havia duzentos anos, e a ideia já fora aproveitada tanto na China quanto no Japão. Mas esses países não tinham a vantagem de utilizar idiomas compostos de um sistema alfabético de apenas vinte e tantas letras. Prensas estavam em uso na Europa para esmagar uvas e olivas desde a época romana. O feito de Gutenberg consistiu em juntar todos esses elementos. Ao que parece, ele vinha imprimindo com o tipo móvel desde 1439, mas nenhum dos trabalhos pioneiros sobreviveu. Foi a Bíblia que ele publicou em 1455 que permaneceu como monumento à memória dessa invenção que mudou o mundo.

Em maio de 1453, enquanto a equipe de duas dúzias de homens trabalhava em sigilo no projeto de três anos que viria a se tornar a Grande Bíblia, ocorreu um evento de influência tão grandiosa quanto a invenção da imprensa. A queda de Constantinopla para os turcos otomanos.

Constantinopla (Istambul) ocupa uma faixa de terra que está entre as mais instáveis entre todas as capitais mundiais. Em seus 3 mil anos de história, a cidade passou por mais de cinquenta grandes terremotos. Porém suas desvantagens físicas foram na maior parte do tempo compensadas pelas vantagens comerciais de sua localização. Originalmente conhecida como Bizâncio, ela foi rebatizada e muito ampliada em 324 pelo imperador romano Constantino, que a tornou capital de seu império oriental. Após a desintegração do império ocidental no século IV, a cidade permaneceu como capital falante de grego da cristandade oriental e como o coração imensamente rico do diminuído império bizantino que o império oriental veio a se tornar. Em 1054, após uma ruptura decisiva com a Igreja Romana, ela se tornou o centro administrativo e lar espiritual da Igreja Ortodoxa Grega. Por volta de 1453, constituía-se numa cidade comercial de posição ímpar havia mais de mil anos: o mais importante nó na rede de trocas — de produtos e ideias — entre Europa, Ásia Central, Índia e China.

As defesas da cidade haviam resistido aos exércitos dos turcos seljúcidas, aqueles seguidores de Maomé cujo aparecimento no litoral oposto do Bósforo em 1092 marcara o início da Primeira Cruzada. Mas durante a Quarta Cruzada, em 1204, essa cidade cristã oriental, numa ironia inacreditável, fora saqueada por um exército cristão ocidental. Os cruzados empreenderam um massacre da população, e haviam depois disso passado muitos anos dilapidando os tesouros da cidade, que eram então derretidos ou embarcados para sua terra natal. (Os venezianos dos dias de hoje, cujos ancestrais promoveram essa atrocidade, ainda exibem orgulhosamente os cavalos de ouro pilhados nessa ocasião.) A cidade foi recapturada por forças cristãs orientais em 1261, mas o comércio altamente lucrativo entre a Europa e a Ásia a partir daí passava pelo subúrbio sob controle genovês de Gálata, na margem oposta do Chifre Dourado, o enorme porto natural que forma a fronteira norte da cidade.

Pelos duzentos anos seguintes, a própria Constantinopla, embora ainda nominalmente a capital do que restava do império bizantino, tornou-se apenas uma sombra empobrecida de sua grandeza anterior. Dada essa condição, pode parecer estranho que sua queda derradeira em 1453 causasse tamanho choque. Mas o acontecimento foi mais do que apenas simbólico.

Os turcos otomanos, surgidos das terras nas margens leste do Mediterrâneo, já controlavam a Sérvia, a Grécia e a Bulgária, que haviam conquistado no fim do século XIV, e a Anatólia, ocupada no início do XV. Quando os canhões turcos demoliram a muralha defensiva tripla de Constantinopla, a Europa acordou para dois fatos indigestos. Primeiro, que uma nova potência de força fenomenal acampava às suas portas. Segundo, que essa potência era um gargalo na rota comercial que supria grande parte de seu conforto e prosperidade. Agora, cabia aos soberanos otomanos permitir que esse comércio prosseguisse, mas segundo seus critérios, e em seus próprios termos.

17

O flagelo da Ásia

A VASTIDÃO DE PRADOS CHAMADA ESTEPE, QUE SE ESTENDE DO LITORAL norte do Mar Negro, através da Ásia, e chega até a China, tem exercido uma poderosa influência no curso da história mundial. Os povos nômades que habitaram essa região afetaram as vidas de quem se estabeleceu ali havia mais de 3 mil anos, e foi somente por volta de trezentos anos atrás que a tecnologia moderna capacitou essas pessoas para neutralizar a ameaça representada pelos nômades.

A história desses povos foi determinada por sua relação com o cavalo. O cavalo pequeno e rijo da Ásia Central foi domesticado inicialmente por volta de 4000 a.C., mas durante 2 mil anos permaneceu um animal de rebanho, criado em razão de sua carne e leite. Foi apenas por volta de 2000 a.C. que os povos da costa meridional do mar Cáspio, onde é hoje o norte do Irã, inventaram a montaria. Cavalgar proporcionou o manuseio de rebanhos e manadas muito maiores, que por sua vez podiam sustentar uma população bem maior. Também proporcionou uma mudança na estratégia dos criadores. Se docilidade e produtividade de leite eram os atributos mais valorizados, as qualidades desejáveis em um cavalo passaram a ser força, resistência, velocidade e manobrabilidade. Com isso, novas opções se apresentavam, incluindo a conquista de riquezas e de escravos com novos modos de fazer a guerra, dotados de muito mais mobilidade.

A enorme extensão de terras e o longo período em que seus ancestrais haviam vivido nelas explicam em grande parte o impacto desses nômades nos países das adjacências. Das fronteiras ocidentais da Ucrânia ao extremo oriental da Manchúria são mais de 8 mil quilômetros: uma distância tão grande quanto de Seattle ao sul da Espanha. Os prados que ocupam essa área são intercalados ocasionalmente por montanhas e desertos, mas contêm uma extensão de pastos selvagens maiores do que todas as pradarias dos Estados Unidos e do Canadá combinadas. Perto do século XII, essas terras haviam abrigado tribos nômades por mais de 15 mil anos, período em que desenvolveram uma ampla gama de características étnicas e inúmeras famílias linguísticas distintas.

Segundo os relatos deixados por aqueles com quem entraram em contato, esses povos surgiram sob muitos nomes. Havia os arianos, que invadiram o norte da Índia durante a Idade do Bronze. Havia também os hsiung-nu, que construíram um grande império no noroeste da China por volta do século II a.C. e lutaram guerras contra os recém-unificados chineses por algumas centenas de anos. Ligados a eles estavam os hunos, que invadiram a Europa nos derradeiros tempos do império romano. Mais tarde vieram os turcos seljúcidas, que criaram um império no sudoeste da Ásia no século XII.

Os mongóis, que conquistaram a China no século XIII, tinham como terra natal a região que até hoje conhecemos como Mongólia. Eram nômades que se deslocavam em comboios de carros, na companhia de seus rebanhos e manadas. Quando não estavam em movimento, viviam em cidades pequenas. Mas essas eram de tendas, não de tijolos ou pedras. Embora suas caravanas transportassem todas as suas posses mundanas, não estavam à procura de um lar. Para onde quer que fossem, sentiam-se sempre em casa, e seus bens consistiam em muito mais objetos que meros potes e panelas. Sua perícia guerreira os supria com pilhagens abundantes, e em séculos posteriores seus carros ficaram carregados com joias, sedas, perfumes e tapetes finos. Quando estavam em tempos de paz, a riqueza crescia pelo tributo de bens e tesouros arrecadados de povoados fixos como um preço para a paz *deles*. E suas tendas, ou ao menos as de seus soberanos, não eram meros lares transportáveis: algumas estavam mais para palácios portáteis.

Considerados coletivamente, os homens dessas nações nômades eram sem dúvida os cavaleiros mais exímios que o mundo já conhecera. A partir do momento em que aprendiam a andar, passavam a vida sobre uma sela.

E não ficavam vagando atrás de sonolentos rebanhos de ovelhas. Eram uma cultura vigorosa, e ferozmente competitiva. Essas tribos errantes prestavam obediência aos cãs — imperadores —, que podiam a qualquer momento convocá-los para a guerra, e sua prontidão para o combate era mantida com provas e jogos equestres que disputavam continuamente.

Durante os 3 mil anos em que esses nômades dominaram a estepe, seu caráter belicoso e rapidez de deslocamento infundiram terror do Danúbio ao Yangtze. Eles estavam equipados desde antiga data com arcos poderosos, e foram os inventores do estribo. Com ajuda desse apoio, desenvolveram uma capacidade fenomenal para disparar flechas cavalgando em alta velocidade. Mas sua arma mais importante era a surpresa. A mobilidade era enorme, e por volta do século XII conseguiam manter linhas de comunicação por distâncias imensas. Como resultado, seus comandantes eram capazes de coordenar os movimentos de unidades amplamente separadas, às vezes a centenas de quilômetros umas das outras, e levá-las a atacar cidades desprevenidas com efeito devastador. Se fossem confrontados por uma forte resistência, tinham um estratagema que quase nunca falhava, algo com que ainda eram capazes de enganar os adversários 2 mil anos após a primeira tentativa. Era a debandada simulada, em que suas tropas batiam em retirada no calor da batalha, incitando a cavalaria inimiga a persegui-los. Quando chegavam ao ponto onde a massa de arqueiros aguardava para disparar uma chuva de flechas, davam meia-volta e destroçavam seus inimigos.

Outro padrão que se repetia com frequência era o comportamento desses nômades ferozes e austeros nas raras ocasiões em que ficavam para trás após a conquista de um rico império. Antes dessas conquistas, eles em geral nutriam um profundo desprezo pelos modos suaves da sociedade civilizada e uma aversão pelo povoamento fixo. Seu curso de ação tradicional era pilhar e profanar as cidades que haviam tomado, matar um número considerável de habitantes e então partir, com a promessa de tributo futuro. Mas às vezes uma aristocracia nômade permanecia em cidades cujos soberanos ela havia deposto, e sucumbia aos prazeres da vida civilizada. Depois que um ou dois séculos se passavam, esses povos sujeitados se rebelavam e a punha para correr, ou outro bando magro e faminto de cavaleiros nômades surgia no alto da colina e tratava os agora efeminados descendentes dos conquistadores originais com uma dose do próprio remédio de seus ancestrais.

Dentre todos os ataques que esses guerreiros extraordinários fizeram contra os impérios estabelecidos na Europa e na Ásia, nenhum se igualou à campanha iniciada pelo imperador mongol Gengis Khan nos primeiros anos do século XIII. Ele conquistou o direito de ser visto como um dos mais talentosos estrategistas militares de todos os tempos. Khan criou a máquina de guerra mais poderosa que o mundo já vira, e seus métodos continuavam a ser estudados nas academias militares setecentos anos após sua morte. Dois fenomenais comandantes de exércitos na Segunda Guerra Mundial — o general americano George S. Patton e o marechal de campo alemão Erwin Rommel — eram admiradores confessos e estudiosos de suas táticas.

O verdadeiro nome de Gengis Khan era Temudjin, e ele nasceu perto do lago Baikal, na Ásia Central, por volta de 1160. Para os adeptos de religiões monoteístas, seria tido como um homem não religioso, sem nenhuma fé em particular. Isso é um fato importante ao tentarmos compreender sua conduta posterior. Ao contrário de inúmeros conquistadores que perpetraram um banho de sangue para construir um império, ele não foi movido pela religião. Ao que parece era um homem supersticioso e capaz de se impressionar com sábios de qualquer fé. Mais tarde na vida acolheu inúmeros deles em sua corte. Quando se tratava de matar, porém, não tinha preconceitos: crença e descrença eram igualmente irrelevantes quando havia um massacre a ser perpetrado. Ele começou como líder de um clã empobrecido, e é concebível que sua carreira sanguinária — e aparente avidez pela dominação global — tenha raízes em humilhações que sabemos que sua família sofreu após a morte de seu pai. Pouco se conhece sobre o início de sua vida, mas parece razoavelmente certo que aos 9 anos seu pai foi envenenado no prosseguimento de uma antiga rixa entre famílias.

A ascensão ao poder de Temudjin começou quando recebeu sob seu comando um exército de cerca de 20 mil homens, subvencionado por tribos vizinhas com o propósito de resolver uma disputa entre clãs rivais. Por volta de 1206, quando estava com cerca de 40 a 50 anos de idade, ele superara todos os possíveis rivais e foi aclamado como Chingiz Khan ("monarca universal") de todos os povos mongólicos, título que foi transformado nas línguas europeias em Gengis Khan.

Sua ascensão ao poder coincidiu com um período de fragilidade chinesa, e em 1215 ele triunfou na conquista de Pequim, capital do império de Kin, que nessa época ocupava a parte da China ao norte do rio Yangtze. Sua vitória foi comemorada pela classe mandarim, que acreditava que seus soberanos haviam perdido o Mandato Celestial, e Gengis recrutou diversos deles como seus conselheiros, médicos e administradores para acompanhá-lo em suas viagens. Com um apetite pela conquista agora plenamente desenvolvido, ele se voltou para oeste, e no decorrer de uma campanha de sete anos subjugou — e devastou — o império muçulmano de Khwarizm (atual Uzbequistão), enquanto um de seus generais invadia a Pérsia e outro se deslocava para a Rússia.

A essa altura, Gengis moldara os numerosos clãs mongóis em uma nação preparada para a guerra permanente. Suas primeiras vitórias foram possíveis com a tradicional combinação de arqueiros montados e robustos pôneis alimentados nas pastagens. Mas ataques a cidades exigiam outros métodos com os povos que conquistaram, os exércitos mongóis adquiriram novas tecnologias: escadas para sitiar, catapultas pesadas, bestas gigantes, cortinas de fumaça, óleo quente. Ao longo desses anos de guerra quase ininterrupta, o mesmo padrão de conquista prevaleceu. Um exército mongol chegava e exigia a rendição da cidade. Se seus cidadãos obedecessem, eram levados como escravos e a cidade era arrasada por completo. Se a cidade tentasse se defender, a população toda era passada no fio da espada e a cidade era igualmente arrasada por completo. Às vezes a população de uma cidade era trucidada apenas para infundir medo na cidade seguinte. Levou pelo menos vinte anos após o início das campanhas de Gengis Khan para que seus conselheiros muçulmanos e chineses conseguissem persuadi-lo de que deixar as cidades em pé e extrair um tributo talvez fosse um plano melhor para administrar um império. Mesmo assim a ideia não agradou alguns de seus generais. Quando mais tarde atacaram a terra luxuriosa e civilizada do Iraque, destruíram brutalmente as obras de irrigação que havia levado anos para ser aperfeiçoadas, e deram início ao processo de desertificação de que o país sofre até hoje.

Em 1226, quando tinha cerca de 70 anos de idade, Gengis fez planos para subjugar toda a China, onde seus generais vinham enfrentando problemas. Mas a caminho do país, no verão de 1227, ele sofreu uma queda enquanto caçava e teve uma hemorragia de estômago. Percebendo que ia morrer, convocou os conselheiros para sua tenda e deu ordens precisas para a concretização da campanha e a divisão do império. Após sua morte, o exército acompanhou seu corpo em um cortejo longo e silencioso de volta à capital, nas estepes. Todos os que foram encontrados pelo caminho foram mortos, para assegurar que a notícia de sua morte não precedesse a chegada de seu corpo.

Quando morreu, Gengis Khan era senhor de um império que se estendia do leste da Pérsia às costas do Pacífico. Seu filho, Ogodei, que o sucedeu, construiu uma imponente capital, Karakorum, na Mongólia central, e prosseguiu com o programa de conquista. Seus exércitos permaneciam com um padrão de eficiência a fim de continuar a estratégia de campanhas simultâneas em frentes amplamente separadas. Estas se baseavam em um serviço de informações propiciado pela rede de agentes secretos mais eficiente do mundo e suprido por um sistema de mensageiros que se estendia através da maior parte da Ásia. Suas forças estavam também equipadas com uma nova invenção — a pólvora —, que os chineses haviam criado mas não explorado. Em 1233, numa aliança com a dinastia Sung da China meridional, Ogodei capturou a cidade chinesa de Kaifeng, no norte, e subjugou o norte da China. Contrariando a atitude de seus predecessores mongóis, ele acatou a sugestão de seu conselheiro chinês, Yeh-lu Ch'u-ts'ai, de que preservar a prosperidade de um povo conquistado era mais vantajoso que a devastação inconsequente. Em vez de destruir a cidade, tornou-a sua capital secundária e encorajou o já considerável comércio existente. A história chinesa talvez fosse bem diferente caso esse conselheiro chinês não tivesse conseguido persuadir o mestre mongol a abrir uma exceção à política de devastação sistemática.

No outono de 1236, Ogodei despachou um contingente de 150 mil homens para conquistar a Europa. Em 1238 e 1239, seus generais capturaram e destruíram as principais cidades da Rússia. Depois aniquilaram um exército polonês-alemão e avançaram pela Hungria, queimando, pilhando e massacrando populações inteiras. Em dezembro de 1241, quando atravessaram o Danúbio congelado, a Europa ocidental se abria diante deles. Em parte alguma, num continente dividido pelas próprias rusgas mesquinhas, havia uma força capaz de sonhar em deter o avanço das hordas mongóis. Essas tropas de cavaleiros com pesadas armaduras, cujas cargas montadas haviam se afigurado uma arma tão poderosa um século antes, não tinham oponente nesse novo estilo altamente móvel de guerrear. Sem dúvida era apenas uma questão de tempo antes que os ferozes invasores começassem a olhar para o Atlântico.

A Europa ocidental foi salva não por seus próprios esforços, mas pelo conteúdo de uma jarra de vinho. No exato momento em que os generais reuniam forças às margens do Danúbio, Ogodei morreu como resultado de uma bebedeira. Se por excesso, ou por ter sido envenenado, jamais saberemos. Mas, quando a notícia de sua morte chegou às tropas, elas deram meia-volta e regressaram, para nunca mais voltar. Não foi o pesar ou o choque que levou os soldados a abandonar a campanha. Surgira uma disputa acerca de quem seria o novo khan, e o costume mongol exigia que os líderes dos clãs por todo o império se juntassem na capital para eleger um novo imperador.

18

Andando na montanha-russa: a experiência asiática

A JORNADA ATRAVÉS DO DESASTRE E DA RECUPERAÇÃO EMPREENDIDA PELOS povos da Europa entre 1096 e 1456 teve paralelo na Ásia. Os picos e profundezas não coincidiram, mas foram igualmente extremos.

Na China, o crescimento da população que começara com a fundação da dinastia Sung em 960 continuou no mesmo ritmo. Uma expansão de cinquenta por cento entre 1000 e 1100 foi seguida de uma similar entre 1100 e 1200, período em que o número de habitantes beirava os 120 milhões. Esses crescimentos refletiram uma continuação do progresso agrícola e industrial descrito no capítulo 15. Mas os progressos nos prazeres da vida cotidiana também exerciam seus efeitos. Um deles foi o aumento do consumo de chá. Como a bebida era feita de água fervida, ela deve ter reduzido significativamente a incidência de doenças transmitidas pela água.

A China sob os Sung era uma civilização com olhar voltado para dentro, mas uma civilização brilhante. Um dos motivos para sua prosperidade foi a maior tolerância com a atividade comercial. Sob dinastias anteriores, os mandarins, com seu desdém pelo comércio, foram sempre um empecilho aos negócios. Agora, embora as classes dirigentes ainda não se envolvessem no negócio sórdido de comprar e vender, estavam bem menos preocupadas em controlar aqueles que o faziam. E, nessa atmosfera de riqueza e tranquilidade cívica crescente, as artes floresceram. Música, teatro, poesia e pintura atingiram níveis de distinção que ultrapassaram qualquer coisa que essa antiga civilização já vira. A literatura, particularmente, ganhou vigor. (A obra impressa mais antiga de que se tem notícia, um texto budista chamado *Sutra Diamante*, foi produzida em 868.) Agora, com a adoção de uma invenção coreana — a impressão com tipo móvel —, uma indústria gráfica, em sentido moderno, passava a existir. Seus produtos incluíam obras de devoção e distração, bem como uma infinidade de manuais de instrução sobre temas como tecnologia têxtil e práticas agrícolas.

Mas então um desastre — ou antes uma série deles — acometeu essa esplendorosa civilização. Por volta de 1300, a população diminuíra para menos de 80 milhões, declínio de mais de trinta por cento em um único século. Parte dessa queda foi resultado de fomes similares às ocorridas na Europa, conforme o clima em deterioração se chocava com uma população se expandindo. Mas a perda de vidas humanas na China foi maior, pois o país sofreu uma calamidade da qual a Europa escapou: a invasão mongol.

Quando os exércitos de Ogodei capturaram Kaifeng, em 1233, os Sung foram recompensados por seu apoio com parte da província de Honan. Mas a ganância falou mais alto e, enquanto a atenção dos comandantes mongóis estava voltada para outro lugar, eles buscaram conquistar o restante da província. Essa decisão temerária custou-lhes seu império. Em 1236, três exércitos mongóis invadiram o território da dinastia Sung e devastaram as províncias de Hopei e Szechwan como um prelúdio para assolar todo o império. Mas a multissecular arte da guerra das estepes baseada na cavalaria não tinha utilidade no país ao sul, com montanhas e rios amplos, cultivos alagados e lagos. Os invasores tinham de dominar uma nova estratégia, combatendo a pé, e tomar as cidades uma de cada vez após longos sítios empreendidos com o uso de artilharia pesada, enquanto parte de seus exércitos estavam lutando em algum outro lugar.

A luta continuou intermitentemente pelos 13 anos seguintes. Mas, em 1259, algo aconteceu que selou o destino dos Sung. Nesse ano um novo khan, neto de Gengis, chamado Kublai, subiu ao trono mongol. Aos 43 anos de idade, político e soldado talentoso, Kublai fora governante da província de Honan desde 1251. Com um interesse ardoroso pela civilização chinesa, ele havia passado os oito anos precedentes resgatando a prosperidade da província após os danos causados pela invasão. Em 1260, ele afirmou sua identidade chinesa inaugurando uma nova dinastia — a

Yuan — e mudando a capital de Karakorum, na Mongólia, para uma nova cidade que chamou de Ta'tu, no lugar hoje conhecido como Pequim.

Durante quatro anos, os chineses do sul passaram incólumes por ele, que lutava uma guerra civil na Mongólia com um irmão que disputava a sucessão. Em 1264, com a guerra vencida, determinou-se a encerrar assuntos em aberto na China. Os generais Sung e seus soldados lutaram com habilidade e coragem, e a certa altura a empreitada de Kublai esteve perto de fracassar, quando, em sua nova encarnação como imperador chinês, ele também teve de travar uma guerra contra guerreiros nômades no Turquestão. Foi apenas em 13 de abril de 1279, após quase 15 anos de guerra, que sua conquista ficou completa, em uma batalha naval ao largo do Cantão. O sonho de soberanos nômades por séculos — subjugar toda a China — fora enfim realizado.

As ambições de Kublai não terminavam nas fronteiras chinesas. Em 1274, e outra vez em 1281, ele preparou invasões do Japão, mas foram desastrosas. Sua primeira força incluía 900 navios, 40 mil homens e 15 mil cavalos. Uma grande tempestade ocorreu quando seu exército batia em retirada para os navios: trezentos deles afundaram e 20 mil soldados foram mortos ou se afogaram. Incapaz de aceitar a derrota, ele passou sete anos criando uma armada ainda maior. Em 1281, uma frota estupenda, transportando 150 mil homens, partiu da Coreia sob bom tempo. Mais uma vez, um tufão esmagou 4 mil de seus 4.500 navios contra as rochas, deixando 130 mil chineses mortos. Os japoneses, a partir daí, acreditaram que suas ilhas eram protegidas por "ventos divinos" (*kamikaze*).

Às vezes se diz que após a conquista da China o "império" mongol foi o mais extenso que o mundo já conheceu. Em certo sentido isso é verdade, na medida em que foi governado por membros da mesma família. Mas aos olhos de seus irmãos, Kublai, no papel de imperador da China, tornara-se "nativo", e se recusaram a aceitar sua soberania sobre os territórios que eles próprios controlavam.

Kublai não foi o destruidor desenfreado de cidades e inimigo da civilização que seu avô Gengis havia sido. Mas seus anos de conquista haviam contudo trazido devastação e causado a morte de cerca de 30 milhões de pessoas. Pelo restante de seu reinado, ele se devotou a reparar os danos que a própria ambição causara. Consertou as estradas e plantou árvores ao lado delas para fornecer sombra. Criou o maior serviço postal do mundo, empregando, segundo se acredita, 200 mil cavalos. Construiu um novo canal, ligado ao Grande Canal, que levava alimentos à capital e que continua em uso até hoje. E construiu prédios de armazenamento para excedentes de grãos, para distribuir quando as colheitas malograssem.

Na arte da guerra, Kublai era mongol até a medula. Mas seu ímpeto de construir um império parece ter sido motivado por um ideal inteiramente chinês: o desejo de demonstrar que a China era de fato "o reino do meio" — o centro do mundo. E, com a construção de seu império, parece que ele queria ser visto como pai de seu povo, uma espécie de Asoka chinês, mas que jamais renunciou à guerra.

A despeito da vida aventureira (e licenciosa) que levou, Kublai viveu até idade avançada. A morte chegou para ele em 1294, pouco depois de completar 80 anos. Quando morreu, a China era mais uma vez um país unificado, algo que não acontecia havia trezentos anos. Se o país ainda não se recuperara do declínio populacional, sua cultura ao menos reconquistara o antigo brilho. Mas, dentro de cinquenta anos, o desastre os acometeria mais uma vez.

Em 1331, uma epidemia da peste ocorreu na província de Hupeh, na China central, que se acredita ter causado a morte de 90 por cento da população. A origem foi quase certamente um resquício de infecção havia muito estabelecida na população de roedores das montanhas de Yunnan e Burma, oitocentos quilômetros a sudoeste. Durante os vinte anos seguintes, a doença abriu caminho através de todo o país. É improvável que se obtenham estatísticas confiáveis, mas, com base nos dados de censos posteriores, dificilmente o número total de mortos foi menor do que 20 milhões. O prejuízo não se restringiu à China. As grandes caravanas de camelos, com mais de 10 mil animais, que conduziam o próspero comércio ao longo da Rota da Seda tornaram-se um confortável passeio para as pulgas vetoras. Por volta de 1338, essas agentes da morte haviam atingido os ricos oásis da Ásia Central. Por volta de 1346, banqueteavam-se no sangue do exército mongol nos arredores de Caffa, na Crimeia, cujos mortos presentearam a Europa com a Peste Negra.

A dinastia fundada por Kublai não durou muito. A intensificação da mudança climática causou uma sequência de safras ruins. À medida que a fome assolava a população e milhões morriam, um ressentimento inflamado contra o que era interpretado como dominação estrangeira motivou uma série de revoltas camponesas. A começar em 1325, e continuando durante os anos de peste, elas chegaram a um clímax em 1353, quando encontraram um líder dotado, um ex-monge e órfão camponês, chamado Zhu Yuan-Zhang, que chefiou uma sociedade secreta chamada Turbante Vermelho. Zhu obteve o apoio de membros da elite culta, que o apresentaram aos clássicos de Confúcio e o persuadiram a se apresentar como libertador nacional. Após uma campanha de 15 anos, ele se proclamou imperador em 1368, sob o nome de Hung-Wu ("deveras marcial"). Ao fazê-lo, deu início a uma dinastia — Ming —, que dominaria a China por três séculos, durante a qual os guerreiros nômades das estepes nunca mais foram capazes de infligir grandes agravos aos povos do império.

As oscilações extremas entre expansão e contração que ocorreram na Europa e na China entre 1100 e 1450 não fizeram parte da experiência dos povos da Índia. A mudança climática não esteve nem perto de exercer o mesmo efeito nessas regiões mais meridionais, e os exércitos de Gengis Khan, que massacraram populações inteiras na Pérsia e no Afeganistão, não chegaram às planícies norte-indianas. Essa experiência diferente se reflete nas estatísticas populacionais do período. Em 1200, a população da Índia somava meros 70 milhões de pessoas, comparada à da China, de 120 milhões. Por volta de 1300 subira para 100 milhões, enquanto a da China despencara para 80 milhões: um aumento de cerca de 40 por cento, comparado com a queda chinesa de mais de 30 por cento.

A causa desse século de prosperidade foi um dos eventos mais importantes da história indiana: a criação, em 1206, da dinastia muçulmana que ficou conhecida como Sultanato de Délhi. Seu fundador foi um guerreiro formidável chamado Muhammad Ghuri, membro culto e falante de persa de uma família aristocrática. Em uma série de campanhas brilhantes entre 1175 e 1192, as forças sob seu comando subjugaram dois poderosos reinos hindus e controlaram todo o norte da Índia, incluindo os grandes vales fluviais do Indo e do Ganges. Essas conquistas evidenciaram ainda mais o poder das táticas altamente móveis que compartilhavam com os mongóis. Foi também um tributo à velocidade e à força dos cavalos de pasto da Ásia Central e à habilidade dos homens que os montavam. A despeito da riqueza e dos braços guerreiros dos reinos nas planícies, os elefantes de guerra, mantidos pelos aristocratas locais, não eram páreo para cavaleiros rijos e profissionais que passavam a vida sobre a sela.

Ao contrário dos mongóis, esses guerreiros muçulmanos e seus descendentes eram conquistadores, não terroristas colhedores de tributos. Estabeleciam-se e governavam os lugares conquistados. Em 1193, Muhammad Ghuri estabeleceu uma guarnição permanente na pequena vila de Deli. Quando ele morreu, em 1206, o segmento afegão de seu domínio se separou do restante, e Délhi assim se tornou a capital do sultanato que levou o seu nome. Seus descendentes trabalharam duro para trasformá-la um centro de cultura e aprendizado, enquanto continuaram a anexar novos territórios aos que já controlavam.

O Sultanato de Délhi atingiu o ápice de poder e prosperidade durante o reinado de Ala ud-din Khalji, de 1296 a 1316. Ele foi um ditador impiedoso, que usurpou o trono após assassinar seu ocupante de direito. Mas foi também um soldado brilhante, conquistando prósperos reinos indianos no sul, em uma campanha de sete anos que lhe granjeou território e tesouro em uma escala sem precedentes. Além disso, dizimou um exército mongol que invadira o Punjab, assegurando à Índia a liberdade de incursões durante a maior parte de um século. Como seu quase contemporâneo Kublai Khan, Ala ud-din exibia uma estranha mescla de megalomania e preocupação paternal com os povos cujas terras conquistava. Sob seu governo, a Índia, ou pelo menos seus donos de terras e mercadores, avançou.

Durante o século XIV, os povos da Índia tomaram parte em uma cadeia de comércio e cultura composta de duas redes separadas. Uma consistia em contatos com os mundos muçulmanos da área central e do sudoeste asiático, abertos pela conversão dos povos mongóis ao islã. A outra compreendia as rotas mercantis através do oceano Índico, que geravam fluxos comerciais cada vez maiores com África, Sudeste Asiático e China. Conforme as pessoas se deslocavam por essas redes, a Índia se tornava cada vez mais cosmopolita. A escala dessas redes, e a facilidade com que as pessoas podiam deslocar-se por elas, é demonstrada pela carreira do maior dentre todos os viajantes muçulmanos, Ibn Battuta, que passou vários anos na Índia em meados do século XIV.

Ibn Battuta cresceu em Tânger, Marrocos, em uma família que dera origem a diversos juízes renomados. Foi esse passado, e sua distinção acadêmica, que abriu portas por onde quer que transitasse. Após estudar no Egito, na Síria e em Hejaz, adquiriu um gosto por viajar que o consumiu durante quase trinta anos, ao longo dos quais estima-se que tenha percorrido cerca de 120 mil quilômetros: o equivalente a dar três voltas na Terra pela linha do equador. Após completar a peregrinação a Meca, ele viajou por Arábia, Iraque e sul do Irã, antes de regressar a Meca e Medina, cidades onde viveu em seguida por vários anos. Sua sede de aventura o levou então pela costa da África Oriental até a atual Tanzânia. Tendo ouvido falar das maravilhas do Sultanato de Délhi, decidiu vê-lo com os próprios olhos. Foi forçado a tomar uma rota contornando a Anatólia, de modo que parou para visitar o cã da Horda Dourada, soberano das terras em torno do Volga, e para visitar Samarcanda, na Ásia Central. Após alguns anos em Délhi, onde ocupou um elevado cargo e desfrutou os prazeres de um harém de esposas e concubinas, foi designado embaixador do sultão na China. A caminho do país, passou dois anos nas ilhas Maldivas, onde se casou com um membro da família governante, antes de completar sua jornada para a China. Uma vez lá, explorou as vias fluviais até a distante Pequim.

Tendo sobrevivido a um naufrágio e testemunhado — e evitado — a peste, voltou ao Marrocos em 1348. Fixando-se finalmente em um lugar, ditou um relato de suas viagens, mencionando casualmente os nomes de 2 mil pessoas com quem se encontrara, a maioria das quais confirmada por fontes independentes. Seu livro, conhecido como *Rihlah*, é ainda a evocação mais vívida disponível dessa era dourada de viagens e comércio.

Meio século mais tarde, o oceano Índico foi cenário de outro feito exploratório, cuja grandiosidade até hoje causa admiração. Esse se constituiu num completo contraste: não as perambulações fascinadas de um viajante curioso, mas uma expedição de "orgulho patriótico" empreendida pela maior frota naval que o mundo já vira. O ano foi 1405, e o responsável foi um general chinês chamado Zheng He.

Quando estava com dez anos, Zheng, que era filho de mongóis, tornou-se prisioneiro de soldados de um exército chinês empenhado na "pacificação" da província sudoeste de Yunnan. Com 13 anos, fora submetido à prática de castrar os jovens cativos, que compreendia a mutilação de pênis e testículos com um golpe de espada. Tendo — ao contrário de muitos — sobrevivido a essa crueldade, foi posto a serviço de um príncipe da casa real, Zhu Di, com quem iniciou uma vida de amizade e admiração mútua. Quando Zhu Di se tornou imperador, Zheng foi feito almirante. Em 1404, zarpou na primeira de uma série de missões de comércio e exibição de força, com uma frota de 317 navios de diferentes tamanhos, carregando 28 mil homens. Entre esses navios havia um grupo de embarcações gigantescas de nove mastros, equipadas com cabines palacianas e carregando seda, porcelana e outras mercadorias caras para serem trocadas por itens luxuosos que os chineses esperavam obter em suas viagens.

Essa foi a primeira dentre uma série de expedições sob o comando de Zheng durante um período de quase trinta anos. Houve planos de expedições até o ano de 1470, e não há como saber que distância podem ter viajado e que descobertas podem ter sido realizadas. Mas a morte do imperador e a sucessão pelo seu filho de 7 anos deram início a uma luta de fervura lenta dentro da corte imperial, na qual os oponentes do envolvimento estrangeiro levaram a melhor. Em 1500, construir navios com mais de dois mastros tornou-se crime capital. Em 1525, apenas três anos após a primeira viagem ao redor do mundo feita por uma embarcação europeia, um édito imperial determinou a destruição de todos os navios transoceânicos, e a prisão dos comerciantes que navegavam neles.

A maior armada que o mundo vira estava destruída. As classes mercantis foram colocadas em seu devido lugar. E o "reino do meio" regressara ao tradicional desdém pelas "raças" inferiores de além-mar.

19

O mundo em 1455

UM VISITANTE ESTRANGEIRO EMPREENDENDO UMA AUDITORIA DA RAÇA humana no ano em que Gutenberg publicou sua Grande Bíblia teria concluído que a espécie estava se virando muito bem. A maior parte das perdas populacionais sofridas por toda a Eurásia com guerras e peste havia sido superada. E, graças ao crescimento populacional em todas as regiões, o número de pessoas no mundo voltava ao nível dos 400 milhões que atingira pela primeira vez no ano de 1200. A China, é preciso admitir, ainda não se recuperara plenamente do baque duplo da Peste Negra e da conquista mongol, mas isso era equilibrado pelo crescimento atingido em duas regiões — a África subsaariana e as Américas — que a peste não atingira.

Em termos puramente quantitativos, a África ao sul do Saara fora a história de maior sucesso dos três séculos anteriores. Começando em torno de 30 milhões de pessoas em 1100, sua população mais do que dobrara, e era agora, com cerca de 70 milhões, maior que a da Europa, e não muito menor que a da China. Esse aumento impressionante podia ser atribuído a três fatores: alimento mais abundante e melhor; tecnologia aperfeiçoada; benefícios do comércio.

Nas florestas tropicais centrais, uma infinidade de sociedades de caçadores-coletores seguia em seus modos de vida tradicionais. Nas terras altas a leste, tribos de nômades pastoralistas ainda viajavam com seus rebanhos de pastagem em pastagem. Na região em torno do rio Limpopo, na fronteira dos atuais Zimbábue e Moçambique, a riqueza gerada por tais manadas sustentou um Estado cuja capital, a Grande Zimbábue, abrigou uma população permanente da ordem de 20 mil pessoas. Por seus portos na costa leste, ela exportou ouro e marfim através do oceano Índico e importou contas de vidro e artigos têxteis de algodão da Índia e porcelana chinesa. Nas regiões falantes de banto da metade meridional do continente, reis cuja riqueza se originara de vastos rebanhos governaram uma quantidade de culturas agropecuárias altamente desenvolvidas que no todo sustentavam populações na casa dos milhões.

Na África setentrional e ocidental, a atividade comercial mais importante era o tráfico de escravos. Era também uma das mais antigas, remontando aos tempos romanos. Em algumas partes do norte da África, quase metade da população era de escravos, e além do mais havia um substancial comércio exportador para países muçulmanos em torno do Mediterrâneo, para a Arábia e para o sudoeste da Ásia. Alguns deles eram cativos capturados na guerra, mas muitos eram fruto de incursões planejadas com o propósito específico de captura. Em meados do século XV, aldeias na parte ocidental do continente continuavam a ser assoladas por invasores que surgiam de repente para levar os jovens saudáveis. Em cem anos, esses comerciantes de escravos encontrariam um imenso mercado nas Américas. Mas em 1455 a existência do continente continuava desconhecida do restante do mundo.

Nas Américas, isoladas dos micróbios eurasianos e sustentadas por culturas agropecuárias altamente eficientes, a população viera aumentando por séculos, e agora somava cerca de 50 milhões de pessoas, falando cerca de 2 mil línguas mutuamente ininteligíveis. Uma porção razoável desse total se encontrava em duas civilizações recém-estabelecidas: uma no México, a outra no altiplano Andino, incluindo Bolívia, Peru e norte do Chile.

A civilização que ocupou o Vale Central do México foi criação de um povo conhecido como astecas, que se estabeleciam na região vindos do norte por volta de 1200. Por cerca de cem anos, eles se deslocaram, vendendo seus serviços como mercenários para os povos vizinhos. Em 1325, haviam instituído uma cidade-Estado própria, chamada Tenochtitlán, em uma série de ilhas no lago Texcoco, o maior reservatório de água que então abastecia a região hoje ocupada pela Cidade do México. Por volta de 1455, haviam conquistado todo o Vale Central. Tenochtitlán, já tão grande quanto qualquer cidade europeia — na verdade, tão grande quanto qualquer cidade fora da China —, tomou parte em um programa de edificações que em mais cinquenta anos iria torná-la uma das maiores cidades do mundo.

Embora Tenochtitlán tenha sido fundada numa região ainda virgem, os arquitetos que a criaram não começaram do zero. Eram herdeiros de uma tradição que datava de mais de mil anos, até a construção da metrópole de Teotihuacán, cujas ruínas não ficavam longe dali. A riqueza que possibilitou o trabalho deles e sustentou o luxuoso estilo de vida dos governantes que os empregaram veio do tributo colhido de povos sujeitados nas regiões adjacentes. Esses povos foram, com efeito, cultivados; não apenas pelos tributos pagos, mas por sua contribuição para a preservação da religião asteca. Os astecas acreditavam que seu deus, Huitzilopochtli, exigia um suprimento contínuo de corações humanos, que deveria vir dos corpos vivos de guerreiros capturados em combate. Sem isso, o sol deixaria de nascer e o mundo chegaria ao fim. Isso punha os astecas na posição de precisar encontrar pretextos para empreender guerras recorrentes contra os povos que já estavam sob seu domínio. O ódio e o ressentimento criados por esse costume se mostrariam um fator decisivo na posterior derrocada desse império aparentemente invencível.

A 5 mil quilômetros dali, nos Andes, na América do Sul, o império inca mal começava a surgir. No século XII, o império tiahuanaco, que dominara os vales montanhosos nas fronteiras de Bolívia e Peru por cerca de mil anos, finalmente entrara em colapso. Em consequência, uma série de pequenos reinos surgira, a maioria deles restrita a vales solitários. Então, entre os séculos XIII e XV, um império sucessor — o Chimu —, que acabaria controlando um território de 1.200 quilômetros de extensão ao longo da costa peruana, surgira. Por volta de 1200 os incas haviam estabelecido uma cidade em Cuzco, ao norte de Tiahuanaco, que no curso dos dois séculos seguintes se tornou a capital de um império próspero. Então, numa série de campanhas iniciadas em 1438, e que continuaram ao longo dos trinta anos seguintes, os incas triunfaram em conquistar todos os Estados rivais, incluindo o Chimu, e se estabeleceram como mestres incontestáveis no lado ocidental da América do Sul, do Equador ao centro do Chile.

Os incas foram herdeiros de uma tradição agrícola com mais de 4 mil anos que desenvolveu um dos sistemas de cultivo mais sofisticados do mundo, incluindo obras de irrigação maciça e sustentado por uma rede magnífica de estradas. Para administrar seus vastos domínios, empregavam um enorme corpo de administradores, dos quais treinamento e capacidades teriam impressionado até os presunçosos mandarins da China imperial.

O povo do litoral do Pacífico na América do Sul e o povo do México sabiam da existência um do outro, e trocas culturais limitadas haviam ocorrido durante muitos séculos, por meio de intermediários, ao longo da costa dos dois continentes. Mas 5 mil quilômetros era um longo percurso no século XV, e, falando em termos puramente práticos, essas civilizações podiam muito bem habitar planetas diferentes. O estado de espírito criado por tal isolamento se refletia no nome — Cuzco — que os incas deram a sua capital. Significa "umbigo". Para eles, assim como para os chineses, sua terra natal era o centro do mundo. Houvessem eles, ou os astecas, sabido que existiam outros centros em outros lugares e que a 10 mil quilômetros dali marinheiros exploravam hesitantemente as águas ao largo da costa africana, teriam ficado maravilhados, embora sem ver nisso motivo de preocupação. Porém, dentro de setenta anos, uma tempestade estava a caminho, destinada a varrer esses quilômetros de oceano para levar aquelas civilizações à ruína.

Na América do Norte nessa época, cerca de 50 por cento da área hoje ocupada pelos Estados Unidos abrigava culturas agrícolas que sustentavam uma infinidade de aldeias e vilas prósperas. A cultura mississippiana que medrara com tanto vigor no século XI continuava vibrante de vida. Um terremoto e uma sucessão de secas devastadoras forçaram o abandono de Cahokia, a cidade que dominara a região durante três séculos. Mas em outras partes, nos atuais Alabama, Georgia e leste do Oklahoma, vilas de tamanho considerável, governadas por chefes orgulhosos e defendidas por guerreiros disciplinados, projetavam-se junto a extensos campos de milho.

O milho era também o principal cultivo ao longo de grande parte do litoral leste. Lá, uma paisagem agrícola típica consistiria em três ou quatro aldeias cercadas por cerca de 13 ou 16 quilômetros quadrados de milharais. Além dos campos, havia muitas vezes um cinturão de castanheiros doces ou de árvores *hickory*, deliberadamente plantadas em um terreno desmatado, a fim de complementar uma dieta baseada em milho. No sudoeste mais árido, um tipo diferente de agricultura era praticado em encostas com terraços irrigados artificialmente. Mas qualquer que fosse o estilo de agricultura, em uma paisagem florestal rica em caças pequenas, havia em geral uma fonte de carne de fácil acesso.

Longe das terras de agricultores, nativos de muitas tribos buscavam um estilo de vida tradicional caçador-coletor. Quando os humanos chegaram nas Américas, milhares de anos antes, eles se aproveitaram dos grandes mamíferos, cujas populações jamais se recuperaram. Em meados do século XV, as manadas de bisão não mais trovejavam através da pradaria. Essa imagem pertence a uma época posterior, quando os humanos mais uma vez se tornaram escassos na paisagem, e foi a vez dos grandes herbívoros preencher os espaços vazios.

Do outro lado do Pacífico, o povo do Japão ainda vivia de modo muito parecido com o de seus ancestrais de três séculos antes. Graças ao fracasso das tentativas de invasão de Kublai Khan, eles escaparam das tormentas a que seus vizinhos chineses haviam sido submetidos. Sua população continuou a crescer, e em 1455 chegava a 10 milhões, duas vezes o que havia sido trezentos anos antes. O imperador continuava sendo um membro da família Yamato, mas agora ele meramente reinava: não governava mais. Desde 1192, o poder efetivo passara às mãos de uma sucessão de xoguns, soberanos militares que controlavam a vida de todo mundo fora do círculo imediato da corte imperial. Nesse regime, o povo era governado por, e existia para servir, uma aristocracia militar, chamados samurais, a casta mais elevada em uma sociedade rigidamente estratificada em que a classe mais baixa, como na Índia, era de intocáveis. Mas por volta de 1455, a prosperidade crescente encorajara uma série de revoltas por parte de um campesinato rebelde, cuja determinação de obter algum grau de controle sobre suas vidas levou ao enfraquecimento do poder do xogunato e da aristocracia samurai em geral.

Na China, a derrubada da dinastia mongol em 1368 e sua substituição pela dinastia Ming, cujas raízes estavam no norte, levara a uma reversão da duradoura tendência de população e prosperidade do norte ao sul. A criação de uma nova capital, Pequim (ou Beijing, segundo a moderna grafia anglicizada), e o término da construção do Grande Canal para supri-la, constituíra a força motriz para um renascimento não só do norte, mas do país como um todo. Em 1455, a população chinesa de cerca de 75 milhões continuava aquém do que fora antes da Peste Negra e da invasão mongol. Mas, numa atmosfera de paz interna e prosperidade crescente, descrevia uma curva ascendente que a conduziria a níveis recordes ao longo dos dois séculos seguintes.

"Ming" significa "brilho", e artisticamente esse foi um dos períodos mais brilhantes da história chinesa. Em meados do século XV, os artesãos e artífices chineses estavam produzindo grandes quantidades de tapetes finos e esculturas, além de bordados belíssimos. Particularmente notável era a linda porcelana azul e branca, algumas delas da espessura de uma casca de ovo.

A China nessa época provavelmente era ainda mais voltada para o próprio umbigo do que jamais fora. As explorações que talvez pudessem ter levado as frotas da nação através do Pacífico, e do Atlântico, haviam sido abandonadas. Os antigos elos com a Ásia Central haviam sido rompidos, e em vez disso enormes esforços foram empreendidos a fim de fortalecer as defesas contra possíveis invasões nômades. Uma tecnologia de ponta fornecera a base de sustentação para a realização artística e para o estilo de vida luxuoso das classes altas. Mas algum revés acontecera ao espírito inovador do país. Potencialmente, continuava poderoso como sempre: a configuração genética do povo chinês não mudara. Mas gênio inventivo é como uma planta: se queremos que floresça, é preciso solo favorável e espaço para crescer. Na atmosfera reprimida, introspectiva e retrógrada da dinastia Ming, a pesquisa científica foi desencorajada, e o empreendimento comercial passou a ser rigidamente controlado. Isso não constituiu nenhum obstáculo imediato para o progresso material. Um país com tecnologia avançada, administração eficiente e cultura letrada pode prosperar com base na sabedoria acumulada durante um longo período. Mas, em um sentido fundamental, essa sociedade andava sem sair do lugar. A meio mundo dali, na Europa, outros povos mudavam rapidamente, e uma série de revoluções — científica, tecnológica e comercial — era iminente, o que acabaria por levar a China, e todas as nações da Ásia, irremediavelmente em sua esteira.

As únicas embarcações chinesas que nessa época desbravavam o alto-mar eram os navios piratas. Para eles, o butim valia a pena. O oceano Índico e os mares do sudeste da Ásia estavam repletos de barcos velejando aos ventos das monções. Do Timor e das Índias Orientais a Zanzibar, na costa leste da África, mercadores iam e vinham. Os centros desse comércio no oceano Índico eram as cidades mercantis do sul da Índia, onde árabes, judeus e cristãos se juntavam para fazer negócios. De seus portos, navios com destino ao Mediterrâneo partiam com carregamentos de pimenta, sândalo, teca, açúcar e especiarias, e voltavam carregados de cobre e ouro. No oeste, ou costa Malabar, o porto livre de Calicute (moderna Kozhikode) atraía tantos comerciantes árabes que um visitante chinês, Ma Huan, relatou que a população inteira era muçulmana.

Não conhecemos nenhuma evidência conclusiva de que alguma parte desse comércio marítimo tenha chegado até a Austrália ou que algum de seus praticantes tivesse noção da existência do continente australiano. Mas existem vestígios interessantes que sugerem a presença de visitantes vindos da Ásia no litoral norte. Seja ou não o caso, está claro que no século XV a maioria dos nativos australianos continuou em seu estilo de vida tradicional: pequenos grupos familiares que ocasionalmente se encontravam com outros grupos para celebrações e troca de informação. Sua cultura não estava estagnada, mas, comparada com o que ocorria em outros lugares, o ritmo da mudança era glacialmente lento.

A prosperidade do lado meridional do subcontinente indiano não era compartilhada pelos povos mais ao norte. O norte da Índia em 1455 ainda tratava as feridas deixadas pela invasão nômade de sessenta anos antes. Na última grande onda de conquista que esses cavaleiros das estepes chegariam a empreender, eles partiram furiosamente da Ásia Central em 1383, sob o comando de um líder impiedoso de origem turca chamado Timur, ou Tamerlão (de seu apelido Timur-e Lang, "Timur, o Coxo"), cuja disposição para a carnificina teria impressionado até mesmo Gengis Khan. Durante um período de 15 anos, seus exércitos varreram a Rússia meridional, a Pérsia e o Afeganistão, deixando cidades arruinadas e montanhas de crânios humanos para trás. Muçulmano sunita, ele empreendera suas conquistas sanguinárias travestindo-as de jihad. Como outros conquistadores da Ásia Central antes e depois dele, mostrava-se impressionado tanto pela religião quanto pelo conhecimento. Durante seu reinado, e o de seus sucessores, as belas cidades de Herat, Samarcanda e Bukhara, criadas pelos artesãos cativos dos rincões mais distantes do império, ergueram-se das areias do deserto para integrar os maiores centros de ensino do mundo. Em 1398, suas forças atacaram Délhi, capturando e matando 100 mil prisioneiros pelo caminho. Em uma sanha destrutiva de três dias, a cidade fora saqueada e reduzida a pó, e seus habitantes foram dizimados. O Sultanato de Délhi sobrevivera como entidade política, mas ficara permanentemente enfraquecido, e levaria mais de um século para que sua capital se recuperasse.

Como Gengis Khan antes dele, o avanço rumo ao ocidente de Tamerlão mordeu os calcanhares de Polônia e Hungria, mas não foi além. Poupados das incursões nômades, os demais países da Europa tiveram de se contentar em guerrear entre si mesmos. E fizeram isso com afinco. Mas a despeito dos esforços mútuos em se dizimarem, a população do continente continuara a crescer lentamente rumo ao nível que atingira antes da Peste Negra. Em 1455, com cerca de 65 milhões, estava apenas ligeiramente abaixo do total de 1300.

No cadinho das guerras europeias, um novo tipo de entidade começava a ser forjada: o Estado-nação. O ano de 1453 trouxera ao fim o longo período de conflito entre Inglaterra e França que ficou conhecido com o nome de Guerra dos Cem Anos. A Inglaterra perdera seus domínios franceses, excetuando a cidade de Calais, que continuaria em sua posse por mais cem anos. Pode-se dizer que foi a partir dessa época que Inglaterra e França se tornaram Estados-nações, no sentido que usamos modernamente. A Espanha também caminhava para essa condição. Os reinos de Aragão e Castela haviam reconquistado importantes territórios junto aos mouros — os soberanos islâmicos que governaram grande parte da península ibérica durante os seiscentos anos precedentes. Dentro de cinquenta anos, os dois reinos seriam unificados por um casamento dinástico, e outra nação surgiria. A Itália e a Alemanha ainda estavam longe de ser as entidades unificadas que conhecemos hoje, mas os reinos e principados em que essas terras eram divididas já exibiam grande parte das características definidoras de um Estado-nação.

O papado perdera a batalha pelo poder terreno contra os suseranos do continente, mas sua autoridade espiritual ainda exercia enorme influência na política europeia. E em grande parte do continente a Igreja possuía poder absoluto de vida ou morte sobre os que ousavam desafiá-la em questões de fé, consciência e instrução. Porém, havia um espírito de inquietude intelectual e religiosa pairando no ar que constituía uma ameaça a essa autoridade. A revolução impressa, inaugurada pela publicação da Grande Bíblia de Gutenberg em 1455, forneceu uma voz a esse espírito, e no devido tempo isso se traduziria em um golpe nessa autoridade da qual ela jamais se recuperaria.

20

A travessia do Atlântico

A CAPTURA DE CONSTANTINOPLA PELOS TURCOS EM 1453 AFETARA CONSIDE-ravelmente o outrora lucrativo comércio de especiarias vindas do Oriente, e comerciantes por toda a Europa ocidental sonhavam ardentemente em encontrar uma rota pela qual pudessem contornar os domínios turcos. Ninguém era mais consumido por esse desejo que um jovem mercador e navegador genovês chamado Cristoforo, ou Cristóvão, Colombo. Colombo casara-se com a filha do governador da colônia portuguesa de Madeira. Ao fazê-lo, ganhara nacionalidade portuguesa e uma via de acesso aos escalões mais elevados da sociedade portuguesa.

Portugal, com uma população de cerca de um milhão de pessoas, era um país muito pobre em recursos naturais. Mas era dotado de uma poderosa tradição mercantil, e seus navegantes haviam tomado a ponta numa onda de explorações ao longo das costas africanas, sob uma sucessão de soberanos simpáticos ao comércio.

Em 1480, após apenas um ano de casamento, a esposa de Colombo morreu, tornando-o um viúvo de 28 anos com um filho pequeno. Por essa época, seu sonho de encontrar uma nova rota para o Oriente ensejara a convicção de que o caminho podia ser encontrado navegando-se para oeste. Não era uma ideia revolucionária. Europeus instruídos do século XV sabiam perfeitamente que a Terra era redonda, assim como gregos instruídos também o sabiam 1.500 anos antes deles. O matemático greco-egípcio Eratóstenes escrevera já no século III a.C.: "Se a imensidão do oceano Atlântico não impedisse, poderíamos navegar da Ibéria [Espanha e Portugal] à Índia ao longo do mesmo paralelo."

A questão por responder não era quanto à forma da Terra, mas sim quão grande ela era e exatamente onde em sua superfície estava situado o leste da Ásia. Eratóstenes estimara a circunferência terrestre em algo muito próximo dos cerca de 40 mil quilômetros que sabemos hoje ser a medida correta. Mas Colombo preferiu os cálculos do matemático genovês Toscanelli, que acreditava que o planeta tinha apenas 32 mil quilômetros em torno do Equador. Ele também havia lido as obras do viajante do século XIII Marco Polo, que acreditava que o Japão ficava 2.500 quilômetros a leste da China. Como a circunferência da Terra era muito menor na latitude da Espanha do que no Equador, Colombo calculou que teria de navegar apenas 5 mil quilômetros para chegar ao Japão. Munido dessa tranquilizadora suposição, ele procurou o rei de Portugal, que se mostrou favorável, mas foi persuadido pela oposição de seus geógrafos, não convencidos pelos cálculos de Colombo.

Em 1488, outro navegador português, Bartolomeu Dias, contornou o cabo da Boa Esperança, provando que era possível chegar ao oceano Índico por uma rota ao redor da África. Colombo percebeu que agora teria de procurar patrocínio em outro lugar. Desse modo foi recebido pelo rei e pela rainha do recém-unificado reino da Espanha. Dessa vez, com sucesso. Em 3 de agosto de 1492, ele deixou o porto espanhol de Palos comandando três pequenas caravelas: a *Santa María*, de 120 pés, e duas outras, *Pinta* e *Niña*, que tinham menos da metade desse tamanho. Ele se dirigiu primeiro às Canárias e depois, em 6 de setembro, velejou rumo a oeste, confiando no sol e nas estrelas para saber se estava andando em linha reta. (Sua bússola o ajudava a manter o curso oeste, mas ele precisava do sol e das estrelas para lhe dizer se não estava desviando.) Em 11 de outubro, após cinco semanas navegando em condições excelentes e tendo percorrido quase exatamente a distância que havia esperado, ele avistou terra. No dia seguinte, lançou âncora, comunicou-se com os nativos e cravou uma bandeira, reivindicando o território, que ficava em algum lugar das Bahamas, em nome do monarca espanhol. Quando zarpou de volta para casa, levou consigo, como prova de seu triunfo, ouro, algodão e dois nativos americanos pintados, que chamou de "índios", presumindo que haviam chegado às Índias. Até o dia de sua morte ele permaneceria convencido de que chegara à Ásia.

As descobertas de Colombo, seguindo-se às que se fizeram em torno da costa africana, suscitaram preocupações à Espanha e a Portugal quanto a futuras rivalidades entre os dois países. Em 1494, num dos mais espantosos atos de arrogância na história da humanidade, as duas nações assinaram o Tratado de Tordesilhas. O documento afirmava que seus respectivos direitos territoriais a partir dali seriam definidos por uma linha norte-sul (traçada pelo papa), passando 370 léguas (1.770 quilômetros) a oeste das ilhas de Cabo Verde, no meio do Atlântico, e contornando todo o globo. À Espanha caberiam todas as terras "que não fossem cristãs" a oeste da linha, e a Portugal, a leste.

Assim que Colombo demonstrou a possibilidade de encontrar terra navegando para oeste, outros seguiram seu exemplo. Em 1516, outro explorador português com o sonho de chegar às "Ilhas das Especiarias" (as Molucas) navegando rumo oeste foi repudiado por seu rei, e também conseguiu se aproximar do rei espanhol. Seu nome era Fernão de Magalhães. Nesse mesmo ano ele zarpou com uma frota de cinco navios. Após explorar a costa leste da América do Sul, ele descobriu um caminho para o Pacífico, através do estreito que hoje leva seu nome. Depois de uma jornada ininterrupta de três meses e meio no oceano Pacífico, durante a qual as tripulações se viram na obrigação de se alimentar de couro, ratos e serragem, lançaram âncora nas Filipinas, onde Fernão de Magalhães foi morto num desentendimento com os habitantes locais. Em 22 de setembro de 1522, o navio remanescente — o primeiro a dar a volta ao mundo — aportou em Sevilha, transportando pouco mais de vinte sobreviventes dos 250 que haviam partido três anos antes.

No século e meio posterior a essa primeira viagem de volta ao mundo, inúmeros grupos de supostos colonos deixaram a Europa com destino às Américas. O objetivo de cada um diferia, mas suas motivações podem ser resumidas em três temas principais: ouro, religião e terra.

Desde que as Américas foram descobertas, a perspectiva de se encontrar ouro era um dos principais incentivos dos que desbravavam as provações da travessia. Colombo fora presenteado com objetos feitos de ouro pelos primeiros nativos americanos que encontrara. Ele próprio não chegara ao continente na América Central, mas regressou contando histórias de uma terra onde o metal era abundante. Esses relatos foram sem dúvida um fator determinante para a disposição da Coroa espanhola de patrocinar explorações transatlânticas. A principal fonte de ouro nessa época era a "Costa do Ouro" da África Ocidental, onde os portugueses exerciam um efetivo monopólio do comércio. A crença na existência de um "Eldorado" foi o que motivou os episódios mais hediondos na subsequente colonização das Américas: a conquista dos astecas no México e a destruição da cultura inca no Peru. Ambos são notáveis pela velocidade com que as civilizações nativas entraram em colapso e pelas probabilidades aparentemente insuperáveis que confrontaram os europeus que as conquistaram.

A primeira dessas civilizações a sucumbir aos ataques dos europeus foi a dos astecas, cujo imperador Montezuma governava uma sociedade de no mínimo 10 milhões de pessoas, provavelmente mais. A capital asteca, Tenochtitlán, tinha uma população em torno de 200 mil habitantes, maior do que qualquer cidade europeia da época. O ano era 1519, e o homem que subjugou esse império chamava-se Hernán Cortés, nascido na Espanha, aos 33 anos prefeito da cidade de Santiago, na ilha de Cuba. Rumores de uma civilização misteriosa muito distante no Vale Central do México haviam atiçado sua ambição, e ele preparou uma força de 500 soldados, 100 marinheiros e 16 cavalos, com os quais zarpou para as terras continentais de Yucatán. Ao chegar, ordenou aos homens que pusessem fogo nos barcos, comprometendo-os, bem como a si mesmo, com a glória ou a morte.

Cortés contou com a vantagem de possuir armas e pólvora contra uma civilização na Idade da Pedra e também com o efeito do choque que foi a visão de cavaleiros sobre pessoas que jamais tinham visto um cavalo. Mas essas vantagens de pouco o teriam ajudado não fossem três grandes golpes de sorte. O primeiro deles era que o império asteca estava rachado por disputas internas, o que significava a existência de grupos prontos para acolher de braços abertos qualquer um que representasse uma ameaça ao poder rival. Segundo, suas tropas, sem que o soubessem, carregavam consigo uma arma mortal — o vírus da varíola —, ao qual a população nativa nunca fora exposta e contra o qual, desse modo, eram extraordinariamente vulneráveis. Terceiro, o conquistador contou com a assistência de uma princesa nativa capturada chamada La Malinche, que falava a língua asteca, náhuatl. Ele a ensinou o espanhol, e ela se tornou tanto sua amante como intermediária. Com sua ajuda, ele conseguiu firmar uma aliança que no fim das contas lhe possibilitou empregar uma força de mais de 100 mil homens.

20.1 O repovoamento das Américas, 1500-1800

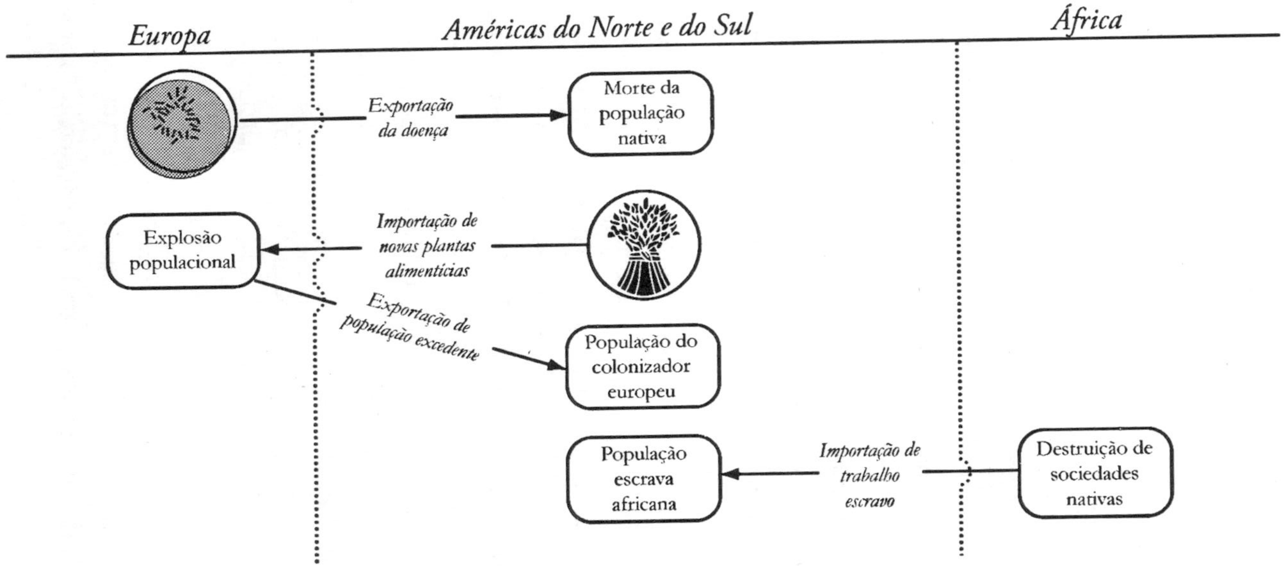

A Europa exportou doenças que varreram os povos indígenas das Américas, enquanto a importação de plantas americanas comestíveis alimentou uma explosão populacional na Europa. A Europa, então, exportou seu excedente populacional para povoar as terras vazias das Américas do Norte e do Sul, e esses colonos importaram mão de obra escrava da África com a finalidade de trabalhar para eles.

Antes de obter o apoio desses aliados nativos, Cortés e seu pequeno grupo haviam escapado por muito pouco de total desastre. E mesmo com essa ajuda, a conquista de Tenochtitlán não foi obtida senão após uma prolongada e sangrenta batalha pelas ruas da cidade, em que mais de 100 mil pessoas foram massacradas. Porém, em 1521, Cortés se tornou senhor de todo o império. Um súdito menos fiel de seu imperador, tão distante de casa, talvez teria ficado tentado a se autoproclamar rei. Mas Cortés fez com que a riqueza dessa extraordinária civilização — pois havia ouro em abundância — fosse engordar o tesouro de seu mestre real.

O aventureiro seguinte a conseguir destruir e escravizar uma civilização americana foi outro espanhol, Francisco Pizarro. Ele viajara às Américas à procura de fortuna e amealhara uma como prefeito do Panamá entre 1519 e 1523. Neste último ano, quando tinha cerca de 48 anos, sem dúvida inspirado pelo exemplo de Cortés, organizou uma exploração da costa do Equador. Regressando ao Panamá sem nenhuma descoberta de que se gabar, conseguiu juntar dinheiro suficiente para financiar uma segunda tentativa. Nessa viagem, um de seus companheiros encontrou uma balsa carregada de objetos incrustados e metais preciosos, o que convenceu Pizarro da existência de uma rica civilização nas montanhas do interior. Diante da oposição do governador do Panamá, ele viajou à Espanha para solicitar uma autorização real para explorar as terras ao sul. A rainha espanhola, Isabella, também estimulada pelo exemplo de Cortés, que por acaso estava em Sevilha nessa época, designou Pizarro governador da província ainda por descobrir de "Nova Castela", que se estenderia cerca de mil quilômetros ao sul do Panamá.

Munido dessa autorização, e acompanhado por uma pequena tropa de homens e cavalos, ele chegou à costa do Peru em abril de 1531. Seis anos após sua primeira expedição, e com 55 anos de idade, estava mais determinado que nunca a tornar seu sonho realidade. Como Cortés, ele deu sorte com o momento escolhido. Caso houvesse encontrado o império que buscava em sua primeira tentativa, em 1525, os exércitos nativos teriam expulsado sua expedição com a mesma facilidade com que ele teria esmagado uma mosca. Na época, o império inca passara pelo auge de seu poder e prosperidade. Estendendo-se por mais de 3 mil quilômetros, a partir de

Quito, ao norte, até o rio Maule, no sul, tinha uma população de pelo menos 6 milhões de pessoas, e possivelmente chegando quase a 10 milhões. Contava também com um soberbo sistema de comunicações baseado em 32 mil quilômetros de estradas e um exército numeroso e disciplinado. Mas por volta de 1528 o império fora devastado por uma epidemia de origem europeia — quase certamente varíola —, contra a qual seu povo não tinha nenhuma imunidade. Entre os milhões que morreram estava seu brilhante soberano, Huayna Capac. Os acontecimentos posteriores foram agravados por uma guerra civil acerca da sucessão.

Quando Pizarro chegou ao Peru pela segunda vez, encontrou um país destroçado pela guerra e pela doença e pessoas revoltadas num estado de quase motim. Deve ter parecido uma oportunidade caída do céu. Tudo de que precisou foi empreender uma pequena traição. Pizarro estudara a estratégia bem-sucedida de Cortés no México e aprendera as lições necessárias. Tendo convidado o novo imperador, Atahualpa, para um encontro, Pizarro conseguiu torná-lo prisioneiro durante uma refrega em que a escolta imperial ficou aterrorizada com um ataque surpresa utilizando armas de fogo e cavalos, duas coisas que nunca tinham visto antes. Atahualpa ofereceu, como resgate, encher a sala onde era mantido prisioneiro com ouro, prata e objetos preciosos. Quando o lugar ficou cheio até o teto, e a riqueza do império se provou verdadeira, Pizarro mandou estrangular Atahualpa.

A morte de seu soberano, a quem reverenciavam como um deus, destruiu o que restava de espírito de luta entre os incas. Após uma série de operações de dizimação, o vasto domínio inca se tornou parte do império espanhol, e os que estavam aptos para o trabalho foram utilizados na mineração de ouro e prata, e na fundição do tesouro, a fim de encher os cofres da rainha espanhola.

21

A reconstrução da América do Norte

NENHUM TESOURO AGUARDAVA OS AVENTUREIROS QUE EXPLORAVAM AS costas americanas ao norte do México. Eles não encontraram ouro algum nem civilizações urbanas. Mesmo sendo o processo de ocupação ali mais prolongado, o resultado foi o mesmo. Por todas as Américas, a maioria da população nativa foi varrida por doenças europeias. Na América do Norte, a onda de pestilência viajou adiante dos colonizadores que a trouxeram, de modo que recém-chegados às vezes se viam atravessando aldeias repletas de cadáveres daqueles que eles haviam inadvertidamente infectado. Estatísticas sobre a taxa de mortalidade são difíceis de obter, e as estimativas variam consideravelmente. Mas que dezenas de milhões de americanos nativos pereceram de doenças do Velho Mundo é algo que não se discute: o único debate legítimo é sobre quantas dezenas de milhões sucumbiram a doenças de que seus antepassados haviam permanecido isolados por mais de 10 mil anos. Entre elas estava não só a varíola, mas infecções como gripe e sarampo, normalmente pouco mais que um pequeno inconveniente para os europeus mas letais para pessoas sem nenhuma resistência herdada.

Há quem chame a destruição dos povos nativos das Américas de genocídio, mas isso é fazer mau uso da palavra. "Genocídio" implica intenção, e disso não temos evidência. "Massacres" é a palavra correta, e as mortes nesses eventos contam-se aos milhões. Houve sem dúvida alguns que acalentaram desejos genocidas, como o notório Lord Jeffrey Amherst, envolvido num antigo exemplo de guerra biológica durante a Guerra Franco-indígena de 1754-63, quando nativos americanos foram deliberadamente supridos com cobertores usados por vítimas da varíola. Mas a onda de maremoto mortífera que varreu os dois continentes foi causada por micróbios que não precisavam de nenhuma assistência por parte dos humanos. Foi uma das maiores tragédias na história, destruindo duas avançadas civilizações e incontáveis culturas altamente desenvolvidas. No processo, o mundo foi privado de um arcabouço de conhecimento e modos de pensamento que levaram anos para ser construídos e se perderam para sempre.

A partir do momento em que os primeiros povoamentos foram estabelecidos, a tragédia se tornou inevitável. Ao extraordinário massacre dos povos nativos ocasionado pelos micróbios dos novos americanos, devemos acrescentar o massacre empreendido pelas armas, que, embora tenha sido menor, ainda assim foi substancial. A exata extensão do efeito combinado ainda é matéria de controvérsia, mas podemos dizer com confiança que entre 1550 e 1750 reduziu a população nativa das Américas em pelo menos 50 por cento. O número real pode chegar até os 90 por cento.

No curso dos séculos XVI e XVII, quatro países europeus — Espanha, Portugal, França e Inglaterra — conquistaram diversos territórios nas Américas. Os portugueses, que no início pareceram ter sido excluídos do Novo Mundo com a linha traçada pelo papa no meio do Atlântico, descobriram que havia uma parte do continente que ficava a leste desse limite imaginário. Tecnicamente, isso lhes teria deixado com apenas uma pequena parte da terra que hoje conhecemos como Brasil. Mas ao ver o que seus vizinhos espanhóis haviam ganho com a divisão, eles se recusaram a ser espoliados do potencial da nova colônia por uma questão técnica e seguiram avançando pelo interior, cravando sua bandeira onde quer que passassem.

Inglaterra e França chegaram atrasadas na colonização americana. No século XVI, estavam mais preocupadas em firmar suas posições à frente da política europeia. A Inglaterra em particular carecia dos recursos para fazer frente aos esforços de espanhóis e portugueses. Mas à medida que despontava a aurora do século XVII, Inglaterra e França acordavam para o potencial do continente recém-descoberto. A Coroa inglesa, desprezando as pretensões de Espanha e Portugal, começou a manifestar grandes interesses nas terras litorâneas a leste do continente norte-americano, onde colonos ingleses haviam tentado, até então sem sucesso, estabelecer um posto avançado permanente. Em 14 de maio de 1607, o primeiro povoamento inglês bem-sucedido foi fundado em uma península no rio James, em um território que foi batizado de Virginia. Esse lugar era Jamestown, uma comunidade que posteriormente conquistaria uma lista notável de "primeira" alguma coisa: a primeira colônia a cultivar tabaco; a primeira a importar escravos africanos; e, em 1619, a primeira a introduzir um governo representativo.

Mais ao norte, os franceses também marcaram sua presença no continente desde o início do século. Seu povoamento mais importante era Quebec, que foi fundado em 1608, apenas um ano após Jamestown. Em 1634, os franceses começaram a empreender um sério esforço de colonização com o estabelecimento da Companhia de Nova França, criada para desenvolver o comércio de peles. Quando os ingleses fundaram a Companhia da Baía de Hudson, em 1670, a fim de explorar os recursos da região em torno da grande baía de mesmo nome, uma rivalidade que se arrastou durante pelo menos um século surgiu.

Havia outra nação marítima que aspirava a colonizar o litoral leste: a Holanda. Em 1626, Peter Minuit, diretor-geral da Província de Nova Holanda, adquiriu uma ilha no rio Hudson junto a uma tribo chamada Manhattan e estabeleceu ali uma colônia que mais tarde ganhou o orgulhoso nome de Nova Amsterdã. Em 1664, ela foi dominada por um exército inglês e rebatizada de Nova York.

Nem todo europeu que chegava à América estava à procura de glórias ou tesouros. Muitos, corajosos e trabalhadores, simplesmente buscavam terras, e a oportunidade de uma nova vida, livre das perseguições religiosas que haviam sofrido onde nasceram. Um desses povoamentos é o mais famoso de todos: o que foi fundado em Plymouth, Massachusetts, pelo grupo conhecido hoje como os Pais e Mães Peregrinos. Eles partiram do porto inglês de Plymouth no *Mayflower* em 1620. Cerca de metade das 102 pessoas que sobreviveram ao inverno morreram de doenças no decorrer do primeiro ano, e o restante teria morrido de fome não fosse a ajuda proporcionada por membros da população nativa. Na ocasião da primeira colheita, esses vizinhos se juntaram a eles para o primeiro Dia de Ação de

Graças. Os colonos mais tarde assinaram diversos tratados de amizade com essas tribos das redondezas, mas era uma situação fadada a durar pouco.

O simples fato de que alguns colonos sobreviveram encorajou outros, e o ímpeto de dominar a nova realidade motivou o surgimento de uma nova geração a fim de ajudar na lavoura. Conforme a população aumentava, colonos por toda parte buscavam mais terras. A seus olhos, a propriedade residia em um pedaço de papel, e as terras em torno deles não tinham dono, uma vez que a população nativa não tinha os tais pedaços de papel. A visão dos nativos, de que a terra era um bem comum a ser usufruído, como o ar, e que, se fosse para ser considerada propriedade de alguém, seria quando muito de todo um povo, era algo além da experiência dos recém-chegados. Quanto aos nativos americanos, pouco a pouco ficou claro para eles que uma civilização estrangeira pretendia espoliá-los de suas terras ancestrais. A escolha com que se viram frente a frente era arriscar morrer na defesa de seu legado ou ser indiferente à situação e se conformar.

À medida que os anos passaram, o exíguo fluxo de colonos que atravessavam o Atlântico engrossou. O misto de motivações persistia. Alguns povoamentos eram criados por decreto governamental; outros, pelas companhias, ou patronos ricos, na busca de lucro. Outros ainda eram criados por grupos de amigos, procurando liberdade religiosa ou na esperança de escapar das agruras da vida em sua terra natal superpovoada.

Quando os recém-chegados tentavam explorar as terras onde haviam fincado suas bandeiras, um novo desafio surgia. Na Europa, o maior problema deles era encontrar terra suficiente para alimentar uma população em crescimento. No novo continente, o desafio era o oposto: não a escassez de terras, mas de pessoas para trabalhar nelas. Isso não era um problema urgente na Nova Inglaterra, onde o trabalho familiar provia a subsistência. Porém mais ao sul, e no Brasil e Caribe em particular, os donos de fazendas cujas safras eram destinadas a exportação viram sua busca de lucro frustrada pela falta de mão de obra para trabalhar nas terras que haviam sido disponibilizadas para eles.

Um cultivo em particular — açúcar — detinha a perspectiva de gratificante retorno financeiro se a escassez de trabalhadores pudesse ser superada. Açúcar refinado fora produzido pela primeira vez na Índia por volta de 700 a.C. e chegara à Europa por volta do século XII. Ele permaneceu como um produto de luxo, usado primariamente como remédio. Para adoçar, ainda se usava o mel, como fora desde o tempo dos antigos egípcios.

Por volta de 1530, os portugueses, que já cultivavam açúcar em suas ilhas no Atlântico, introduziram a lavoura da cana no Brasil. Nessas terras ensolaradas, a cana-de-açúcar podia ser cultivada a um custo muito baixo, contanto que houvesse mão de obra para plantar e colher. Infelizmente, tendo dizimado os colonos agricultores que teriam lhes provido a força de trabalho de que tanto necessitavam, os fazendeiros foram obrigados a procurar em outra parte.

Uma solução logo surgiu. Do outro lado do Atlântico, na África, havia pessoas acostumadas a trabalhar ao ar livre em um clima muito quente. Havia ainda mercados de escravos estabelecidos, onde eles podiam ser comprados como alguém compra uma peça de equipamento — uma pá ou um carro de bois — para lavrar o solo ou fazer a colheita. Por trás desses mercados estavam comerciantes, que podiam suprir quantidades ilimitadas de pessoas capturadas na guerra ou sequestradas em reides. O comércio era uma atividade antiga. Por séculos, milhares de jovens de ambos os sexos haviam sido levados acorrentados da África Ocidental através do Saara, para passar o resto de suas vidas a serviço das espécies "civilizadas" que viviam em torno do Mediterrâneo e no sudoeste da Ásia. O que impedia os proprietários de terras "civilizados" das Américas de compartilhar desse maravilhoso recurso?

Demanda constante sempre encontra suprimento. À medida que os donos das plantações financiavam a solução para seu problema, os mercados escravos vicejavam na costa da África Ocidental. Novas estratégias de invasão foram desenvolvidas para servi-los, e mercadores cristãos da Europa surgiram com os navios necessários para transportar os escravos. As condições eram hediondas. Agrilhoados juntos na escuridão, confinados a espaços sob o convés, completamente aterrorizados, jogados sobre a própria imundície, respirando os micróbios ao redor, seria de se esperar que muitos morressem antes de chegar ao fim da jornada. Mas nem sempre era necessário esperar que morressem de alguma enfermidade. Escravos doentes eram inúteis na América, de modo que alguns capitães simplesmente mandavam jogá-los por cima da amurada, para depois reclamar o seguro. Em média, apenas cerca de 80 por cento dos escravos embarcados sobreviviam à jornada.

Os senhores das *plantations* no Brasil e no Caribe lutavam para atender à demanda insaciável por alimento barato das populações crescentes da Europa. Durante a maior parte do século XVII, cerca de 10 mil escravos por ano foram transportados através do Atlântico. Por volta de 1700, esse número crescera para 40 mil. Em 1760, quando atingiu seu pico, a quantidade anual beirou os 70 mil. Nessa época, um total de cerca de 6 milhões de africanos haviam sido arrancados de seus lares, embarcados como gado e vendidos para proprietários perante os quais não passavam de bestas de duas pernas.

A maior parte dessas primeiras remessas acabou nas fazendas de cana do Caribe e do Brasil. À medida que o século XVIII transcorria, um número cada vez maior chegava às fazendas da Virginia e dos estados da bacia do Mississippi, onde dois outros cultivos, tabaco e algodão, começavam a ganhar importância. Nessas fazendas, eles eram tratados como animais de trabalho: cruelmente ou humanamente, segundo a natureza das pessoas que os possuíam.

Por mais importantes que fossem o açúcar, o algodão e o tabaco, as maiores dádivas da agricultura americana aos povos da Europa, e aos povos de climas temperados no mundo todo, foram duas espécies transplantadas, não exportadas: milho e batata. Quando Colombo zarpou de Palos, em 1492, ninguém fora das Américas jamais ouvira falar delas, muito menos as vira.

A origem da batata localiza-se nos Andes sul-americanos. Esse era o alimento fundamental dos incas, e foi a conquista de Pizarro que proporcionou sua introdução na Europa, e a partir da Europa para o restante do mundo. Contudo, os incas não inventaram o cultivo do tubérculo. O povo da civilização andina de Tiahuanaco vinha colhendo 10 mil toneladas de batata por ano um milênio antes de Pizarro nascer. E o povo a quem devemos de verdade esse que é o mais mágico dos alimentos vivera 3 mil anos antes deles.

O milho, também, era fruto da conquista. Cultivado inicialmente a partir de seu precursor silvestre, teosinto, pelos povos da América Central por volta de 3000 a.C., foi um alimento básico dos astecas. Como consequência da vitória de Cortés, também se disseminou pelo mundo. Hoje, mais de quatrocentos anos depois que o último carregamento de ouro asteca deixou as praias americanas, o milho é um cultivo fundamental, dos estados sulinos norte-americanos ao sudoeste da China, e proporciona o cereal à mesa do café da manhã para milhões de pessoas.

Outra planta alimentícia americana que viajou pelo mundo foi a batata-doce. Ela chegou até a China, que acabaria cultivando mais desse legume que o restante do mundo e onde se tornaria um dos principais alimentos do país para combater a fome.

Por volta de 1750, 90 por cento da população das Américas era constituída de súditos de um ou outro dos quatro impérios europeus. Os portugueses já controlavam grande parte do Brasil. A Coroa espanhola exercia sua soberania sobre a maior parte do que restava da América do Sul, no México e em uma parte considerável das terras a leste do Mississippi. Grã-Bretanha e França controlavam grandes regiões da metade leste da América do Norte e disputavam quem tinha a precedência legal quanto ao restante.

Entre 1756 e 1763, esses dois países se envolveram numa luta mundial por território e influência que ficou conhecida como Guerra dos Sete Anos. Esta terminou com a assinatura do Tratado de Paris, que deu à Inglaterra a totalidade do Canadá e o Leste e Oeste da Flórida e forçou os franceses a abrir mão de suas reivindicações dos territórios a leste do Mississippi. Os representantes britânicos presentes à assinatura provavelmente pensavam estar testemunhando o maior triunfo da história da nação. Nesse caso, enganaram-se. A prolongada guerra fora um empreendimento custoso, e o governo britânico agora tinha de lidar com a questão sobre como o império ampliado ia ser defendido e com que dinheiro pagariam essa defesa. Mais importante de tudo, a expulsão dos franceses da América do Norte eliminara uma ameaça que pairava sobre as colônias em rápido crescimento. Se não havia mais um inimigo francês nas fronteiras, será que precisavam mesmo de uma metrópole?

22

Riqueza real e imaginária

ENTRE A PRIMEIRA EXPEDIÇÃO DE COLOMBO EM 1492 E O TRATADO DE Paris em 1763, a população mundial fora dos Estados Unidos mais ou menos dobrou. Mas a devastação ocasionada pela chegada dos europeus fora tão grande que mesmo após dois séculos de imigração e tráfico escravagista a população das Américas em 1763 continuava um terço do que fora em 1492.

O prejuízo das Américas foi o lucro de muitos países. Os cultivos americanos ganharam espaço nos mercados, e nas fazendas, do Velho Mundo. Duas culturas em particular — a do milho e a da batata — constituíram impressionantes novas fontes de alimento obtidas a partir da terra, que teria sido incapaz de gerar algo com o mesmo valor nutricional a partir de qualquer outro cultivo. À medida que as calorias disponíveis aumentavam, a população do Velho Mundo disparava. A Europa, em particular, se beneficiara da descoberta de uma nova fonte nutricional. Mas a aventura transatlântica dos europeus trouxe outro benefício com que Colombo jamais sonhara.

A moderna cidade de Potosí, no sul da Bolívia, repousa sobre um platô frio e inóspito 4 mil metros acima do nível do mar, à sombra da montanha de mesmo nome. Em 1532, quando Pizarro fez sua segunda visita ao Peru, não havia cidade alguma nesse local. Mas 13 anos mais tarde uma expedição espanhola descobriu que a montanha continha substanciais depósitos de prata. Não demorou para se perceber que na verdade a montanha toda era feita de prata. Nos cerca de cem anos que se seguiram, quantidades assombrosas do metal foram extraídas e embarcadas para a Espanha. Por volta de 1650, a população de Potosí chegara a 160 mil pessoas.

Potosí foi sem dúvida a confirmação mais espetacular das esperanças dos conquistadores que submeteram e escravizaram os povos da América Latina. Mas foi apenas uma das muitas fontes de metais preciosos que se descobriram nos anos posteriores. Na década de 1551-1560, 43 toneladas de ouro entraram pelo porto espanhol de Sevilha. Em todo o período de 1500 a 1650, os registros de importação do ouro americano pelos portos espanhóis chegou a 181 toneladas. Quanto mais foi contrabandeado, ou transportado por piratas, é impossível saber. Mas essa quantidade se torna ridícula diante dos registros de importação de prata durante o mesmo período, que chegou a quase 17 mil toneladas.

Essas transações impressionantes deram início à transformação da economia de todo um continente. Lingotes de prata logo eram cunhados como moedas para comprar bens e serviços. A prata e o ouro americanos azeitaram as engrenagens do comércio e tornaram possível para os europeus usufruir os resultados do trabalho de outros povos pelo mundo.

Antes da descoberta da América, os europeus ainda negociavam em grande parte numa economia de escambo. O problema dessa atividade é que, se um comerciante não tem exatamente o que o outro precisa, nenhuma transação é possível. Para que sua economia funcionasse adequadamente, e para que seu comércio prosperasse, a Europa precisava desesperadamente de mais dinheiro: metais preciosos na forma de moeda corrente. Isso era ainda mais necessário para que o continente fosse capaz de adquirir os bens que não poderia produzir por si mesmo: pimenta, especiarias, seda, produtos de algodão, madeira de lei tropical e todos os demais produtos que haviam ficado disponíveis. O valor das exportações europeias para países do oriente ficara costumeiramente aquém da quantia necessária para pagar as importações oriundas deles. Esse déficit foi complementado com exportações de ouro e prata. O grande empório do oceano Índico era tanto uma fonte inexaurível de bens de luxo como um mercado insaciável de metais preciosos. Por maior que fosse a quantidade de prata na qual os mercadores de Arábia, Índia, sudeste da Ásia e China conseguissem pôr as mãos, estavam sempre dispostos a conseguir mais. Em 1570, quando o go verno chinês simplificou seu sistema tributário estabelecendo um imposto único, pagável em prata, a demanda pelo metal foi às alturas. Durante a maior parte do século XVII, algo como dois terços da prata extraída no mundo todo foi parar na China. Graças a esse país, os depósitos de prata que os europeus descobriram nas Américas tornaram-se a chave que abriu os mercados do mundo.

Seria difícil exagerar a importância dessas duas descobertas europeias — a descoberta das Américas e a descoberta de sua riqueza mineral. Elas puseram em marcha uma série de eventos que conduziu diretamente ao mundo onde vivemos atualmente.

O mundo moderno nasceu quando o primeiro despacho de prata americana aportou em Sevilha. A significação desse fato reside no momento em que ocorreu. Perto de meados do século XVI, os povos da Europa ocidental haviam se recuperado do desastre da Peste Negra e reconquistado a autoconfiança. Além do mais, a turbulência desses tempos terríveis solapara, na maior parte do continente, o cumprimento das obrigações feudais e substituíra as transações em dinheiro de arrendamentos e salários. Apenas a escassez de moeda corrente impedia as transações em dinheiro de se tornar a norma em toda a economia. Quando essa barreira foi removida, o escambo desapareceu rapidamente.

Conforme espanhóis e portugueses gastavam sua nova riqueza — em construções, produtos de luxo e guerras —, seus gastos espalharam uma onda de prosperidade pelos países em torno. Eles foram auxiliados nessa empreitada pelas atividades corsárias de países como a Inglaterra, cujos marinheiros (e monarcas) não viam motivo para que a Espanha se divertisse sozinha, e gentilmente aliviavam seus navios dos metais preciosos, para distribuição em toda parte.

O volume comercial ao longo da costa noroeste da Europa, e ainda mais em torno do Mediterrâneo, viera crescendo continuamente por um século antes da descoberta das Américas. Com isso, um sofisticado sistema de bancos privados passara a existir. Quando a prata americana chegou, tanto o volume de comércio quanto a proporção do que era pago em dinheiro aumentaram consideravelmente. Com tanto dinheiro a mais no sistema, o tamanho e a influência dos bancos cresceu. E com a disponibilidade cada vez maior de meios para postergar pagamentos, o volume de comércio também aumentou. Em grandes cidades comerciais como Florença, Vene-

22.1 A transfusão asiática da Europa

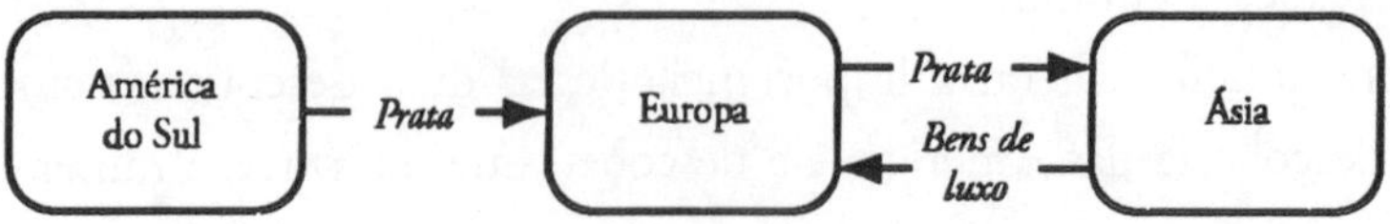

A Europa usou a mão de obra barata americana para trabalhar em minas de prata na América e usou a prata para pagar bens de luxo produzidos pela mão de obra asiática.

22.2 O crescimento da população mundial a partir de 1000 d.C.

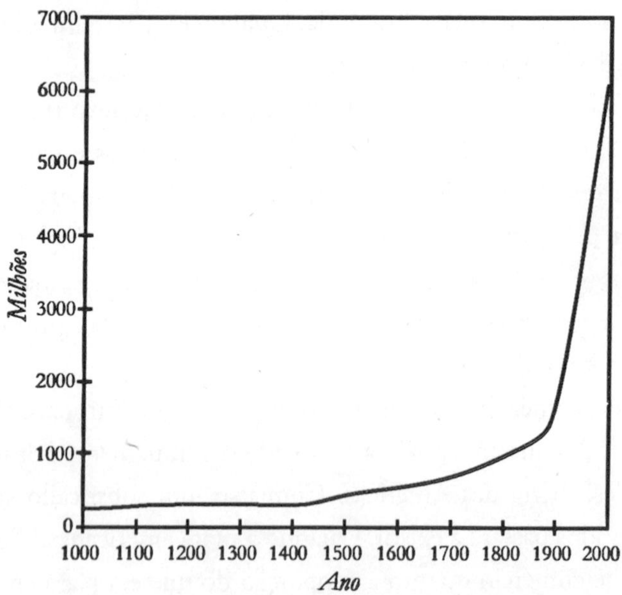

Perto do fim do século XV, a população mundial havia mais do que compensado as quedas resultantes de fome e peste durante o século XIV, e ingressara em uma ascensão ininterrupta que tem continuado desde então.

za, Londres e Antuérpia, a riqueza gerada pelo sistema bancário tornou-se uma enorme fonte de poder e patrocínio. Um dos serviços mais importantes que esses bancos prestavam era disponibilizar letras de câmbio. Eram documentos que os comerciantes podiam usar para obter fundos em uma cidade estrangeira para pagar por bens e serviços, com o entendimento mútuo de que esses títulos seriam honrados (ou seja, o crédito concedido seria pago de volta) em uma data futura, que era chamada de "data de maturidade". Esses títulos eram na prática cheques pré-datados, pelo qual o comerciante tinha de conseguir o dinheiro na data previamente acertada.

O crescimento do sistema bancário privado não resultou apenas em maior disponibilização de crédito. A competição entre bancos levou a um menor custo do crédito. Na cidade de Antuérpia, entre 1500 e 1550, as taxas de juros anuais sobre o dinheiro emprestado caíram de 25 para 9 por cento. Isso constituiu uma imensa vantagem para os comerciantes locais e foi um fator importante no estabelecimento da cidade como principal porto da região.

A expansão maciça do sistema bancário que ocorreu na Europa nos dois séculos após 1455 foi uma precondição para a decolagem da rápida expansão econômica dos séculos XVIII e XIX. Houve diversos acidentes no meio do caminho. Dizia-se em Veneza em 1585 que, dos 103 bancos privados que abriram na cidade até aquela data, 96 foram à falência. Mas era um sofrimento pelo qual a Europa tinha de passar. Sem o desenvolvimento do sistema bancário, as economias modernas jamais teriam existido. O empréstimo bancário é o lubrificante que mantém os mecanismos dos negócios funcionado. Sem isso, a vida comercial ficaria subitamente paralisada. Infelizmente, como outros lubrificantes, os empréstimos bancários podem ser altamente inflamáveis.

Existe uma diferença entre emprestar para um investimento produtivo (construção, maquinário etc.) e emprestar para especulação. Todas as decisões de investimento contêm um elemento de especulação, pois todo investimento implica o compromisso da riqueza presente com a esperança de um ganho futuro, e o futuro é inapreensível. Mas alguns investimentos são tão especulativos a ponto de se constituir em um verdadeiro jogo de azar. Quando uma quantidade muito grande de dinheiro é usada para custear uma empreitada desse tipo, os danos podem ser graves. Não existe tomador de empréstimo sem alguém que os conceda, e, assim como existem tomadores de empréstimo pouco ajuizados, existem emprestadores pouco avisados, concedendo, como se diz, crédito excessivo. Eis um bom exemplo disso.

Em 1554, em Constantinopla, mostraram ao embaixador austríaco na Turquia uma flor que ele nunca vira antes. Era uma tulipa. Ele a descreveu em uma carta para seu país e postou com alguns bulbos, que mais tarde foram plantados no jardim imperial, em Viena. Quando o curador do jardim foi designado para um posto similar na Universidade de Leiden, na Holanda, levou alguns bulbos. Ele não poderia ter previsto as consequências de sua ação. Vinte anos após a introdução da flor na Holanda, ela formou a base de um próspero comércio, tanto interno quanto para exportação. Em trinta anos, um bulbo da variedade mais procurada, a "Semper Augustus", trocara de mãos por mil guilders — o suficiente para comprar uma pequena carruagem, cavalo incluso.

Esse foi o início da tulipamania, a mais famosa de todas as manias financeiras. Em 1634, muitos holandeses ficaram loucos por tulipas. A flor e seus valores tornaram-se tema de conversa cotidiana, e cidadãos em tudo mais racionais se deixaram consumir por sonhos de uma riqueza que poderiam conquistar meramente comprando, e depois revendendo, bulbos de tulipa. Em 1637, a bolha estourou, literalmente da noite para o dia. Em 3 de fevereiro do mesmo ano, espalhou-se o boato de que não havia mais compradores de bulbos no mercado. Em 24 horas, bulbos tornaram-se invendáveis pelo preço que fosse. As pessoas que se haviam comprometido a comprar bulbos a preços elevados após a colheita encontraram desculpas para voltar atrás em seus compromissos, e futuros vendedores, que investiram grandes quantias na esperança de lucro, sofreram perdas substanciais. Muitos anos se passaram até que mesmo as variedades mais desejadas recuperassem seu valor "pré-mania". Os preços das variedades mais ordinárias, que haviam formado o principal veículo de especulação para a maioria dos envolvidos, jamais se recuperaram.

A tulipamania é o modelo perfeito da bolha especulativa. Ele soa tão bizarro que ficamos com a tentação de pensar que é um episódio único, sem paralelo em qualquer outra época. Nada poderia estar mais longe da verdade. Não existiu uma única geração nos últimos quatrocentos anos em que algum país próspero não foi tomado por uma febre semelhante. Exemplos incluem o esquema da Mississippi na França do século XVIII; a Bolha da South Sea, na Inglaterra do século XVIII; as manias de canais e ferrovias na Inglaterra do século XIX; os *booms* de Wall Street e das terras da Flórida nos Estados Unidos da década de 1920; os *booms* do mercado de ações e imobiliário no Japão da década de 1980; e o caso de amor de Wall Street com a internet na década de 1990.

No auge da tulipamania, as pessoas estavam essencialmente pagando por suas flores com notas promissórias. Isso facilitou o pagamento de preços malucos por bulbos, assim como a disponibilidade de hipotecas hoje em dia torna fácil para as pessoas pagar preços elevados por casas. Na Holanda do século XVI, as pessoas estavam acostumadas a negociar com base no crédito, de modo que notas promissórias emitidas por cidadãos respeitáveis pareciam um alicerce perfeitamente apropriado para a condução dos negócios.

Se isso soa estranho, vale a pena repassar tanto essa explicação quanto a história da tulipamania mais uma vez. O que pode parecer como nada mais que um exemplo da loucura e ilusão das multidões é na verdade um exemplo do mesmo princípio que ensejou a Revolução Industrial dos séculos XVIII e XIX. As pessoas que a fizeram foram capazes de encontrar dinheiro para construir suas fábricas e comprar máquinas porque bancos e seus clientes entre si podem efetivamente criar dinheiro do nada quando bem entenderem, desde que se sintam confiantes para fazê-lo.

No episódio em questão, a tulipamania não provocou o efeito desastroso que poderia ter causado. Muitos dos mais ricos e experientes membros da comunidade mercantil de Amsterdã haviam se recusado a ser arrastados por ela. Assim, embora tenha levado à ruína grande número de pessoas comuns, não quebrou a economia. E a tulipa permaneceu uma boa amiga dos holandeses desde essa época.

Por mais sofisticados que os sistemas comercial e financeiro do continente houvessem se tornado, a Europa jamais teria alcançado a China, tanto em poder como em riqueza, não fosse o progresso equivalente obtido na tecnologia. Para sua sorte, por volta de 1500, a tecnologia industrial e agrícola da Europa equiparava-se facilmente à da China. Essa conquista foi em considerável medida resultado dos benefícios obtidos com as descobertas dos chineses séculos antes. Mas a Europa se revelara uma boa aprendiz, e o professor estava agora em vias de ser deixado para trás. Os chineses não sabiam disso, é claro. Protegidos atrás da Grande Muralha psicológica de sua própria autocontemplação, mais três séculos se passariam até que o choque da descoberta os atingisse, e por essa época o antigo aluno crescera para se tornar um brutamontes desrespeitoso, sem consciência do quanto lhe fora ensinado, e por quem.

Havia uma importante tecnologia de posse dos chineses com a qual os europeus ainda não haviam entrado em contato. Era o arado com aiveca côncava guarnecida de ferro. O segredo da fabricação do ferro fundido chegara à Europa no século XIII, mas mesmo após a introdução da relha os arados europeus exigiam várias parelhas de animais para sulcar solos difíceis. Foi apenas quando o americano Thomas Jefferson calculou a matemática da aiveca côncava, no século XVIII, e uma aiveca guarnecida de ferro foi combinada com uma estrutura do mesmo material, que os fazendeiros europeus puderam equiparar-se com os da China na eficiência da terra trabalhada com arado.

Arados à parte, as práticas agrícolas europeias do século XVI mostravam considerável progresso. Com técnicas melhoradas, um maior entendimento do processo de cultivo vegetal e criação animal e operando no contexto de uma economia baseada em dinheiro, os fazendeiros do continente foram capazes de produzir o alimento necessário para sustentar uma população crescente. E a maior eficiência na produção alimentar, e no mercado de alimentos, tornou possível uma taxa de crescimento ainda mais acelerada nas vilas e cidades que agora fervilhavam de vida e energia. Por todo o século XVII e no começo do XVIII, o ritmo da inovação na agricultura aumentaria, fornecendo as bases para o crescimento maciço da população que acompanhou e impeliu a transformação conhecida como Revolução Industrial.

23

A descoberta da arte e da ciência na Europa

A DESCOBERTA DE NOVAS TERRAS GEROU UMA ONDA DE EXCITAÇÃO PELA Europa. Todo jovem dotado de entusiasmo e boa família sonhava em tomar parte na aventura de exploração. Todo idoso com riqueza e posição social queria uma participação nela. Mas ocorreu também um impacto psicológico. As descobertas demonstraram que ficar sentado pensando não era o único modo de adquirir conhecimento sobre o mundo. Havia o saber que só se obtinha pela experiência: saindo e procurando. Mostravam também que nem todo conhecimento estava contido em um estoque secreto acessível apenas a uns poucos eleitos. Uma vez compreendido isso, a febre da descoberta se espalhou por outras áreas de pesquisa. Homens (eram homens, porque apenas eles tinham tempo e ocasião para tal) começaram a questionar ideias sacramentadas e a se perguntar que outros tipos de descobertas ainda estavam por ser realizadas.

Esse novo entusiasmo pela pesquisa foi encorajado por duas transformações do século XV que forneceram poderosos meios de intercâmbio e disseminação de ideias. A primeira foi a expansão de universidades pelo continente no decorrer do século. Entre 1400 e 1500, o número de instituições na Europa aumentou de vinte para setenta. Isso não só criou o ambiente no qual os estudiosos podiam discutir teorias, novas ou antigas; também acolheu alunos de universidades de outras partes, assegurando um fluxo constante de conhecimento renovado. Reforçando esse efeito estava a revolução impressa da década de 1450, que acelerou as trocas intelectuais entre as universidades e trouxe os leitores fora delas à rede de intercâmbio de saber.

A agitação criada pelo fluxo de livros impressos foi intensificada por um efeito colateral da queda de Constantinopla, em 1453. Um dos últimos grupos a escapar da cidade fora um bando de estudiosos que levou consigo manuscritos que continham alguns dos mais importantes textos da ciência grega. Eles revelaram um tesouro de conhecimento científico. Também estimularam a pesquisa por textos semelhantes em outras partes, muitos dos quais foram descobertos em traduções árabes cujo conteúdo permanecera até então oculto para os eruditos cristãos.

Essas três influências — novas universidades, impressoras e a redescoberta de conhecimento antigo — juntas criaram uma explosão de pesquisa científica que transformou a compreensão humana sobre o mundo natural. Era o começo do processo conhecido como Revolução Científica.

O primeiro triunfo dessa nova empreitada veio em 1543, quando um padre polonês chamado Mikolaj Kopernik — Nicolau Copérnico — publicou (em latim, é claro) um livro intitulado *Da revolução de esferas celestes*. O trabalho de Copérnico era uma ilustração perfeita das explorações intelectuais que se conduziam paralelamente às explorações físicas dos navegantes. Ele iniciou seus estudos universitários em 1491, exatamente quando Colombo cuidava dos preparativos finais para sua viagem. Enquanto este ia e vinha pelo Atlântico em suas sucessivas jornadas, Copérnico perambulava pela Europa, compartilhando ideias com estudiosos na Polônia, na Itália e na Alemanha.

Nessa época, a interpretação do sistema solar aceita era a do astrônomo grego do século I Ptolomeu, que postulava um universo em que o Sol e os planetas giravam em torno de uma Terra estacionária. Copérnico, inspirado nas obras então recém-traduzidas de astrônomos gregos que viveram antes de Ptolomeu, sugeriu um novo modelo, em que a Terra e os planetas giravam em torno do Sol. Graças às impressoras agora existentes em toda cidade europeia, suas ideias se espalharam rapidamente por todo o continente.

Sessenta anos mais tarde, em 1609, outro cientista saído de uma universidade, o matemático italiano Galileu Galilei, virou o recém-inventado telescópio para o céu, viu manchas no Sol e as usou para calcular a velocidade com que o astro girava em torno do próprio eixo. Observou também os satélites de Júpiter girando em torno do planeta, assim como Copérnico imaginara a Terra girando em torno do Sol. Isso o convenceu da veracidade da teoria copernicana, que ele promoveu em um livro intitulado *Diálogo sobre os dois principais sistemas do mundo*, publicado em 1632.

A promoção da teoria copernicana por parte de Galileu foi demais para o papa, que a declarou contrária aos ensinamentos da Igreja. Galileu foi levado diante do Santo Ofício, encarregado da preservação da fé e da extirpação da heresia. Confrontado com a ameaça de ser queimado vivo, ele se sentiu compelido a uma retratação e passou os últimos oito anos de sua vida em prisão domiciliar. Restando-lhe ainda quatro anos de vida, sua vista estava prejudicada para olhar o sol, e seus dias de observação do céu terminaram.

O julgamento de Galileu foi o último grande ato na luta da Igreja Romana para dirigir os pensamentos dos fiéis em questões de ciência. Embora a Igreja houvesse vencido essa batalha particular, logo se tornaria claro que perdera a guerra.

Um dos motivos pelos quais a Igreja Católica se sentiu impelida a agir contra Galileu foi que ele havia escrito em italiano, a língua popular, em vez de latim. Infelizmente para a Igreja, ele dominava a língua como ninguém, e o poder dos argumentos contidos no livro superou sua retratação formal. O fogo se alastrara, mas não o da Inquisição. Haveria outras ocasiões nos anos por vir em que papas queixosos advertiriam seu rebanho a não ler livros incluídos no *Index Librorum Prohibitorum* (o índex das obras cuja leitura a Igreja Católica proibia). Mas teria sido melhor se eles poupassem o fôlego. Mesmo que suas advertências conseguissem restringir a curiosidade de seus rebanhos, havia agora cientistas demais fora do alcance da Igreja. A Reforma iniciada por Martinho Lutero em 1517 libertara cientistas que viviam em terras protestantes de qualquer obrigação em seguir os preceitos da Igreja.

Em 1609, enquanto Galileu dava os últimos retoques em seu telescópio, o matemático alemão Johannes Kepler publicava a *Nova astronomia*. A obra apresentava suas três leis do movimento planetário, que explicava a relação matemática governando os movimentos da terra, da lua, do sol e dos planetas. Em 1687, menos de oitenta anos após ter seu livro publicado, um professor de matemática da Universidade de Cambridge, na Inglaterra, Isaac Newton, publicou os *Principia*, o livro mais famoso da história da ciência. Nele, utilizou as leis de Kepler e os estudos de Galileu sobre a mecânica dos corpos em movimento para chegar a sua Lei da Gravitação Universal. Ele determinou assim a existência da força da gravidade e nos legou as fórmulas que utilizamos para saber o peso das estrelas e calcular rotas de voo de foguetes para a lua.

Embora essa cadeia de descobertas ligando Copérnico a Newton, por meio de Kepler e Galileu, seja a ilustração mais famosa da Revolução Científica em ação, exemplos igualmente admiráveis poderiam ser citados em outros campos da ciência. O que todos eles mostram é em que medida o avanço científico depende da presença simultânea de um leque de influências benéficas.

Elas incluem:

1 uma sociedade rica o bastante para ser capaz de suportar uma classe considerável de pessoas que passam o tempo lendo e conversando, e realizando experimentações possivelmente infrutíferas;
2 oportunidades de estabelecer redes (como universidades e sociedades instruídas);
3 acesso ao conhecimento acumulado tanto do passado quanto do presente (na forma de, por exemplo, livrarias e livros impressos);
4 tecnologia apropriada (microscópios, telescópios, mensuração de tempo acurada);
5 liberdade de censura obstrutiva;
6 uma cultura em que a pesquisa seja um hábito e desafiar ideias aceitas seja a norma.

A lista não inclui "gênio científico", porque o gênio está presente em todas as épocas. Os itens na lista são os que não estão presentes em qualquer época. O progresso científico ocorre em determinados lugares, e épocas, mas não em outros, porque os fatores que permitem ao gênio científico se manifestar e atingir tipos particulares de resultados estão presentes. Arquimedes, o grande matemático e engenheiro do século II em Siracusa, na

Sicília, e Zhang Heng, o astrônomo, pintor e poeta chinês desse mesmo século, foram dois gênios inquestionáveis. Mas eles e seus contemporâneos não poderiam ter criado uma revolução científica, pois viviam no lugar errado, num momento errado. As pessoas que criaram a Revolução Científica dos séculos XVI e XVII tiveram a boa sorte de estar no lugar certo, na hora certa.

Apenas por amor da argumentação, vamos considerar o contexto em que Newton formulou sua teoria da gravitação universal. Ele pertencia a um dos grupos mais privilegiados da Europa. Era professor de uma faculdade pródiga em dotações em uma prestigiosa universidade, onde tivera a oportunidade de conviver com algumas das melhores mentes de sua geração. Não precisava lecionar em excesso; tinha tempo de sobra para pensar e acesso ao conhecimento acumulado contido em uma ótima biblioteca. Teve a boa sorte de viver em uma era abençoada com o legado de Copérnico, Galileu e Kepler. Vivia em um rico país protestante, no qual — graças à revolução religiosa operada por pessoas como Martinho Lutero no século anterior — estava livre da censura de uma Igreja opressora. Era membro da Real Sociedade, um clube de cavalheiros que o possibilitava trocar informações com alguns dos melhores cientistas da Europa, tanto pessoalmente como por carta. Essa sociedade era protegida por um rei, Charles II, cujo pai fora decapitado como consequência de uma disputa civil e que estava determinado a manter um clima de tolerância para que ele próprio não conhecesse destino semelhante. Certamente, não se pode dizer que Newton viveu em uma época ruim para realizar descobertas científicas.

Houve outro grupo de pessoas que igualmente teve a boa ventura de viver nos lugares certos na época certa. Foram os gênios literários e artísticos cujas obras abrilhantaram o período da história europeia conhecido como Renascença. Esta foi uma explosão de esplendor em todas as artes, mas sobretudo na literatura, pintura, arquitetura e escultura. Ela em parte precedeu a Revolução Científica e em parte se sobrepôs a ela. Sua origem imediata residiu em dois acontecimentos: a redescoberta da arte e da literatura greco-romana e o amadurecimento de um grupo de novas línguas (notadamente italiano, espanhol, francês e inglês). Contudo, o combustível que a alimentou foi o mesmo que motivou a revolução para a ciência: a riqueza gerada pelo comércio, as possibilidades oferecidas pela nova tecnologia e a empolgação surgida com a descoberta de novas terras e obras do passado previamente desconhecidas. Não é coincidência que o centro desse fluxo estupendo de realizações artísticas fosse Florença, a cidade mais rica da Europa, administrada por governantes cultos que valorizavam o trabalho de artistas tanto por seu valor intrínseco como pelo prestígio obtido com sua exibição.

Olhando para a Renascença, muitos artistas posteriores devem ter ecoado as palavras do poeta inglês William Wordsworth, que disse, em um contexto diferente:

> *Bliss was it in that dawn to be alive,*
> *But to be young, was very Heaven!*[1]

Para os artistas dessa época, e seus patronos, essa devia realmente parecer a aurora de uma nova era. Muitas coisas estavam sendo tentadas pela primeira vez, ou depois de muitos séculos.

Como no caso dos cientistas, essa efusão criativa foi produto das circunstâncias especiais da época, que proporcionou ao gênio uma oportunidade única. O tipo de obra-prima que estava sendo criada na época incluía:

Países Baixos
1434: a pintura *O casal Arnolfini*, de van Eyck

Itália
c. 1320: o poema épico *A divina comédia*, de Dante
1504: a escultura *Davi*, de Michelangelo

Inglaterra
1601: a comédia *Noite de reis*, de Shakespeare

Espanha
1605: o romance *Dom Quixote*, de Cervantes

[1] A felicidade nessa aurora era estar vivo, / mas ser jovem, o verdadeiro Paraíso! [*N. do T.*]

O que caracteriza essa e tantas outras importantes obras de arte produzidas na época é que são explorações pioneiras de novas formas, novos materiais ou linguagens recém-desenvolvidas, e contudo são ao mesmo tempo obras-primas amadurecidas. A extraordinária pintura de Van Eyck explora um meio recém-criado — a pintura a óleo — para servir a um novo tipo de mercado doméstico secular. Dante apela para temas bíblicos antigos, mas lida com eles numa nova linguagem que ele próprio ajuda a criar. Shakespeare, também, se entrega a uma nova linguagem que ajuda a criar. Sua peça é escrita para a diversão de um patrono da realeza, mas é encenada por atores cujas habilidades foram aperfeiçoadas nos primeiros teatros públicos desde os tempos romanos. Michelangelo, como Dante, está supostamente contando uma história bíblica, mas na verdade sua obra exige uma comparação com a dos maiores escultores gregos. Cervantes inventa um novo gênero — o romance — para preencher as horas ociosas de leitores enriquecidos com a prata americana.

Assim como determinados fatores foram precondição para a Revolução Científica, igualmente esses gênios criativos se beneficiaram de:

1 o contexto urbano em que sua arte se desenvolveu;
2 os excedentes alimentícios que tornaram esse contexto urbano possível;
3 as novas oportunidades e tecnologias que estavam explorando;
4 a riqueza acumulada com a qual seus patronos os sustentavam.

O que equivale a dizer que nenhum homem (ou mulher) é uma ilha, e essas grandes obras de arte, como grandes obras da ciência, devem no mínimo tanto ao seu contexto social quanto aos seus criadores.

24

Impérios asiáticos do leste e do sul

O PERÍODO ENTRE 1455 E 1763, QUE TESTEMUNHOU O FIM DO ISOLAMENTO da Europa em relação às Américas, também assistiu ao fim do isolamento da Europa em relação ao sul e ao leste asiáticos.

Antes do século XV, o contato entre a Europa e as partes mais distantes da Ásia era realizado quase inteiramente por intermediários, fosse pelas vastas distâncias da Rota da Seda, fosse pelas rotas marítimas no golfo Pérsico e no Mar Vermelho. A partir do fim do século XVI, o estabelecimento de novas rotas marítimas através do oceano Índico iniciou uma era de comércio e conquista que exerceu um profundo impacto, como a abertura de rotas através do Atlântico.

Mais uma vez, naus portuguesas assumiram a dianteira. Navegantes de Portugal vinham explorando as águas ao largo da costa ocidental da África desde o início do século XV. Encontrando um litoral inabitado, e sem conhecimento dos ricos reinos do interior, haviam imaginado que costeavam um continente inóspito e vazio. No fim de 1497, Vasco da Gama, um capitão de navios oriundo de uma pequena família aristocrática, contornou o Cabo da Boa Esperança. Em 1498, ele explorou a costa até o distante porto de Malindi (no moderno Quênia), onde o sultão local disponibilizou os préstimos de um piloto, que o levou para Calicute (moderna Kozhikode), na Índia meridional. Era o início de um século de monopólio português no comércio marítimo entre Europa e sul e sudeste da Ásia.

Durante esse período, o império mongol islâmico estabeleceu seu domínio sobre grande parte do subcontinente indiano. O império foi fundado com as conquistas de um turco muçulmano chamado Babur, neto de Tamerlão pelo lado paterno e descendente de ninguém mais ninguém menos que o grande Gengis Khan pelo materno. Passou sua infância na rica e culta cidade de Samarcanda, na Ásia Central. Ele se tornou rei de Fhargana (no atual Turcomenistão) com 11 anos, mas perdeu o reino e sofreu vinte anos de vida errante e privações, durante os quais adquiriu as habilidades de general em uma longa série de batalhas. Sua ancestralidade tornava-o ambicioso o bastante para tentar repetir os feitos de seus antepassados, mas, incapaz de consumar esse desejo na Ásia Central, ele voltou sua atenção para a Índia. Em 1526, a partir de uma base no Afeganistão, conquistou primeiro o Punjab e depois o Sultanato de Délhi. Por volta de 1529, era o senhor de um império que se estendia desde o Afeganistão até a fronteira de Bengala.

Babur foi seguido por uma brilhante sucessão de soberanos que expandiram o império. Proeminente entre eles estava Akbar, o Grande, que governou de 1556 a 1605. Durante seu reinado, e os reinados dos que vieram em seguida, o império foi ampliado para incluir Bengala, Kashmir, Gujarat e o Decão.

Embora o império mongol fosse oficialmente um Estado muçulmano, seus soberanos não administravam o reino de acordo com regras estritamente islâmicas. Esse era particularmente o caso de Akbar, que estabeleceu o princípio de igualdade entre todas as religiões — e mostrou sua sinceridade casando-se com uma princesa hindu. Seu reino iluminado deu início a um período de tolerância e prosperidade, e criou um novo sentido de unidade. Essa tolerância continha rígido âmago de realismo em um império onde 70 por cento das pessoas eram hindus, outros 10 por cento budistas ou adeptos de outras fés e apenas 20 por cento eram seguidores do islã.

Em 1608, um embaixador inglês chamado William Hawkins viajou para a capital Agra, a fim de apresentar suas credenciais na luxuosa corte do filho de Akbar, Jahangir. Seu propósito era solicitar direitos de comércio para a recém-formada "Company of Merchants of London Trading into the East Indies", corporação que entrou para a história como Companhia Inglesa das Índias Orientais. A companhia fora criada com o intuito de explorar o comércio de especiarias com as Índias Orientais (a atual Indonésia). Financiada pela participação de um grupo de abastados comerciantes londrinos, ela havia sido incorporada por Carta Real em 1600, com o entusiasmado apoio de Elizabeth I, que tinha em mente as apetitosas possibilidades dos impostos alfandegários arrecadados com as importações da empresa. O comércio europeu com a Índia nessa época era amplamente monopolizado pelos portugueses, e embora Jahangir simpatizasse com Hawkins, e até lhe arranjasse um casamento, nenhum acordo comercial adveio da visita. Entretanto, após uma vitória naval inglesa sobre Portugal em 1612, outro embaixador, o culto, diplomático e paciente (ele precisou de três anos) Sir Thomas Roe, conseguiu obter permissões para a companhia negociar em diversos portos do sul da Índia. Essa realização aparentemente modesta, a longo prazo, se revelaria um dos acontecimentos mais significativos tanto da história inglesa quanto da indiana.

A maior parte do rendimento dos imperadores mongóis dependia dos impostos pagos por fazendeiros indianos, que eram a fonte de riqueza do país. Sem sobrecarregá-los com tributos excessivos, por quase um século e meio seus domínios continuaram a prosperar. A paz e a prosperidade permitiram o florescimento de um dos maiores períodos de realizações artísticas do mundo, cujos tesouros incluem as extraordinárias pinturas em miniatura que se tornaram um marco do período mongol. Sua maior preciosidade é o belíssimo monumento conhecido como Taj Mahal. Este foi construído por Shah Jehan à memória de sua esposa, Mumtaz Mahal, que morreu no parto em 1631, após 19 anos de casamento, durante os quais haviam sido companheiros inseparáveis. Por mais belo e tocante que seja, é também um monumento de um homem cuja visão da vida, e atitude em relação aos súditos, se assemelhava à de um faraó egípcio. O Trono do Pavão sobre o qual governava seu império cintilava com 10 milhões de rúpias em joias.

A natureza do império mongol gradualmente mudou durante o século XVII e seu domínio sobre os súditos começou a enfraquecer. Sob o imperador Aurangzeb (1658-1707), ele atingiu a maior dimensão, estendendo-se 2.500 quilômetros a partir do Afeganistão ao norte até Mysore, no sul, e 2.500 quilômetros desde o Indo a oeste até depois do Ganges. Contudo, a tolerância religiosa do reino de Akbar era agora uma lembrança distante. Aurangzeb embarcou numa perseguição aos hindus. Uma vez que eram de longe o maior segmento de seus súditos, dificilmente se pode considerar uma surpresa que ele tenha sido recompensado com a rebelião. Ele também enfraqueceu seu reino ainda mais com uma série de onerosas campanhas militares.

À medida que o império começava a rachar, um grupo de astutos manipuladores se preparava para juntar os pedaços. Década após década, a Companhia Inglesa das Índias Orientais viera estrategicamente acumulando concessões e alianças. Também acumulara armas. Embora em teoria ela continuasse a ser um empreendimento puramente mercantil, gradualmente adquirira o caráter de um Estado dentro do Estado. Após um imperador persa atacar Délhi em 1739 e transportar o Trono do Pavão para o próprio palácio, não restou nenhum poder central efetivo. E em sua ausência não havia nada que impedisse a "Company of Merchants in London" — e seu exército particular — de gradualmente obter o controle sobre todo o subcontinente, uma região que continha o dobro da população, e o dobro da riqueza, de toda a Europa.

O outro grande império do século XVI na Ásia — a dinastia Ming da China — começara a declinar ainda antes em comparação com o império mongol. Essa situação foi acelerada por ataques externos que perturbaram enormemente a paz do que fora um império seguro e próspero. O primeiro tomou a forma de uma série de invasões lideradas por um descendente de Gengis Khan chamado Altan. Seu povo pastoreou rebanhos e manadas em uma região da Mongólia Interior, ao norte da província de Shansi, e diversas vezes durante a primeira metade do século XVI desceu a Shansi e Hopei para pilhar essas províncias à consagrada moda mongol. Em certa ocasião chegaram até as portas de Pequim, onde os cidadãos contaram com o duvidoso prazer de ver suas ruas iluminadas pelas fogueiras dos acampamentos invasores. Enquanto as autoridades ainda se preocupavam em como se defender dessas incursões, um novo inimigo surgia na costa do país: os japoneses.

O Japão de meados do século XVI recém-emergia de um período de cem anos mergulhado em guerra civil. Conforme essas perturbações internas chegavam a um fim, a energia bélica que haviam gerado se voltava contra o mundo exterior. No princípio, assumiu a forma de atos de pirataria localmente organizados contra o continente chinês, e salteadores armados começaram a infestar as costas de Chekiang, Fukien e Cantão. Mas então um dos mais famosos soldados e estadistas japoneses, Hideyoshi, concebeu a ideia de conquistar a China. Isso hoje talvez pareça uma temeridade, mas em diversas ocasiões um invasor estrangeiro fora bem-sucedido em controlar aquele vasto país quando uma dinastia decadente parecia em vias de perder o Mandato Celestial, de modo que não era uma tarefa impossível. Fosse qual fosse a inspiração, o plano era atacar a China a partir do território de um inimigo tradicional japonês, a Coreia. Um exército de 200 mil homens foi reunido e em 12 de junho de 1592 suas tropas entraram na capital coreana, Seul. O que aconteceu em seguida soa estranhamente como uma invasão posterior, na década de 1950. Tendo chegado a Pyongyang, as forças japonesas ficaram a postos para cruzar o rio Yalu. Mas a feroz defesa organizada pelos coreanos deu aos chineses tempo para preparar suas forças, e os invasores foram repelidos. Os japoneses fizeram outra tentativa quatro anos mais tarde, com ainda menos sucesso. Mais trezentos anos se passariam para que tentassem outra vez conquistar seu gigante vizinho.

A derrota do pretensioso vizinho do sul proporcionou à dinastia Ming apenas um curto período para se recompor. Dentro de trinta anos, outro inimigo apareceu no norte, e, em cinquenta, essa ameaça se provou fatal. Os invasores nessa ocasião foram os manchus, um povo que habitava as florestas e vivia na fronteira norte da China, na Manchúria do Norte. Em 1622, sob um líder enérgico, Nurhaci, conseguiram conquistar toda a Manchúria do Sul, mas foram detidos na Grande Muralha.

Cinco anos mais tarde, Nurhaci morreu e foi sucedido por seu filho Abahai. Este era um daqueles líderes geniais nos moldes de Kublai Khan, que surgia de tempos em tempos na fronteira da China, combinando a paixão e a perseverança dos bárbaros de vida dura com a apreciação das realizações da civilização. Ele dedicara sua vida à tarefa de se tornar imperador da China. Em 1630, seus exércitos chegaram às portas de Pequim, mas não estavam equipados para um sítio prolongado. Voltando a sua capital, Mukden, onde contava com diversos conselheiros chineses, Abahai se fizera proclamar imperador.

Os eventos conspiravam para tornar desnecessário aos manchus qualquer esforço para conquistar seu objetivo. À tradicional maneira chinesa, o enfraquecimento de uma dinastia trouxe a revolta. Em abril de 1644, embora o exército imperial estivesse protegendo a fronteira contra os manchus, uma força rebelde atacou Pequim, cujos portões foram abertos por simpatizantes. Para escapar de cair em mãos inimigas, o imperador se enforcou com a própria faixa. Quando o comandante do exército imperial ficou sabendo do ocorrido, marchou sobre a cidade. Percebendo ser inferior em número, ele solicitou ajuda para o líder do exército manchu. Os manchus o atenderam, mas, quando a rebelião foi apaziguada, declararam o filho de 7 anos de Abahai o novo imperador. (Seu pai morrera alguns meses antes.) Como estavam instalados na capital imperial com um exército de 100 mil homens, não havia muita coisa que alguém pudesse fazer a respeito. Eles posicionaram oficiais manchus em cargos elevados lado a lado com oficiais existentes, e, após alguns anos de operações de dizimação em províncias distantes, o império continuou da maneira usual. Com a infusão de sangue novo no topo, e uma conquista bem-sucedida, tornou-se uma alegação razoável dizer que o Mandato Celestial fora renovado. Assim começou a dinastia Manchu, ou Ch'ing, que governaria a China pelos dois séculos e meio seguintes.

Enquanto primeiro os japoneses, e depois os manchus, vinham pondo à prova a resistência do império Ming, uma nova potência estabelecia discretamente sua presença nas fronteiras oeste e norte da China. No início do século XVI, comerciantes de pele russos haviam começado a explorar as terras a leste dos montes Urais. Em 1582, uma poderosa família industrial no nordeste da Rússia, os Stroganov, enviara um grupo de 1.600 cavaleiros cossacos para esses territórios a leste a fim de subjugar as problemáticas tribos locais. Embora em número reduzido, eles conquistaram impressionantes vitórias tanto sobre as populações nativas quanto sobre seus senhores mongóis. Esses êxitos encorajaram o tsar, Ivã IV (Ivã, o Terrível), a adotar a aventura deles sob sua égide, e a Sibéria foi formalmente anexada à Rússia. Fazendo uso dos grandes rios, o Ob, o Yenisei e o Lena, comerciantes de pele haviam viajado cada vez mais longe para o oriente, até que em 1638 chegaram ao litoral do Pacífico. As peles eram para os russos o que o ouro fora para os espanhóis, e esses mercadores se mostraram tão rapaces e impiedosos quanto os conquistadores do século XVI. Assim como ouro e prata inundaram Sevilha, as peles chegaram aos montes a Moscou.

Derrotados em sua tentativa de conquistar a China, a atenção dos japoneses estava agora concentrada em suas próprias ilhas. Essas eram montanhosas em um grau excepcional. Ao contrário, por exemplo, dos incas, os japoneses não desenvolveram um sistema de agricultura que correspondesse à geografia de seu território. Em vez disso, concentraram-se no potencial de seu extenso litoral e na limitada quantidade de terras planas disponíveis. Durante os séculos XVII e início do XVIII, desenvolveram uma indústria pesqueira de enorme produtividade e um sistema agrícola baseado em uma nova variedade de arroz cuja produtividade era excepcional. Com a ajuda dessas novas fontes de alimento, a população entrou em um período de crescimento explosivo. A preferência japonesa por viver em uma terra plana perto da costa garantia que a maior parte desse aumento convergisse para as cidades em rápido crescimento. O Japão tomara um caminho que o levaria a se constituir numa nação de habitantes urbanos — uma das primeiras do mundo.

À medida que a população aumentava, os soberanos japoneses tomaram medidas para isolar o país de influências estrangeiras. Mercadores portugueses haviam chegado ao Japão desde 1542 e foram seguidos sete anos depois por missionários jesuítas. No período de cinquenta anos, conseguiram converter 150 mil pessoas ao cristianismo. Assustadas com essa aparente ameaça ao modo de vida japonês, as autoridades baniram o cristianismo em 1587 e condenaram à morte inúmeros cristãos. Em 1603, o xogum Tokugawa Ieyasu introduziu leis proibindo japoneses nativos de deixar o país. Comerciantes estrangeiros também foram banidos, poupando-se apenas os chineses — e holandeses, vistos como dignos de confiança porque não tentavam converter ninguém. Mas nem mesmo os holandeses tinham permissão de desembarcar na costa; seus negócios tinham de ser feitos numa ilha da baía de Nagasaki, à qual ficavam confinados. Para os japoneses, foi o início de um período de isolamento nacional que duraria mais de duzentos anos.

25

O mundo em 1763

OS TRÊS SÉCULOS QUE SE SEGUIRAM À IMPRESSÃO DA GRANDE BÍBLIA DE Gutenberg foram um período de crescente prosperidade em muitas partes do mundo. A população humana total dobrara, de cerca de 400 milhões para quase 800 milhões, a despeito da imensa queda demográfica nas Américas. Metade desse contingente vivia na Índia e na China e era responsável pela maior parte da geração de riqueza mundial. A população da Índia, tendo vivenciado uma rápida expansão, estacionara em cerca de 180 milhões de pessoas. Desses, 35 milhões viviam na província de Bengala, cuja riqueza estupenda estava agora sob o domínio britânico, após a vitória de Robert Clive sobre um exército mongol em Plassey, em 1756. Era um desconcertante reflexo que a população da própria Grã-Bretanha na época fosse de apenas 8 milhões. O império indiano dos britânicos se originara menos de cem anos antes, quando o rei Charles II, desesperado por dinheiro, arrendara Bombaim para a Companhia das Índias Ocidentais, após tê-la adquirido como parte do dote de sua esposa. A companhia construíra um forte ali e conseguira por meio de uma combinação de comércio, velhacaria e força obter controle sobre grande parte do subcontinente.

A população da China, após sofrer sérios reveses pelos efeitos combinados da fome e da invasão mongol, voltara a superar a da Índia. Ela ultrapassava os 200 milhões de pessoas e crescia rápido. Parte disso era devido à conquista de novos territórios, incluindo Tibete e Turquistão chinês. Com esses acréscimos, o império chinês atingira sua maior extensão em toda a história. Mas dessa vez o aumento populacional não fora acompanhado por uma queda nos padrões de vida. Camponeses na China, como os de qualquer outra parte no século XVIII, tinham um padrão de vida miserável. Mas parece bem certo que em 1763 o padrão de vida médio era mais elevado na China do que na Europa, e muito mais alto do que o do restante do mundo.

A riqueza da China nessa ocasião veio em grande parte de seu papel como eixo de uma vasta rede de comércio, das Filipinas à costa da África. O próprio país continuava a exportar vastas quantidades de suas especialidades tradicionais, porcelana e seda, e permanecia o cliente mais importante do mundo para as especiarias que os países do sudeste da Ásia exportavam. Escravos e ouro eram exportados dos agitados portos da África Ocidental, e a Índia exportava imensas quantidades de tecidos de algodão. Navios espanhóis cruzavam o Pacífico, levando a prata peruana de que os mercadores chineses necessitavam para pagar seus impostos, enquanto navios de outras nações europeias forneciam a maior parte do transporte no oceano Índico. O centro gravitacional do comércio mundial acabaria mudando para o Atlântico, mas, em 1763, eram os mares que serviam de rota para a China que recebia movimentação maior.

Um século e meio antes, grande parte desse comércio cairia em mãos japonesas, mas, depois que os mercadores japoneses ficaram proibidos de negociar no além-mar em 1603, o país deixou de ter qualquer relação comercial significativa com o restante do mundo. A despeito disso, a economia japonesa avançara poderosamente, e a população do país estava em torno de 25 milhões de pessoas. A prosperidade jorrava das classes de comerciantes locais, que estavam menos sujeitas à interferência governamental que suas contrapartes chinesas. Isso se refletiu no crescimento das cidades, que agora detinham cerca de 15 por cento da população — porcentagem dificilmente alcançada em qualquer outro país do mundo.

Sem serem afetados, e totalmente indiferentes, por essa agitação comercial nos oceanos a norte e oeste de si, os povos australianos seguiam com seu estilo de vida tradicional. Sua população provavelmente somava algo como 500 mil pessoas, embora as estimativas variem enormemente quanto a esse número, para mais ou para menos. Nos pontos mais densamente povoados em torno da costa, havia em média cerca de cinco pessoas por milha quadrada, mas no interior existiam grandes áreas onde a densidade média era algo em torno de cinco pessoas para cada 100 milhas quadradas. Separados por longas distâncias em uma miríade de grupos tribais, eles haviam desenvolvido ampla variedade de idiomas. Dependendo de como se define isso, o total varia de mil a duas mil. Seus ancestrais haviam conservado essa terra para si mesmos durante a maior parte de 60 mil anos. Uns poucos que habitavam os litorais norte e oeste tinham histórias para contar de estrangeiros que haviam chegado em botes, permanecido por algum tempo e zarpado novamente, deixando-os pacificamente. Mas eles não ficariam em paz por muito mais tempo. Em apenas quinze anos, um grupo de estrangeiros chegaria para não mais partir — e suas tranquilas vidas iriam virar do avesso.

A duplicação da população mundial entre 1455 e 1763 refletiu uma retomada da taxa de crescimento pré-1250 na Eurásia, que fora interrompida por um clima mais frio, pela peste e por ataques nômades. Com um clima melhor, menos doenças e um fim à ameaça mongol, os povos habitantes da Europa e da Ásia haviam sido capazes de explorar sua tecnologia melhorada para aumentar a produção de alimento e ampliar a escala e o alcance de seu comércio uns com os outros.

Embora a rede de comércio houvesse crescido, ela ainda funcionava praticamente com a mesma dinâmica de 2 mil anos antes. O mais rápido transporte por terra ainda era o carro puxado por cavalo; o mais rápido transporte por água ainda era impelido pelo vento. Em nenhum lugar havia estradas melhores do que as feitas pelos romanos, e em muitos locais as estradas eram piores do que as da época romana. O ano de 1455 ficara próximo ao ponto mais baixo da comunicação continente adentro e ao ápice de cidades e populações costeiras. Haviam sido conquistadas melhorias, mas em 1763 o acesso a águas navegáveis ainda era um fator preponderante na localização de cidades e indústrias. Marinheiros europeus rotineiramente atravessavam os oceanos do mundo. Mas se os governadores da Companhia das Índias Ocidentais inglesa ou holandesa enviavam uma mensagem urgente para seus agentes em Calcutá ou na Batávia, eles o faziam na certeza de que teriam de esperar 12 meses até receber uma resposta.

No coração do supercontinente eurasiano, uma nova grande potência — a Rússia — surgira em cena. O amontoado de povos até então sem acesso ao mar que mal podia ser qualificado como nação em 1455 era agora uma força a ser considerada. Sob a liderança de dois soberanos capazes e ambiciosos — Pedro, o Grande, e sua filha Isabel —, o país se abrira para as ideias e a tecnologia europeia. Pedro se vira em 1682 como governante de um país que finalmente se recuperara dos efeitos das invasões mongóis do século XV, mas que em muitos aspectos estava duzentos anos atrasado em relação aos rivais europeus. Pelos 43 anos seguintes, ele se devotou ao fortalecimento e à modernização de seus domínios atrasados. Tendo viajado extensamente na Europa ocidental para conhecer o potencial das outras nações, ele mudara sua capital de Moscou para São Petersburgo, obrigando uma substancial porção da nobreza e a classe mercantil a se mudar com ele. Ele introduziu no país a tecnologia ocidental e revisou completamente o governo russo e o sistema militar. Ao mesmo tempo, aumentou enormemente a segurança do país fazendo campanhas bem-sucedidas contra Suécia, Pérsia e os turcos otomanos, ganhando acesso ao Báltico e controle sobre a costa ocidental do mar Cáspio. Em 1724, um ano antes de morrer, ele inaugurou a Academia Imperial de Ciências, em São Petersburgo.

Perto do fim do reinado de Pedro, em 1721, a Rússia foi declarada um império. Isso foi realizado com a intenção consciente de invocar a imagem do império romano, em uma época em que a Europa gozava um caso de amor com tudo que fosse romano. Mas o império que Pedro administrou era um saco de gatos de povos subjugados que guardavam pouca semelhança com o império integrado e eficiente governado pelos césares. Para começar, ele era essencialmente rural. Ainda na década de 1760, os habitantes da cidade compunham apenas três por cento da população. Ao contrário das nações europeias ocidentais, contava com uma mísera camada dos empreendimentos e energia da classe média, pressionada entre a orgulhosa nobreza e o campesinato miserável, que compunha 90 por cento da população. Não havia nada comparável aos administradores treinados de Roma, muito menos da China da mesma época. Em 1763, São Petersburgo viu-se em meio a um programa maciço de construção, durante o qual foram criadas algumas das empolgantes paisagens que a tornaram uma das cidades mais esplendorosas da Europa. Mas à exceção de por sua capital, a Rússia continuava um país pobre e atrasado. Para manter o fragmentado império unido, seus governantes empregaram o cruel e onipresente aparato de um Estado policial. A Rússia chegara longe, mas continuava frágil, e não havia como saber quanta resiliência seria capaz de mostrar, caso fosse testada por uma potência estrangeira determinada.

Divididos em uma infinidade de Estados-nações, os povos da Europa viviam em guerras. Em geral, elas eram travadas por grupos de nações em aliança temporária, com a ajuda de soldados mercenários recrutados por terceiros. Conforme mudava o equilíbrio do poder, igualmente mudavam as alianças. Os nomes das guerras — Guerra dos Trinta Anos, Guerra dos Sete Anos — falam por si. Exércitos se deslocavam de um lado para outro do continente, provocando danos cada vez maiores com seus armamentos cada vez melhores, destruindo colheitas e deixando devastação. Mas a despeito das mortes que essas guerras causavam, tal era a eficiência da agricultura aperfeiçoada da Europa, e tão rico o produto do comércio de seus impérios de além-mar em expansão, que o número de pessoas continuava a crescer. A população total do continente, excluindo a Rússia, dobrara desde 1455. Ela estava agora em torno de 110 milhões, e em elevação.

As cidades da Europa ocidental eram não só grandes e numerosas como também cresciam sem parar. As duas maiores eram Paris e Londres, que havia pouco tempo alcançara Paris. Com cerca de 700 mil habitantes, a população de Londres era um pouco maior, mas estava aumentando rapidamente, e ao longo das décadas subsequentes deixara a rival francesa para trás.

O crescimento populacional londrino não era consequência do aumento de nascimentos, mas da redução no número de óbitos. Um divisor de águas fora atingido em 1751, com a imposição de impostos cada vez mais pesados sobre a bebida alcoólica e restrições para a venda. Antes dessa data, os notórios porões de gim de Londres, que se orgulhavam de ofertar "Bêbado por um penny. Bêbado de cair por dois pence", desempenharam papel central no encurtamento da vida de seus cidadãos pobres, para quem a bebida constituía uma fuga temporária de uma existência em geral insuportável. Depois que os fortes destilados ficaram longe de alcance, e primeiro a cerveja, depois o chá, se tornaram a bebida do dia a dia, a taxa de mortalidade despencou. Mas a condição de grande parte dos sobreviventes continuou digna de pena, numa sociedade caracterizada por extremos de pobreza e riqueza.

O mais populoso, e rico, país da Europa ocidental continuava sendo a França. Era também a principal potência militar, mesmo tendo perdido a famosa Guerra dos Sete Anos para a Inglaterra, que tinha uma população de menos de 10 milhões, contra os 20 milhões de franceses. A Inglaterra tinha uma frota naval superior e controlava os mares e também podia organizar, e subsidiar, alianças no continente europeu. As batalhas decisivas na América do Norte e na Índia, embora travadas em terra, foram na verdade vencidas no mar, graças ao controle que a armada britânica conseguiu exercer sobre as linhas francesas.

Na América do Norte, os povoamentos coloniais britânicos continuavam ainda essencialmente confinados ao litoral leste: nenhum deles se estendia mais de quinhentos quilômetros continente adentro. Através desses quinhentos quilômetros, um padrão começara a se estabelecer. À medida que colonos mais ricos se fixavam junto à costa, os mais pobres, e recém-chegados, eram forçados para o interior. Com o passar dos anos, dois diferentes estilos de vida vieram a caracterizar as duas regiões. Nas cidades a leste, damas e cavalheiros cientes da moda praticavam modos metropolitanos em casas de estilo europeu. Nas regiões fronteiriças, pessoas que viviam e falavam de maneira simples moravam em cabanas de troncos construídas com as próprias mãos; lutavam contra a natureza para obter seu sustento da terra; e, de tempos em tempos, lutavam contra os nativos americanos remanescentes para assegurar seu direito de permanecer ali. Foi o início de uma divisão entre o povo mais rústico do interior e os sofisticados moradores urbanos que se tornaria mais acentuada à medida que a fronteira fosse avançando para oeste.

Ao sul, nas colônias britânica, francesa e portuguesa, donos de fazendas estavam cada vez mais ricos, usando exércitos de escravos importados e de vida curta para cultivar plantações de tabaco, açúcar e algodão a serem exportadas para a Europa. Suas economias estavam entrelaçadas no que ficou conhecido como “comércio triangular”:

25.1 O "Comércio Atlântico Triangular" do século XVIII

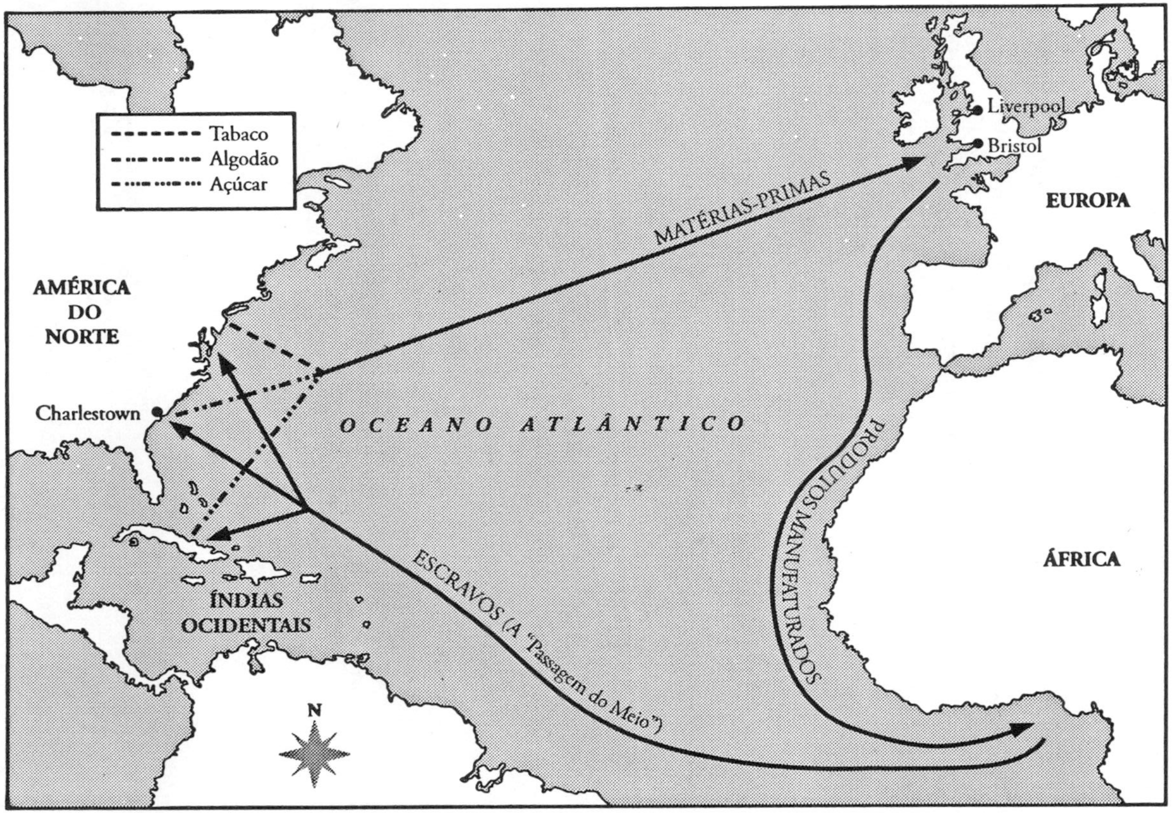

Produtos manufaturados eram transportados para a África Ocidental, especialmente a partir de Liverpool e Bristol. Os escravos eram enviados para as fazendas das Índias Ocidentais e para os estados sulinos da América do Norte. Charlestown era de longe o porto de baldeação mais importante. O triângulo era completado pelo transporte de açúcar, algodão e tabaco para a Inglaterra.

Lado 1: navios deixavam portos como Liverpool e Bristol transportando bens manufaturados para serem vendidos nos portos escravos da África Ocidental.

Lado 2: escravos adquiridos na África Ocidental eram transportados — em meio a escuridão, imundície e grilhões — para portos nas Américas, onde eram vendidos.

Lado 3: açúcar, algodão e tabaco eram adquiridos para revenda nos portos natais de onde os navios haviam partido.

Sua eficiência foi uma das maravilhas da época. O inferno na terra que criou não perturbava os que o gerenciavam. E sua realidade era algo de que as cheirosas damas, e os não tão cheirosos cavalheiros, na Europa e na América que viviam de seu lucro estavam cuidadosamente protegidos.

26

A era da revolução

UM DOS EVENTOS-CHAVE NA LUTA ENTRE INGLATERRA E FRANÇA PELO controle do Canadá fora a captura pelos britânicos da cidade de Quebec, em 1759. No confronto, um oficial naval britânico de 30 anos chamado James Cook se destacou como comandante e cartógrafo de futuro promissor. Quando surgiu mais tarde a questão sobre quem deveria conduzir uma expedição científica pelo Pacífico, o histórico de Cook falou mais alto, a despeito de sua jovem condição.

A tarefa oficial da expedição era conduzir observações de uma conjunção do planeta Vênus com o Sol. Isso se esperava para junho de 1769 e não voltaria a ocorrer outra vez senão em 1874. A observação possibilitaria um cálculo preciso a ser feito da distância da Terra a partir do Sol, e o local era a recém-descoberta ilha do Taiti, com seus céus excepcionalmente claros. Para levar a tarefa a cabo, Cook recebeu o comando de um navio de carvão com quatro anos de idade, apropriadamente rebatizado *Endeavour* ("diligência"). No dia da conjunção, o céu estava nublado, e as observações se revelaram em grande parte inúteis. Mas a expedição obteve outros resultados inesperados que mais do que compensaram essa decepção.

Tendo completado suas medições, Cook abriu suas instruções seladas, para descobrir que fora encarregado de procurar o "grande continente meridional" que se acreditava ficar em regiões próximas ao Polo Sul. Em vez de tomar o caminho mais fácil, o rumo leste através do sul do Pacífico, velejando aos predominantes ventos de oeste, ele rumou para oeste, e em 9 de outubro de 1769 desembarcou com seus companheiros no que hoje conhecemos como ilha norte da Nova Zelândia. Após passar seis meses mapeando a linha costeira de ambas as ilhas, ele seguiu para oeste, e em 19 de abril de 1770 topou com a costa leste da Austrália. Não eram os primeiros europeus a pisar no continente. Outros haviam desembarcado, ou naufragado, em várias faixas de terra das costas sul, oeste e norte, sem se dar conta de que aquilo não eram simples ilhas isoladas. O que Cook descobriu foi uma extensa e contínua linha costeira que oferecia portos soberbos e localização atraente para futuro povoamento. Após mapear mais de 3 mil quilômetros do lugar, ele voltou para casa pelas Índias e pelo cabo da Boa Esperança.

Cook foi recompensado com o comando de duas expedições posteriores, e na primeira delas circunavegou todo o continente Antártico, encontrando gelo por toda parte, mas sem de fato encontrar terra. Em sua terceira viagem, rumou para o norte, quase conseguindo entrar no estreito de Bering, antes de zarpar de volta para o Havaí, onde chegou em 1779. Na ilha, como resultado de um desentendimento infeliz e muito atípico com os nativos, conheceu sua morte.

As explorações de Cook, as mais extensas feitas por qualquer marinheiro na história, iriam mais tarde render à Coroa britânica um imenso tributo ao seu império de além-mar. Mas na época em que ele ainda não passava de um capitão de navio de elevada reputação, empenhado no reconhecimento das águas canadenses, uma série de eventos que significaria para a Inglaterra a maior extensão de terra que ela viria a possuir ocorreu.

As colônias britânicas na América do Norte ficavam a 5 mil quilômetros de Londres. Enviar uma mensagem de um lado para outro do oceano, e receber resposta, levava pelo menos quatro meses. Só isso já trazia problemas de comunicação entre a metrópole e suas colônias. Mas os sentimentos de inimizade eram intensificados pelo fato de que a administração cotidiana das colônias ficava em grande parte ao encargo de oficiais nascidos na América, enquanto as ordens que se esperava que cumprissem eram formuladas na Europa. Havia também uma diferença real no caráter das duas sociedades que se tornou mais marcante com o passar dos anos. Havia ricos e pobres na América, assim como na Inglaterra. Mas na América não havia aristocracia hereditária, assim como nenhum bispo para apoiar suas pretensões. Até os pobres alimentavam esperanças de que o trabalho duro pudesse melhorar suas condições. A sociedade era composta essencialmente pela classe média. Entre 1764 e 1775, a insensibilidade do governo em Londres e os ânimos exaltados de seus súditos americanos propensos à independência se combinaram para criar uma explosão de ressentimento que acabaria trazendo a ruptura à relação entre ambos.

As causas imediatas da desavença eram duas: o governo local tentou impor novos impostos e proibiu o estabelecimento de povoamentos mais a oeste. Esta última determinação provocou particular revolta, pois suscitou a crença cada vez maior de que o governo planejava vender parte dos territórios recém-adquiridos para quitar dívidas contraídas na guerra contra a França.

Nessa atmosfera acalorada, as palavras "América" e "americano" ganharam novo significado. Em uma assembleia de emergência de nove colônias convocada em 1765 para protestar contra a recente Stamp Act,[2] o representante da Carolina do Sul, Christopher Gadsden, disse que "não deverá haver nenhum homem de Nova Inglaterra, nenhum homem de Nova York, assim conhecido no continente: mas nós, americanos". Durante os dez anos seguintes, a palavra "americano", até então pouco mais que apenas um rótulo geográfico, adquiriu novas nuanças de significado: um sinal de distinção, separando-a de "britânico", e um emblema de associação, unindo as 13 colônias numa identidade compartilhada.

Para políticos em Londres parecia razoável que, como a guerra fora travada em certa medida para proteger as colônias, estas deveriam arcar com parte do custo. A isso, os colonos responderam com um dos slogans mais brilhantes jamais criados: "sem representação, nada de taxação". Ou seja, uma vez que as colônias não podiam eleger membros para o Parlamento inglês, não deveriam sofrer imposições de cuja criação não haviam participado. A insatisfação contra os novos impostos reultou em a manifestações. Quando estas foram respondidas com brutalidade, a resistência se intensi-

[2] Lei (*act*) criada pelo Parlamento britânico tributando a maior parte do material impresso nas colônias (jornais, revistas, documentos legais etc.), que deveriam portar um selo (*stamp*) de recolhimento fiscal destinado a subsidiar as tropas britânicas estacionadas na colônia após a vitória na Guerra dos Sete Anos. [*N. do T.*]

ficou. Mesmo assim, nesse estágio, não havia um desejo generalizado pela ruptura completa. Mas a contínua insensibilidade britânica causou um rápido crescimento da propaganda separatista.

Em 1773, o Parlamento britânico aprovou a Tea Act ("lei do chá"), proibindo qualquer um, exceto a Companhia Inglesa das Índias Orientais, de importar chá para as colônias. Na noite de 16 de dezembro, um grupo de patriotas, disfarçados de índios mohawk, atirou 342 arcas de chá pertencentes à companhia nas águas do porto de Boston, em Massachusetts. Quando o governador reagiu com violência, as demais colônias se uniram pela causa da província. Um novo Congresso Continental autorizou a formação de um exército para resistir à opressão britânica, sob o comando de um dono de *plantation* na Virginia de 43 anos de idade, chamado George Washington. Ele estava bem qualificado para a tarefa, tendo lutado sob a bandeira britânica contra os franceses.

Em agosto de 1775, a Inglaterra declarou que as colônias americanas estavam em estado de rebelião. Em 4 de julho de 1776, estas responderam com uma declaração própria. Por 12 votos e uma abstenção, de Nova York, elas aprovaram o que viria a ser uma das mais importantes resoluções jamais tomadas por qualquer assembleia onde quer que fosse: a Declaração de Independência.

Os colonos contaram com o apoio dos franceses, que sonhavam em voltar à América do Norte, e dos espanhóis e holandeses, que eram capazes de impedir os britânicos de estabelecer o controle dos mares. Mesmo assim a guerra durou oito anos, e as forças rebeldes a certa altura estiveram próximas de ser derrotadas. Mas, no fim, elas — junto com os franceses — triunfaram e, em 1783, em outro tratado assinado em Paris, a Inglaterra finalmente reconheceu a independência de suas antigas 13 colônias. Quatro anos mais tarde, em 1787, seus representantes reuniram-se na Filadélfia para aprovar uma constituição, presididos por seu comandante vitorioso. No verão de 1788, depois que as assembleias de nove estados a ratificaram, ela entrou em vigor, e os Estados Unidos da América passaram a existir formalmente. Como se deu, as votações no 10º e no 11º estados a ratificá-la, Virginia e Nova York, foram por uma margem estreitíssima. Caso essas votações houvessem acontecido em outro sentido, a União teria igualmente vindo a existir, mas de uma forma muito enfraquecida. Em abril de 1789, Washington, agora com 57 anos de idade, fez o juramento e se tornou o primeiro presidente da nova república.

Ironicamente, a perda dessa maior parcela de suas possessões norte-americanas foi a causa direta para a Inglaterra conquistar uma colônia importante do outro lado do mundo. A revolução na agricultura levara a um crescimento populacional e ao mesmo tempo a uma redução da demanda pela força de trabalho no país, gerando um contingente desesperado e desempregado. As condições de vida nas cidades, e as taxas de mortalidade, eram alarmantes, mas o influxo de pessoas era tal que a população continuava a crescer. Uma subclasse desenraizada gerou o aumento da criminalidade, sobretudo roubo, com o qual o sistema judiciário inglês estava despreparado para lidar. A detenção dificilmente podia se considerar uma alternativa viável como punição: havia poucas cadeias e quase nenhuma prisão, como entendemos o termo. Em meados do século XVIII uma longa lista de delitos se tornara punível por enforcamento, incluindo o que hoje consideramos ofensas menores, como roubar um lenço. Os júris se mostravam compreensivelmente relutantes em declarar a culpa de réus. Numa tentativa do sistema legal de restituir um elemento de desencorajamento — e, é importante que se diga, contando com a compaixão de muitos reformadores —, uma nova punição de "transporte para locais no além-mar" fora introduzida como alternativa ao enforcamento. Por muitos anos, o "local no além-mar" haviam sido as colônias americanas. Com a independência delas, a Inglaterra perdera o destino para futuros degredados. Como os juízes continuaram a sentenciar as pessoas ao degredo, as vias ficaram congestionadas, problema contornado com a acomodação dos condenados em "cascos": antigos navios de guerra, ancorados no estuário do Tâmisa e em portos de toda parte. Mas à medida que os cascos eram enchidos, uma busca desesperada começou a encontrar outra solução.

A primeira localização pensada foi a Costa Ocidental da África, mas considerações de saúde, e nativos inamistosos, tornavam-na impraticável. Então um funcionário público mais inteligente lembrou da descrição entusiasmada dos portos soberbos e linda paisagem em torno da área sudeste da Austrália que fora batizada de Botany Bay. Isso não apenas soava como um lugar adequado para o cumprimento da pena para condenados, mas também criava a possibilidade de estabelecer uma base de apoio para operações navais no sul e no sudeste de Ásia.

Uma lista de degredados foi elaborada e, em 1787, a frota se reuniu: 11 navios que passariam para sempre a ser chamados pelos australianos de First Fleet, a Primeira Frota. A bordo iam 262 condenados: 140 homens e rapazes, 122 mulheres e garotas; a maioria com idade entre 16 e 35 anos. Eles partiram da Inglaterra em 13 de maio de 1787. Oito meses depois, em 19 de janeiro de 1788, atingiram a Botany Bay. Mas não ficaram por lá. O comandante, capitão Arthur Phillip, decidiu que a região era árida demais e estabeleceu o povoamento mais adiante na costa, em um lugar chamado Port Jackson. Ali se descortinava um dos mais magníficos portos naturais da terra, que conhecemos hoje como porto de Sydney.

O lugar onde o novo povoamento foi estabelecido já possuía uma população residente, embora não fixa. Seus primeiros descobridores a acharam 20 mil anos antes, e seus descendentes moravam lá desde então. Quando Phillip fez um reconhecimento das adjacências, posteriormente, estimou a população local em cerca de 1.500 pessoas, mas dividida em pequenos grupos tribais, e em todo caso eles não possuíam armas. Contanto que a próxima frota não demorasse demais para chegar, o futuro do pequeno povoamento parecia assegurado.

Na Europa que esses pioneiros haviam deixado para trás, os eventos iam na direção de uma das mais dramáticas sublevações na história do continente. A Guerra dos Sete Anos com a Inglaterra deixara Luís XVI da França com dívidas que ele era incapaz de saldar e sem os meios para continuar o estilo de vida ao qual ele e sua corte haviam se acostumado. Desesperado, o rei convocou os estados-gerais, a instituição mais próxima que a França tinha de um parlamento, representando a aristocracia, o clero e os cidadãos abastados. Nenhum estado-geral fora reunido em 175 anos, fato que resumia a arrogância com que a França fora tradicionalmente governada, por assim dizer, de um dos mil cômodos do palácio de Versalhes, a trinta quilômetros de Paris, onde Luís, sua rainha Maria Antonieta e os cortesãos viviam em ociosidade e luxo, com a ajuda de 4 mil criados.

Luís presumia que os estados-gerais concordariam com a criação de novos impostos, que poderiam então ser ratificados com a autoridade da assembleia. Em outros tempos, tal procedimento teria sido considerado abaixo da dignidade real. Era um indicativo da gravidade da situação que a manobra fosse considerada essencial, com o país numa situação beirando a revolução, após uma série de colheitas malogradas e sob o ônus de impostos paralisantes dos quais os nobres e o clero estavam isentos.

O arranjo tradicional nos estados-gerais era de que os votos seccionais dos três grupos — nobreza, clero e Terceiro Estado (advogados, médicos, pequenos senhores etc.) — fossem tratados com igualdade. Mas nessa ocasião os membros do Terceiro Estado se recusaram a constituir um mero complemento, e em vez disso formaram uma Assembleia Nacional, convidando os nobres e o clero para se juntar a eles. Quando Luís os proibiu de se reunir no local ao qual estavam habituados, eles se dirigiram para uma quadra esportiva coberta e fizeram o famoso Juramento da Quadra de Tênis, prometendo permanecer reunidos enquanto o país não tivesse uma constituição. Após o fracasso da colheita no outono de 1788, o preço do pão disparou a níveis impossíveis, e a população quase faminta se insurgiu. Em 14 de julho de 1789, uma multidão invadiu e ateou fogo à notória prisão de Paris, a Bastilha. A isso se seguiram revoltas por todo o território francês. A reação da Assembleia Nacional foi abolir as isenções de impostos para os nobres e o clero e publicar a Declaração dos Direitos do Homem, redigida nos mesmos moldes desafiadores da Declaração de Independência americana.

Os eventos então começaram a evoluir numa velocidade estonteante. Em outubro de 1789, centenas de mulheres marcharam trinta quilômetros até Versalhes para exigir pão e quase conseguiram linchar a rainha. O casal real fugiu, mas foi capturado e ignominiosamente levado de volta a Paris. A Assembleia Nacional confiscou terras da Igreja, aboliu a escravidão nas colônias americanas da França e introduziu a prometida constituição, concedendo direito de voto aos maiores pagadores de impostos. Dezoito meses mais tarde, o rei foi julgado, condenado e decapitado publicamente na recém-inventada guilhotina.

Os líderes da nova república, confrontados por oposição dentro da França e pela inimizade de países vizinhos, cujos soberanos temiam pelos próprios pescoços, empreenderam uma violenta repressão. Entre 1793 e 1794, um Comitê de Segurança Pública instituiu um estado de terror, durante o qual 20 mil pessoas tiveram o mesmo destino do rei na guilhotina. Os danos terríveis que essa orgia de assassinatos, e a atmosfera de terror que a acompanhou, provocou na vida intelectual da França e na incipiente revolução industrial do país são exemplificados com clareza na história pelo destino de um homem.

Um dos maiores nomes da história da ciência é o de Antoine-Laurent Lavoisier, reconhecido universalmente como pai da química moderna. Lavoisier era filho de um advogado e fadado a seguir a carreira jurídica. Mas, após assistir a uma palestra do astrônomo Lacaille, resolveu devotar sua vida à ciência. Em 1776, quando estava com apenas 23 anos, recebeu a medalha de ouro da Academia de Ciências por um ensaio sobre a melhor maneira de levar iluminação a uma pequena cidade. Para obter renda enquanto ele e sua talentosa esposa trabalhavam em suas pesquisas, ele investiu seu capital na *Ferme Générale*, o sistema pelo qual indivíduos eram agraciados com o direito de coletar impostos em nome do Estado e a reter uma parcela significativa a título de remuneração. Isso era muito proveitoso e lhe possibilitou construir o que provavelmente era o maior laboratório do mundo. O lugar se tornou ponto de encontro para os principais cientistas da França, bem como para visitantes notáveis como Benjamim Franklin e Thomas Jefferson. Viver da renda obtida com impostos era bastante ruim aos olhos do Tribunal Revolucionário. Mas Lavoisier agravou seu crime ganhando a inimizade de um cientista de qualidade inferior, futuramente uma das vozes mais influentes desse período, Jean-Paul Marat, que acertou as diferenças denunciando-o. Na manhã de 8 de maio de 1794, aos 53 anos de idade, Lavoisier foi julgado e condenado à morte. Quando solicitou um adiamento de duas semanas na execução para que pudesse terminar alguns experimentos, o juiz replicou: "A revolução não precisa de cientistas." Um de seus contemporâneos, o astrônomo Joseph-Louis Lagrange, comentou: "Levou só um instante para cortar aquela cabeça, mas a França talvez não produza outra igual senão daqui a um século."

Em junho de 1794, o repúdio na Assembleia Nacional levou ao resgate de alguma sanidade, e o Terror chegou ao fim. Mas a batalha contra as forças de reação dentro do país, e os inimigos externos, seguiria inabalável.

27

Napoleão e depois

INFLAMADOS PELA CRENÇA NA JUSTIÇA DE SUA CAUSA, OS EXÉRCITOS FRANceses acumulavam vitória atrás de vitória. Mas em algum momento as guerras de autodefesa se tornaram guerras de libertação, que por sua vez transformaram-se em nada mais que antiquadas guerras de expansão territorial. Essas foram lideradas por um jovem general chamado Napoleão Bonaparte. Em 1799, ele protagonizou um golpe de Estado, tornando-se efetivamente ditador da França. Depois disso, ele se entregou à criação de um império europeu. Paradoxalmente, uma de suas primeiras medidas foi abrir mão de uma possessão no além-mar que possibilitou aos recém-criados Estados Unidos da América mais do que dobrar a extensão de seu território. Isso foi a compra da Louisiana, em 1803 (ver capítulo 31).

Em 1804, ele abandonou toda pretensão de um governo republicano declarando-se imperador, invocando deliberadamente a lembrança ainda fresca do Sacro Império Romano. Como líder de exércitos ele parecia invencível. Havia apenas um inimigo que não conseguia vencer. A salvo em sua fortaleza insular, os britânicos continuavam a orquestrar uma oposição no continente às suas ambições, enquanto a Marinha inglesa efetuava o bloqueio de seus portos. Mas em terra as forças napoleônicas varriam tudo que passasse em seu caminho. Ele derrotou a Áustria e a Prússia e conquistou grande parte de Itália e da Espanha. Se tivesse se dado por satisfeito com o que já possuía, poderia ter consolidado um império que abarcava a maior parte da Europa e que poderia ter durado por algum tempo. Mas em um colossal erro de julgamento, que seria repetido por Adolf Hitler 130 anos depois, decidiu invadir a Rússia.

Esse império atrasado deve ter parecido um alvo fácil, mas Napoleão subestimou a capacidade russa de suportar vicissitudes. No século que precedeu esse teste de resistência, os governantes russos haviam se envolvido em duas tarefas imensas: a conquista e o povoamento das regiões além de suas fronteiras e a modernização da economia. Esse desafio duplo fora enfrentado por Pedro, o Grande, e tivera continuidade com outra soberana notável, Catarina II (Catarina, a Grande), imperatriz de 1762 a 1796.

Catarina, uma princesa alemã, havia se casado aos 16 anos com o então herdeiro ao trono, neto de Pedro. Tendo assegurado o trono para si quando estava com 33 anos, trabalhara incansavelmente ao longo de seu reinado de 34 anos para completar o programa começado por Pedro. Mulher de grande energia, inteligência e firmeza de propósito, contava com o apoio para essa tarefa de um brilhante administrador, o príncipe Grigory Potemkin, seu amante de muitos anos e que continuou a ser seu aliado muito depois que ambos buscaram consolo em outra parte. Perto do fim de seu reinado, eles haviam estendido os territórios sul e oeste da Rússia por 500 mil quilômetros, aumentando em 40 milhões a população do país e proporcionando-lhe um cordão defensivo sem o qual o golpe que estava prestes a ser desferido não poderia ter sido rechaçado.

Foi essa nova Rússia criada por esses dois extraordinários governantes, Pedro e Catarina, que se viu testada no fogo do ataque de Napoleão. No início, os exércitos franceses se mostraram irrefreáveis, e a campanha os levou rapidamente às portas de Moscou. Mas a cidade resistiu. E, enquanto o sítio prosseguia, o inverno russo assumiu o comando. Incapaz de avançar, e com a chegada de suprimentos perigosamente no limite, Napoleão conduziu suas tropas enregeladas e famintas numa retirada desesperada, acossadas por um vingativo exército russo e sofrendo enormes perdas pelo caminho. Foi o fim de seu sonho de uma dominação europeia.

O esfacelamento de seu exército de 600 mil homens abriu passagem para forças rebeldes dentro do império. Também mudou a atitude dos poucos aliados que possuía. Primeiro a Alemanha se ergueu contra ele; depois, a Suécia. Em 1814, ele abdicou, e foi exilado na ilha de Elba. Escapando em 1815, ele reuniu um último exército, que foi derrotado pelas forças combinadas da Inglaterra e da Prússia nos arredores de uma aldeia chamada Waterloo (na atual Bélgica), em 18 de junho de 1815. Dessa vez, seus inimigos não se arriscaram. Ele foi transportado para a ilha de Santa Helena, no meio do Atlântico, onde viveu o resto de seus dias em exílio, sem privações, mas frustrado.

Embora o império de Napoleão tenha tido vida curta, as mudanças que operou na estrutura legal, política e social da França jamais seriam desfeitas. Ele pode ser acusado de megalomaníaco, mas seu espírito era o de um democrata, ainda que propenso ao despotismo. Napoleão acabou com a estrutura antiquada, opressiva e arbitrária do Estado francês e a substituiu por um código legal baseado no princípio da igualdade perante a lei. Esse código — o Código Napoleônico — até hoje fornece a base da vida civil na França e dos inúmeros países pelo mundo que travaram contato com a civilização francesa. Ele concluiu um acordo com o papa garantindo a permanência da separação entre Igreja e Estado que manteve a França como um país rigorosamente secular desde então. A Igreja nunca recuperou as terras que haviam sido confiscadas durante a Revolução, tampouco a riqueza que representavam. O novo traçado por ele empreendido do mapa da França, baseado nas unidades regionais conhecidas como *départements*, forma até hoje a base da administração do país. E o sistema reformado de pesos e medidas que ele introduziu — o sistema métrico — é hoje o mais disseminado do mundo.

Após a derrota de Napoleão, seus inimigos se reuniram em Viena para redesenhar as fronteiras europeias e para recriar, na medida do possível, os regimes que haviam governado o continente antes que as guerras revolucionárias os houvessem deposto. Entre as mudanças, outro Luís — o 18º — foi coroado na França. Mas ainda que os tronos houvessem sido preenchidos, o espírito revolucionário inflamado em 1789 não fora extinto, e ao longo das décadas seguintes iria queimar repetidamente. Antes do fim do século, governos representativos seriam a norma pela maior parte do continente, e a França ocuparia seu lugar junto aos Estados Unidos como pátria, e cocriadora, do governo republicano.

Embora a revolução houvesse sido derrotada na própria França, o fogo que seu povo ateara agora se alastrava por toda parte. Entre os regimes que consumiu estavam os impérios europeus que haviam governado a América

Latina nos 300 anos anteriores. Em apenas 15 anos, entre 1810 e 1825, eles foram varridos.

A primeira colônia portuguesa a declarar sua independência foi a joia da Coroa portuguesa, o Brasil. A separação dessa que era a maior das colônias europeias foi pacífica. Portugal e Inglaterra haviam sido aliados durante séculos, e Napoleão invadira Portugal em 1807, especificamente visando prejudicar o comércio britânico. Quando isso ocorreu, o regente português (mais tarde rei João VI) transferiu sua corte para o outro lado do Atlântico, no Rio de Janeiro. Uma vez ali estabelecido, ele introduziu a legislação que na prática punha o Brasil em pé de igualdade constitucional com Portugal e abriu o país ao comércio com todas as nações para beneficiar a economia local. Quando regressou a Portugal, em 1821, a assembleia portuguesa, chamada Corte, decretou leis revertendo inúmeras das reformas que ele instituíra. Isso inflamou os brasileiros de tal forma que persuadiram o filho de João VI, Dom Pedro, atuando como príncipe regente na ausência de seu pai, a convocar uma assembleia legislativa. Em 7 de setembro de 1822, ela proclamou a independência do país. E tudo isso se deu sem que um único tiro houvesse sido disparado.

A primeira colônia espanhola a declarar sua independência — cujo núcleo é a atual Argentina — também o fez sem pegar em armas. Em 1808, Napoleão forçou a abdicação do rei da Espanha e colocou seu próprio irmão, José Bonaparte, no trono. O elemento crioulo do Conselho Municipal de Buenos Aires — as classes de comerciantes e proprietários de terras da região, conhecidas como Vice-Reino do Rio da Prata — reagiu tirando proveito de uma antiga lei para declarar a independência provisória, aguardando a restauração do regime deposto. Mas, quando o rei voltou ao poder, ficou imediatamente óbvio que era um dos piores reis que a Espanha já tivera. Assim, em 9 de julho de 1816, uma assembleia representando grande parte do território declarou independência permanente, sob o nome de Províncias Unidas do Rio da Prata.

O movimento de independência que libertou o restante das colônias espanholas na América do Sul foi um caso mais violento. Seu herói foi um homem cujos talentos e realizações guardam comparação com qualquer combatente da liberdade em qualquer país de qualquer época. Ele entrou para a história como El Libertador. Seu nome era Simón Bolívar, e ele nasceu em Caracas, na Venezuela, numa família de ricos aristocratas. Educado na Europa, entrou em contato com diversos pensadores radicais, e em 1805, com 21 anos, quando estava no Monte Sacro, em Roma, fez um juramento de libertar seu país. Em 1813, quando vivia em Nova Granada (futura Bolívia), publicou o *Manifesto de Cartagena*, a primeira de diversas grandes teses políticas em que convocava o povo da Venezuela a se libertar do domínio espanhol. Como comandante de uma força expedicionária, ele triunfou na ocupação de Caracas, mas foi derrotado e obrigado a fugir para a Jamaica. Lá publicaria seu manifesto político mais famoso, *Carta da Jamaica*, em que defendia uma série de repúblicas latino-americanas, com constituições no molde da britânica. Em 1819, em um dos feitos mais impressionantes da história militar, ele liderou um pequeno exército que saiu da bacia do Orinoco, cruzou um terreno montanhoso supostamente intransponível e obteve uma vitória memorável na Batalha de Boyacá, em 7 de agosto de 1819. Em maio de 1821, repetiu seu triunfo na Batalha de Carabobo, que libertou sua cidade natal e preparou o terreno para a independência futura de três novas repúblicas: Colômbia, Equador e Venezuela.

Em 1824, Bolívar conheceu outro herói da liberdade latino-americana: José de San Martín. Antigo general espanhol, San Martín também conduzira um exército através dos Andes para libertar o Chile. Em seguida entrara no Peru e tomara posse de Lima, mas não teve recursos para derrotar o exército espanhol no norte. Bolívar e San Martín não se entenderam muito bem. San Martín era um personagem autocrático e reservado, que acreditava que cada país necessitava de um rei e já se proclamara imperador do Peru. Bolívar, por outro lado, acreditava firmemente nos princípios republicanos e democráticos, e essa postura lhe rendera o apoio de muitos peruanos ressentidos com os ares aristocráticos do primeiro. Mais importante, estava claro que Bolívar aspirava às glórias da derrota final do império espanhol para si e não tinha a intenção de partilhar os méritos com ninguém. Diante das diferenças de objetivos, e consciente da insatisfação que o rondava, San Martín saiu de cena e terminou seus dias no exílio. Em 9 de dezembro de 1824, Bolívar venceu uma última grande batalha em Ayacucho, no Peru, que libertou o país e encerrou o domínio espanhol na América do Sul. Em 1825, o norte do Peru adotou o nome de Bolívia em homenagem a seu libertador e completou o rol das novas repúblicas americanas.

A república independente do México passara a existir apenas dois anos antes. A luta nesse país fora a mais exaustiva de todas. Começara com um levante popular em 1810, sob a liderança de um padre pobre mas carismático chamado Manuel Hidalgo y Costilla. Seu exército chegara às portas da Cidade do México, mas os homens destreinados foram facilmente derrotados pelas tropas do governo. Um levante em 1814 foi igualmente esmagado. A resistência veio na forma de guerrilha, sem nenhum resultado decisivo até maio de 1821, quando o representante do governo espanhol foi forçado a concordar com o Tratado de Córdoba, sob o qual a Nova Espanha, como o país ainda era chamado, viria a conquistar a independência, com seu imperador escolhido internamente. O país não se tornou uma república formal senão dois anos mais tarde, mas o dia 24 de maio de 1821 seria permanentemente comemorado como a data de sua fundação.

Os cidadãos de Paris, cuja revolta dera início a todos esses distúrbios, haviam perdido sua própria república e não conheceriam outra por uma geração. Mas tinham o consolo de saber que, como consequência direta de suas ações, dois impérios outrora grandes haviam sumido do mapa, e o povo de uma dúzia de novas repúblicas ganhara o direito de conduzir a própria vida.

Os governos das monarquias restauradas da Europa teriam adorado impor novamente seu domínio sobre a América Latina e começaram a conversar sobre a melhor maneira de concretizar essa ambição. Mas, confrontados com a oposição da Inglaterra e dos Estados Unidos, foram forçados a abandonar a ideia. A Inglaterra, principal potência naval e mercantil mundial, não tinha a menor intenção de permitir que esses países estrategicamente importantes, com seu enorme potencial comercial, voltassem a cair em mãos espanholas e portuguesas. Os Estados Unidos, que começavam a exercitar suas habilidades internacionais, pensavam do mesmo modo e não tinham a menor intenção de que caíssem sob o domínio de espanhóis, portugueses e britânicos.

Em dezembro de 1823, o presidente dos Estados Unidos, James Monroe, anunciou o que passaria a ser conhecido como Doutrina Monroe: todo gesto contra qualquer nação americana seria encarado como um ato hostil contra os Estados Unidos. Isso pôs um ponto final na questão. O que pode ter parecido uma declaração de princípios em defesa das liberdades republicanas era na verdade o anúncio de que havia um novo participante no jogo da dominação internacional e de que no futuro só poderia existir um império nas Américas: o americano.

28

Um novo modo de trabalhar

O ANO DE 1776, DATA EM QUE AS COLÔNIAS AMERICANAS FIZERAM SUA Declaração de Independência, também assistiu à publicação do livro que se tornaria o documento fundador das ciências econômicas, *A riqueza das nações*, de Adam Smith.

Na época de sua publicação, Smith era um professor de 53 anos da Universidade de Glasgow, na Escócia. Seu livro era um olhar frio e desapaixonado sobre as mudanças que ocorriam na vida comercial da Inglaterra e as implicações do incipiente sistema fabril. Ele enfatizava o enorme aumento da produção que poderia ser obtido com a divisão do trabalho: a separação do processo produtivo em operações altamente especializadas, cada uma relacionada com um trabalhador individual. Mas a ideia mais importante do livro era a da "mão invisível". Era assim que Smith chamava o processo pelo qual a competição entre negócios que visavam o lucro os impelia a buscar os modos mais eficientes de obter a satisfação do cliente, que resultava na maximização do valor e da qualidade proporcionados a esses clientes.

Smith não era empresário, tampouco se iludia quanto ao comportamento humano no mundo dos negócios. Ele manifestou claramente sua visão sobre a gula insaciável das classes comerciais e era irredutível na questão de que precisavam ser mantidas dentro dos limites pela ação do governo. Mas também estava igualmente convencido de que, além de assegurar uma competição justa, a intervenção deste no comércio era um mal consumado. O livro em que essas ideias foram trabalhadas permanece como um dos mais influentes que já foram escritos. Os defensores dos negócios nunca se cansam de citar suas palavras sobre os benefícios da competição e sobre os perigos da intervenção governamental. Mas por algum motivo, parece que sempre fazem vistas grossas para suas igualmente enfáticas advertências quanto aos perigos da ganância descontrolada dos homens de negócios.

Smith percebeu que ele e seus contemporâneos se encontravam no limiar de um novo mundo, e seu livro foi escrito para ajudar as pessoas a compreender essa realidade. Ele se inspirava nas novas fábricas e nos mercados que se abriam para seus produtos. Uma consideração sobre uma das indústrias que ele tinha em mente vai nos ajudar a compreender as mudanças que vinham ocorrendo na Inglaterra e a empolgação febril que estavam gerando.

Cerca de 250 quilômetros a noroeste de Londres fica o distrito conhecido como Potteries. Seu nome deriva da especialização local na manufatura de cerâmica e porcelana, que remonta a vários séculos, e começou ali devido aos depósitos locais de argila apropriada. A feitura desses objetos requer quantidades substanciais de combustível para aquecer os fornos em que os potes são queimados. Isso era feito com a queima de lenha, mas, quando esta se tornou escassa, Potteries passou a utilizar suas abençoadas reservas de carvão de boa qualidade.

No início do século XVIII, a fabricação de cerâmica era efetuada em pequenas oficinas por mestres ceramistas e seus aprendizes. Na época em que *A riqueza das nações* foi publicada, a indústria passara por uma transformação. Em uma fábrica na aldeia de Burslem, um fabricante chamado Josiah Wedgwood empregava uma das maiores forças de trabalho da Europa. Sua fábrica foi um dos melhores exemplos da divisão de trabalho que tanto fascinava Smith. Ela não era muito mecanizada. Mesmo no fim do século XVIII, a fabricação de cerâmica ainda era uma indústria artesanal. Mas o volume de negócios que passavam por ela lhe possibilitava organizar sua produção segundo sucessivos estágios no processo manufatureiro e empregar equipes de pessoas, cada uma dedicada a apenas um estágio.

O próprio Wedgwood fora antes um ceramista menor, tendo servido como aprendiz de um irmão mais velho, depois de largar a escola com 9 anos. Mas ele era um homem de grandes talentos e leitura ampla e dotado de uma aguçada curiosidade científica. E havia contado com o apoio de uma esposa muito querida e capaz, que lhe trouxera um dote suficiente para começar o negócio com um bom impulso. Graças a ela, e às suas próprias qualidades, ele se tornara rico e famoso: ceramista da rainha, fornecedor da nobreza e pioneiro em modernos métodos de manufatura. Em 1774, Wedgwood forneceu um belíssimo serviço de jantar decorado a mão, de 952 peças, para Catarina, a Grande, da Rússia. Foi um pedido que só conseguiu atender porque um canal recém-construído, do qual ele fora o principal patrocinador, lhe possibilitou entregar seus produtos a salvo para o porto de embarque, sem ter de confiá-los a um sistema de estradas ainda execrável. O canal, com seu acesso para o mar, também lhe possibilitou obter a argila córnica para porcelana, de que ele necessitava. Em 1782, por sugestão de seu grande amigo, o cientista e poeta Erasmus Darwin, ele se tornou o primeiro dono de fábrica no mundo a usar vapor como força motriz de sua linha de máquinas. Erasmus fora capaz de lhe oferecer essa sugestão porque era amigo de um proprietário de fábrica de Birmingham, Matthew Boulton, parceiro de um engenheiro escocês chamado James Watt, que inventara o referido motor a vapor.

A invenção da bomba a vapor no início do século XVII tornara possível extrair a água das minas de carvão, o que por sua vez tornava possível extrair o carvão de que a Inglaterra necessitava para compensar sua falta de madeira. Não fosse essa máquina construída nesse exato período, a expansão da indústria carvoeira inglesa não teria se concretizado. Em 1702, um poço de mina em Warwickshire usava quinhentos cavalos apenas para fazer funcionar as bombas que mantinham o nível da água sob controle.

As primitivas máquinas a vapor que substituíram os cavalos não eram exatamente uma maravilha de eficiência. Forneciam apenas uma unidade de potência para cada cem unidades de calor equivalente consumido, ou seja, eficiência de apenas um por cento. Os experimentos de Watt transformaram o futuro da energia a vapor de duas maneiras. Primeiro, inventando o aparato conhecido como condensador, ele aumentou a eficiência dos motores em dez vezes. Segundo, concebendo modos de converter movimento recíproco (de entrada e saída) em movimento rotativo, ele produziu motores capazes de se adaptar a uma ampla gama de aplicações; o mais importante, no fornecimento de energia para máquinas com correias.

Uma vez demonstrada a utilidade do vapor no funcionamento de máquinas, os motores de Boulton e Watt começaram a ser instalados em fábricas por toda a Inglaterra. E também passaram a ser exportados. Mas, no primeiro quarto de um século após a patente ter sido registrada, a quantidade instalada no além-mar foi uma minúscula fração do total. Calcula-se que em 1800, pelo menos 40 por cento, e possivelmente 50 por cento, de toda energia não humana utilizada no mundo era usada na Inglaterra e que o consumo per capita de energia nesse país era algo da ordem de cinquenta vezes maior do que na França. Essa estatística explica em parte de que modo a Inglaterra, com menos da metade da população da França, foi capaz de travar uma guerra tão eficaz contra esse país.

A nova fonte de energia abriu a possibilidade da manufatura em larga escala, utilizando métodos de produção novos. A proximidade do mar e o acesso a um sistema de canais tornou possível o transporte barato de carvão e outras matérias-primas para inúmeros locais no interior da ilha. Assim, ficam claros alguns fatores que levaram à ocorrência desse fenômeno único, a Revolução Industrial do século XVIII, quando e onde ela surgiu.

Isto é o bastante para o lado do fornecimento: fabricação e comercialização de bens. Mas o comércio é uma questão de fornecimento e demanda. Sem esta não pode haver aquele. E isso é um processo circular: aumentos na demanda geram crescimento na produção. Altos níveis de produção tornam possível um aumento na especialização, lotes maiores e custos de produção menores. Custos de produção menores tornam possível preços mais atraentes, com posterior aumento da demanda, abrindo a possibilidade de economias mais avançadas, e assim por diante. E esses canais, ligados a um tráfego costeiro por todo o pequeno país insular, não apenas facilitam a obtenção de combustível e matéria-prima pelas fábricas como também disponibilizam a chegada de bens a clientes de cidades distantes. Eles propiciaram aos fabricantes acesso a mercados maiores, o que lhes tornou possível produzir grandes lotes a um custo menor. A grande fábrica de Wedgwood, com sua produção em massa empregando a mais então recente tecnologia, era viável porque ele podia empacotar seus frágeis produtos no local e transportá-los a salvo por água para qualquer destino — incluindo São Petersburgo. Acesso a mercados distantes, e a grande escala de operação resultante, também encorajou o emprego de trabalhadores e o desenvolvimento de máquinas especializados.

Mas qual é a causa de tais aumentos na demanda, antes de tudo? Bem, vamos supor que a eficiência da agricultura aumente, ou um legume muito produtivo e nutritivo seja introduzido (alguém vai de batata?). Isso significa que a mesma quantidade de terra de cultivo pode sustentar uma população maior, resultando em aumento da demanda. Esse cultivo mais eficiente exige um pouco menos trabalhadores, o que cria um excedente de mão de obra barato a ser absorvido pelas fábricas. Quanto menos pessoas forem necessárias nas fazendas, mais gente estará disponível para trabalhar em fábricas, produzindo bens acessíveis que ninguém antes podia se dar ao luxo de possuir.

Se essa argumentação parece um pouco vertiginosa, é de propósito. É impossível compreender o furacão da mudança que constituiu a Revolução Industrial do século XVIII sem reconhecer que foi de fato um furacão. Não há uma sequência ordenada em que A leva a B, que leva a C, que causou D, e assim por diante. Foi uma grande agitação de forças interagindo, contra o cenário de mudanças fortuitas. Todo o necessário por acaso ocorreu junto em um lugar particular, a Inglaterra, em um período particular, meados e fins do século XVIII. Os ingleses desse século (sustentados por suas esposas e pelos dotes de suas esposas) não eram mais inteligentes do que os gregos do século IV a.C. ou os incas do século XVI. Apenas tiveram a sorte de estar no lugar certo, na hora certa, com a atitude correta.

29

O advento da máquina

A INDÚSTRIA DA CERÂMICA SERVE BEM PARA ILUSTRAR AS INFLUÊNCIAS QUE criaram a Revolução Industrial na Inglaterra do século XVIII, mas foi em outra — fabricação do ferro — que os avanços mais importantes ocorreram. Ela já estava bastante desenvolvida na China no primeiro século a.C., e os chineses produziam imensas quantidades de ferro fundido mil anos antes. Mas a produção era utilizada sobretudo para fins estruturais. A China em nenhum momento chegara perto de usar ferro para propósitos mecânicos. Na verdade, o povo chinês jamais chegara sequer perto do uso sistemático de maquinário; simplesmente, não era uma civilização voltada para a máquina. O contraste nesse aspecto entre a Inglaterra no século XVIII e a China em uma época anterior é impressionante. Muitos ingleses do século XVIII eram apaixonados por máquinas.

Esse fascínio não estava confinado à mecânica. Como no caso de Josiah Wedgwood e seus amigos, havia uma rede contínua de troca de informações entre industriais, cientistas e engenheiros aplicados. E, embora a Inglaterra sem dúvida tivesse suas graves distinções de classe, não havia uma segmentação rígida da sociedade em mandarins, intelectuais, artesãos, cientistas, agricultores, aristocratas rurais e assim por diante. Ao contrário dos mandarins da China clássica, que exibiam unhas compridas como sinal de sua desobrigação em relação a trabalhos manuais, e ao contrário dos filósofos da Grécia antiga, que encaravam o trabalho manual como obrigação de escravos, os *gentlemen* que patrocinavam a Revolução Industrial na Inglaterra adoravam os detalhes práticos de engenhocas mecânicas.

A força mais influente no desenvolvimento do primitivo sistema de canais do país foi a parceria entre um aristocrata — o duque de Bridgewater — e um construtor de moinhos de origem humilde tornado engenheiro, James Brindley. Ela começou quando o duque, magoado com o fim de um noivado, se retirou em sua propriedade e encarregou Brindley de construir um canal para transportar o carvão obtido em suas terras para a cidade próxima de Manchester, onde tanto a população quanto a demanda por combustível de aquecimento estavam em franca expansão. Era um tipo de parceria deveras inglesa, e com paralelo em muitas outras, não só no transporte, mas também na mineração, fabricação e agricultura. Houve uma revolução na agricultura que caminhou paralelamente e na verdade tornou possível a revolução na indústria. Aristocratas às dezenas se associavam a jardineiros e criadores numa fúria competitiva para melhorar seus rebanhos e propriedades. Essa era uma época em que donos de terras ingleses sentiam o maior orgulho com o tamanho de seus touros, ou com a produtividade de suas safras, tanto quanto o sentiam com a velocidade de seus cavalos de corrida ou a esperteza de seus cães de caça à raposa.

Mas por que essas pessoas ficavam tão animadas com aperfeiçoamentos agrícolas e invenções mecânicas? Muito simplesmente porque havia fortunas a conquistar. Uma população em rápido crescimento, custos de transporte em queda e uma cultura de invenção contínua ensejavam oportunidades de lucro quase diariamente. E, o mais importante de tudo, os empresários ingleses eram livres para ir atrás desse lucro. Não havia monopólio do governo reservando para si o direito de empreender o transporte na ilha ou explorar as invenções. Tampouco havia qualquer taxação direta sobre os lucros nos negócios. A infraestrutura necessária estava disponível, também. A lei de patentes inglesa, embora longe de infalível, fornecia garantia razoável de que a pessoa que inventasse um novo processo partilhasse dos lucros de sua exploração. Era uma garantia que um inventor na França, por exemplo, não tinha. Letras de câmbio também eram amparadas pela força da lei. Elas possibilitavam que matérias-primas fossem pagas depois de os bens finalizados terem sido vendidos, ou que os bens fossem vendidos com segurança em um local distante, para um cliente que não fosse conhecido pessoalmente do dono da fábrica que os havia produzido. Finalmente, a criação da companhia de capital social tornou possível que grupos de pessoas não ativamente engajadas no negócio contribuíssem com parte do capital exigido e recebessem uma cota proporcional dos lucros obtidos.

Os negócios na Inglaterra da época possuíam inúmeras características de uma corrida do ouro. Sobravam histórias sobre grandes golpes de sorte e fortunas conquistadas. E também tinha qualquer coisa de Velho Oeste. Havia fraudes, e os riscos eram grandes. Os bancos eram pequenos e as falências constantes. O princípio da responsabilidade limitada, pelo qual acionistas de uma companhia falida não respondem por suas dívidas, ainda não havia sido consagrado pela lei, e assim no fim do século XVIII a responsabilidade dos acionistas era ilimitada.

O motivo pelo qual foi na indústria metalúrgica que os avanços mais importantes ocorreram é que sem a produção em massa de ferro — e seu derivado posterior, o aço — jamais teria havido uma civilização baseada na máquina. Um dos desenvolvimentos-chave na moderna fabricação do ferro ocorreu muito cedo no século XVIII. O lugar foi o vilarejo de Coalbrookdale, em Shropshire, nas Midlands inglesas. Lá, um fundidor de ferro chamado Abraham Darby, o primeiro de três gerações de fundidores de mesmo nome, derreteu ferro usando coque em vez de carvão. O coque era livre das impurezas que tornavam o carvão um combustível inadequado para esse propósito. Também possuía uma resistência não encontrada no carvão vegetal.

Antes de 1709, a fabricação do ferro dependia das reservas de carvão vegetal. Esse era o motivo pelo qual a maioria das operações inglesas com ferro se situavam em áreas florestais. Era também por isso que a Suécia, com seus suprimentos abundantes tanto de madeira como de minério de ferro, era uma pioneira na fabricação do ferro e — no século XVII — principal produtora da Europa. A carência cada vez maior de madeira na Inglaterra elevara o custo do carvão a um nível que ameaçava até a sobrevivência da indústria do ferro, que tinha de competir com a importação de ferro de países densamente florestados como Suécia e Rússia, e até da América do Norte. Mas o uso de coque, que era dotado da força necessária para sustentar o peso de grandes quantidades de minério de ferro, tornou possível a construção de altos-fornos maiores. Isso trouxe vantagens em relação ao caráter barato do combustível. O ferro mais acessível financeiramente era competitivo em novos usos, com uma consequente demanda ampliada tanto por ferro quanto por carvão de coqueificação, o carvão que rendia bom coque.

Carvão mineral era algo que havia em abundância na Inglaterra, e, devido à escassez de madeira, a mineração já era uma indústria desenvolvida. Em 1662, quando Charles II concedeu a carta patente à Real Sociedade, as minas britânicas produziam cinco vezes mais carvão que o restante do mundo. Mas o tipo de carvão de que a indústria necessitava estava a grande profundidade, e a Inglaterra era um país úmido. Quanto mais se cavava um poço de mina, maior o problema com alagamentos, o que criou a necessidade urgente de bombas mecânicas. E foi isso que incentivou o desenvolvimento de um motor a vapor eficiente, que, assim que foi inventado, se revelou ter uma infinidade de outros usos.

Não é absurdo afirmar que, quando o primeiro Abraham Darby introduziu a fundição de ferro queimando coque, em 1709, ele deu o tiro inicial para a Revolução Industrial. Mas não foi uma corrida de velocidade. Eram necessários outros avanços na fabricação do ferro antes que o metal pudesse ir ao encontro das demandas que o crescimento populacional e as invenções por toda parte estavam gerando. Foi apenas em 1748 que o segundo Abraham Darby conseguiu, selecionando minérios cuidadosamente, fabricar um ferro fundido que fosse adequado à fabricação de grandes forjas. Em 1779 as aldeias de Shropshire produziam um quarto de todo o ferro fabricado na Inglaterra e mais do que estava sendo fabricado em qualquer outro país. Foi nesse ano que o terceiro Abraham Darby construiu o monumento mais famoso da Revolução Industrial: a ponte de ferro fundido sobre o rio Severn. E em sua oficina foi construída a caldeira de ferro que forneceria energia para a primeira locomotiva movida a vapor do mundo. Sua estreia foi no sul do País de Gales em 1804, quando puxou uma carga de 10 toneladas à velocidade de oito quilômetros por hora ao longo de uma linha de 16 quilômetros entre a Penydarran Ironworks e o canal Glamorganshire.

Embora carvão e ferro tenham feito a Revolução Industrial, os avanços mais espetaculares ocorreram na indústria do algodão. Esta se concentrava no condado de Lancashire, entre as cidades em rápido desenvolvimento de Liverpool e Manchester, que eram as sedes gêmeas da indústria. Liverpool era o porto por onde o algodão cru era importado e produtos de algodão exportados. Manchester e suas cidades satélites eram os centros de manufatura.

"Em rápido desenvolvimento" dificilmente faz justiça à expansão fenomenal dessas duas cidades. Liverpool era um lugar próspero antes mesmo do mercado algodoeiro. De uma mera aldeia de pescadores no século XIV, o lugar passara a um dos mais agitados centros de comércio do país. Em 1600, sua população mal ultrapassava mil habitantes — menos do que havia antes da Peste Negra. Por volta de 1700, graças ao comércio de açúcar e tabaco, ela se transformara em uma cidade elegante e espaçosa, com uma população de 5 mil pessoas. Mas foram os escravos e o algodão que fizeram sua fortuna. Por volta de 1800, sua população explodira para 70 mil e aumentava a uma taxa de 2 mil por ano. O crescimento de Manchester seguira um caminho quase idêntico. Sua antiga prosperidade se baseara em outros artigos têxteis, linho e, especialmente, lã. Mas a partir da abertura de sua primeira algodoaria, em 1780, a fabricação do algodão se tornou sua razão de ser.

Muito antes que qualquer pessoa em uma fábrica de Lancashire houvesse trabalhado em um único fio de algodão, as oficinas de Isfahan e Tabriz, na Pérsia (atual Irã), forneciam emprego para milhares de tecelões tanto de algodão quanto de seda. Em 1700, a Índia era ainda o único exportador significativo do mundo, não só de produtos de algodão como também de produtos têxteis em geral. Mas com a chegada da mecanização e da energia barata, da padronização e da produção em massa, e com o desenvolvimento do porto de Liverpool, Lancashire adquiriu uma força bruta, e um preço vantajoso, que varreu do mapa seus competidores de além-mar. Mas claro que não é assim que os donos de fábricas de Lancashire teriam colocado a coisa. Dentro de duas gerações, estariam dizendo a si mesmos — e ao mundo — que seu quase monopólio se devia ao espírito inigualável, aos talentos excepcionais e à natureza inteiramente especial do clima de Lancashire. Em cem anos, Manchester se gabaria de haver mais fusos em um raio de trinta quilômetros da cidade do que em todo o restante do mundo.

A combinação de ímpeto empreendedor e perícia inventiva que alimentava a Revolução Industrial em outras partes da Inglaterra fazia hora extra com o algodão. Em uma explosão que durou vinte anos, entre 1770 e 1790, a base técnica da indústria foi transformada. Mudanças na fiação forçaram mudanças na tecelagem — e vice-versa —, numa roda-vida vertiginosa de invenções. À medida que as fábricas se multiplicavam e ficavam maiores; à medida que o maquinário, primeiro movido a água, depois a vapor, substituía a fiação manual e a tecelagem manual; e à medida que turnos de trabalho se tornaram a norma, a produção cresceu prodigiosamente. Em 1765, a produção algodoeira total da Inglaterra, quando o produto ainda era fiado à mão, totalizou 230 mil quilos. Apenas 19 anos depois, em 1784, a quantidade chegou a 7 milhões de quilos. Por volta de 1840, os fabricantes têxteis empregariam 75 por cento da força de trabalho industrial do país, metade dela para o algodão.

Em 1820, Lancashire, que não cultivava algodão nem tinha meios de fazê-lo, funcionava como um opressivo gargalo para os mercados de produtos algodoeiros do mundo, e assim seria pelos cem anos seguintes. E isso a despeito do fato de não possuir quaisquer vantagens naturais para conduzir o negócio. Era um exemplo perfeito da máxima de que "nada é mais bem-sucedido do que o sucesso". Eles chegaram primeiro e determinaram uma escala de operação que baixou os custos a um nível que tornava impossível para qualquer fabricante de outro lugar sobreviver, muito menos se modernizar. Nem mesmo os norte-americanos, que, a partir de 1800, se tornaram os principais fornecedores de algodão para Lancashire, foram capazes de competir nos mercados britânicos. Desse modo, empenharam-se no cultivo da matéria-prima. Eles contavam com o clima e com o barato trabalho escravo. Depois que o engenheiro mecânico Eli Whitney inventou o descaroçador de algodão — uma máquina que possibilitava o aproveitamento de uma variedade cultivável continente adentro —, a área de terra disponível para o cultivo do algodão cresceu enormemente.

A empolgação com esse admirável mundo novo não se disseminou pelas camadas mais baixas da pirâmide industrial. Ela não era compartilhada pelos trabalhadores agrícolas que eram forçados a trocar suas aldeias por cidades apinhadas e insalubres, onde a expectativa de vida média era de meros 20 anos, para trabalhar cuidando de máquinas sob os olhares de supervisores brutais. Não era compartilhada pelas desnutridas crianças de 5 e 6 anos de idade, que trabalhavam de 10 a 12 horas diárias, pegavam no sono em pleno trabalho e morriam esmagadas pelas máquinas. Não era compartilhada pelas mulheres exaustas que rastejavam como toupeiras sob o chão, arrastando vagões de carvão amarrados a cordas presas em suas cinturas. E sem dúvida não era compartilhada pelos meninos pequenos (tinham de ser pequenos) que pegavam escovas e subiam no escuro pelas elevadas chaminés das casas elegantes construídas por esses novos ricos. Nas ruas em torno dessas casas, e nos barracos miseráveis em que a maioria da população vivia, crianças e adultos vestiam farrapos, e as crianças não tinham calçados.

Nem todos os que moravam em boas casas eram cegos à realidade que os provia de uma existência tão agradável. Josiah Wedgwood e Erasmus Darwin, por exemplo, eram defensores fervorosos da abolição do comércio de escravos. Eles não viveram para ver, mas, em 25 de março de 1807, seu amigo e companheiro de lutas, William Wilberforce, após 19 combativos anos no parlamento, convenceu seus distintos colegas a aprovar uma lei banindo o tráfico de escravos. A abolição da escravatura propriamente dita por todo o império britânico, que era seu objetivo último, só ocorreu em 1833, um mês depois que ele morreu.

30

Cavalos e barcos de ferro

POR VOLTA DE 1820, O PRIMEIRO ESTÁGIO DA REVOLUÇÃO INDUSTRIAL SE completou. Fábricas com grandes forças de trabalho, equipadas com maquinário movido a vapor e com alto grau de especialização de funções, espalhavam-se pelo norte da Europa e pelos Estados Unidos. Em muitas indústrias, os processos de produção haviam sido transformados. A maior parte dessa atividade continuava a se localizar na Inglaterra, cuja arrancada antecipada lhe valera uma vantagem que seria conservada pelos trinta ou quarenta anos seguintes. Mas ela não era mais a única nação industrializada do mundo. Outros países a alcançavam rapidamente.

O que não mudou foram os processos pelos quais matérias-primas chegavam às fábricas e bens acabados chegavam ao consumidor. Em 1820, produtos e pessoas se moviam a uma mesma velocidade, por intermédio dos mesmos meios de transporte, que na época do império romano. Cavalos em terra e velas na água ainda eram os meios mais rápidos e eficientes de transportar qualquer coisa. Se a indústria queria prosperar, esse era um problema a ser resolvido.

A solução foi substituir o cavalo e o barco a vela pelo engenho que já substituíra a força de cavalos e humanos nas fábricas: o motor a vapor. Ela foi encontrada na Inglaterra e nos Estados Unidos quase simultaneamente. Ambos os países possuíam vias férreas de curta distância em que cavalos puxavam cargas havia muitos anos. Tudo de que precisavam era um motor para substituir o cavalo. A possibilidade de usar a potência a vapor para puxar cargas fora demonstrada no sul do País de Gales em 1804, mas não foi senão com o desenvolvimento de trilhos suficientemente fortes, e uma locomotiva com rodas lisas que pudessem aderir a eles, que o transporte por via férrea se tornou viável. Não é de surpreender que, quando a primeira ferrovia pública que oferecia transporte de bens e passageiros foi aberta, em 1830, ela conectasse dois centros da indústria algodoeira, Liverpool e Manchester.

O mundo que testemunhara a inauguração da Liverpool and Manchester Railway era muito diferente daquele do alto-forno alimentado por coque de Abraham Darby. A Inglaterra continuava sendo a campeã industrial do mundo em produtividade e potência mecânica disponível. Mas quando se tratava da ciência aplicada, ou do ritmo de inovação industrial, meia dúzia de países — com mais destaque França, Alemanha e Estados Unidos — vinham mordendo os calcanhares dos ingleses. Em alguns aspectos, já estavam na verdade bem à frente. O primeiro estágio da Baltimore and Ohio Railroad americana de fato foi inaugurado vários meses antes da Liverpool and Manchester, e apenas a tecnicalidade de ser uma ferrovia "pública" permitiu à segunda insistir em sua alegação de primazia. Tendo sido formados para tirar proveito da tecnologia britânica, os engenheiros da Baltimore and Ohio rapidamente desenvolveram uma perícia própria, com técnicas mais apropriadas às condições americanas, ganhando para a companhia a alcunha de "universidade da engenharia ferroviária".

Uma vez demonstrada a exequibilidade da locomoção a vapor, sua aplicação em todo país ligada à malha industrial rapidamente se seguiu. No natal de 1830, a South Carolina Canal and Railroad Company se tornou a primeira estrada de ferro americana a oferecer serviços de passageiro regulares utilizando locomotivas a vapor. Na França, a linha de St. Etienne a Lyon foi inaugurada em 1832 e na Alemanha a linha de Nurembergue a Fürth foi inaugurada em 1835. A primeira linha internacional do mundo, entre Estrasburgo e Basileia, surgiu em 1841.

A Inglaterra, ainda o país mais industrializado, desenvolveu seu sistema ferroviário com mais rapidez e amplitude do que os outros. Isso se fez acompanhar de uma mania de ferrovia que refletiu a tulipamania holandesa de dois séculos antes. A inauguração da Liverpool and Manchester Railway coincidira com uma cíclica reviravolta favorável na economia como um todo. Quando o ciclo retomou a curva descendente, alguns anos depois, o entusiasmo evaporou. Mas nesse breve período mais de 3 mil quilômetros de trilhos haviam sido assentados.

30.1 Capacidade de máquinas a vapor instaladas na Europa, 1840-80

	Máquinas a vapor (1.000 HP)		
	1840	1860	1880
Grã-Bretanha	620	2.450	7.600
Alemanha	40	850	5.120
França	90	1.120	3.070
Áustria	20	330	1.560
Bélgica	40	160	610
Rússia	20	200	1.740
Itália	10	50	500
Espanha	10	100	470
Países Baixos	-	30	250
Suécia	-	20	220

Fonte: C. M. Cipolla (ed.), *Fontana Economic History of Europe*, vol. 3 (Collins, 1973), p. 165.

Quando a economia se recuperou, na década de 1840, a Inglaterra vivenciou uma febre ferroviária. Em uma década, a quilometragem de trilhos do país saltou de 3 mil para 13 mil. Em um único ano, 1846, o Parlamento aprovou 270 leis relativas a estradas de ferro, autorizando a construção de 8 mil quilômetros de novas linhas. Na Inglaterra, milhares de investidores aplicaram tudo o que tinham, além de muito dinheiro emprestado também, em ações de ferrovias. A Escócia tornou-se, nas palavras do poeta William Wordsworth, "um asilo de lunáticos por ferrovias". Só podia terminar em lágrimas, como terminou. Milhares foram à falência e a quebra subsequente gerou recessão econômica de grande proporção. Mas a nação tinha um sistema ferroviário e um domínio das técnicas de construção de estradas de ferro e locomotivas que mais tarde levaria as ferrovias fabricadas na Inglaterra a dar a volta ao mundo.

As estradas de ferro transformaram o mapa do povoamento humano e toda a economia das nações. Por séculos, o acesso a águas navegáveis fora a chave da prosperidade. Estradas de ferro tornaram possível a inauguração de cidades onde quer que houvesse um bom motivo para tal, com ou sem águas navegáveis. E proporcionaram não apenas acessibilidade como também rapidez e, além do mais, confiabilidade. Apenas o clima mais inclemente as detinha.

Se existe um país que foi feito pela estrada de ferro, esse país são os Estados Unidos da América. Também houve lá a mania da ferrovia e, em 1837, o pânico da ferrovia. Como na Inglaterra, um grande prejuízo ocorreu, mas a nação emergiu com quase 5 mil quilômetros de trilhos assentados. Com o auxílio de verbas públicas, a construção de novas linhas recomeçou a pleno vapor. O empenho durante a década de 1850 foi fenomenal: por volta de 1860 havia 50 mil quilômetros de estradas de ferro.

A característica mais marcante do sistema americano, do modo como emergiu na década de 1860, não foi tanto a extensão, mas o padrão. Ao contrário da Inglaterra, onde a competição irrestrita resultou em muitas linhas cobrindo os mesmos trajetos, essa rede de linhas ao norte era notável pelas grandes rotas leste-oeste, estabelecidas tanto por uma única companhia como por *joint ventures*. As linhas conectavam os portos atlânticos com importantes centros comerciais no oeste, como Chicago, Pittsburgh e St Louis. Isso transformou os padrões de deslocamento dentro do continente, até então pesadamente influenciado pela orientação norte-sul das grandes vias fluviais, especialmente o Mississippi e o St. Lawrence.

Outra invenção que fez as distâncias encolher foi o telégrafo elétrico. Versões anteriores haviam sido demonstradas na Inglaterra, França e Espanha no século XVIII, mas foi apenas com o desenvolvimento de baterias adequadas que se tornou uma tecnologia com fins práticos. A primeira instalação comercial foi em 1838, em uma linha que partia de Londres, pertencente à Great Western Railway Company. Essa instalação obteve tremendo sucesso em 1845, quando um suspeito de assassinato foi visto subindo a bordo de um trem em Slough, com destino a Londres. Uma mensagem enviada ao terminal na estação londrina de Paddington resultou na sua prisão e subsequente condenação e execução. Mas o triunfo não bastou para assegurar o futuro comercial da invenção. Ela dependia de receptores que registravam individualmente letras específicas do alfabeto, e foi mais tarde rejeitada em favor de um sistema baseado no código Morse.

Esse código foi criação de um pintor de retratos com múltiplos talentos, o americano Samuel F. B. Morse. Seu interesse pela eletricidade datava da juventude e ele se sentiu atraído pelo problema do telégrafo elétrico após ter escutado a conversa de outras pessoas em uma viagem num transatlântico. Tendo obtido apoio do Congresso para uma linha entre Baltimore e Washington, fez uma demonstração bem-sucedida de seu invento em 1844. Outras linhas logo se seguiram. Conforme a rede de ferrovias avançava através do continente, o telégrafo crescia junto. Na década de 1850, o telégrafo se tornara uma ferramenta indispensável tanto para o comércio quanto para o governo. Quatro anos depois da primeira demonstração de Morse, seu sistema fora instalado em todos os estados, com exceção da Flórida. Na Europa, também, o telégrafo rapidamente transformou as comunicações. Em 1852, a Inglaterra contava com mais de 6 mil quilômetros de linhas telegráficas e com uma ligação sob o mar para a França.

A década de 1840 também testemunhou o desenvolvimento dos sistemas postais modernos. A mais antiga menção conhecida ao que pode ser chamado de sistema postal vem do Egito, por volta de 2000 a.C. Os chineses parecem ter sido os primeiros a possuir um sistema baseado em postos de correio e equipes de mensageiros, por volta de 1000 a.C. O sistema altamente desenvolvido dos romanos foi uma das chaves de controle de seu vasto império. Após a queda deste, a Europa ficou sem serviço comparável por mais de mil anos. Com o advento da carruagem de correio, no fim do século XVIII, a comunicação razoavelmente rápida por longas distâncias se tornou possível mais uma vez. Mas foi apenas com a implementação de sistemas administrados em nível nacional que as cartas passaram a ser um meio de comunicação de massa. Velozes vagões transportando a correspondência começaram a circular pela Inglaterra em 1838, com a introdução de um posto de correio no próprio trem para separar as cartas. Quando um sistema de tarifa linear, usando selos pré-pagos, foi introduzido em 1840, o volume de tráfego postal explodiu. Ao longo dos vinte anos seguintes, operações similares foram estabelecidas por outros lugares do mundo.

Mudanças importantes também vinham ocorrendo na tecnologia de transporte aquático. Experimentos na aplicação da energia a vapor para impulsionar barcos haviam sido realizados em diversos países no fim do século XVIII e início do XIX. Os antigos motores a vapor eram grandes e pesados, de modo que engenheiros franceses pioneiros tentaram pela primeira vez utilizá-los na água, em vez do transporte terrestre. Um motor de cilindros de oito polegadas foi experimentado no Sena em 1775, mas se mostrou com capacidade insuficiente. Em 1783, o marquês Jouffroy d'Abbans conseguiu navegar o rio Saône em um vapor com rodas de pá de 180 toneladas, o *Pyroscaphe*. Não havia motivos para duvidar que os franceses continuariam à frente da tecnologia, não fosse o terror da revolução ter levado experimentos aristocráticos como esse a um fim abrupto.

Em 1801, um engenheiro chamado William Symington demonstrou um motor de cilindros de 22 polegadas em um vapor com rodas de pá chamado *Charlotte Dundas*, no canal Forth and Clyde, na Escócia. Seis anos depois, o engenheiro americano Robert Fulton, que presenciara os testes com o *Charlotte Dundas*, obteve o primeiro sucesso comercial com propulsão a vapor usando um motor de dupla ação Boulton e Watt para impelir o vapor de roda *Clermont* em um serviço entre Nova York e Albany. Foi a travessia do Atlântico realizada pelo vapor americano *Savannah* em 1819 que informou o mundo do nascimento de uma nova era de viagens internacionais. A embarcação foi, na verdade, movida a vela em quase 90 por cento da jornada, mas conseguira provar o que queria. O futuro, na água, assim como na terra, pertencia ao vapor.

Uma mudança decisiva nos projetos dos navios ocorreu em 1838, quando o primeiro vapor com propulsão a hélice, o *Archimedes*, de 240 toneladas, construído na Inglaterra, foi inaugurado. A hélice, que serviria de base para todos os avanços posteriores na propulsão de navios, foi invenção simultânea de um inglês, Francis Pettit Smith, e um sueco, John Ericsson. Ericsson trocou a Inglaterra pela América e vendeu sua patente para a Marinha dos Estados Unidos. Em 1842, a US Navy lançou o primeiro navio de guerra movido a hélice, o *USS Princeton*. Em 1843, o navio mercante *Great Britain*, construído na Inglaterra, com estrutura de ferro, tornou-se o primeiro navio movido a hélice a cruzar o Atlântico. A propulsão a vapor atingia a maioridade.

O curto período de trinta anos entre a Batalha de Waterloo em 1815 e a detenção daquele suspeito de assassinato na estação Paddington, em 1845, assistiu à transição do que podemos chamar, sem grandes distorções, de a *Era do Então* para o que é reconhecidamente a *Era do Agora*. O mundo do trem expresso e do telégrafo elétrico é algo no qual conseguimos nos imaginar; o do transporte a cavalo e carruagens de correio parece totalmente mais distante. Contudo, foi uma transição pela qual muitas pessoas não só passaram como viveram para relembrar. A fim de ilustrar a situação, vamos examinar um breve período na vida de alguém que vivenciou isso de fato e cuja obra expressa a ruptura entre a *Era do Então* e a *Era do Agora*.

A criação das repúblicas sul-americanas originadas dos impérios espanhol e português gerou desejáveis oportunidades para as nações que até então vinham esperando sua vez de entrar nesses mercados. Entre elas, a principal era a Inglaterra, cuja população necessitava de comida e matérias-primas e cujas fábricas em expansão necessitavam de clientes. O presidente Monroe decretara sua doutrina, mas nada dissera acerca de comprar e vender, de modo que tudo estava disponível para quem pudesse pagar. Mas para comerciar em segurança do outro lado do oceano era preciso de mapas e cartas.

Vem a hora, vem o homem. Em Francis Beaufort, hidrógrafo da marinha, a Inglaterra encontrou um líder de visão, que estava determinado a municiar seu país com os mapas que precisava. Em 1825, ele havia mandado um veleiro de três mastros, o *Beagle*, numa missão de reconhecimento pelo litoral da América do Sul. Nas águas da Terra do Fogo, seu capitão sucumbira à solidão do comando e, com um tiro, dera fim à própria vida; mas a tarefa passara ao encargo de um brilhante jovem oficial chamado Robert Fitzroy, que possuía um interesse apaixonado por ciência. Ele havia completado o reconhecimento com distinção e, quando uma nova missão foi cogitada, seu nome foi a escolha natural para conduzi-la. Lembrando-se do que a solidão fizera com seu predecessor, levou como companhia a bordo um homem ainda mais jovem (22 anos, enquanto ele estava com

28), que era tão aficcionado pela ciência quanto ele. Seu nome era Charles Darwin, neto (por parte de mãe) do ceramista Josiah Wedgwood e (por parte de pai) do amigo de Wedgwood, o cientista Erasmus Darwin.

Depois de visitar o navio ancorado em Plymouth, Darwin viajou de volta a Londres com a carruagem do correio e escreveu uma carta entusiasmada para Fitzroy, à qual acrescentou as palavras "P.S. 250 milhas [400 km] em 24 horas!!!".

O *Beagle* partiu da Inglaterra em dezembro de 1831 e regressou em outubro de 1836, após completar uma circunavegação de cinco anos pelo globo. Para Darwin, as coisas que vira e as reflexões que coligira serviram de base para uma obra — *Sobre a origem das espécies* — que acabaria lhe rendendo um lugar no panteão ao lado de Newton. Na viagem de volta para casa, em janeiro de 1836, o navio ancorou ao largo de Sydney, a cidade que surgira onde a Primeira Frota desembarcara sua carga de condenados, menos de cinquenta anos antes. Darwin, o respeitável filho de um cavalheiro abastado, observou admirado os bem-vestidos descendentes dos degredados que haviam sido despejados ali durante o meio século precedente. Escrevendo para suas irmãs na Inglaterra, afirmou:

> A Roma antiga, em toda sua grandeza imperial, não teria se envergonhado de tal progênie [...]. Há homens vivos hoje, que vieram como condenados [...], de quem se conta que possuem, sem dúvida, uma renda entre 12 a 15 mil libras por ano.

Ele tinha razão em ficar impressionado. Isso corresponde a um milhão de libras em valores atuais.

Em março de 1838, apenas um ano e meio após seu regresso, ele foi ao zoológico para ver Jenny, a orangotango. Era o primeiro grande símio que veria e um dos primeiros a serem exibidos em Londres. Quando voltou para casa, escreveu em seu caderno de anotações secreto:

> Que o homem visite o orangotango em cativeiro [...] veja sua inteligência. O homem em sua arrogância se crê uma grande obra [...] É mais humilde, acredito, e preciso considerá-lo criado a partir dos animais.

Foi a frase mais poderosa que jamais escreveu. Trinta anos depois, ela se revelou a inspiração para mais um livro — *A descendência do homem* —, em que ele esmagaria as crenças de sua era relativas às origens humanas.

Em janeiro de 1839, ele rumou para Londres na que foi a primeira viagem de trem de sua vida. Ele perdeu a mania de ferrovia, pois estava explorando os Andes na época. O rapaz de 22 anos que se mostrara tão animado em percorrer quatrocentos quilômetros em 24 horas era agora um homem de 29 anos que não considerava uma viagem a Londres num carro sem cavalos a 80 quilômetros por hora nada sobre a qual valesse a pena escrever. Isso dá uma medida de como o mundo mudara em pouco mais de seis anos.

Em 1844, quando o barulho dos rebites enchia o estaleiro em Bristol onde o *Great Britain* estava sendo preparado para sua viagem através do Atlântico, Darwin escrevia calmamente em seu gabinete, na região rural de Kent. Ele dava os últimos retoques no rascunho de 230 páginas de uma teoria — evolução por seleção natural — que iria lançar a aconchegante realidade de seus amigos ricos e respeitáveis em um turbilhão e inspirar um século e meio de pesquisas e descobertas científicas. O mundo ainda não estava preparado para aquilo, pensou ele, de modo que embrulhou o manuscrito e o escondeu debaixo da escada, onde permaneceria intocado por 15 anos.

Em 1815, como quase todo mundo de sua classe e idade, Darwin foi a Londres para visitar a Grande Exposição. Uma vitrine para os produtos manufaturados do país e uma glorificação do império britânico, seus visitantes se banhavam ao brilho do orgulho e voltavam para casa com compreensível sentimento de superioridade. Visitantes estrangeiros faziam anotações e voltavam para casa cheios de planos para tentar derrotar os ingleses em seu próprio jogo. Na verdade, os ingleses já estavam ficando para trás — mas seriam os últimos a descobrir.

31

O instável equilíbrio do poder

EM UMA ÚNICA GERAÇÃO APÓS 1830, A ESTRADA DE FERRO E O NAVIO A vapor reduziram drasticamente o tempo das viagens. Ao longo da geração seguinte — da década de 1850 à de 1880 —, eles também tornaram possível a migração em escala maciça. Combinados com as novas tecnologias de guerra, como artilharia pesada e metralhadoras, proporcionaram às nações industrializadas uma vantagem decisiva. Por volta da década de 1880, um novo cenário de relações de poder havia emergido para ditar o curso da história mundial por quase um século. Essas mudanças ocorreram em quatro grandes regiões: América do Norte, sul e leste da Ásia e Europa.

Quando o século XIX começou, a população dos Estados Unidos era de apenas 6 milhões de pessoas, cerca de cinco ou seis vezes a de Londres. Seu território consistia nos 13 estados originais do litoral atlântico, mais as terras bem a oeste, como o Mississippi, e bem ao norte, como a região dos Grandes Lagos, que haviam sido adquiridas dos britânicos como consequência da Guerra de Independência. Por volta de 1870, os Estados Unidos eram uma nação de quase 40 milhões de pessoas, ocupando um território que se estendia do Atlântico ao Pacífico, do Rio Grande ao St. Lawrence e incluindo todo o território do Alasca. Continuam sendo até hoje um dos exercícios mais espantosos em termos de construção de uma nação; uma realização que envolveu certos gastos financeiros e uma quantidade considerável de sangue.

A maior quantia em dinheiro foi gasta em 1803, numa espetacular transação imobiliária conhecida como a Compra da Louisiana. Por meros

31.1 O crescimento dos Estados Unidos

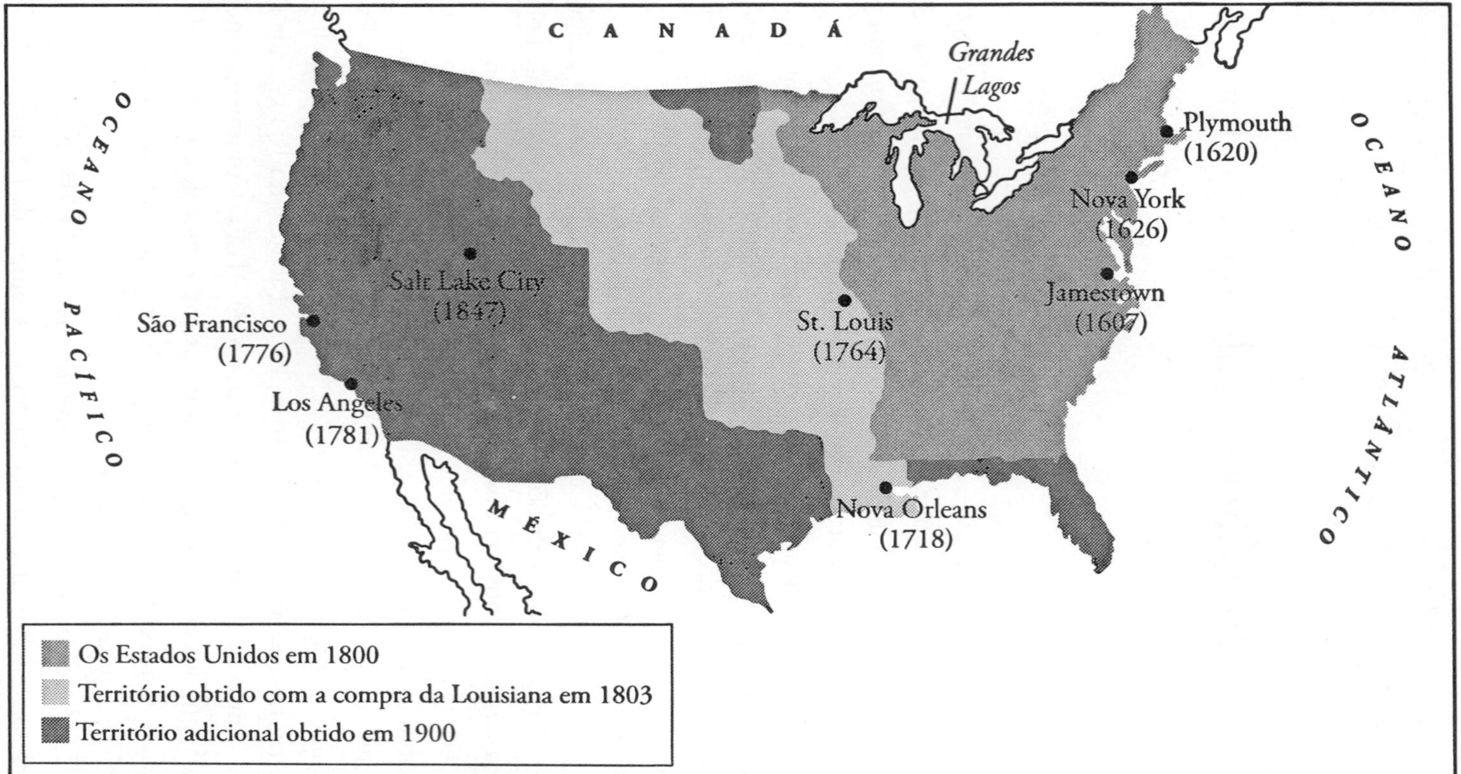

11,25 milhões de dólares, a nação de 27 anos adquiriu da França territórios que cobriam uma área maior que a sua própria, incluindo os atuais estados de Louisiana, Iowa, Arkansas, Nebraska, Dakota do Norte e do Sul, junto com grande parte de Oklahoma, Minnesota, Kansas, Wyoming, Montana e Colorado.

Outra extensão imensa foi anexada quando o Texas se tornou o 28º estado, em 1845. Seu território formara originalmente parte da colônia espanhola de Nova Espanha e depois, a partir de 1821, da República do Novo México. Mas, em 1836, seus cidadãos (muitos dos quais eram colonos americanos) declararam independência do México e por quase dez anos governaram a própria República do Texas. A admissão do Texas nos Estados Unidos levou à guerra contra o México, após o que este último foi obrigado a ceder terras ainda maiores aos norte-americanos, incluindo os atuais Califórnia, Utah e Nevada e a maior parte do Arizona.

Muito antes de o Texas ser anexado à União, a expressão "destino manifesto" entrara para o léxico político americano. Ela significava que de algum modo era um fato predeterminado que os componentes da "nação americana" — ou seja, a parte da população com ascendência europeia — se tornassem donos e fomentadores de qualquer parte do continente que conseguissem usurpar dos ocupantes precedentes. Esse "destino" não pareceu tão manifesto para os americanos nativos que já enfrentavam a ocupação, e foi preciso considerável dose de força para persuadi-los a se mudar para suas "reservas". Foi necessário um empenho ainda maior para exterminar aqueles que não puderam ser persuadidos e que insistiam em mostrar uma desmesurada dose de coragem na defesa das terras de seus ancestrais. Mas em um século após a Declaração de Independência, com sua afirmação do direito de todos os homens à "vida, liberdade e busca da felicidade", a tarefa de submissão e extermínio fora largamente completada.

À medida que novas terras eram expurgadas das populações americanas nativas, elas começaram a ser repovoadas com imigrantes: afro-americanos (escravos) nas áreas da Compra da Louisiana e americanos de origem europeia (homens e mulheres livres) nas demais regiões. Esse padrão diferenciado de imigração lançou as sementes de uma disputa que levaria o sangue de centenas de milhares de americanos de origem europeia a ser derramado sobre os dos milhões de nativos americanos já assassinados antes que o processo de construção do país pudesse ser completado.

A disputa que surgiu em 1860 foi travada entre os estados escravocratas do Sul — Kentucky, Alabama e outros — e os estados em grande parte livres da escravidão do Norte.[3] Uma das consequências da enorme expansão da indústria algodoeira na Inglaterra fora um crescimento correspondente no número de escravos empregados no cultivo de algodão na América. O simultâneo crescimento da população nas cidades industriais inglesas também promovera a um enorme aumento da demanda por alimento barato na forma de açúcar. Isso também exigira um incremento correspondente na força de trabalho escrava das Américas. Entre 1800 e 1860, o número de escravos no Sul dos Estados Unidos quintuplicara, e crescimento similar ocorrereu no Caribe e no Brasil. No século XVIII, o aumento da população escrava se devera largamente à importação. Mas agora, com a sanção gradual da proibição do comércio escravo, esse aumento tinha de vir do crescimento da população negra existente, cujos descendentes eram em essência criados com esse propósito.

O Chile e o México haviam abolido a escravidão quando conquistaram a independência, em 1820. Em 1833, uma ampliação das concessões na Inglaterra fez crescer a representação das classes médias no Parlamento, possibilitando a aprovação de uma Lei de Emancipação que libertou 750 mil escravos no império britânico. Em 1848, a instauração de um governo revolucionário na França foi seguida pela libertação de 300 mil escravos no império francês. Esses atos de emancipação encorajaram os que — principalmente no Norte — desejavam ver ação similar nos Estados Unidos. Mas

[3] A interpretação de Barrington Moore Jr. é parcialmente diferente. Para o sociólogo norte-americano, a Guerra de Secessão foi uma aliança entre norte industrial e o oeste, onde predominava a mão de obra livre, contra o sul escravocrata. Nada impedia que norte e sul se unificassem. Exemplos históricos, como o da Alemanha, comprovam a existência de unidade entre setores industriais modernos com setores agrícolas conservadores. A hostilidade do sul contra o oeste, ambos agrários mas com mão de obra tão diferenciada, garantiu a unidade norte-oeste, sendo essa última região responsável pela aliança de um modelo industrial (norte) e democrático (oeste), fortemente marcado pelo chamado populismo americano. Ver: MOORE JR., Barrinton. *As origens sociais da ditadura e da democracia.* Senhores e camponeses na construção do mundo moderno. São Paulo: Martins Fontes, 1983. [*N. do R.T.*]

a escravidão era agora a base da economia nos estados sulinos. A força de trabalho escrava de 700 mil de 1776 crescera para 4 milhões. Para muitos brancos do Sul, a escravidão não era apenas o fator econômico decisivo, mas o traço definidor de sua civilização. Havia outros fatores também. Os escravos eram sua propriedade, e a ideia de emancipação entrava em conflito com o direito de usufruto da propriedade privada representado na constituição. Finalmente, havia a questão em aberto sobre onde residia o poder, em última instância: no Congresso Federal ou nas legislaturas dos estados?

Quando um candidato republicano, Abraham Lincoln, que estava comprometido com a proibição da escravidão em quaisquer estados futuros admitidos na União, foi eleito para a presidência, isso se tornou o pomo da discórdia para inúmeros cidadãos sulinos. A Carolina do Sul se separou da União, e a ela se seguiram 14 outros estados, formando a Confederação dos 15 estados. A guerra subsequente foi essencialmente para determinar se a União deveria continuar ou se os estados confederados deveriam ter permissão de seguir o próprio caminho.

A guerra civil demorou quatro anos para chegar a um desfecho. Foi, em diversos aspectos, a primeira guerra "moderna". Perto do fim, em 1865, ela custara 600 mil vidas. As consequências imediatas foram a abolição da escravatura em todo o país e um dano desesperador à economia dos estados do Sul. As implicações da guerra mais a longo prazo dificilmente podem ser exageradas. Ela determinou que haveria dali em diante uma única nação, e não duas ou três, ou mais, por todo o território entre Canadá e México. Grande parte da posterior história mundial foi decidida nos campos de batalha do que os confederados derrotados chamaram de "guerra entre os estados".

Enquanto as futuras fronteiras e o caráter dos Estados Unidos estavam sendo delineados, outra grande nação era forjada no coração da Europa. No fim das Guerras Napoleônicas, a região que hoje conhecemos como Alemanha continuava dividida numa série de Estados soberanos independentes, alguns deles muito pequenos. Em posição de proeminência estava a Prússia, que ocupava faixa substancial de território no litoral meridional do mar Báltico, com sua capital em Berlim. Foi a Prússia que constituiu o núcleo da moderna Alemanha e foi o gênio do primeiro-ministro prussiano, o príncipe Otto von Bismarck, que engendrou sua criação.

Bismarck, um dos maiores idealistas de nações na história europeia, era dono do que, aos olhos modernos, parecia ser uma estranha mistura de atitudes reacionárias e zelo reformista. Ele foi um grande patriota, mas não um democrata. Rigidamente tradicional em sua opinião sobre posição e obrigação social, ele exibia contudo uma opinião revolucionária sobre a importância da ciência e do ensino técnico. Era um mestre supremo no jogo do poder político, mas ainda assim encontrou tempo para conceber e aplicar o primeiro plano de aposentadorias para idosos do mundo. No decurso de uma única geração, seu gênio contraditório não só trouxe o moderno Estado alemão à existência como também tornou o país um dos atores mais formidáveis no palco das relações internacionais.

Quando, em 1862, sua tarefa começou, a Prússia ainda era um país pequeno, com população e capacidade militar minúsculas comparadas com as da França. Na época em que a terminou, em 1871, a Alemanha era a força militar mais poderosa do continente e, em muitos aspectos, o país industrializado mais avançado do mundo.

O programa de construção nacional de Bismarck começou em 1864, com uma guerra contra a Dinamarca que rendeu à Prússia os ducados de Schleswig e Holstein. Quase que imediatamente depois disso ele arquitetou outra guerra breve, dessa vez contra a Áustria. A vitória nessa ocasião proporcionou à Prússia anexar os territórios de diversos Estados menores que haviam cometido o equívoco de se aliar com os austríacos e assegurou a exclusão desse país de quaisquer envolvimentos posteriores com os assuntos alemães. Isso abriu caminho para o combate decisivo que se iniciou quando Napoleão III caiu na provocação de declarar guerra contra a Prússia em setembro de 1870. Quando esta emergiu vitoriosa desse conflito — a Guerra Franco-prussiana —, obteve como parte do espólio de guerra duas ricas províncias francesas, a Alsácia e a Lorena. O prestígio dessa vitória contra a até então principal potência militar do continente abriu caminho para a Prússia assumir a liderança de todos os Estados alemães, o que ela fez em 1871 com a criação do império alemão. Teoricamente uma confederação de Estados soberanos, era na realidade um império prussiano, ao qual as ex-províncias francesas da Alsácia e Lorena foram incorporadas. Esse foi o início da Alemanha moderna. A anterior divisão da pátria dos povos falantes de alemão em uma miríade de Estados soberanos individuais, muitos deles minúsculos, os deixara em desvantagem em comparação com Inglaterra e França. Agora, com seu mercado doméstico unificado, suas fronteiras estendidas e sua indústria moderna, a Alemanha estava pronta para assumir seu lugar como uma das grandes potências.

Embora fossem essas duas nações recém-criadas, os Estados Unidos e a Alemanha, que dominariam os cem anos seguintes, a potência número um do mundo na metade do século ainda era o império britânico. Nas décadas de 1850 e 1860, ele ampliou sua força e riqueza, assim como o fez a confiança dos ingleses de que o poder mundial do país derivava da virtude inata de seu povo.

As forças que impulsionavam a aventura colonial britânica eram a busca de fontes baratas de matérias-primas e o desejo de eliminar a competição. Mas esses objetivos foram transformados, na cabeça dos ingleses, numa crença de que os britânicos estavam envolvidos em uma missão para levar os benefícios da civilização a povos menos afortunados. Era uma crença tão oportunista quanto a do "destino manifesto" dos norte-americanos, e mantida com igual sinceridade.

O principal campo operacional para essa "missão" continuou a ser o vasto subcontinente indiano. Graças a suas armas, suas canhoneiras e seus enormes recursos financeiros, os governantes de uma pequena ilha ao largo da costa noroeste da Europa eram capazes de governar 200 milhões de pessoas em um país a 10 mil quilômetros de distância e de administrar seus assuntos de modo a extrair o máximo benefício aos habitantes da meigamente chamada "terra-mãe". Uma consequência foi que a Índia se viu impedida de desenvolver suas indústrias locais. A percepção de que a Inglaterra estava deliberadamente atrasando a Índia alimentou os ressentimentos que desembocaram na revolta de 1857, que os ingleses batizaram de Motim Indiano. A revolta atingiu considerável sucesso no começo e, caso houvesse um grau maior de união entre as várias forças rebeldes, é bem possível que pudesse ter assinalado o fim da Índia britânica.

Depois que o assim chamado motim foi vitoriosamente — e brutalmente — controlado, o Parlamento britânico decretou a Lei de Governo da Índia de 1858, tirando o controle dos negócios indianos das mãos da

Companhia das Índias Orientais. A partir daí a Índia passou a ser responsabilidade direta de um ministro inglês em Londres — o secretário de Estado para a Índia —, ajudado por um conselho de 15 membros. A administração diária do país era supervisionada por um vice-rei, que era ajudado por um conselho próprio.

A reação da Inglaterra à rebelião de 1857, que combinou ofensa e a decepção de um pai diante do comportamento de um filho ingrato, abriu uma infeliz lacuna entre o povo indiano e seus governantes britânicos. Isso criou um sentimento de desconfiança de ambas as partes e uma postura de oposição à reforma que tornava mudanças políticas desejáveis mais difíceis de conseguir. O subsequente conservadorismo nos negócios indianos ficou enraizado com mais força pela garantia de apoio que o governo britânico estendeu aos governantes dos Estados principescos, que eram desse modo recrutados como garantidores recíprocos da continuidade da influência britânica. Foi um arranjo brilhante que possibilitou a alguns milhares de administradores britânicos continuar a controlar a vida de 200 milhões de pessoas.

O controle das importações e exportações e os arranjos comerciais internos, não só desse vasto continente como também da Austrália e de todo o Canadá, talvez tenham parecido suficientes para saciar o apetite comercial de uma ilha de lojistas no Atlântico Norte, mas "suficiente" não era uma palavra que fazia parte do léxico comercial britânico. O prêmio seguinte a deixar os ingleses com água na boca era o imensamente rico e, do ponto de vista deles, inexplorado mercado chinês. Ali havia um país com uma população de quase 400 milhões e uma das maiores rendas per capita do mundo. Eles sem dúvida estavam desesperados pelos produtos que o espírito empreendedor britânico tinha a oferecer. Comerciantes britânicos certamente estavam desesperados por seda e porcelana chinesas. O que precisavam era de algo para oferecer em troca.

Os britânicos, porém, podiam obter abundantes suprimentos de um certo produto a um custo muito baixo. Esse produto era o ópio cultivado na Índia. Originalmente, o consumo chinês dele era pequeno, mas os ingleses tomaram as providências para criar uma demanda. O sucesso em fazer isso foi tanto que, por algum tempo, as transações de ópio se tornaram o maior comércio individual do mundo. As autoridades chinesas objetaram ao contrabando da droga ilegal e perigosa, e, em 1839, oficiais invadiram depósitos ingleses no Cantão e confiscaram 20 mil caixas do produto. A reação dos britânicos foi enviar belonaves para sitiar o porto. Assim começou a primeira de várias Guerras do Ópio. Quando terminou, em 1842, os chineses foram forçados a assinar o Tratado de Nanquim, sob o qual diversos portos se abriam ao comércio estrangeiro, e a ilha de Hong Kong foi cedida à Inglaterra. Entre 1856 e 1860, os dois países lutaram uma segunda Guerra do Ópio, no fim da qual os britânicos forçaram a abertura de mais portos. O exemplo inglês foi seguido por diversos outros países, que persistiram obrigando os chineses a assinar "tratados iníquos", como os chineses compreensivelmente os chamavam. Foi o fim do isolamento de influências estrangeiras que os governos chineses haviam tentado preservar com tamanho empenho.

Esses ataques do exterior teriam a qualquer momento representado uma grave ameaça à capacidade chinesa de manter o controle sobre seus negócios. Mas tornavam-se ainda mais sérios pelo fato de ocorrerem quando a política interna do país se encontrava em um estado de completo desarranjo. No fim da década de 1840, uma sequência de colheitas malogradas levara a episódios de fome disseminada. Isso contribuiu para uma série de revoltas camponesas exigindo a reorganização do sistema de propriedade de terra do país. Nessa situação instável surgiram dois líderes carismáticos. Um deles era Hung Hsiu-ch'üan, um decepcionado candidato ao exame para funcionário público que dizia ser o irmão mais novo de Jesus de Nazaré. O outro era seu amigo Feng Yün-shan, que organizou um grupo camponês, baseado no ensinamento de Hung, chamado Pai Shang-ti Hui (Sociedade dos Adoradores de Deus). Eles juntaram forças e, em janeiro de 1861, Hung proclamou uma nova dinastia — a Taiping Tien Kuo — e a si mesmo como T'ien-wang (Rei Celestial).

Esse movimento, que defendia a redistribuição de propriedades de terra, atraiu grande número de seguidores tanto camponeses quanto mineiros, e em pouco tempo Hung e Feng tornaram-se os comandantes de um exército disciplinado de mais de um milhão de combatentes. Entre 1851 e 1853, suas forças varreram o vale do Yangtze e a Planície Central, onde capturaram a grande cidade de Nanquim. Esse acontecimento foi o ápice do que ficou conhecido como Rebelião Taiping. Se a história chinesa nessa altura houvesse prosseguido de acordo com a precedente, a classe mandarim teria abandonado a dinastia dominante quando esta perdeu o Mandato Celestial, e a dinastia Taiping teria herdado seu manto. Mas dois fatores impediram que esse consagrado ritual fosse mais uma vez encenado. Um era o temor mandarim de uma revolução social que ameaçava a base de seu próprio poder aristocrático. O outro era o envolvimento de comandantes estrangeiros, capazes de ocasionar um endurecimento da resistência das autoridades. Países como Inglaterra e Estados Unidos não tinham o menor desejo de ver uma nova dinastia no comando dos negócios chineses, sobretudo uma que fosse tão ferozmente anticapitalista. Eles preferiam lidar com um governo fraco e condescendente, que exibisse o respeito apropriado pelos direitos da propriedade privada. Se isso ia ou não de encontro aos interesses do povo chinês era algo que não os preocupava.

Com a ajuda desses comandantes estrangeiros, que incluía um aventureiro americano chamado Frederick Townsend Ward e um oficial do exército britânico chamado Charles George Gordon (mais tarde famoso como Gordon of Khartoum), a rebelião foi finalmente esmagada. Em 1864, após um sítio de dois anos, o general chinês Tseng Kuo-fan capturou o baluarte rebelde de Nanquim. Para perplexidade dos vitoriosos, 100 mil defensores da cidade preferiram a morte a se render. Combates esporádicos continuaram por mais quatro anos, mas a essa altura era uma causa perdida. Cerca de 20 milhões de pessoas morreram e o país já enfraquecido vira-se submetido a uma condição assegurando que permaneceria empobrecido e atrasado por mais meio século.

Os sonhadores que lideraram a rebelião não haviam conquistado nada para si mesmos, mas lançaram uma semente que frutificaria no século XX. A Revolução Nacionalista de 1911 e a Revolução Comunista de 1949 buscariam ambas forte inspiração nas lembranças que a Rebelião Taiping deixara.

Com as nações industrializadas em alvoroço, nenhum país podia ter esperança de permanecer sem perturbações por muito tempo. Em 1853, foi a vez dos japoneses serem humilhados por vapores e canhões estrangeiros.

O portador das más notícias na ocasião foi um oficial naval americano, o comodoro Matthew Perry, que apareceu na baía de Tóquio com quatro belonaves e a exigência de que os portos japoneses fossem abertos para o comércio e o reabastecimento de navios que viajavam de San Francisco a Xangai. A concessão dessas licenças motivou exigências similares por parte da Inglaterra, da França, da Rússia e dos Países Baixos. Isso suscitou tal descontentamento entre os líderes de clã do país que em 1868 eles arquitetaram um golpe em que o xogum no poder foi destituído e o poder imperial restaurado. Esse evento, que ficou conhecido como a Restauração Meiji, constituiu um momento decisivo na história japonesa. Sua reação à chantagem baseada em tecnologia foi completamente diferente da que tiveram os soberanos da Índia e da China. Reconhecendo que, se pretendiam derrotar seus algozes, precisariam primeiro se juntar a eles, a classe governante do país embarcou em um impactante programa de modernização, envolvendo investimento maciço em educação e na indústria e posteriormente em tecnologia militar e naval. Por ora, o poder de norte-americanos e europeus era irresistível, tanto no leste da Ásia como em qualquer outra parte. Mas eles estavam cutucando a onça com vara curta. Logo iam descobrir que essa onça tinha dentes e garras.

32

Uma mensagem de esperança

NA DÉCADA DE 1840, A REVOLUÇÃO INDUSTRIAL DO NORTE DA EUROPA estava a pleno vapor, gerando enormes fortunas para os donos de fábrica e seus parceiros financeiros. Uma parte irrisória dessa nova riqueza chegava até os bolsos dos operários, que viviam e trabalhavam em condições pavorosas. Em nenhum lugar essa justaposição de ruidosa geração de riqueza e pobreza massacrante era mais conspícua do que em Manchester, que era agora a segunda cidade da Inglaterra e o coração da indústria algodoeira mundial.

Em 1842, um oficial de cavalaria prussiano recém-exonerado aos 22 anos, chamado Friedrich Engels, chegou a Manchester para iniciar um período de trabalho com a empresa têxtil Ermen and Engels, da qual seu pai era sócio. Engels agarrara avidamente a oportunidade; não porque fosse propenso a ser gerente de fábrica, mas porque desejava testemunhar em primeira mão o funcionamento da nova sociedade industrial. Recentemente, ele fora influenciado por um rico editor berlinense chamado Moses Hess, que o convertera ao comunismo. Hess também o convencera de que a Inglaterra desempenharia um papel central nos levantes sociais que inaugurariam um novo tipo de sociedade em que o proletariado — a classe trabalhadora urbana — seria a força por trás da mudança.

Engels passou dois anos em Manchester, durante os quais trabalhou exaustivamente na ampliação dos interesses familiares, enquanto ao mesmo tempo devotava as horas vagas a pesquisar e escrever sobre indústria e política e a se corresponder com pessoas que compartilhavam de suas radicais opiniões. Ele também se afeiçoou a uma operária da fábrica, uma irlandesa sem instrução chamada Mary Burns, com quem viveria feliz pelos vinte anos seguintes.

Em 1844, Engels publicou o clássico *A condição da classe operária na Inglaterra*. Nesse ano, também, escreveu dois artigos para os *Anuários alemães-franceses*, publicados em Paris, lançando os princípios do que chamou de socialismo científico, em que uma futura revolução aboliria a propriedade privada e proporcionaria "uma reconciliação da humanidade com a natureza e com si mesma". Em sua visita seguinte ao escritório central da firma em Barmen, na Renânia, ele passou em Paris para um encontro de dez dias com o editor dos *Anuários*, Karl Marx, com quem já travara breve contato em Colônia. Foi uma visita que determinaria o curso da vida de ambos e exerceria uma profunda influência em milhões de pessoas do mundo todo pelo próximo século e meio.

Marx e Engels descobriram que eram almas gêmeas cujos talentos e experiência complementavam perfeitamente um ao outro. Marx era essencialmente um estudioso: filósofo social de capacidade intelectual imensa, mas incorrigivelmente pouco prático nos assuntos cotidianos e incapaz de permanecer em um emprego. Engels era um homem refinado e cosmopolita, eficiente no trabalho e comunicador talentoso. Juntos formaram uma equipe notável que durou a vida toda. Engels também foi capaz de fornecer a Marx e sua esposa Jenny sustento financeiro, sem o que o casal teria enfrentado a pobreza mais abjeta.

Na época de seu encontro em Paris, Engels estava com 24 e Marx com 26 anos. Marx, que nasceu em Trier, na Renânia, era formado em história e filosofia e havia sido editor de um jornal radical em Colônia. Foi a proibição deste que o levou a se mudar para Paris, onde conhecera os principais socialistas franceses do período e fora influenciado por eles. Infelizmente, os *Anuários*, verdadeiro motivo de sua partida para Paris, não alcançaram sucesso, e o periódico fechou após alguns números. Como consequência do que era publicado em suas páginas, o governo prussiano decretou um mandado de prisão contra ele, o que significou não poder mais voltar ao país.

Marx e Engels eram discípulos do filósofo alemão G. W. F. Hegel, que defendia que a história humana desempenhava um processo que ele chamava de dialético. Por meio desse processo, um tipo de sociedade ou conjunto de ideias (a tese), implicado numa luta contra seu oposto (a antítese), dava origem a uma resolução combinando fatores de ambos (a síntese). Hegel também insistia que a natureza humana era distorcida pelo relacionamento antinatural entre trabalhador e máquina, e entre trabalhadores e os donos das máquinas: processo que chamava de alienação. Era um postulado que Marx e Engels endossavam entusiasticamente.

Em 1845, Engels levou Marx em um passeio pela Inglaterra, a fim de propiciar-lhe experiência em primeira mão do funcionamento da sociedade industrial mais avançada do mundo. Em 1847, ele e Marx convenceram o Segundo Congresso da Liga Comunista, que se reunia em Londres, a adotar um programa concebido por eles, e foram autorizados a preparar uma declaração do programa.

Em fevereiro de 1848, Engels publicou *O manifesto comunista*, de autoria de ambos. O documento era baseado em um trabalho publicado previamente por Engels, mas foi redigido na maior parte por Marx. Ele bebia nas ideias de pensadores socialistas anteriores, mas defendia uma forma mais extrema de socialismo que eles chamavam de comunismo. Isso implicava a abolição de toda propriedade privada (incluindo o empreendimento privado) e a divisão dos proventos do trabalho mediante regras publicamente determinadas, não pelos contratos entre empregadores privados e seus empregados.

O tom do *Manifesto* era estabelecido na sentença de abertura: "A história de toda sociedade existente até hoje é a história das lutas de classes." A passagem mais empolgante era a que terminava com "Trabalhadores do mundo todo, uni-vos! Os trabalhadores não têm nada a perder a não ser seus grilhões! Eles têm um mundo a conquistar!".

O *Manifesto* não exerceu grande impacto quando foi publicado. Em 1848, ano das sublevações por toda a Europa, as pessoas pensavam em outros assuntos. O espírito revolucionário que nunca fora inteiramente extinto após o fim da Revolução Francesa irrompeu mais uma vez em um país após o outro, reforçado em muitos lugares por um novo sentido de nação entre minorias étnicas em regiões como Itália, Áustria-Hungria e o império turco-otomano.

Todos esses levantes foram derrotados, mas Marx e Engels, que se haviam reunido na Inglaterra, continuaram os preparativos para posteriores revoluções que, tinham certeza, ainda viriam. Engels regressou a Manchester, onde trabalhou na empresa da família — nunca deixando que seus princípios interferissem em seus negócios — até ser capaz de se estabelecer com uma confortável aposentadoria, em 1869. Ele continuou a sustentar Marx financeiramente e, quando as próprias finanças se beneficiaram da venda de sua parcela no negócio, ele pôde aumentar consideravelmente esse apoio.

Marx, com uma renda modesta assegurada, foi capaz de se devotar aos estudos e a atividades de propaganda política. Na quietude da Sala de Leitura do Museu Britânico, ele formulou uma análise maciça da economia das sociedades capitalistas e do processo pelo qual acreditava que elas estavam destinadas a ser suplantadas. Engels, de sua base em Manchester, enviava carta após carta, respondendo às perguntas de Marx sobre o verdadeiro funcionamento dos negócios e fornecendo estatísticas para auxiliar. O primeiro volume da obra-prima de Marx, *Das Kapital*, foi publicado em 1867. A reação inicial do público foi decepcionante, mas sua influência se disseminou. Foi amplamente lido nas edições russa e francesa, embora não tenha sido traduzido para o inglês até depois de sua morte, em 1883. Ele não terminou de preparar o segundo e o terceiro volumes para publicação, tarefa completada pelo fiel companheiro Engels.

A essência da análise de Marx sobre a sociedade capitalista era que ela carregava em si mesma as sementes de sua própria destruição. Os esforços contínuos de empregadores para baixar salários devia no fim reduzir seus trabalhadores ao nível da mera subsistência. A competição cada vez mais feroz devia conduzir a uma taxa decrescente de lucro. O sistema de produção capitalista tropeçaria de crise em crise até a crise final que anunciaria a idade de ouro do comunismo. Depois disso, não só a exploração do homem pelo homem chegaria a um término como também o próprio Estado "definharia".O modo como essa sociedade comunista ideal funcionaria foi algo que ele não explicou de modo claro. Mas afirmou que, quando isso acontecesse, a natureza humana iria se transformar. Ganância e competitividade, sendo produtos de uma sociedade doente, sumiriam da face da terra.

Dado o sucesso global das instituições capitalistas, essa análise hoje parece completa tolice, e pode parecer estranho que alguém se deixasse seduzir por ela. Mas devemos ter em mente que, por mais de sessenta anos após a publicação do *Capital*, os países industrializados foram assolados por uma sucessão de crises econômicas. Quando a maior delas chegou, em 1931, pareceu de fato que todo o sistema capitalista estava prestes a implodir. Muitas pessoas inteligentes pensavam assim. Foi somente depois que Keynes mostrou como lidar com a tendência inerente das economias modernas a descarrilar que se encontrou um modo seguro de pôr a máquina para andar. E Marx não estava equivocado quanto ao inescapável conflito entre os interesses do capital e os do trabalho. Se os países ricos não tivessem mais crianças limpadoras de chaminé e mulheres puxando carrinhos de carvão, não é porque os empregadores são mais esclarecidos e sensíveis que seus tataravós. É porque as gerações que vieram em seguida viram-se impedidas por lei de continuar com tais práticas e porque padrões alterados de rendimento e custos as tornaram antieconômicas. A exploração pavorosa continua a acontecer, é claro, mas em países distantes, escondida dos consumidores dos produtos envolvidos.

A promessa de Marx de uma utopia comunista arrebatou incontáveis milhões desde que se espalhou pela primeira vez, 160 anos atrás. A maioria deles composta de pobres — miseravelmente pobres. Quando a vida é deprimente, e não há fundamentação para uma esperança razoável, qualquer ideia ordinária de esperança pode ser muito sedutora. E, se não há de fato possibilidade de uma melhoria significativa na vida da pessoa, a crença de que o sofrimento atual pode levar a uma vida melhor para gerações posteriores talvez seja a resposta. É uma crença que as religiões têm explorado ao longo das eras, e o marxismo faz mais sentido se entendido como uma religião, embora sem deuses. E a religião, como disse Marx, aparentemente sem nenhuma intenção de ironia, é o "ópio do povo".

Mas se o marxismo, como guia para a vida, faz mesmo sentido ou não, não é algo que vem muito ao caso, aqui. O que interessa no contexto deste livro é que ele se tornou uma das maiores influências no curso da história humana dos últimos cem anos. Ele deixou sua marca na vida de duas grandes nações — Rússia e China — e disseminou sua influência muito além de suas fronteiras. Não é possível compreender a história do mundo de 1900 em diante sem compreender o que o comunismo parecia ter a oferecer e o que de fato propiciou.

33

Em busca de impérios

À MEDIDA QUE A POPULAÇÃO EUROPEIA CRESCIA E A DEMANDA PELOS produtos das indústrias continuava a aumentar, suas nações buscaram novas fontes de matérias-primas. O ímpeto delas recaiu sobre a África, e especialmente sobre aquela parte do continente ao sul do Saara. Era um território mais extenso que a Europa, com 100 milhões de pessoas e, muito possivelmente, fontes imensas e nunca utilizadas de riqueza. Pouco se sabia acerca do interior do continente antes de 1850, mas ao longo dos trinta anos seguintes missionários e exploradores penetraram continente adentro. A informação que trouxeram encorajou tanto o interesse comercial como dos Estados e, por volta de 1870, teve início uma corrida febril pela anexação de territórios "não reclamados": a famosa "partilha da África". Conforme mais áreas eram reivindicadas pelas potências europeias, o risco de guerra sobre pretensões conflitantes crescia.

Em 1884, uma conferência foi desse modo convocada em Berlim para resolver uma série de disputas pendentes, incluindo a colonização da África. Ansiosos, tal como se fossem convidados de um jantar para poucos, os estadistas europeus começaram a retalhar o continente. A ideia de que a África já pudesse "pertencer" aos povos que moravam ali não lhes ocorria: estavam concentrados em saber a quem, entre eles, *deveria* pertencer. O fato de que o continente já abrigava uma série de Estados estabelecidos, e muitas nações antigas, não vinha ao caso, e traçaram linhas retas sem preocupações de língua, cultura ou qualquer outro critério que não a necessidade de assegurar que a civilização europeia recebesse uma fatia generosa. Desnecessário dizer, nem os povos africanos nem seus governantes foram consultados. As fronteiras arbitrárias resultantes tornaram-se origem de inúmeros conflitos quando esses territórios artificialmente criados mais tarde ganharam independência.

Enquanto as grandes potências partilhavam as terras e os povos da África, uma prova de força estava em vias de decidir quem controlaria o futuro do leste asiático. O primeiro teste para o progresso da modernização japonesa veio em 1884, apenas 16 anos após a Restauração Meiji. Ele assumiu a forma de um confronto com a China, e a matéria em disputa era o governo da Coreia.

A Coreia fora um estado cliente da China por algum tempo, mas sua localização no continente, bem diante do Japão, e seus recursos de carvão e ferro tornavam-na um alvo natural para os japoneses, agora de olho no mundo exterior. Em 1875, o Japão seguira o exemplo de outras nações industriais e forçara a Coreia a abrir suas fronteiras para o comércio japonês. Quando uma divisão surgiu entre modernizadores e tradicionalistas na própria Coreia, os japoneses ficaram ao lado dos modernizadores e os chineses dos tradicionalistas. Em 1884, um grupo reformista pró-Japão tentou derrubar o governo coreano, mas viu-se frustrado pela intervenção chinesa. Nessa ocasião, a disputa foi resolvida rapidamente, mas em 1894 o líder do golpe de 1884 foi assassinado na China, e os chineses intervieram numa nova rebelião contra o governo coreano. Os japoneses viram isso como uma violação do acordo e quando declararam guerra, em agosto de 1894, a maior parte das grandes potências mundiais presumiu que o Japão seria esmagado. Mas, no calor da batalha, a força da recém-industrializada nação japonesa e a fragilidade de seu vizinho maior, porém mais atrasado, foram demonstradas peremptoriamente.

No tratado resultante da guerra, a China foi forçada a reconhecer a independência coreana e a ceder a ilha de Taiwan ao Japão, além de garantir ao país direitos de comércio no território chinês. Essa demonstração da fraqueza chinesa acarretou consequências tanto externas como internas. Externamente, encorajou as potências europeias por sua vez a exigir maiores concessões. Internamente, a atmosfera de humilhação lançou as sementes da atividade revolucionária que acabaria acarretando o fim da dinastia manchu.

Mas não foi apenas a China que sofreu humilhação como consequência da guerra. O Japão, também, teve de enfrentar a realidade de sua posição no mundo. Sob a pressão dos poderes europeus, especialmente de uma Rússia preocupada com as ambições japonesas, ele foi forçado a abrir mão de parte dos territórios conquistados. A afronta não seria esquecida e só fez reforçar a determinação do país em atingir o status de uma potência verdadeiramente grande.

Enquanto o Japão exercitava suas habilidades e força na Ásia, outra potência recém-renascida mostrava as garras na Europa. Em 1897, a Alemanha começou a construir uma esquadra, fazendo ver à Inglaterra que ela não estava disposta a aceitar indefinidamente uma situação em que a supremacia naval britânica ditasse o curso dos assuntos internacionais. A Inglaterra recebeu o recado e começou a olhar em volta à procura de meios de contra-atacar a ameaça que o poderoso novo Estado representava para sua posição mundial. A essência da atitude britânica, e o modo como era vista por outros países, foi mais tarde resumida lindamente por Winston Churchill, quando disse, em 1914:

> Temos tudo que queremos em território, e nossa pretensão a permanecer em tranquilo usufruto de vastas e esplêndidas possessões, principalmente conquistadas por meios violentos, largamente mantidas pela força, muitas vezes parece menos razoável aos outros do que a nós.

Em 1899, ficou claro que os ingleses ainda não tinham tudo o que queriam. Nesse ano, a Inglaterra entrou em guerra contra os bôeres, um povo de ancestralidade holandesa que vivia na região mais ao sul da África, nas repúblicas de Natal, o Estado Livre de Orange e o Transvaal. Os bôeres já haviam travado uma guerra contra os britânicos em 1880-1881, mas a descoberta de ouro no território bôer do Witwatersrand, em 1886, motivou a certeza de que teriam de travar outra. A guerra, quando veio, foi um severo choque para os ingleses, cujas forças suplantavam as dos bôeres numa razão de quase dez para um. O que deveria ter sido uma campanha curta transformou-se em dois anos e meio de uma amarga batalha de guerrilha. O desenlace assegurou aos britânicos o controle do que se tornaria a

União da África do Sul, mas cobrou dos ingleses um elevado preço tanto em vidas quanto financeiro. A morte de 20 mil mulheres e crianças bôeres nos campos de prisioneiros britânicos saiu ainda mais cara para a Inglaterra em termos de reputação internacional.

Uma potência que não se envolveu na partilha da África foi a Rússia, que não via necessidade de possuir colônias africanas: o país contava com todas as oportunidades de que necessitava na Ásia. Mas a ascensão do Japão como ator de destaque no cenário do leste asiático enfatizou a necessidade de uma ação rápida. O tsar, Alexandre III, planejara a construção de uma ferrovia transiberiana, e as obras começaram em 1891. O trabalho foi realizado simultaneamente em seções por toda a Ásia e, em 1901, a linha se estendia por quase 10 mil quilômetros, de Moscou a Vladivostok, às margens do Mar do Japão. Na mesma época os russos obtiveram um arrendamento de Port Arthur (moderna Lü-Shun), na península de Liaotung, dando-lhes uma base formidável a partir da qual ampliariam sua influência na Coreia.

Essa crescente ameaça russa à influência japonesa no leste da Ásia era algo que os governantes japoneses não estavam dispostos a tolerar. Em 1904, eles se prontificaram ao ataque. Os russos, mal liderados por um governo incompetente e com metade de suas forças navais em águas europeias, não estavam em condições de oferecer resistência. Numa série de batalhas em terra e no mar, os japoneses infligiram derrota após derrota sobre as forças russas. Essa sucessão de desastres culminou com a orgulhosa esquadra russa — que finalmente se deslocara desde a Europa — sendo esmagada em uma batalha no estreito de Tsushima, ao largo da costa da Coreia, em maio de 1905. Foi uma das batalhas navais mais decisivas da história e assinalou uma mudança no equilíbrio do poder mundial.

Se a vitória do Japão sobre a China em 1889 constituíra uma surpresa para os estrategistas militares de toda parte, não foi nada comparado ao choque provocado com a derrota desse outro adversário muito mais formidável. Eles foram forçados a reconhecer a existência de um novo membro no clube das grandes potências e a reordenar seus planejamentos de acordo. Os japoneses, por sua vez, puderam andar pelo mundo de cabeça erguida. Em meros 42 anos haviam apagado a vergonha da sujeição ao comodoro

Perry e suas quatro canhoneiras. Obrigaram as potências europeias a renunciar às concessões comerciais obtidas em um período de fragilidade de seu país. Afirmaram sua superioridade militar sobre o gigantesco vizinho chinês. E então derrotaram decisivamente uma grande potência europeia numa batalha justa. Não se poderia condená-los por pensar que, tendo conquistado tanto em apenas uma geração, não havia de fato nada que não pudessem fazer. Além do mais, povos oprimidos de toda parte começaram a ter ideias. Se uma nação asiática podia enfrentar uma "raça superior" em seus próprios termos e sair vitoriosa, outros não poderiam fazer o mesmo?

Para os cultos chineses, não havia tais consolos. Relembrando as experiências dos 15 anos precedentes — ou, falando nisso, dos cinquenta —, o panorama era dos mais assustadores. Seu país, que haviam aprendido a chamar, e a considerar, o centro do mundo, sofrera humilhação atrás de humilhação. Uma nação que pouco mais de um século antes fora indiscutivelmente a mais próspera, e em muitos aspectos a mais instruída, era agora confrontada com constantes lembretes de sua fragilidade e atraso. Seus governantes, cansados e corruptos, ao que parece haviam por anos permanecido atolados na indecisão, sem saber se deviam seguir a modernização, como o Japão fizera, ou se essa tentativa acarretaria ainda mais humilhação sobre suas cabeças. Começando em 1901, o governo havia finalmente embarcado em um programa tardio de reforma. O sistema de provas para funcionários públicos, com dois mil anos de idade, foi abolido; reorganizaram o exército; um novo sistema de ensino foi implantado; e assembleias regionais e nacional foram convocadas. Mas, como tão frequentemente acontece quando um regime fossilizado embarca numa modernização sem troca de liderança, as mudanças intensificaram o sentimento amplamente disseminado de que apenas uma reforma radical teria efeito. Ficou claro para muitos que o país não era mais governado pelo Mandato Celestial. Assim como no passado, chegara a hora de alguém com um novo mandato assumir o poder.

A dinastia manchu (ou Qu'ing) que governara a China desde 1644 foi finalmente derrubada em 1911. Em seu lugar entrou um governo Kuomintang (Partido Nacionalista) liderado por Sun Yat-sen. Sun, um cristão convertido de 45 anos educado na Inglaterra, foi chamado de "pai da China moderna" e é celebrado até hoje como o "pai da revolução". Seus "três princípios do povo" — nacionalismo, democracia e bem-estar popular — foram adotados não só pelo Kuomintang, mas também pelos revolucionários comunistas que os sucederam. Ele passara vários anos no exílio, organizando células revolucionárias chinesas na Europa e no Japão, e se envolvera em diversas revoltas malogradas. Em 1911, enquanto continuava no exílio, uma nova série de revoltas ocorreu pelo país, mas, dessa vez, foram bem-sucedidas. Sun foi convidado pelos líderes da rebelião a regressar à China e assumir a presidência. Ele não a ocupou por muito tempo, mas continuou a servir o governo Kuomintang em outras funções e permaneceu sendo sua força motriz até a morte, em 1925. Em 1911, parecia possível acreditar que a China finalmente estava prestes a se livrar dos anos de humilhação e fraqueza e retomar seu lugar de costume entre as grandes nações do mundo. Possível, melhor dizendo, se se esquecesse a lição de 3 mil anos de história, de que o fim de uma dinastia era sempre seguido por um intervalo de guerra civil e desordem antes que um novo Mandato Celestial viesse.

34

Um mundo transformado

À MEDIDA QUE O SÉCULO XIX SE APROXIMAVA DE SEU DESFECHO, SURGIU uma variedade de novas tecnologias que transformaria a sociedade humana em tempos de paz e de guerra. A mais importante delas envolvia a geração e distribuição de eletricidade, em cujo âmago estavam duas antigas invenções desse mesmo século: o gerador e o motor elétricos.

As descobertas básicas que levaram ao desenvolvimento de ambos os dispositivos foram realizadas pelo físico dinamarquês Hans Christian Oersted, em 1821, e pelo físico britânico Michael Faraday em 1831. Faraday, seguindo as descobertas de Oersted, demonstrou que a rotação de uma bobina de arame em um campo magnético produzia uma corrente elétrica. Ele demonstrou também que uma corrente elétrica passando pela bobina podia fazer um magneto girar. Esses dois processos, que são a imagem espelhada um do outro, contêm a essência da geração elétrica — o uso da energia mecânica para produzir eletricidade e o uso da eletricidade para produzir energia mecânica. A potência elétrica que sustenta a sociedade moderna é produto de uma sequência de três passos:

1 uma máquina (turbina a vapor, turbina hidrelétrica etc.) gera corrente;
2 um cabo de transmissão carrega a corrente até onde ela será usada;
3 um motor elétrico, uma lâmpada ou algum outro dispositivo usa a corrente para produzir energia mecânica, luz, calor etc., ao ponto de uso.

Esses três passos, tão simples de resumir, exigiram meio século de invenções engenhosas antes que seus princípios básicos pudessem efetivamente ser aplicados. Não foi senão em 1873 que o primeiro motor elétrico comercialmente exequível foi produzido. Mas no último quarto do século XIX e no primeiro quarto do XX, essas invenções produziram uma segunda Revolução Industrial em todos os aspectos tão significativa quanto a anterior, produzida um século antes pelo desenvolvimento do motor a vapor.

A eletricidade não substituiu o motor a vapor. Pelo contrário, deu a ele uma nova razão de ser. Eletricidade precisa ser gerada e a maior parte da demanda mundial ainda é produzida por máquinas movidas a vapor. Esse é o caso com qualquer combustível, seja carvão, gás, óleo ou energia nuclear. Apenas em locais onde há potência hidráulica ou eólica disponível para fazer girar turbinas diretamente é que esse meio pode ser dispensado. A moça que realiza o câmbio de moedas em seu computador é tão dependente da máquina a vapor para viver quanto era sua tataravó trabalhando num poço de mina.

Vivemos num mundo construído pela eletricidade. A luz elétrica aumentou imensamente as horas durante as quais o trabalho pode ser realizado e o lazer desfrutado. A energia eliminou as restrições que exigiam à indústria ficar localizada perto de jazidas de carvão. A eletricidade tornou o cinema, o rádio e a televisão possíveis. Sem ela, o computador e a internet seriam inconcebíveis. A eletricidade *é* o mundo moderno. É espantoso imaginar que, para todos os fins práticos, ela não existisse há 150 anos.

Ao mesmo tempo que a geração e transmissão de eletricidade estavam sendo aperfeiçoadas, outra tecnologia de vasta importância — o motor de combustão interna — chegava à maturidade. Esse dispositivo, que depende da ignição velozmente repetida de um combustível vaporizado, como a gasolina, possui longa história. Um estágio-chave em seu desenvolvimento foi atingido em 1861, quando o engenheiro alemão Nikolaus August Otto fez funcionar o primeiro motor em um ciclo de quatro tempos. Isso abriu a possibilidade de usar o princípio da combustão interna como alternativa para a energia a vapor. Mas o motor de Otto, como todos os demais motores de combustão interna da época, funcionava à base de gás de carvão, que por sua natureza exigia linhas de fornecimento, e desse modo não podia ser usado para movimentar veículos. Foi apenas quando o éter de petróleo se tornou disponível em quantidades significativas, como um derivado da indústria do óleo de iluminação, e as pessoas começaram a procurar um uso para ele, que o motor de carro como conhecemos hoje passou a ser uma possibilidade prática.

Por volta de 1900, todos os problemas importantes envolvidos na construção dos motores de combustão interna haviam sido resolvidos e diversos fabricantes nos Estados Unidos começaram a produzir automóveis em pequena quantidade. A novidade do produto e a escala mínima de operação tornavam esses primeiros veículos muito caros, e os fabricantes empenharam-se em manter a imagem do carro como um valorizado objeto de luxo acessível apenas aos ricos. Mas em 1903 o confortável arranjo foi pulverizado pela fundação em Detroit, Michigan, da Ford Motor Company, criação de um engenheiro descendente de imigrantes irlandeses chamado Henry Ford.

Ford teve uma visão do futuro papel do automóvel na vida americana e sua abordagem de fabricação e comercialização foi inspirada nisso. Ao contrário de seus competidores, que lutaram nos tribunais para impedi-lo de atingir seu objetivo, ele buscou o preço mais baixo e o mercado mais amplo, baseado na padronização extrema e na produção eficiente. Em outubro de 1908, ele introduziu seu Modelo T, o veículo mais famoso da história do automóvel. Em 1913, inspirado pelo exemplo da Sears, as linhas de montagem de Roebuck que empregavam esteiras rolantes para atender a ordens pelo correio, ele criou a primeira linha de montagem do mundo para produção em massa de um objeto de engenharia. Com um golpe, cortou o tempo médio de montagem de 12,5 para 1,5 hora por veículo, reduzindo drasticamente o custo do produto finalizado. Com esse plano, Ford foi capaz de transformar seu sonho em realidade. Durante sua vida de 19 anos, o Modelo T atingiria vendas de 16 milhões de veículos, metade das vendas totais da indústria automobilística no mundo todo. Nos Estados Unidos, 15 milhões foram vendidos, transformando a vida americana e fornecendo um modelo de produção em massa aplicável a um vasto leque de indústrias.

Foi também em 1903 que o primeiro avião de verdade com um motor de combustão interna alçou voo de um campo perto de Kitty Hawk, na Carolina do Norte. O piloto era um mecânico de 32 anos chamado Orville Wright, filho de um bispo da igreja evangélica United Brethren of Christ. Ele e seu irmão Wilbur projetaram e construíram o motor do aparelho em sua oficina de bicicletas, porque ninguém conseguia fazer para eles um motor leve o bastante para seu propósito. Em seu primeiro voo, o avião percorreu apenas cerca de 40 metros e ficou no ar apenas por 12 segundos. Mas no fim do dia eles haviam conseguido um voo ininterrupto de 58 segundos. Era tudo que se precisava para provar a exequibilidade de máquinas de voar mais pesadas que o ar.

Pelos três anos seguintes, os irmãos se recusaram a voar, em parte devido ao medo de espionagem industrial, mas também de exasperação com a recusa do exército americano em levar o invento a sério. Mas eles continuaram a construir e aperfeiçoar suas máquinas, e o grande momento veio em 8 de agosto de 1908, quando Wilbur Wright deu uma demonstração espetacular de acrobacias diante de uma multidão atônita em Le Mans, na França. A partir daí, os europeus, que haviam demorado para reagir, entregaram-se ao desenvolvimento de máquinas como essas com entusiasmo. Em um ano, um dono de fábrica francês de 37 anos chamado Louis Bleriot ganhou o prêmio de mil libras oferecido pelo *Daily Mail* inglês à primeira pessoa que voasse através do canal da Mancha. Em 1911, a França tinha 350 pilotos qualificados, o dobro do restante do mundo e mais de dez vezes o que havia nos Estados Unidos. Disso se seguiram três anos de uma aventura intrépida, em que aviadores voavam para toda parte, competindo em corridas e acrobacias aéreas. Mas, em 1914, aconteceu algo que tornaria a aviação um dos negócios mais mortíferos do mundo.

35

O mundo em 1913

QUANDO HENRY FORD INICIOU SUA PRIMEIRA LINHA DE MONTAGEM, EM 1913, o mundo estava agitado. Uma das evidências mais marcantes acerca disso era quantas pessoas havia, em comparação com qualquer outro momento do passado. Nos 150 anos desde 1763, a população mundial mais do que dobrara, indo de 800 milhões para mais de 1,6 bilhão de pessoas. Isso se deveu em parte aos avanços na medicina. Graças a um melhor entendimento dos processos infecciosos e da importância da higiene, melhorias no saneamento, introdução da vacinação e fornecimento de água limpa, a expectativa de vida em muitos países aumentara. Isso era particularmente verdadeiro nas cidades dos países industrializados. Antes do século XIX, as cidades eram um escoadouro populacional, em que as pessoas morriam precocemente. Somente o constante reabastecimento oriundo do campo possibilitara manter a quantidade de gente existente. Agora o número de habitantes das cidades crescia rápido e, em muitos países, ocorrera um notável aumento na proporção de população total vivendo em um ambiente urbano.

Nesses países, a queda da taxa de mortalidade tivera lugar contra um cenário de taxas de natalidade estáveis, com o resultado de que o crescimento populacional fora particularmente acelerado. Um dos exemplos mais marcantes dessa tendência foi a Inglaterra, onde uma população de cerca de 7 milhões de pessoas em 1763 aumentara em 1913 para 40 milhões, a despeito da emigração de quase 20 milhões de pessoas.

Mas higiene melhorada e avanços médicos não teriam levado a aumentos populacionais não fosse a quantidade cada vez maior de alimento disponível. Entre 1763 e 1913, a área de terra cultivada do mundo praticamente triplicara e, em muitos países, técnicas melhoradas haviam resultado em produção maior por hectare tanto de colheitas como de gado. Os padrões de vida melhoraram consideravelmente, a despeito de dobrar a população no mundo todo.

Nem todo país se beneficiou do aumento de alimento disponível. A tiranizada colônia britânica da Irlanda registrara uma população de 6,5 milhões ainda em 1840, mas, devido à fome e ao empobrecimento esmagador, perdera 5 milhões para a emigração e, agora, tinha menos de 4 milhões. Essas regiões de privação contra um cenário de comparativa abundância revelam que ocorreu um grande aumento da desigualdade nos padrões de vida entre as nações prósperas e as menos afortunadas.

O crescimento populacional global durante o século precedente ou um pouco além disso fora acompanhado de um volume assombroso de deslocamentos entre os países. Em 1890, essas migrações vinham ocorrendo havia setenta anos, mas atingiram um pico no quarto de século entre 1890 e 1913. O motivo para isso incluía:

1. a remoção de obstáculos legais à migração em inúmeros países;
2. uma queda acentuada no custo da viagem oceânica;
3. uma depressão agrícola causada pela importação de grãos baratos de países como Argentina e Estados Unidos, o que culminou em escassez para os trabalhadores rurais europeus.

O fator mais importante nessas migrações foi a queda nos custos de transporte associada à chegada do barco a vapor, que atuou não só como "empurrão", mas também como "puxão". Facilitando o transporte de gêneros alimentícios por longas distâncias, ele tornou grande parte da atividade agropecuária tradicional pouco rentável em face da competição de países como Estados Unidos e Austrália, lançando no desemprego trabalhadores de outros países. Esse foi o "empurrão". Ao mesmo tempo, proporcionou viagens mais baratas, tornando possível à gente pobre deixar seus lares pela oportunidade de uma vida melhor em outro lugar. Esse foi o "puxão".

Algumas dessas migrações atingiram proporções fenomenais. Entre 1840 e 1913, algo como 60 milhões de europeus partiram de suas casas para tentar a sorte em outro lugar. Por volta de três quartos deles foram parar na América do Norte, onde as estradas de ferro haviam desbravado o país e a terra era barata. Outros 10 milhões e tanto, na maioria espanhóis, portugueses e italianos, acabaram desembarcando na América Latina. Quantidades substanciais vindas da Inglaterra e da Irlanda encontraram um novo lar em países como Canadá, Austrália, Nova Zelândia e África do Sul. Essa foi uma época em que os impérios europeus atingiram seu ápice e foi de muitas maneiras uma era dourada de oportunidade para emigrantes europeus em busca de um novo lar em países onde ainda podiam se sentir "em casa".

Não foi apenas da Europa ocidental e meridional que as pessoas saíram para tentar fazer fortuna em terras estrangeiras. Na segunda metade do século XIX, quatro ou cinco milhões de pioneiros russos encontraram um novo lar na Sibéria. E no sul e no leste da Ásia as pessoas estavam igualmente se deslocando à procura de uma vida melhor, ou apenas um modo de ganhar a vida. Entre 1830 e 1913, dezenas de milhões de trabalhadores indianos com contratos de curta duração supriram a mão de obra necessária em minas e fazendas em colônias britânicas como Trinidad, África do Sul, Ceilão e Burma. Durante esse mesmo período, talvez até 15 milhões de camponeses chineses, desesperados por fugir de dívidas, tiraram vantagem do comércio de "cules", que os fornecia como mão de obra para patrões do mundo todo, mas sobretudo para as fazendas de borracha e as minas de estanho da Malásia.

Graças à disponibilidade maior de alimentos, e a essas grandes migrações, algumas áreas do mundo haviam registrado grandes crescimentos populacionais desde 1763. A população da Europa, excluindo a Rússia, mesmo com suas perdas para a migração, explodira de cerca de 110 milhões para algo em torno de 350 milhões. A própria Rússia, incluindo a Sibéria, tinha agora uma população de 150 milhões. A população dos Estados Unidos, na outra ponta dessa maré de imigração europeia, atingira os 100 milhões.

Entre as nações asiáticas, o Japão abrigava 60 milhões de pessoas: um povo próspero, instruído e transbordando de autoconfiança nacional.

A China, com mais de 500 milhões, e um passado brilhante, deveria ter se tornado uma das grandes potências mundiais. Mas os anos de guerra e fome, governo complacente e ineficaz e maus-tratos por parte dos algozes estrangeiros haviam-na reduzido a uma sombra de seu antigo eu e deixado grande parte de sua população atolada em dívidas e ignorância.

A população de 350 milhões da Índia — igual à da Europa — continuava sujeita aos caprichos de uma certa ilha ao largo da costa europeia. Por ora, as classes cultas indianas não tinham outra escolha a não ser se deixar ficar sob a tutela de pessoas cujos ancestrais iletrados ainda corriam por aí em peles de animais quando seus próprios ancestrais criavam obras-primas supremas da arte e da literatura. Mas elas não iam continuar aturando isso por muito mais tempo.

Dois outros vastos territórios, Austrália e Canadá, continuavam teoricamente parte do império britânico, mas seus habitantes não podiam ser tutelados como era o povo da Índia. A Índia britânica fora criada por um empreendimento comercial, que obtivera controle de um subcontinente densamente povoado por intermédio de armamentos superiores e velhacarias diplomáticas. O Canadá e a Austrália, por outro lado, haviam sido efetivamente esvaziados de seus povos nativos por uma combinação de doenças europeias e limpeza étnica. Esses lugares haviam sido repovoados, como acontecera nos Estados Unidos, por imigrantes europeus de mentalidade independente, que teriam rapidamente afirmado sua independência se a Inglaterra tentasse tratá-los como o fez com aquelas colônias cujos povos tinham uma cor de pele diferente. O Canadá vinha se autogovernando na prática desde a promulgação da Lei do Governo do Canadá, em 1867. Um terço de seu povo era cultural e linguisticamente francês e muitos deles teriam preferido formar uma nação separada. Mas em 1913 os sentimentos separatistas não eram fortes o bastante para ameaçar a sobrevivência do Estado.

A Austrália se tornara uma *commonwealth* autogovernada desde 1901, com uma constituição que proporcionava a seus estados individuais, como as províncias canadenses, uma grande dose de controle sobre os próprios negócios. Como o Canadá, ela era abençoada com extensas terras de cultivo de trigo e rica em recursos minerais. Os cidadãos de ambos os países usufruíam um padrão de vida que causava inveja a outros povos.

Também a antiga colônia britânica da Nova Zelândia era, para todos os propósitos práticos, agora um país independente. Ela fora administrada separadamente de New South Wales desde 1841 e, em 1907, fora designada um "domínio", assumindo seu lugar junto a Austrália e Canadá como um território autogovernado unido à Inglaterra apenas por laços de amizade e um rei compartilhado.

Conforme o ano de 1913 se aproximava do final, os bronzeados jovens desportistas da Austrália e da Nova Zelândia, como os atletas de todas as nações bem nutridas, já ansiavam pelos próximos Jogos Olímpicos. Excetuando as mulheres. Ao contrário dos gregos, o mundo moderno não estava preparado para o espetáculo de mulheres atletas exibindo suas habilidades físicas em público. O antigo festival grego fora revivido em 1896 como resultado do entusiasmo de um aristocrata francês, o barão Pierre de Coubertin, que visitara a pequena vila inglesa de Much Wenlock na época de seus Jogos Olímpicos anuais, uma mistura de "esportes viris e recreações ao ar livre" que atraía atletas de toda a região. O que viu por lá o persuadiu de que um festival similar em escala internacional podia ser um meio de promover a paz e a boa vontade entre as nações. As Olimpíadas de 1896 foram tal sucesso que ficou resolvido que se repetiriam a intervalos de quatro anos. Em 1916 o lugar planejado para sediá-las era Berlim. Mas em 1914 ocorreu um evento que comprometeu os países do mundo numa disputa muito mais desesperadora.

36

Guerra mundial: primeiro ato

O PRÍNCIPE OTTO VON BISMARCK, FUNDADOR E CRIADOR DA ALEMANHA moderna, sugeriu na década de 1880 que a próxima grande guerra europeia seria iniciada por "alguma coisa estúpida nos Bálcãs". Sua predição foi ominosamente precisa.

Em junho de 1914, o herdeiro do trono austríaco, o arquiduque Franz Ferdinand, estava na Bósnia, na época parte do império austríaco, a fim de passar as tropas imperiais em revista. Em 28 de junho, numa ensolarada tarde de domingo, ele e sua esposa Sophie fizeram uma visita à cidade de Sarajevo. Também em Sarajevo nesse dia estava um grupo de estudantes e aprendizes — membros de uma organização revolucionária chamada Jovem Bósnia —, com o objetivo expresso de assassinar o arquiduque. Um deles jogou uma bomba no carro real, mas o projétil ricocheteou e feriu vários espectadores.

Horas depois o casal real decidiu visitar os feridos no hospital e, por acaso, sua rota os fez encontrar um dos aspirantes a assassino — um rapaz de 19 anos chamado Gavrilo Princip —, que estava por ali após o aparente fracasso do atentado. Ele disparou dois tiros, matando o arquiduque e sua esposa.

Após uma calmaria de quatro semanas, as coisas repentinamente fugiram do controle. Por uma trágica ironia, o assassinato do duque eliminara a pessoa com maior probabilidade de atuar como influência repressora nos elementos da sociedade austríaca que pressionavam por um acerto de contas definitivo com a Sérvia. O governo austríaco procurou, e obteve, uma garantia de apoio alemão na eventualidade de a Rússia acorrer em auxílio da Sérvia. O governo alemão não tinha nenhum interesse na rixa entre Áustria e Sérvia, mas também não tinha intenção alguma de deixar o caminho aberto para a Rússia.

Em 23 de julho os austríacos acusaram o governo sérvio de envolvimento no assassinato e lançaram um ultimato de 48 horas. Ele incluía exigências para a eliminação de organizações terroristas em solo sérvio, fim da propaganda antiaustríaca e a inclusão de representantes austríacos na comissão de inquérito sobre o assassinato. O governo sérvio considerou esta última exigência uma violação de sua soberania nacional e a rejeitou. O governo russo, ainda lambendo as feridas de sua humilhação nas mãos dos japoneses, sentiu que não podia passar a impressão de ter abandonado os camaradas eslavos na Sérvia e anunciou uma mobilização geral. Isso não necessariamente indicava a intenção de entrar em guerra, mas os eventos a essa altura se sucediam com tal rapidez que os líderes dos países encontravam dificuldade em distinguir entre a mera ameaça e o perigo imediato. Não ficou claro para nenhum deles que uma disputa entre a Áustria e a Sérvia necessariamente implicava uma guerra em toda a Europa. Em 31 de julho, o primeiro-ministro britânico, Asquith, externava ao arcebispo de Canterbury a opinião de que "a Sérvia merece uma boa surra".

Bismarck sempre projetara suas alianças como um modo de evitar a guerra e nada o deixava mais horrorizado do que imaginar a Alemanha sendo arrastada para um conflito em duas frentes — leste e oeste — simultaneamente. Mas, após sua morte, os sucessores haviam perdido de vista sua estratégia e começaram a elaborar planos detalhados para a eventualidade de uma guerra como essa, baseados na necessidade pressentida de uma vitória rápida sobre a França antes que o rolo compressor russo pudesse ser mobilizado. Quando a mobilização da Rússia foi anunciada, os generais alemães, não querendo ver seu aliado austríaco esmagado e temendo o crescente poderio industrial e bélico dos russos, viram nisso uma última chance de lidar com a ameaça russa. Em 1º de agosto, a Alemanha declarou guerra contra a Rússia e, em 3 de agosto, contra a França.

Para se certificar de que a vitória sobre os franceses seria rápida, os alemães sempre haviam presumido que qualquer ataque viria pela Bélgica.

Mas a neutralidade desse país estava garantida por um tratado internacional do qual a Inglaterra era uma signatária. Quando as tropas alemãs atravessaram a fronteira belga em 4 de agosto, forneceram ao governo britânico a justificativa para entrar na guerra ao lado da França. Assim, seis semanas após aqueles dois tiros em Sarajevo, todas as grandes potências europeias estavam envolvidas no conflito. O eco desses disparos não sumiria completamente até o verão de 1945, 31 anos depois, quando teriam ocasionado duas guerras mundiais e a morte de 60 milhões de pessoas.

No início, tudo seguiu conforme o planejado pelo alto-comando alemão. Em três dias, 40 mil soldados franceses estavam mortos. Em um mês, os canhões alemães tinham Paris ao seu alcance. Mas, então, os exércitos franceses, sob a liderança inspirada de seu comandante, general Joffre, não apenas resistiram como também começaram a repelir os invasores. Nesse estágio, soldados e civis de ambos os lados acreditavam que a guerra estaria encerrada em questão de meses. Mas, à medida que os alemães, primeiro, e depois os franceses e ingleses se enterravam em trincheiras defensivas, a guerra enveredou para uma refrega hedionda em que milhares podiam morrer tentando capturar uma pequena colina ou poucas centenas de metros de um lamaçal quase intransponível. Esse horror persistiria por três anos.

A Inglaterra e a França não lutavam sozinhas. O investimento feito pelos ingleses em seu império de além-mar agora rendia um dividendo humano. Tropas da Austrália, do Canadá, da Irlanda, da Nova Zelândia e África do Sul se voluntariaram aos milhares para lutar ao lado dos britânicos. Soldados das colônias — da Índia, sobretudo — lutaram e morreram para salvar a "pátria mãe" que os governara quase com mão de ferro por mais de um século. As colônias de além-mar francesas, também, forneceram substancial quantidade de soldados para dar a vida de modo que a França pudesse continuar explorando as famílias que eles deixavam para trás. Mas a despeito de toda a ajuda, houve momentos em que pareceu provável que a Alemanha sairia vitoriosa.

Uma vez que as trincheiras foram cavadas, a guerra no Ocidente permaneceu a maior parte do tempo confinada a uma estreita faixa de terra que se estendia do canal da Mancha à fronteira suíça. No Oriente, o cenário era bem diferente. Os exércitos da Alemanha e da Áustria, por um lado, e da Rússia, pelo outro, avançavam e recuavam à medida que primeiro uns depois os outros lançavam grandes ofensivas que varriam tudo em seu caminho, para então perder força conforme as linhas de fornecimento se esgarçavam e o mau tempo chegava. No Ocidente, um ataque que havia levado meses para ser preparado, e custara milhares de vidas, podia avançar a linha de frente em dez quilômetros. No Oriente, uma ofensiva similar avançaria trezentos. Entre 1914 e 1917, quatro grandes ciclos de avanço e retirada levaram as forças antagônicas profundamente nos territórios umas das outras. Para as pessoas que viviam nessas terras capturadas e recapturadas, as consequências foram em geral tão pavorosas quanto as sofridas pelos próprios combatentes.

Com o passar dos anos, e as dificuldades em manter os suprimentos de comida e os equipamentos bélicos de prontidão, começou a parecer que o desfecho seria decidido pelo lado que conseguisse sujeitar o outro à base da fome. Em 1917, a Inglaterra estabelecera um bloqueio naval que ameaçava a capacidade alemã de continuar. Os alemães, em resposta, voltaram-se para uma arma que haviam desenvolvido anos antes mas ainda não haviam empregado seriamente: o submarino. A arma se provou amplamente eficaz, mas o modo como foi mobilizada acarretou a ação que determinou a derrota alemã.

Quando a guerra começou, em 1914, os Estados Unidos haviam permanecido a distância. As briguinhas das famílias europeias não eram de sua conta. Quando muito, a opinião dos norte-americanos tendia a favor das potências centrais (Alemanha e Áustria-Hungria), mais do que dos Aliados (Inglaterra, França e Rússia). Entretanto, a diligência da propaganda dos Aliados, principalmente os britânicos, que contava com a enorme vantagem de uma língua compartilhada, se provou eficaz, e em 1917 ocorreu uma notável reviravolta da opinião em favor da *entente cordiale*. Mas isso ainda estava longe de significar qualquer intenção de envolvimento ativo.

Em janeiro de 1917, o imperador alemão, Guilherme II, convocou uma reunião em que os chefes do Exército e da Marinha, na ausência do chanceler alemão, insistiram que a ação irrestrita de submarinos era essencial para vencer a guerra. O imperador assentiu, e o chanceler, quando informado, não ofereceu resistência. "Irrestrita" significava que a decisão de atacar navios mercantes seria determinada pelo seu suposto destino, e não em virtude das cores sob as quais estavam navegando ou dos passageiros que transportassem. Só a implementação dessa decisão já teria sido suficiente para fazer os Estados Unidos entrarem na guerra. Mas a decodificação de telegramas em que o governo alemão oferecia uma promessa de apoio ao México, caso esse país se envolvesse em uma guerra com os Estados Unidos, acabou com todas as dúvidas. Em 6 de abril de 1917, o governo americano declarou guerra à Alemanha. A partir de então, não era mais uma questão de saber que lado perderia, mas quanto tempo levaria.

Paradoxalmente, essa aurora foi seguida, para os aliados, pelo momento mais sombrio de todo o conflito. No Ocidente, uma série de batalhas nos arredores da cidade de Ypres, envolvendo terríveis perdas de vida, desferiu um severo golpe no moral e na capacidade de luta dos ingleses. Ao mesmo tempo, o exaurido exército francês abalou-se com uma série de motins. Enquanto o choque desses eventos estava sendo absorvido, os Aliados tiveram de lidar com a desintegração do esforço de guerra russo no Oriente.

Comparadas com a Rússia, Inglaterra e França eram democracias amadurecidas. Quando a guerra trouxe a necessidade de impor um grau de controle autoritário, seus sistemas políticos foram capazes de lidar com a crise. A Rússia, contudo, mal saíra do ovo da democracia. Seguindo-se à derrota para o Japão, o país conhecera uma década de rápido crescimento, acompanhado de uma elevação da consciência política. Nessa atmosfera, a tentativa de voltar a uma forma de governo mais autocrática suscitou tremendo ressentimento. O problema piorou por causa do caráter do governante do país, Nicolau II, que detinha poder real mas vivia em um mundo de fantasia, igualmente distante de seu povo e de seus ministros.

Em nenhum lugar esses ressentimentos em fervura lenta borbulharam mais ominosamente do que na capital de Petrogrado (São Petersburgo). Entre 1914 e 1917, a expansão industrial gerada pela guerra provocara aumento de um terço na população da cidade. Interrupções na colheita e no sistema ferroviário, e ocultamento de safras pelos camponeses, causaram severa escassez de alimentos. Cidadãos à beira da fome saíram em manifestações, e as guarnições que deveriam controlá-los expressaram aberta simpatia. Em 11 de março de 1917, soldados do quartel Pavlovskiy se amotinaram. No dia seguinte, 20 mil pessoas tomaram as ruas. O tsar, aconselhado por seus ministros, abdicou, e um governo provisório designado pela Duma (o parlamento russo) assumiu o controle de todo o país.

Encorajados por agitadores socialistas, operários e soldados começaram a formar conselhos chamados sovietes, inspirados pelo modelo estabelecido durante a revolta fracassada de 1905. A mais importante facção do soviete de Petrogrado foi um grupo chamado de bolcheviques. Seu líder era Vladimir Ilich Lenin, de 47 anos, formado em direito e orador magnífico, vivendo exilado na Suíça. Lenin, que já cumprira sentenças de prisão por seu papel em revoltas malogradas, era seguidor de Karl Marx, mas defendia a própria versão do marxismo, que questionava a capacidade do proletariado de realizar a revolução e insistia na necessidade de um grupo de elite — os comunistas —[4] exercer liderança sobre os trabalhadores, a fim de impor a disciplina e fornecer uma direção às forças da revolução.

O governo alemão, embora contrário aos bolcheviques, ajudou Lenin a escapar do exílio na Suíça, na esperança de que sua presença na Rússia pudesse levar o país a deixar a guerra. Eles estavam certos. A chegada de Lenin em um trem "lacrado" na estação Finlândia em Petrogrado, em 3 de abril de 1917 — um dos episódios mais significativos da história russa —, desencadeou uma série de eventos que culminaram em um governo revolucionário e na assinatura de um armistício entre Rússia e Alemanha. Lenin tinha muita clareza de que havia bastante a fazer na Rússia. Ele não tinha o menor desejo de participar de uma guerra.

A Alemanha se via agora em posição de concentrar todos os seus esforços de guerra na frente ocidental. Mas sua situação era desesperadora. Suas forças de combate, assim como as de seus inimigos, haviam se fartado da guerra, e o moral andava baixo. Sua aliada, a Áustria, desmoronava visivelmente. O bloqueio britânico colocava a população civil em uma severa privação. Os Estados Unidos juntavam forças para desferir um golpe que

---

[4] Na verdade o grupo de elite defendido por Lenin não era constituído por simples comunistas. Tratava-se de comunistas organizados em um partido de vanguarda dedicado à revolução. Ver: COUTINHO, Carlos Nelson. *A dualidade de poderes*. Introdução à teoria marxista de Estado e Revolução. São Paulo: HUCITEC, 1979. [*N. do R.T.*]

pusesse o inimigo a nocaute. Ou uma ofensiva final destruiria os enfraquecidos exércitos britânico e francês, e barraria a entrada dos americanos no continente, ou a guerra estava perdida. Chegara a hora do último lance do jogador.

Começando em março de 1918, uma série de ataques obrigou as forças aliadas a recuar e, em 23 de março, os canhões alemães mais uma vez bombardeavam os arredores de Paris. Mas então a maré mudou novamente. Os recursos industriais da Inglaterra e da França, e a mobilização das tropas norte-americanas, que chegavam em número considerável, começaram a fazer efeito. Canhões e granadas supriam os aliados em um ritmo que os alemães não podiam igualar. Durante três meses, eles perderam 800 mil homens, e seu poderio para o combate ficou ainda mais debilitado com uma epidemia de gripe que varreu as fileiras.

No fim, a vitória chegou mais rapidamente do que o comando aliado ousara esperar. Em 1º de outubro, as forças britânicas conquistaram uma série de vitórias sobre o aliado turco da Alemanha com uma entrada triunfal em Damasco e, em 30 de outubro, a Turquia se rendeu. Às onze da manhã de 11 de novembro, os canhões finalmente silenciaram na frente ocidental e a Alemanha e seus aliados esperaram para ver que termos seus inimigos iriam impingir na paz que se seguiu.

Enquanto vitoriosos e vencidos igualmente agradeciam pelo fim da agonia da guerra, todos sofreram um golpe maligno final. A epidemia de gripe que operara tal devastação entre os exércitos alemães desmoralizados na França se alastrava como fogo pelo mundo. Em nenhum lugar ela permaneceu por mais do que algumas semanas. Quando sua jornada chegava ao fim, mais de 20 milhões haviam tombado — quase o dobro do que morrera em quatro terríveis anos de guerra.

37

Um interlúdio intranquilo

OS INIMIGOS DA ALEMANHA NÃO FIZERAM O MENOR ESFORÇO PARA SER magnânimos. Os termos do tratado que oficialmente encerrou a guerra foram acertados em uma conferência de paz ocorrida no palácio de Versalhes, nos arredores de Paris, na primavera de 1919. Acertados, melhor dizendo, entre os representantes das nações vitoriosas, e não entre vitoriosos e vencidos. O único papel que cabia aos representantes alemães era o de abrir a boca só quando se lhes dirigissem a palavra e assinar na linha pontilhada. Isso foi realizado no esplêndido cenário do Salão dos Espelhos do palácio, em 28 de junho de 1919, quando indicaram sua aceitação do acordo de paz delineado no Tratado de Versalhes.

Os termos do tratado causaram impacto. Quando a Alemanha buscara o armistício — isto é, o fim das hostilidades —, baseou-se nos "catorze pontos", uma lista de objetivos traçados pelo presidente americano, Woodrow Wilson. Mas, subsequentemente, outros nove foram acrescentados. Um deles foi uma admissão de culpa pela guerra. Condições posteriores envolveram perdas de território substanciais para a Alemanha e seus aliados. A Alemanha foi obrigada a ceder suas colônias, incluindo Tanganica (Tanzânia), África do Sudoeste (Namíbia) e inúmeras ilhas no Pacífico. Além disso, a população e o território da própria Alemanha foram reduzidos em cerca de 20 por cento, incluindo a devolução da Alsácia e da Lorena à França. O império turco-otomano, cujos soldados haviam lutado com coragem e destreza, foi violentamente reduzido em extensão, criando os países totalmente novos de Síria, Palestina, Líbano e Iraque.

Uma das criações do Tratado de Versalhes foi uma entidade chamada Liga das Nações, com sede em Genebra. Ela foi precursora — e modelo parcial — da atual Organização das Nações Unidas. Algumas regiões — entre elas Síria, Palestina e Iraque (antigos territórios turcos) e Tanganica (uma colônia alemã) — ficaram submetidas a um "mandato". Elas passaram teoricamente a ser administradas pela França (Síria) e pela Inglaterra (Palestina, Iraque, Tanganica), sob a supervisão da Liga das Nações. Mas esse rótulo bondosamente sedutor era na verdade apenas perfumaria, para disfarçar o mau cheiro de sua anexação pelos vitoriosos.

Para a Inglaterra, a Palestina mais tarde se revelaria um cálice de veneno. O país fora por anos cenário de uma imigração não oficial de colonos sionistas: judeus que aspiravam a ver o lar ancestral de seu povo espalhado pelo mundo mais uma vez como um Estado estritamente judaico. Em novembro de 1917, o secretário de Exterior britânico, Arthur Balfour, desejando aumentar o apoio americano ao esforço de guerra britânico e consciente da influência política dos judeus americanos, escrevera ao banqueiro L. W. Rothschild expressando seu apoio a "um lar nacional na Palestina para o povo judeu". Esse documento ficou conhecido como Declaração de Balfour. Quando a Inglaterra assumiu a responsabilidade pela Palestina sob o mandato — com o objetivo de obter controle sobre o acesso ao canal de Suez —, criou um meio para que os adeptos do sionismo exercessem pressão na Inglaterra.

Como parte do acordo do pós-guerra, uma das potências centrais — o império austro-húngaro — foi totalmente desmembrada. De sua geografia, três novos países foram moldados. Dois deles — Áustria e Hungria — continuam existindo. O terceiro — a Tchecoslováquia — abrangeu os territórios que conhecemos hoje como República Tcheca e Eslováquia. A Polônia reapareceu como país independente, devolvido a seu povo após anos de divisão entre Alemanha, Áustria e Rússia. Um quarto país, com um nome que o mundo nunca ouvira antes — Iugoslávia — foi criado pela junção de Sérvia e Montenegro, os territórios austríacos da Eslovênia e da Croácia e os territórios turcos de Bósnia e Macedônia.

Ausente dessas discussões, e antes sofrendo do que participando da partilha dos espólios, estava um país que teria tomado parte no lado vencedor, não houvesse se retirado da refrega: a Rússia. Os russos não puderam opinar na remodelação do mapa europeu. Como república socialista, com o objetivo expresso de levar a revolução a países capitalistas do mundo todo, ela era considerada uma ameaça pelas outras grandes potências europeias. A seus olhos, o país era agora um inimigo.

Além da perda de território, o Acordo de Versalhes continha outras disposições que mais tarde desempenhariam um importante papel em convencer o povo alemão de que tinham sido vítimas de um tratado injusto. A principal delas era uma obrigação de reparações financeiras para os vitoriosos.

A ideia de reparação atualmente parece inapropriada para esse conflito em particular. Dá a entender que havia um lado culpado e que o outro era inocente. Se a pessoa adota a perspectiva, como muitos historiadores o fazem, de que a guerra era um acontecimento esperado, então a questão da culpa dificilmente vem ao caso. Mas no período imediatamente posterior, com a dor e a perda vivas nas mentes das pessoas, o clamor pelo pagamento de uma compensação é compreensível. Os instintos do presidente americano, Woodrow Wilson, e do primeiro-ministro britânico, David Lloyd George, eram contra uma compensação punitiva, mas ambos mudaram suas opiniões públicas quando perceberam que estavam se arriscando a uma derrota eleitoral. A compensação tal como ficou determinada foi estabelecida em níveis que segundo alguns comentaristas só poderiam ser cumpridos sujeitando o povo alemão a penúria extrema, com consequências perigosas. A defesa mais poderosa desse argumento foi publicada seis meses após a conferência, em um livro intitulado *As consequências econômicas da paz*, do economista britânico John Maynard Keynes. Ele provou que estava com a razão. A tentativa de atingir as metas estabelecidas pelo tratado de fato levaram a penúria à Alemanha. E o ressentimento engendrado tornou o povo alemão presa de políticos que mais tarde exploraram a sensação de terem sido vítimas de uma grande injustiça.

Uma das consequências pela cobrança de reparações foi a inflação galopante que afligiu a Alemanha entre 1921 e 1923. As reparações eram pagáveis em marcos alemães. Mas a Alemanha, anteriormente a força motriz da economia continental, ficara empobrecida com a guerra e com a ocupação no pós-guerra. O pagamento de reparações só seria possível se o povo alemão estivesse determinado a aceitar um nível de taxação que os teria reduzido à quase pobreza extrema. Isso era algo que não estavam preparados para fazer, e um governo democraticamente eleito não podia forçá-los. Assim, ela optou pelo único caminho que lhe restava, que foi o de imprimir dinheiro e manter a taxação em um nível tolerável. Mas, à medida que o povo alemão e os países que recebiam as reparações tentavam gastar seus marcos na limitada quantia de bens alemães disponíveis, os preços naturalmente subiram. Conforme subiam, as pessoas se mostravam cada vez mais relutantes em segurar dinheiro. Então elas o gastavam o mais rápido que podiam, empurrando os preços para o alto, o que empurrava os salários mais para o alto, o que levava a mais dinheiro ser impresso... E assim foi, numa espiral sem fim. À medida que mais dinheiro era impresso, e o poder de compra desse dinheiro encolhia, o valor do marco alemão no câmbio exterior desabava. Em janeiro de 1923, a França e a Bélgica, exasperadas com o valor decrescente de suas reparações, que acreditavam estar sendo deliberadamente manipuladas pelo governo alemão, enviaram tropas para as jazidas de carvão do Ruhr, com intenção de tomar posse em espécie do que lhes pertencia por direito. Isso aprofundou ainda mais a crise econômica.

Perto do fim de outubro de 1923, o marco, medido em relação ao dólar americano, valia apenas um quatrocentos avos do que valera no começo do mês, e grande parte da sociedade alemã, incluindo a maioria das empresas, abandonara completamente o dinheiro e retrocedera ao primitivo escambo. A situação foi contornada graças a um presidente do Banco Central talentoso e a uma retomada do bom-senso por parte dos antigos inimigos do país. Mas a essa altura o rancor se instalara no coração das classes médias alemãs. Elas ficaram numa condição que as tornava vulnerável a qualquer político que oferecia a restituição do orgulho nacional.

À parte a Alemanha, a maioria dos países industrializados do mundo experimentou uma prosperidade crescente durante a década de 1920. Isso foi particularmente verdadeiro nos Estados Unidos, e boa parte dos benefícios conquistados por outros países era direcionada aos Estados Unidos, cuja economia, ampliada pela demanda da produção em tempos de guerra, mas que passou incólume pelos combates, era agora a maior influência no comércio e nas finanças internacionais. O aperfeiçoamento da eficiência industrial alcançado durante a guerra, e o aumento da capacidade proporcionado por isso, estava agora atrelado à criação de produtos baseados em invenções feitas ao longo do meio século precedente. Alguns deles já existiam, mas seu custo era proibitivo, e encontravam-se disponíveis apenas aos ricos. Agora estavam ao alcance de mais pessoas.

Esses novos produtos eram evidência de uma sociedade que começara a escapar da preocupação com a mera subsistência. Os ricos sempre haviam estado acima de tais preocupações. A novidade era que, pela primeira vez na história, grande número de pessoas comuns era capaz de ficar no mesmo patamar. Os novos produtos eram adquiridos para conforto e prazer, mais do que por necessidade, e tinham vida útil medida em anos, não em dias ou horas. Esses produtos eram tão diferentes que um novo nome foi inventado para eles — bens duráveis.

O que diferenciava bens duráveis de produtos tradicionais era o fato de serem fabricados com meios que não existiam um século antes. Os mais importantes deles foram a energia elétrica e o motor de combustão interna, e era nessas duas novas tecnologias agora amadurecidas que a grande vaga de crescimento econômico da América na década de 1920 estava baseada.

A eletricidade serviu de apoio para três das mais importantes contribuições ao conforto e ao prazer dos norte-americanos nessa década: telefone, rádio e cinema. Todos geraram grandes indústrias. O cinema, que não exigia que o consumidor adquirisse um bem durável, detinha duas qualidades únicas. Criava um sentido de nacionalidade compartilhada, contrabalançando a sensação de separação gerada pelas grandes distâncias características dos Estados Unidos. Também originou uma indústria exportadora que disseminou a imagem da América pelo mundo todo, imagem que vendia tanto os bens de consumo norte-americanos como seu *way of life*.

Contudo, o produto mais importante de todos foi o que se baseava no motor de combustão interna: o automóvel. Ele não só transformou o cotidiano das pessoas como também gerou uma nova abordagem ao processo de fabricação que combinava produção em linha de montagem com padronização extrema. Juntos, esses dois novos conceitos baixaram drasticamente os custos da fabricação de carros e, além do mais, eram transferíveis a toda uma gama de outras indústrias.

À medida que a década de 1920 progredia, e essas novas indústrias caminhavam a passos largos, os Estados Unidos vivenciaram um notável *boom*. Isso criou uma bolha de proporções extraordinárias no mercado de ações, inflada por empréstimos bancários irresponsáveis. E isso por sua vez gerou um estado de euforia que contagiou não só o cidadão simples das ruas como também gente que deveria ter mostrado um pouco mais de juízo. Era a tulipamania outra vez.

Um novo elemento entrara na equação econômica. Até então, os modismos financeiros, e as quebras que se seguiam a eles, haviam afetado principalmente os que se envolviam em especulação, com efeitos apenas secundários na economia como um todo. Mas a invenção dos bens de consumo duráveis introduziu uma nova fonte de instabilidade: postergação de despesas. Carros não eram como alimento: ninguém tinha de adquiri-los. Ou, pelo menos, ninguém tinha de substituí-los em um determinado tempo. Se as pessoas perdessem confiança em seu futuro financeiro, sempre era possível esperar para trocar de carro ou de rádio. Nesse caso, os milhares de trabalhadores responsáveis por fabricá-los se veriam sem emprego, com terríveis consequências para toda a economia.

Em junho de 1929, o lendário empresário Bernard Baruch afirmou à *American Magazine* que "A condição econômica do mundo parece estar na iminência de um grande salto adiante." Mais tarde nesse ano, o economista mais importante do país, professor Irving Fisher, da Universidade de Yale, entrou para os livros de história por sua observação de que "os preços das ações atingiram o que parece ser um patamar permanentemente elevado". Alguns dias depois, os preços das ações na Bolsa de Valores de Nova York começaram a cair. E continuaram caindo, e caindo, e caindo — por três anos. Perto do fim de 1932, haviam despencado em 70 por cento.

Esse colapso do mercado de ações ainda é chamado de Grande Quebra, e continuará a sê-lo até surgir outro igual, após o que ele será chamado de Quebra de 29. Isso foi o gatilho para a Grande Depressão que se seguiu. Entre 1929 e 1933, nos Estados Unidos, o produto interno bruto (PIB)

— *grosso modo*, a renda nacional — caiu em 30 por cento. A produção industrial declinou em quase 50 por cento. Perto do fim de 1933, um quarto da força de trabalho nacional estava desempregada. Isso não foi uma calamidade de curto prazo. Prejudicou permanentemente toda uma geração. Até 1938, a proporção de gente sem trabalho continuava em 20 por cento. Não fosse a guerra que veio logo em seguida, não há como saber por quanto tempo a economia americana poderia ter continuado a funcionar com grande parte de sua capacidade sem ocupação.

O sofrimento causado por essa debacle comercial foi resultado de ignorância. Na década de 1920, a ciência econômica era ainda um estado primitivo, e tomadores de decisão por toda parte eram guiados por uma mistura de preconceito e senso comum que os deixou indefesos em face das poderosas marés que agitavam a economia internacional. Essa limitação é ilustrada pelo jargão que estava na boca de todo mundo na época: superprodução. A ideia era que a indústria se tornara tão boa em produzir coisas que os mercados não eram mais capazes de absorvê-las. Por algum motivo, ninguém nunca saíra por aí cunhando a palavra subdemanda.

Não foi senão em 1935 que o modo de evitar tais problemas, e fugir deles, foi explicado por John Maynard Keynes — o mesmo que advertira a respeito das prováveis consequências do Acordo de Versalhes. Sua análise foi esmiuçada em seu livro *A teoria geral do emprego, do juro e da moeda*. Infelizmente, era um livro que exigia do leitor que abrisse mão do "senso comum" e se entregasse em vez disso a filosofar profundamente. A obra foi para a economia o que *Das revoluções dos mundos celestes*, de Copérnico, foi para a cosmologia. Era senso comum que o Sol girava em torno da Terra. Mas também era uma bobagem. Era igualmente senso comum que os governos deveriam reduzir os gastos durante as recessões. Graças a Keynes, sabemos hoje que isso também é bobagem.

O argumento do livro recebeu uma acolhida fria. Pouco ajudou o fato de que muitas das melhores mentes da geração de Keynes estavam vivendo um caso de amor com *O capital*, de Karl Marx. Essa obra de 1867 constituía uma couraça blindada contra ideias baseadas na experiência de negócios ligada ao mundo real, mesmo quando eram transmitidas por um dos mais refinados intelectos do período.

Entrar em contato com os processos de pensamento keynesianos é um dos maiores deleites que uma educação para os negócios tem a oferecer. É o mesmo tipo de prazer que o matemático extrai da obra de Newton ou um físico da obra de Faraday. O prazer é intensificado pela qualidade literária de Keynes. Eis aqui um trecho de *As consequências econômicas da paz*, sobre o estado de espírito dos participantes da conferência:

> A vida futura da Europa não os interessava; os meios de sustento do continente não eram o que os inquietava. Suas preocupações, tanto as boas como as más, relacionavam-se a fronteiras e nacionalidade, ao equilíbrio de poder, a engrandecimentos imperiais, ao enfraquecimento futuro de um inimigo forte e perigoso, à vingança, e à transmissão pelos vitoriosos de seus fardos financeiros intoleráveis sobre os ombros dos derrotados.

É fácil perceber que Keynes foi um dos grandes benfeitores da humanidade. As técnicas de gerência econômica que ele promoveu hoje formam parte da caixa de ferramentas de todo presidente de banco central e ministro de finanças. E, se nos sentimos seguros hoje em saber como prevenir recessões de curto prazo, é em grande medida graças a ele. Mas o mundo teria de passar pelo inferno de outra guerra antes que suas ideias fossem aceitas por aqueles que mais necessitavam delas.

Um dos maiores feitos de Keynes foi persuadir as pessoas da importância da confiança: confiança de investidores, confiança de construtores, confiança de lojistas e assim por diante — o que ele chamou de "espírito animal". O conselho mais importante contido na *Teoria geral* pode ser resumido na frase "Quando você estiver em um buraco, pare de cavar." Os pensadores convencionais da década de 1920 não conseguiam entender que, ao reduzir gastos nesses períodos, diminuíam ainda mais o nível de atividade comercial e financeira, deixando mais gente sem emprego e solapando ainda mais a confiança.

Um país estava protegido das ondas de pânico financeiro, depressão comercial e falências bancárias que varreram o globo entre 1929 e 1933: a Rússia soviética. A "ditadura do proletariado" de Lenin — o estado de coisas temporário que precederia a chegada do milênio socialista — jamais se concretizou. O próprio Lenin sofrera um derrame em 1922 e morrera em 1924. Seu lugar fora tomado por Josef Stalin, um herói da guerra civil de 1917 que, de sua posição-chave como secretário-geral do Partido Comunista, orquestrou a eliminação de seus rivais do poder e em seguida governou como senhor inquestionável da Rússia até sua morte, em 1953. Ele se tornou ainda mais tirânico e paranoico. Embora tenha transformado a base industrial da nação, criando a infraestrutura que tornaria possível as vitórias do exército russo na guerra mundial seguinte, o preço foi alto demais.

Na Rússia stalinista, onde não existiam mercados de ações, onde a busca de lucro privado era proibida por lei e onde a construção de fábricas, o gerenciamento de fazendas, as metas de produção e os preços de venda estavam todos sujeitos à supervisão do Estado onipresente e controlador, os problemas que afligiam o mundo capitalista não surgiram. Nenhum banco privado foi à falência porque não existia nenhum banco privado. Nenhum acionista viu toda a poupança de sua vida evaporar com investimentos especulativos porque não existiam oportunidades para investimento especulativo.

Enquanto os altivos intelectuais de países capitalistas, e seus abatidos conterrâneos sem emprego, contemplavam a devastação em suas próprias nações, esse modelo de uma sociedade ao que se supunha socialmente orientada, livre de ganância, concentrada em metas — "a Sexta Socialista do Mundo", como a chamou um livro que virou best-seller — começou a parecer muito atraente. Partidos comunistas vivenciaram uma explosão de novos membros. Soubessem eles a verdade, teriam mostrado menos entusiasmo. O planejamento central que impossibilitava euforia e depressão gerou loucuras estupendas de dissipação imprudente de capital. A coletivização da agricultura obrigatória destruiu a iniciativa individual e os incentivos para o trabalho, levando milhões a morrerem de fome. As atividades da polícia secreta, e seus informantes, causou a morte de milhões a mais. O medo da acusação por acalentar teorias oficialmente condenáveis paralisou a pesquisa e a especulação científicas. Os que de fato assumiram a oposição desapareceram, assassinados ou despachados para os campos de prisioneiros da Sibéria.

Um deslumbrado visitante que regressou em 1919 de uma excursão cuidadosamente arranjada pela Rússia, o jornalista americano Lincoln Steffens, é lembrado até hoje pela frase imperecível "Eu vi o futuro, e ele funciona." Seria apenas no 20º Congresso do Partido em 1953, quando a tampa do caixão de Stalin foi fechada em segurança, que a terrível verdade seria revelada ao povo da Rússia e do mundo. Olhando em retrospecto hoje, uma reação mais apropriada talvez fosse: "Vimos o passado, e era um pesadelo."

38

Guerra mundial: segundo ato

NA ALEMANHA, O DESESPERO GERADO PELO DESEMPREGO E PELA FALÊNCIA DAS empresas, em um país ainda abalado pela década anterior de pesadelo inflacionário, abriu as portas da mudança política dramática. Em uma eleição em 1930, o Partido Nazista (Partido Nacional Socialista dos Trabalhadores Alemães), liderado por um hipnótico orador público de 41 anos chamado Adolf Hitler, concorreu com uma plataforma de regeneração nacional e conquistou 102 cadeiras, um quinto do total, no Parlamento alemão. Austríaco de nascimento, Hitler começara como um artista solitário e fracassado. Originalmente considerado inapto para o serviço militar, ele servira na guerra como cabo e fora ferido, incensado e condecorado por bravura extraordinária. Ele era obcecado com ideias de pureza racial, que foram desenvolvidas em *Mein Kampf* (Minha luta), escrito quando cumpria uma sentença de prisão.

Na eleição seguinte, em julho de 1932, em um cenário de 8 milhões de desempregados — 40 por cento da força de trabalho —, os nazistas obtiveram cadeiras suficientes para fazer deles o maior grupo no Parlamento. O presidente, marechal de campo Paul von Hindenburg, ofereceu a Hitler o cargo de chanceler (primeiro-ministro). Ao assumir o poder, Hitler exerceu seu direito de concorrer a uma nova eleição. A campanha dos nazistas foi enérgica, sublinhando sua mensagem com táticas de terror, enquanto a polícia simpática ao movimento fechava os olhos. Quarenta e quatro por cento do eleitorado votou neles, mas eles se garantiram com menos da metade dos votos, e menos da metade das cadeiras em disputa. Contudo, com a ajuda de alianças com outros grupos no Parlamento, Hitler defendeu poderes extraordinários, que lhe foram concedidos em março de 1933. Tomou as providências para que não houvesse mais eleições. Assumiu o título de *Führer* (líder) e se tornou o governante inquestionável da Alemanha, posição que iria ocupar, à testa de um regime cada vez mais autoritário, pelos 12 anos seguintes.

Hitler apoiara suas campanhas eleitorais em três proposições: a de que à Alemanha estava sendo negado seu lugar de direito no mundo; de que ela teria de lutar por esse lugar; e de que, a fim de fazê-lo, ela precisava tornar-se forte. Ele apimentou seu argumento dizendo ao público que o país era vítima de uma conspiração internacional na qual a força mais ativa e influente era o que chamou de "judaísmo internacional", uma aliança mundial de judeus, dos quais havia muitos milhões na Alemanha e nos países vizinhos.

Ao conquistar o poder, Hitler combateu o problema do desemprego na Alemanha com obras públicas, como a construção de rodovias. Ele também embarcou em um programa de rearmamento. No início, de forma bem mais modesta do que pretendia, uma vez que não tinha o desejo de solapar sua posição desviando a produção do consumo vigente. A arma que desenvolveu com mais assiduidade foi a propaganda. Um esforço particular foi empregado na organização dos Jogos Olímpicos de Berlim, em 1936, com a intenção de demonstrar o poder da Alemanha revigorada e a supremacia da "raça superior". Tudo correu brilhantemente até as últimas etapas da competição, quando um atleta negro norte-americano de 22 anos chamado Jesse Owens deixou a nata da juventude europeia comendo poeira enquanto ele conquistava a medalha de ouro nos 100 metros, 200 metros, salto a distância e revezamento. Bem longe do clímax que o *Führer* havia planejado.

Em termos militares, pelo menos, as coisas continuavam a ir bem. Em março de 1938, Hitler anexou a Áustria. No início de 1939, enquanto suas forças armadas ainda não estavam totalmente preparadas para a guerra, ele blefou com os ingleses para fazer com que estes aceitassem sua ocupação do que é hoje a República Tcheca, enquanto a Eslováquia teve a oportunidade de declarar sua independência. O governo inglês enfim acordou para o fato de que ali havia alguém seriamente voltado para a aventura militar. Vendo a Polônia como provável vítima seguinte de Hitler, Inglaterra e França deram a garantia pública de que iriam em seu socorro no caso de uma agressão alemã. Não poderiam fazer isso de fato, dada a localização da Polônia, mas alimentavam a esperança não muito confiante de que a ameaça de guerra com a Inglaterra e a França talvez impedisse Hitler de lançar um ataque.

Em 1º de setembro de 1939, as forças alemãs invadiram a Polônia, e em 3 de setembro a Inglaterra e a França declararam guerra à Alemanha. Os alemães rapidamente invadiram a metade oeste da Polônia, enquanto Stalin, que assinara um pacto de não agressão com Hitler, aproveitou a oportunidade para anexar a metade leste, como um cordão de proteção contra um possível ataque futuro contra a própria Rússia.

Com suas forças armadas do tamanho de sua ambição, Hitler dirigia a atenção para oeste, e numa rápida sucessão seus exércitos invadiram Bélgica, Holanda, França, Dinamarca e Noruega. Mas ele não conseguiu obter o domínio dos céus acima do canal da Mancha e foi forçado a abandonar seus planos de conquistar a Inglaterra. Caso houvesse se contentado com suas conquistas até então, podia ter criado um império europeu que talvez durasse um longo tempo. Mas em junho de 1941, em um movimento que estranhamente lembrava a aventura semelhante de Napoleão 120 anos antes, ele se voltou para a Rússia. Foi uma decisão sem dúvida enraizada em suas obsessões raciais. Ele encarava todos os eslavos, russos inclusos, como uma raça inferior. Via-os como mão de obra escrava em potencial e suas ricas terras como a fonte de matéria-prima de que a agricultura e a indústria de seu império precisavam. O momento do ataque pegou Stalin completamente de surpresa. Ele não se iludia quanto à verdadeira atitude de Hitler em relação à Rússia, mas acreditava — tinha de acreditar — que teria tempo de arregimentar as forças de seu país.

Para que o ataque fosse bem-sucedido, a Rússia tinha de ser derrotada em questão de meses. Todas as vitórias de Hitler haviam sido obtidas pela *Blitzkrieg* (guerra relâmpago) — a submissão de um inimigo com ofensivas maciças pelo ar e pelo solo. Sua estratégia não permitia a vitória após um combate prolongado, pelo simples motivo de que os recursos industriais da Alemanha não poderiam dar conta dessa realidade. Mas ele se deixara envolver nos infortúnios militares de seu aliado italiano, Mussolini, nos Bálcãs e no Mediterrâneo, que lhe custaram seis semanas vitais e esgotaram seriamente seu poder aéreo. No início, a exemplo de Napoleão, suas forças varreram tudo o que havia diante delas. Logo em seguida, estavam sitiando Leningrado e chegaram às portas de Moscou. Porém, mais uma vez o inverno russo e sua capacidade de disseminar o sofrimento se revelaram a ruína de um invasor estrangeiro. Os russos penaram por oito meses com perdas terríveis e derrotas incessantes, mas em Stalingrado em 1942 conquistaram uma vitória estupenda que marcou a virada da maré.

Em 11 de dezembro de 1941, Hitler cometera uma segunda burrada. O presidente norte-americano Franklin Roosevelt viera fornecendo uma assistência à causa inglesa que ia além da interpretação estrita da legislação existente. Hitler, irritado com tal envolvimento de uma potência neutra, e inflamado por um ataque japonês contra territórios ingleses e americanos no Pacífico alguns dias antes, declarou guerra formalmente contra os Estados Unidos. Ao fazê-lo, assinou uma sentença de morte não só para si mesmo como também para o império de vida curta que havia criado.

As relações entre Estados Unidos e Japão vinham se deteriorando havia anos, como consequência de uma invasão japonesa da China em 1937 e do ingresso do Japão em 1940 numa aliança — conhecida como o Eixo — com Alemanha e Itália. Em julho de 1941, encorajado pelo envolvimento da Rússia em outra parte, o Japão iniciou uma campanha de expansão imperial invadindo a colônia francesa da Indochina. Os norte-americanos responderam com um embargo ao suprimento para o Japão de combustível de avião e equipamentos de guerra. Isso serviu de encorajamento para o setor militar que acreditava ser inevitável uma guerra contra os Estados Unidos, se o Japão queria um dia assumir seu lugar "de direito" como principal potência asiática. Mas as opiniões nos círculos do governo estavam num delicado equilíbrio, que durou até o momento em que a guerra de fato começou.

A ofensiva japonesa contra os Estados Unidos em 1941 começou às 7h55 do dia 7 de dezembro — numa tranquila manhã de domingo —, com um ataque surpresa à frota norte-americana do Pacífico, atracada em

Pearl Harbor, no Havaí. A devastação foi quase total, a maior parte ocorrendo nos primeiros trinta minutos. Perto do fim do dia, cinco couraçados haviam sido afundados ou destruídos, e inúmeros outros navios de guerra e cruzadores ficaram seriamente danificados. As perdas japonesas chegaram a 50 aviões, 100 homens e uns poucos submarinos.

O sucesso do ataque contra Pearl Harbor deu às forças japonesas plenos poderes no Pacífico, que eles exploraram para preparar invasões de colônias europeias em Burma, Malásia e Indonésia, bem como de virtualmente toda ilha no oeste do Pacífico. Um evento de enorme significação ocorreu em fevereiro de 1942, apenas dois meses após o envolvimento em Pearl Harbor, quando os japoneses capturaram a supostamente inexpugnável base naval britânica de Cingapura, com a rendição de 70 mil tropas inglesas, indianas e australianas. Para a maioria dos japoneses, foi fonte de imenso orgulho que suas forças houvessem triunfado sobre as potências que os haviam oprimido por tanto tempo em grande parte da Ásia. Mas aqueles nos círculos governamentais que se haviam posicionado contra o ataque a Pearl Harbor continuaram convencidos de que o Japão também assinara a própria sentença de morte.

Como o ataque alemão na Rússia, a ofensiva japonesa varreu tudo diante de si por pouco mais de seis meses. O momento decisivo — o equivalente do Pacífico a Stalingrado — ocorreu na Batalha de Midway, um confronto titânico entre frotas aéreas antagônicas que foi travado 2 mil quilômetros a noroeste do Havaí de 3 a 6 de junho de 1942.

A mobilização da economia americana e a organização de uma invasão da Europa levaram algum tempo, durante o qual o povo russo continuou a suportar o principal ônus da guerra em terra. Mas, em 6 de junho de 1944, tropas aliadas desembarcaram nas praias do norte da França e começaram a empurrar de volta as forças alemãs na Europa Ocidental. Em janeiro de 1945, Hitler cometeu suicídio em seu bunker em Berlim. Quatro meses mais tarde, em 8 de maio, a rendição formal dos comandantes alemães tanto na frente oriental como ocidental levou a guerra europeia a um desfecho.

Conforme os exércitos vitoriosos se aproximaram das fronteiras da Alemanha e as cruzam, um novo horror fora trazido à luz. Os governos aliados havia muito tinham conhecimento do enorme número de judeus encarcerados em campos de concentração e dos pavorosos crimes cometidos contra eles. Poucos detalhes haviam emergido, porém, e o mundo continuou em grande proporção ignorante. Mas, à medida que campos como Auschwitz, Belsen e Buchenwald eram abertos, ficou claro que um programa de extermínio fora empreendido em escala industrial, e com eficiência macabra: contra os judeus em particular, mas também contra os ciganos. O total nunca será determinado com precisão. Mas, se o número de judeus que conheceram a morte nessas fábricas de morte na câmara de gás foi de 4 milhões ou 5 milhões (6 milhões, a quantidade geralmente citada, pode ser um exagero), de fato não vem ao caso. Em sua combinação de escala e racismo sistemático insanos, permanece uma obscenidade com pouquíssimos paralelos na história mundial.

Com o fim da guerra na Europa, os líderes americanos ocuparam-se de resolver como, e a que custo, a guerra no Pacífico podia ser concluída. Eles sabiam que enfrentavam uma conquista centímetro a centímetro de uma série de ilhas, seguida de uma invasão aérea do território japonês, que era defendido por forças para quem a morte na defesa da pátria imperial era a derradeira honra. Mas os americanos também sabiam que havia uma alternativa.

Em outubro de 1939, o físico Albert Einstein escrevera para o presidente Roosevelt, a fim de transmitir-lhe sua crença de que talvez fosse possível extrair a energia do núcleo atômico para produzir uma bomba de potência extraordinária e seu temor de que os alemães triunfassem em conseguir. A reação de Roosevelt fora autorizar um programa — que se tornou o maior projeto industrial que o mundo jamais vira — para descobrir se era possível produzir tal arma e, em caso afirmativo, fabricar uma. Na época da rendição alemã, a bomba estava quase pronta, mas ninguém tinha certeza de que funcionaria, ou quais poderiam ser as consequências caso o fizesse. Às 5h30 de 16 de julho de 1945, uma bomba de teste que continha nove quilos de urânio e plutônio foi detonada na Base Aérea de Alamogordo, no Novo México. Ela funcionou com uma força equivalente a 20 mil toneladas de TNT, deixando uma cratera de oitocentos metros de largura.

Uma questão então surgiu: era aceitável empregar uma arma dotada de um poder de destruição tão indiscriminado e devastador? Os conselheiros militares que ansiavam em descobrir do que a nova bomba era capaz apoiaram os que acreditavam genuinamente que essa era a alternativa preferível, e a decisão de usá-la foi tomada. O que os americanos não sabiam era que naquele preciso momento discussões ainda mais desesperadas tinham lugar em Tóquio, para determinar se a guerra deveria continuar. Essas conversas sempre recaíam no mesmo ponto: sem uma garantia de continuidade do governo imperial, a rendição era inconcebível. E os americanos deixaram claro que essa era uma condição que não aceitariam.

Como uma tragédia grega, a guerra se dirigiu rapidamente para sua conclusão. Às 8h15 de 6 de agosto, uma bomba idêntica à que fora testada no Novo México foi detonada acima da cidade de Hiroshima, criando uma tempestade de fogo que incinerou mais de 80 mil pessoas e deixando uma terra devastada onde outrora estivera uma cidade orgulhosa. Para se certificar de que a mensagem fora dada, outra bomba, de fabricação diferente, foi detonada em 9 de agosto sobre Nagasaki, com efeito destrutivo similar.

O inconcebível agora se tornava inevitável. Em 15 de agosto, o próprio imperador usou o rádio para contar a uma nação que nunca ouvira sua voz que a guerra chegava a um fim. Em 2 de setembro, seus representantes acompanharam o general Douglas MacArthur, do Exército dos Estados Unidos, a bordo do couraçado *Missouri*. Sob a bandeira de cem anos de idade do comodoro Matthew Perry — hasteada especialmente para a ocasião —, eles assinaram os termos de rendição incondicional.

39

Construindo o mundo do pós-guerra

O FIM DA GUERRA EM 1945 GEROU UMA RECOMPOSIÇÃO DO SISTEMA POLÍTICO internacional ainda mais significativa do que a que surgiu com o fim da Primeira Guerra Mundial em 1918. Dessa vez, não houve nenhuma conferência de paz. A Alemanha e o Japão haviam sido completamente derrotados e tudo que tinham a fazer era aguardar que lhes fosse comunicado o que aconteceria com seus destinos. A contribuição britânica para a obtenção da vitória foi educadamente reconhecida pela inclusão do primeiro-ministro em tempos de guerra, Winston Churchill, e seu sucessor, Clement Attlee, nas discussões entre os americanos e os russos. Mas comparada com a Rússia e os Estados Unidos, a Inglaterra era uma força exaurida. Uma parte enorme de sua riqueza acumulada fora gasta no conflito de seis anos. Suas Forças Armadas pareciam minúsculas se comparadas com a de seus aliados. E o império estava claramente à beira da desintegração. Os duzentos anos em que reinou absoluta como o galo do terreiro, um prêmio por sair na frente da corrida na Revolução Industrial, chegavam agora ao fim.

A mudança imediata mais importante foi a perda do império indiano. A campanha pela independência da Índia viera ganhando força desde o fim do século XIX. Sob a liderança carismática de Mohandas Gandhi, um advogado hindu que vivera por vinte anos na África do Sul, o país exercera pressão constante ao longo de sucessivos governos, forçando o passo do movimento de soberania perante a relutância britânica em abrir mão de controlar sua possessão mais esplêndida. As conquistas japonesas das colônias inglesas no sudeste da Ásia solaparam o prestígio britânico na Índia e encorajaram enormemente os agitadores pela independência.

O fim do domínio britânico, quando veio, foi rápido. O recém-eleito governo trabalhista da Inglaterra anunciou sua intenção de encerrar o domínio colonial em 1947. Talvez tenha sido uma escala de tempo irrealisticamente curta para uma mudança tão grande, mas foi uma opção deliberada, numa tentativa de forçar os líderes políticos indianos a encarar as implicações da independência e na esperança de que isso instilasse um espírito de conciliação.

Infelizmente, a principal causa da disputa não se prestava a uma solução conciliadora. O problema era que a Índia abrigava duas religiões importantes: o hinduísmo e o islã. O hinduísmo contava com o maior número de adeptos, mas os seguidores do islã eram maioria substancial em algumas áreas, e ambos tinham grande número de fiéis em regiões onde os outros eram maioria. O Congresso do Partido, liderado por Jawaharlal Nehru, apoiava a solução de "um país". A Liga Muçulmana, sob seu líder, Mohammad Ali Jinnah, acreditava que isso apenas iria assegurar que os interesses da maioria hindu dominassem o futuro da nação. Para impedir isso, Jinnah defendia a solução "dois países": a criação de um Estado indiano, compreendendo as áreas com maioria hindu, e um Estado separado — "Paquistão" — para a maioria muçulmana. Convencido de que a conciliação era impossível e determinado a seguir seu cronograma, o governo britânico anunciou que uma solução de dois países seria imposta e que a concessão do poder teria lugar como anunciado. A despeito da advertência de Ghandi sobre as consequências prováveis, as áreas muçulmanas do noroeste foram unidas ao território muçulmano do leste de Bengala, quase 2 mil quilômetros mais para o leste, formando o novo Paquistão. Em 1947, numa atmosfera geral de boa vontade entre as antigas colônias e seus antigos governantes de partida, os dois novos países vieram devidamente à existência.

As consequências que Ghandi havia receado se concretizavam. Em uma troca maciça de populações, 15 milhões de pessoas foram desalojadas de suas casas, e nos distúrbios que se seguiram mais de 200 mil morreram. Foi um triste acompanhamento para o que no mais constituiu um evento memorável na história indiana, e seus ecos assombrariam as relações entre Índia e Paquistão por anos. O Paquistão que foi criado em 1947 não reteve sua unidade por muito tempo, uma vez que suas duas partes constituintes tinham tradições linguísticas e culturais muito diferentes. Em 1971, a dissensão crescente entre o leste e o oeste do Paquistão desencadeariam a guerra e, com ajuda da Índia, a porção leste iria separar-se para formar a república independente de Bangladesh.

Em 1948, um ano após a independência da Índia e do Paquistão, o mundo assistiu à criação do Estado de Israel, que era formado por parte do território de mandato britânico da Palestina. Embora a Inglaterra ainda estivesse em certo sentido restringida pela Declaração de Balfour de 1917, o compromisso com a criação de um "Lar Nacional Judaico" não necessariamente implicava um Estado judeu com quantidade substancial de território. Mesmo na década de 1940, após cinquenta anos de imigração legal e ilegal, os árabes ainda compunham dois terços da população da Palestina. A Inglaterra, por conta própria, jamais teria contemplado o deslocamento da população árabe na escala que subsequentemente se seguiu. Mas deixá-la decidir era algo fora de questão. A pressão de judeus do mundo todo, a pressão de um governo americano em resposta ao influente componente judeu em seu eleitorado e as emoções suscitadas no mundo todo pelas revelações de genocídio nos campos de concentração nazistas acabaram por tornar a posição inglesa insustentável. Qualquer tentativa de procrastinação foi desencorajada por uma campanha sistemática de terrorismo empreendida pelo grupo sionista extremista Irgun Zwai Leumi (a Organização Militar Nacional Hebraica).

A criação do Estado de Israel foi a concretização de um sonho de milhões de judeus no passado por gerações a fio. Mas nele estavam as sementes de um futuro pesadelo para judeus e não judeus, conforme o ressentimento dos vizinhos árabes de Israel com esse novo integrante no ninho árabe continuou a corroê-los.

Enquanto Índia e Paquistão davam seus primeiros passos como nações independentes, o futuro da China era determinado pela guerra civil. Após a rendição japonesa em 1945, forças comunistas sob a liderança de Mao Zedong haviam obtido controle do norte da China e de grande parte da

Manchúria. Em janeiro de 1949 elas capturaram Pequim. Em abril assumiram o controle da capital nacionalista de Chiang Kai-Shek, Nanquim. Dois milhões de refugiados foram evacuados pela sétima esquadra dos Estados Unidos para a ilha de Taiwan, onde um governo nacionalista foi estabelecido. Em 1º de outubro de 1949, a República Popular da China, liderada por Mao e por Chu En-Lai, foi proclamada formalmente.

Em novembro do mesmo ano, forças chinesas intervieram em uma guerra entre a Coreia do Norte, comunista, e a república da Coreia do Sul, apoiada pelos EUA. As linhas através das quais as forças chinesas e norte-americanas confrontavam uma com a outra eram parte de uma divisão entre o assim chamado "bloco comunista" de um lado, e países amigos dos Estados Unidos e apoiados pelos americanos, de outro. Essa divisão surgira logo depois da guerra, com o esboço do que o estadista britânico Winston Churchill chamou de "cortina de ferro" no meio da Europa, entre os países que haviam sido libertados por forças russas e os que haviam sido libertados pelos aliados do Ocidente. A leste dessa "cortina" estavam os países de ocupação russa, incluindo Polônia e Hungria, e a Alemanha Oriental (antiga zona russa da Alemanha ocupada). Esses países, junto com Rússia e China, compunham o bloco comunista. Em outras partes do mundo havia mais países simpáticos à Rússia e apoiados por ela. Do lado oposto estavam os países aliados dos Estados Unidos e financiados por eles. Na terminologia norte-americana, compunham o "mundo livre", um conceito relativamente abrangente, na medida em que o único critério para a inclusão era a falta de alinhamento com a Rússia e seus países amigos. Uma vez satisfeita essa condição, qualquer país, por mais tirânico e corrupto que fosse seu governo, merecia, aos olhos dos norte-americanos, ser rotulado com a alcunha de "livre".

Essa polarização entre "nós" e "eles", "democracia *versus* tirania", durou trinta anos. De um modo geral, os países do mundo livre eram mais liberais e democráticos do que os países do bloco comunista, mas isso era algo incidental. O que importava era a manutenção do poder e da liberdade de ação da América e seus amigos. Isso não necessariamente constituía um mal em si, mas convém chamar as coisas pelo nome apropriado. O "mundo livre" era uma expressão mentirosa que foi, e continua sendo, usada para encobrir grande parte do que nada tinha de livre.

Essa divisão se intensificou no que passaria a ser conhecida como Guerra Fria. Foi uma situação em que guerras "quentes" seriam travadas entre nações menores, atuando por procuração para Rússia e Estados Unidos, enquanto nenhum combate era travado pelas próprias potências. Após as bombas atômicas de Hiroshima e Nagasaki, o conflito entre superpotências se tornara uma perspectiva muito mais intimidante. A ideia de uma única bomba com força explosiva de 20 mil toneladas de TNT teria sido difícil de absorver antes que uma fosse lançada sobre Hiroshima. Mas dez anos após a destruição da cidade, alguns estrategistas já estavam se referindo a bombas desse tamanho como armamento atômico "tático". Tal é o poder entorpecedor da mente da ciência moderna quando aplicada para fins bélicos.

Quando os norte-americanos revelaram que possuíam armas atômicas, e subsequentemente designaram à Rússia o papel de inimiga da liberdade, os russos se sentiram compelidos a desenvolver as próprias armas atômicas, como simples autodefesa. Mas, quando a Rússia conseguiu sua bomba, a possível ameaça aos interesses norte-americanos (e ingleses e franceses), e a avidez dos fornecedores militares norte-americanos (e ingleses e franceses), garantiu que a América (e Inglaterra e França) adquirisse bombas maiores. Os russos detonaram sua primeira bomba em 1949. Na década de 1950, os Estados Unidos e a Rússia (e a Inglaterra e a França) demonstraram sua engenhosidade construindo bombas de hidrogênio, que usam bombas como a de Hiroshima como mecanismo de disparo. A China logo se juntou a esse clube de garotões. Depois foi a vez de Índia e Paquistão, ambos, é claro, necessitando de armas atômicas para se defender de seus malignos adversários. Os israelenses, cercados por nações que almejavam sua destruição, também precisavam ter as suas — mas no, caso deles, espera-se que o mundo todo finja que o arsenal nuclear não existe. Um dia, os inimigos de Israel não vão ter armas nucleares, do mesmo modo como Israel não as tem. O que acontecerá em seguida é algo que só podemos especular.

Os estrategistas militares, que brincam de testar os limites da sanidade — e suas consequências — na condução da guerra moderna, têm um nome para esse acúmulo de armas monstruosamente eficazes. Eles chamam isso de *mutually assured destruction* (destruição mútua assegurada), conhecida por seu acrônimo, MAD ("louco"). Não é piada. De algum modo, no meio século transcorrido desde que o número de potências nucleares subiu pela primeira vez para mais de uma, temos dado um jeito de evitar a deflagração de uma destruição assim, seja por causa do ódio, seja por causa de algum equívoco. Só podemos ter esperança de que nossa sorte continue a durar.

Um país que não se envolveu na corrida armamentista nuclear foi o Japão. A nova constituição traçada pela ocupação norte-americana do país, e promulgada em 1951, proibia explicitamente o Japão de fazer preparativos para guerra ou de participar de alianças militares. Em vez disso, a segurança da nação contra ataques estrangeiros era garantida pelos Estados Unidos. Essa liberdade forçada de assumir compromissos militares poupou o país do ônus de gastos militares e do desvio da capacidade de trabalho científica para aplicações militares, que se mostraria uma grande fonte de fraqueza para inúmeros países, a Inglaterra em particular, durante os anos 1960 e 1970. Livre para se concentrar em aplicações civis, a indústria japonesa, com sua força de trabalho dotada de ótimo nível de ensino e altamente disciplinada, e alimentada por um suprimento ilimitado de mão de obra disponibilizada pelo crescimento da produtividade no setor agrícola, agora produzia seu "milagre econômico". A arrancada para isso foi a demanda da guerra norte-americana na Coreia, que absorveu imensas quantidades de equipamento e suprimento feitos no Japão a preços lucrativamente elevados.

A Guerra da Coreia terminou em julho de 1953, com um armistício que reconheceu o direito à existência da República da Coreia do Sul apoiada pelos Estados Unidos, e admitia efetivamente que os Estados Unidos haviam vencido esse *round* não tão frio da Guerra Fria. Graças à guerra, a indústria japonesa estava agora pronta para dominar o mundo, ávido pelos bens duráveis que até então haviam sido prerrogativa de norte-americanos abastados. E, graças às reduções no custo do transporte marítimo, o mundo esteve amplamente aberto às exportações de produtos japoneses. Assim como os produtos familiares da década de 1930 — automóveis, rádios, geladeiras e máquinas de lavar —, esses agora incluíam toda uma diversidade de aparelhos — calculadoras, televisões e assim por diante — surgidos da nova ciência da eletrônica, que nascera durante a guerra. No fim da década de 1950, e por toda a década de 1960, o PIB japonês cresceu a uma taxa superior a 10 por cento ao ano. Foi uma demonstração duradoura de crescimento econômico de um tipo nunca visto antes. E, enquanto os trabalhadores da nação exercitavam cada músculo para atender à demanda insaciável, o país inteiro se transformava em um enorme canteiro de obras, à medida que o entulho da guerra dava lugar a modernos prédios de escritórios, fábricas e armazéns.

Em 1964, o Japão comemorou seu reerguimento das sombras da guerra e da desgraça internacional com uma organização triunfante dos Jogos Olímpicos, a primeira vez que aconteceriam na Ásia. Tóquio fora escolhida como palco em 1940, mas a guerra impedira. Agora uma das nações derrotadas aceitava o desafio de fornecer instalações exigidas para acolher 5 mil atletas internacionais e centenas de milhares de visitantes. Quando 8 mil pombos brancos foram soltos no céu na cerimônia de abertura, em 10 de outubro, toda uma nação redescobriu seu orgulho. Em um momento de grande emoção, a tocha olímpica foi acesa por um jovem de 19 anos nascido em Hiroshima no mesmo dia em que a cidade fora varrida do mapa. Quando a equipe conseguiu conquistar 16 medalhas de ouro — total superado apenas pelos Estados Unidos e pela União Soviética —, o mundo inteiro prestou atenção em seu país.

O milagre econômico japonês foi único pelo ritmo de seu avanço, mas algo muito similar estava acontecendo ao mesmo tempo na Europa central, onde sua aliada dos tempos de guerra, a Alemanha, executava o próprio e empolgante número de transformação. Estritamente falando, isso ocorria na Alemanha *Ocidental*, uma vez que o país de antes da guerra estava agora dividido em duas novas repúblicas, cada uma de um lado da cortina de ferro. No fim da guerra haviam sido ambas lugares de devastação, onde as pessoas cavavam a terra à procura de alimento e viviam onde, e como, podiam. Mas em meados da década de 1950, abrira-se um fosso entre o padrão de vida dos habitantes das duas repúblicas que ficaria cada vez maior com o passar dos anos.

A chave para o renascimento da Alemanha Ocidental como uma fênix reside no comportamento dos conquistadores americanos do país. Dificilmente uma nação prestou tamanha atenção às lições que a história tem a ensinar, e é difícil pensar em outra ocasião em que o estudo da história rendeu tão belos frutos.

Em 1919, os Estados Unidos haviam cometido dois erros. O país dera as costas a uma Europa devastada e concordara com a punição dos inimigos derrotados. No fim da década de 1940, eles evitaram repetir esses equívocos. Convém admitir que suas ações não foram totalmente altruístas. Estava claro que, se a América desse as costas à Europa, as consequências seriam, se não uma invasão russa, no mínimo uma gradual subversão de inúmeros países não comunistas do continente. Os americanos assim decidiram por dois cursos de ação, garantindo que essa Europa pós-guerra teria uma história muito diferente da Europa dos anos 1920 e 1930. O país continuou a manter uma presença militar considerável no continente, contrariando a política americana do passado, e disponibilizou dinheiro e suprimentos para a recuperação não só de seus aliados exauridos pela guerra, Inglaterra e França, como também, sobretudo, dos inimigos derrotados, Itália e Alemanha. A consequência foi uma notável recuperação econômica em todos esses países, e particularmente na Alemanha.

A Inglaterra, ainda não inteiramente livre de ilusões imperiais, cometeu o erro de tentar bancar a grande potência e se comprometeu com um nível de gastos militares que limitou a renovação de sua indústria. Mas mesmo assim o país não pôde deixar de compartilhar da prosperidade crescente vivida por seus parceiros de comércio.

Na década de 1950, a Alemanha Ocidental, protegida, como o Japão, das tentações dos gastos militares e ajudada por substanciais verbas americanas, ingressou na expansão econômica mais espetacular de sua história. Em certa medida, essa recuperação foi, como a do Japão, baseada na exportação de bens duráveis, mas também se valeu da capacidade estabelecida no país para a produção de instalações e maquinários industriais, pelos quais, num mundo que se recuperava da guerra, havia uma demanda igualmente insaciável.

A indústria alemã não desfrutava da vantagem japonesa de uma guerra como a coreana bem na porta de casa, mas encontrou um substituto capaz de constituir uma vantagem tão grande quanto, e que, ao contrário da guerra, continuaria a fornecer benefícios indefinidamente. O projeto da união econômica da Europa Ocidental foi concebido, e levado adiante, por dois importantes políticos franceses, Robert Schuman e Jean Monnet. Havia um componente idealista em seu programa, porém ainda mais importante era o desejo, compreensível para qualquer um na França, de assegurar que a Alemanha nunca mais ameaçaria a paz na Europa. As esperanças haviam ganho fôlego em 1948, quando os países do Benelux — Bélgica, Holanda e Luxemburgo — formaram uma União Aduaneira. O grande passo veio em 1952, quando o Benelux, França, Alemanha e Itália entregaram o controle de suas indústrias de carvão e aço para um corpo internacional, a European Coal and Steel Community. Com a confiança conquistada a partir daí, a unificação econômica seguiu em frente a um ritmo notável. Em 1957, representantes dos seis países assinaram um dos mais importantes tratados da história europeia — o Tratado de Roma — e, em 1º de janeiro de 1958, a Comunidade Econômica Europeia, ou Mercado Comum Europeu, finalmente ganhava existência.

40

Paz e prosperidade — para alguns

A EXPERIÊNCIA DO MUNDO DESENVOLVIDO NAS DÉCADAS SEGUINTES À Segunda Guerra Mundial foi completamente diferente daquela do período comparável após a Primeira. Não houve nenhum *boom* descontrolado, nenhuma quebra mundial da bolsa, nenhuma depressão prolongada. Os erros cometidos antes foram muito óbvios. Os princípios do gerenciamento econômico identificados por Keynes foram compreendidos e, em alguns países, aplicados de forma consistente. Graças a políticas inteligentes, e à disponibilidade de novas tecnologias, os países mais industrializados vivenciaram algo inédito: um longo período de rápido crescimento econômico sem grandes recuos. Uma característica particular da economia mundial no período pós-guerra foi o aumento do comércio internacional. Nos vinte anos entre 1950 e 1970, o volume de comércio entre países aumentou a uma taxa média de 7 por cento ao ano. Próximo ao fim desse período, o nível de comércio mundial era de quatro vezes o que havia sido no início.

A taxa de crescimento anual no comércio internacional foi o dobro da taxa de crescimento na produção mundial, porque uma proporção cada vez maior da produção estava sendo importada e exportada. A constituição desse comércio também era marcadamente diferente. Cinquenta anos antes, produtos agrícolas haviam respondido pela maior parte do vaivém. Agora eram bens manufaturados, intercambiados entre as indústrias especializadas do Japão, da Europa e dos Estados Unidos, utilizando a técnica recém-desenvolvida de transporte por contêineres, que reduzia os custos de manuseio a uma fração do que fora anteriormente.

Uma consequência do rápido crescimento econômico foi o aprofundamento do fosso entre as nações ricas e as pobres. Embora os países industrializados importassem quantidades cada vez maiores de alimentos e matérias-primas do que viria a ser conhecido como países "subdesenvolvidos", essas importações se tornaram uma proporção cada vez menor do comércio mundial total, e as transações entre os países "desenvolvidos" passaram a representar uma proporção cada vez maior. Como resultado, o poder de negociação dos países mais pobres tornou-se progressivamente mais fraco. Como os preços de seus alimentos e matérias-primas caíram em relação aos preços dos bens industrializados, eles se viram menos capazes de se sustentar e se tornaram presas de um círculo vicioso de escalada de dívida e déficits crescentes.

Esses países menos desenvolvidos não só se viram em desvantagem devido à incapacidade de explorar a moderna tecnologia industrial como também não detinham uma maneira de assegurar recursos médicos modernos, fosse em medicamentos, fosse em equipamentos. Isso criou outro abismo entre eles e as nações mais afortunadas: o do sistema de saúde. Como uma força de trabalho saudável correspondia a uma força de trabalho eficiente, a deficiência só fez reduzir a capacidade desses países de competir em um mercado global exigente.

Não ajudava o fato de que muitos desses países estavam lutando para se ajustar à vida de nações recém-independentes. Na África e no Sudeste Asiático em particular, antigas colônias europeias tinham agora de lidar com a vida em um mundo altamente competitivo sem dispor de uma máquina de governo adequada e sem contar com talentos empresariais locais ou corporações baseadas em território nacional. Isso fez deles presas fáceis de corporações poderosas e rapaces estabelecidas nos países ricos.

Como se isso não bastasse, muitos desses países ficavam ainda mais pobres com a devastação das guerras pós-coloniais. Fronteiras artificiais traçadas nos séculos XVIII e XIX, quando as potências europeias retalharam o mundo entre si, haviam criado países "inventados" com povos de culturas e grupos linguísticos amplamente distintos. Quando as potências coloniais se retiraram, esses grupos díspares naturalmente lutaram por influência ou por conquistar separação de nacionalidade, e inúmeras dessas disputas originaram guerras civis. Algumas trouxeram infortúnios maiores na forma de intervenção estrangeira. Entre os conflitos mais pavorosos estavam os que se seguiram à retirada dos franceses de suas colônias no Sudeste Asiático.

As vitórias japonesas na região, sobretudo a expulsão dos ingleses de Cingapura, prejudicaram enormemente o prestígio europeu e deram um impulso nos movimentos de independência nacional. Após a derrota japonesa, os ingleses — em Burma, na Malásia e em Cingapura —, os holandeses — na Indonésia — e os franceses — na Indochina (Vietnã, Laos e Camboja) — reocuparam as antigas colônias. Mas, em 1957, estavam sendo expulsos. Os franceses lutaram com particular tenacidade para manter suas possessões coloniais, mas o ânimo arrefeceu em 1954, quando, a despeito do apoio norte-americano, foram derrotados em uma batalha de seis meses perto da cidade vietnamita de Dien Bien Phu.

Para o povo do Vietnã, e de outros países pobres colhidos nas intrigas das grandes potências, a Guerra Fria teve consequências terríveis. Mas para os habitantes do mundo industrializado não passou de uma preocupação secundária. O medo de outra guerra mundial era real, e, em um mundo em que armas nucleares proliferavam, as implicações eram apavorantes. A Guerra Fria em si, contudo, não oferecia ameaça ao conforto da maioria dos países industrializados e nenhum obstáculo a uma melhoria contínua em seu padrão de vida.

Uma característica particular dessa era de prosperidade foi um investimento maciço em pesquisa científica e o desenvolvimento de novos produtos, tanto por parte dos governos como das companhias privadas. Uma terceira Revolução Industrial fora iniciada na década de 1940 pelo desenvolvimento da nova ciência da eletrônica, em particular a invenção do computador. Os computadores foram criados por uma necessidade de tempos de guerra, a decodificação de mensagens inimigas, mas encontraram rapidamente novas aplicações no período do pós-guerra. Sua tecnologia ocasionou a transformação de duas atividades fundamentais tanto nos negócios quanto na guerra: computação e processamento de informações. Com sua ajuda, tarefas que até então haviam exigido exércitos de funcionários de escritório agora podiam ser realizadas com máquinas supervisionadas por um punhado de técnicos, e o custo de realização dessas tarefas caiu brutalmente. Além disso, as pessoas com ótimo nível de ensino que de outro modo teriam passado a vida fazendo cálculos matemáticos agora estavam livres para executar trabalhos que as máquinas eram incapazes de fazer. O resultado foi uma enorme melhoria na qualidade de vida em qualquer país rico e organizado o suficiente para ser capaz de empregar a nova tecnologia. O computador também possibilitou uma abordagem inteiramente nova para o controle dos processos industriais. Operações de fábrica agora podiam ser realizadas em alta velocidade e com precisão extraordinária por máquinas que não exigiam operadores humanos. O emprego de robôs, tema da ficção científica até bem recentemente, na década de 1930, tornou-se lugar-comum industrial.

Os computadores também transformaram a pesquisa científica. Cálculos que teriam exigido de equipes de matemáticos centenas de horas para ser realizados podiam ser feitos por uma única máquina em minutos. Mas as aplicações científicas do processamento eletrônico foram muito além do mero trabalho com cálculos. Cientistas puderam construir modelos de processos naturais, como epidemias ou terremotos, e estudar seu funcionamento em experimentos acelerados.

Computadores modernos, combinados com avanços em mecanismos de controle, também tornaram possível novos tipos de armas. Em um quarto de século da destruição de Hiroshima, a ideia de lançar uma bomba atômica de um avião pareceria tão esquisita e antiquada quanto ir para uma guerra a cavalo. Assim que Rússia e Estados Unidos construíram seu estoque de bombas de hidrogênio, a corrida armamentista entre os dois países virou uma disputa para desenvolver o sistema de lançamento mais eficiente. No fim da guerra, a Alemanha liderava com folga a tecnologia mundial de propulsão por foguete, e tanto Rússia como Estados Unidos deram a largada em seus programas de lançamento de foguetes explorando a *expertise* dos engenheiros alemães. Ambos os países em breve contavam com mísseis balísticos intercontinentais (ICBM, na sigla em inglês) apontados para as respectivas cidades e mantidos em um estado de constante prontidão. Isso sem dúvida *era* MAD — a loucura da destruição mútua assegurada.

Os Estados Unidos eram tão ricos que podiam aguentar o enorme custo de tais programas e ainda assim prover um alto padrão de vida para seus cidadãos. Mas a Rússia era mais pobre, um país que sofrera enorme devastação durante a guerra. O nível de gastos militares implicado na corrida armamentista era um luxo ao qual ela não podia se dar de fato. O desvio de tanta mão de obra especializada, e de recursos financeiros tão vastos, na produção de máquinas de matar de alta tecnologia privou a indústria civil dos recursos necessários. A situação ficou muito pior pelo modo como a economia russa operava. Submetida a um planejamento central que sufocava a iniciativa e carecendo do incentivo para melhoria de performance que a competição fomentava nas economias capitalistas, o "paraíso socialista" foi na verdade um pesadelo de desperdício e ineficiência. Era um sistema que havia sido capaz de vencer uma guerra — só. Mas estava grotescamente mal equipado para prosperar em tempos de paz.

Um dos efeitos mais nocivos da tirania que dominou as vidas russas foi o prejuízo causado ao espírito de inquirição. Teorias científicas que não seguiam as diretrizes do partido encontravam mais do que oposição: resultavam na punição de quem as propunha. O dano que isso causou à ciência soviética é ilustrado pelo caso de Trofim Lysenko, um dos cientistas mais influentes do país e diretor do Instituto de Genética russo de 1940 a 1965. Ele insistia que a característica genética, e desse modo a produção, de plantas com fins alimentícios como trigo e centeio podia ser transformada em duas ou três gerações sujeitando-as a um ambiente apropriado. Isso foi música para os ouvidos de Stalin em um período em que a produção de grãos era uma questão de importância desesperadora para a economia. Qualquer um que questionasse essa ridícula afirmação ou mostrasse simpatia por teorias mendelianas de características herdadas arriscava-se ao exílio na Sibéria, e muitos perderam a vida nos campos de prisioneiros. Nem mesmo a morte de Stalin em 1956 pôs um ponto final à ruinosa influência de Lysenko. Foi apenas em 1965 que os sucessores de Stalin se sentiram fortes o bastante para removê-lo do cargo.

Stalin não era tão estúpido quando o assunto era ciência militar. Nessa área era o fracasso, não a heterodoxia, que trazia a ameaça do exílio, ou pior. Assim foi em aplicações militares que a ciência soviética conquistou seus maiores triunfos. O esforço empregado no desenvolvimento de sistemas para lançar dispositivos bélicos foi tão frutífero que por um tempo a Rússia conseguiu ficar à frente dos Estados Unidos em pesquisa espacial. Em 1957, os norte-americanos sofreram um golpe psicológico terrível quando a Rússia conseguiu lançar com sucesso o *Sputnik*, primeiro satélite artificial do mundo. A isso se seguiu mais um triunfo, em 12 de abril de 1961, quando o cosmonauta russo Yuri Alexeevich Gagarin realizou o primeiro voo espacial tripulado do mundo. O choque forçou o presidente John F. Kennedy a anunciar sua intenção de conseguir uma alunissagem americana em 1970. Foi um compromisso extraordinariamente ousado, para não dizer temerário, mas, uma vez assumido, não havia caminho de volta. No caso, a promessa foi cumprida com vários meses de antecedência, quando Neil A. Armstrong, comandante da missão *Apolo 11*, pisou na superfície da lua a 20 de julho de 1969.

O imenso esforço necessário para chegar a isso não exigira nenhum sacrifício do elevado padrão de vida da maioria dos norte-americanos. Durante toda a década de 1960, a economia americana continuou disparada na ponta. O sucesso da missão lunar proporcionou um impulso fenomenal para o moral, e esse senso de autoestima foi reforçado pelo triunfo igualmente óbvio do *American way of life*, como o provou a prosperidade do país. Mas esses sentimentos quase não tiveram tempo de ser desfrutados, quando o país mergulhou no caos com um evento que suscitou perturbadoras novas perguntas sobre o papel dos Estados Unidos nos negócios mundiais.

Quando os franceses se retiraram do Vietnã, esse país se tornara parte da linha de frente na Guerra Fria. Para o povo vietnamita, a guerra era tudo, menos fria, conforme as forças do Norte comunista e do Sul anticomunista combatiam através de seu território e por suas aldeias. Os Estados Unidos, em particular, viram-se cada vez mais profundamente atolados em um conflito de guerrilha que parecia ser impossível de vencer e que abriu uma divisão desesperada em seu próprio povo. De um lado estavam os que se opunham ao que consideravam uma guerra brutal e essencialmente colonial contra um adversário pobre mas corajoso. De outro estavam os que viam a guerra como parte de uma conspiração comunista mundial e que acreditavam numa teoria de "dominó": se o Vietnã do Sul fosse abandonado ao domínio comunista, os demais países do Sudeste Asiático, e talvez muitos países mais adiante, seguiriam o mesmo caminho. As consequências para o povo do Vietnã foram terríveis. No fim de 1968, a carga de bombas lançada sobre o Vietnã do Norte havia sido maior do que a que caíra sobre Alemanha e Japão juntas na Segunda Guerra Mundial.

No fim, o ônus da guerra, coroando o enorme esforço envolvido no programa espacial, se provou grande demais, mesmo para a maior potência militar do mundo. Os danos à economia norte-americana, e as fissuras abertas no padrão social do país, não puderam continuar. Em janeiro de 1973, um cessar-fogo foi acertado em Paris e, em 1975, o governo dos Estados Unidos retirou toda ajuda ao Vietnã do Sul e deixou o país entregue ao próprio destino.

41

Milagres e varinhas de condão

UMA CARACTERÍSTICA ESPANTOSA DO PROCESSO DE INDUSTRIALIZAÇÃO É A velocidade cada vez maior com que vem ocorrendo ao longo do tempo. Depois que a Inglaterra "decolou" por volta de 1780, o país levou sessenta anos para dobrar sua produção per capita. Os Estados Unidos, meio século mais tarde, foram capazes de fazer isso em menos de cinquenta. Quando chegou a vez do Japão, posteriormente no século XIX, a escala de tempo correspondente foi de apenas trinta anos. E, quando a Coreia do Sul iniciou sua revolução industrial na década de 1960, o país conseguiu o mesmo feito em pouco mais de uma década. Nos 25 anos entre 1970 e 1995, a Coreia do Sul decuplicou sua produção per capita, compreendendo uma taxa de crescimento anual média de 10 por cento por um quarto de século.

Estatísticas como essas podem ter um efeito inquietante em pessoas que não as compreendem de fato. Especialistas que deveriam ter-se mantido céticos, hipnotizados com a performance da Coreia do Sul e de outras economias da Ásia Oriental que alcançaram transformações similares, inventaram algo chamado "valores asiáticos" e sugeriram que, se a Inglaterra, por exemplo, não os adotasse, vivenciaria um declínio irreversível. Seria difícil pensar em uma interpretação mais equivocada e grotesca do fenômeno econômico. Não era questão de "valores" coisa nenhuma. Relacionava-se com a existência de uma força de trabalho com bom nível de ensino; e também com a melhoria da produtividade agrícola, de modo que pessoas que de outro modo teriam trabalhado na terra estavam disponíveis para trabalhar em escritórios e fábricas. Mais que tudo, tinha a ver com as vantagens de ser um recém-chegado: de poder investir na tecnologia mais moderna, em vez de ficar preso a métodos antiquados de instalações industriais e produção.

Infelizmente para os marxistas, e seus sonhos de um milênio comunista, relacionava-se também com valer-se da ganância natural das pessoas, propiciando aos moradores do próprio país, e a estrangeiros, a oportunidade de fazer dinheiro e de ficar com a maior parte do que faziam. Levou quase que toda a segunda metade do século XX para que a mensagem fosse captada pelos seguidores de Karl Marx de que o desejo de ganhar dinheiro não só era natural como também a força motriz essencial de uma economia próspera em qualquer época. Foi somente quando o governo chinês reconheceu isso, na década de 1980, que a China conseguiu ensejar seu próprio milagre econômico e iniciar a notável expansão que se encontra atualmente a pleno vapor.

A "decolagem" da Coreia do Sul foi em boa medida impelida pela expansão de indústrias pesadas como a construção naval. Mas existem outros modos de realizar um milagre econômico. Um exemplo diferente foi fornecido pela Irlanda, apenas alguns anos mais tarde.

Na década de 1950, a Irlanda (quer dizer, a República da Irlanda, não a parte da ilha que continuou inglesa) não era um país rico, tampouco era pobre. Sua soberania remontava a uma geração, após a libertação do domínio colonial britânico nos anos 1920. Mas, embora o país estivesse formalmente livre para atuar no mundo como bem entendesse, ele não chegaria a lugar algum com muita rapidez.

A Irlanda dessa época continuava em grande medida uma sociedade camponesa. Carecendo de recursos naturais, como carvão e ferro, ela se recuperava de feridas profundas. O evento definidor na história recente do país fora a fome da batata da década de 1840. A Irlanda, talvez mais do que qualquer outro país, se beneficiara da importação de batata para a Europa por volta de 1600, na esteira da conquista do Peru por Pizarro. Em um clima frio e úmido, e nos solos pobres aos quais seus conquistadores ingleses os haviam banido, o irlandês rural encontrara na batata um gênero alimentício de fácil cultivo e muito nutritivo. Uma vez alimentada, a população do país explodiu. Começando talvez com 500 mil pessoas em 1600, triplicara em 1760 para 1,5 milhão. Então, em meros oitenta anos, entre 1760 e

1840, ela cresceu seis vezes, chegando a 9 milhões. Mas isso não se traduzia na expansão de uma economia próspera. A Irlanda era praticamente uma sociedade sem dinheiro, cuja população não possuía meios para comprar alimentos alternativos se a colheita de batata falhasse. Esmagada por algumas das leis mais iníquas já decretadas por um Estado poderoso contra um povo oprimido e impedida por essas leis de qualquer participação no governo de seu próprio país ou de almejar qualquer tipo de empreendimento comercial, a sociedade se sujeitava a uma existência de pobreza. Sua condição foi descrita em 1839 pelo geólogo francês Élie de Beaumont, quando ele observou que

> a miséria dos irlandeses é de um tipo único, do qual nem o modelo, nem a imitação podem ser encontrados em nenhuma outra parte. Em qualquer país, pode-se descobrir uma quantidade maior ou menor de pobres; mas toda uma nação de pobres é algo que eu nunca tinha visto até me mostrarem a Irlanda.

A batata, suplementada ocasionalmente com repolho e peixe, constituía uma dieta mais nutritiva do que o pão, que era o alimento básico da maioria dos pobres europeus. Enquanto a batata abundava, essa existência miserável pôde ser mantida, mas, em 1846, a batata definhou — e, com ela, morreu a Irlanda do século XIX. Em junho de 1845, durante um verão úmido e frio, uma ferrugem, *Phytophthora infestans*, provavelmente de origem sul-americana e possivelmente introduzida por cascas despejadas de algum navio americano, surgiu em batatas na ilha de Wight, ao largo da costa meridional da Inglaterra. O fungo causou estragos por toda a Europa, mas na Irlanda a devastação foi total. Os incas possuíam centenas de variedades diferentes de batata, tornando-as menos vulneráveis a doenças. Mas os irlandeses tinham apenas uma. Quando a ferrugem atacou, as batatas do país apodreceram no solo, e seu povo faminto pereceu junto. Talvez um milhão de pessoas tenham morrido de fome e das doenças relacionadas com a fome. Outro milhão e meio emigrou posteriormente. Quando irrompeu a Primeira Guerra Mundial, pelo menos 5,5 milhões de pessoas haviam deixado a Irlanda à procura de vida melhor em alguma outra parte.

E, por definição, esses eram os jovens, os fisicamente aptos e os aventureiros: aqueles de quem o país mais sentiria falta.

Foi um país ainda sofrendo os efeitos de três séculos de opressão e infortúnio que se entregou à tarefa de transformar seu futuro na década de 1960. O resultado foi um triunfo, um autêntico "milagre econômico", que serve de lição objetiva sobre o que pode ser conseguido quando um país tem sorte e seu povo tem oportunidade de explorar essa sorte ao máximo.

A Irlanda dos anos 1960 apresentava quatro fatores que contribuíram: uma população com alto nível de instrução; a língua inglesa; acesso privilegiado ao mercado britânico; e estreitos vínculos com os Estados Unidos após um século de emigração. Em uma jogada brilhante, o governo introduziu um generoso sistema de subsídios industriais e isenção total de impostos por dez anos para firmas estrangeiras que se estabelecessem no país. Isso significou a arrancada para um renascimento industrial, porém a economia do país de fato decolou após se juntar ao Mercado Comum Europeu, em 1973.

A entrada no Mercado Comum transformou as vantagens que já existiam na Irlanda em um pacote imbatível. O país agora podia oferecer não só acesso privilegiado ao mercado britânico, mas também ao mercado europeu. A cobertura do bolo — muito grossa — foram os subsídios disponíveis sob a Política Agrícola Comum. Ela havia sido planejada para seduzir os agricultores franceses e fazê-los entrar no Mercado Comum, mas agora ficava disponível para encher o bolso dos agricultores irlandeses e facilitar a transformação de uma economia agrária em uma industrial. Para completar, a fada madrinha do país, numa tentativa de compensar os maus tempos, tocou com sua varinha o leito oceânico irlandês e fez aparecer gás natural. À medida que o país prosperou, a maré de emigração virou. Os jovens da Irlanda não precisavam mais partir e jovens de outros países começaram a chegar. Cinderela fora ao baile do príncipe, afinal — e que baile se revelou!

Embora não seja muito pertinente descrever a Irlanda da década de 1950 como um país "subdesenvolvido", seu "milagre econômico" é um exemplo instrutivo do que se faz necessário para conseguir uma rápida transformação de uma *underperformance*, um desempenho aquém, para uma *outperformance*, um desempenho além. Se levarmos em consideração as vantagens que serviram de ponto de partida para a Irlanda — uma força de trabalho com ótimo nível de ensino, uma infraestrutura política sólida e acesso privilegiado a mercados lucrativos — e se imaginarmos os imensos aportes de capital de fontes públicas e privadas vindas do além-mar, é fácil ver de onde veio o milagre. Também é fácil ver por que inúmeros países da África e da América Latina talvez achem um pouco mais difícil operar a mágica.

42

Um império derrubado

NO INÍCIO DA DÉCADA DE 1970, A DIVISÃO DO MUNDO ENTRE DOIS BLOCOS de potências rivais — os Estados Unidos e seus aliados, de um lado, e os supostos inimigos norte-americanos, liderados pela União Soviética, de outro — vinha perdurando havia tanto tempo que passara a parecer quase uma lei da natureza. Stalin morrera em 1953, mas seus sucessores, receosos do que poderia acontecer se abrissem mão dos rígidos controles que mantinham o império russo coeso, deram continuidade tanto a suas estratégias externas como a seus sistemas internos. E desastrosamente, do ponto de vista do povo russo, haviam embarcado em um maciço aumento do programa de armas que duraria pelos vinte anos seguintes, levando a economia do país finalmente à bancarrota.

Esse aumento no gasto em armamentos, algo que o país não poderia se permitir, foi uma reação à suposta ameaça do programa bélico imensamente ampliado dos Estados Unidos. Isso, por sua vez, foi produto de uma histeria que via a Rússia como uma força perigosa, voltada para a dominação mundial. Nada podia estar mais longe da verdade. O que os russos queriam, mais do que tudo, era ficar em paz para resolver seus próprios problemas desesperadores e modernizar sua economia antiquada e empobrecida. Mas a exibição de força e os jogos de guerra de seus adversários ideológicos criaram uma atmosfera em que a corrida armamentista parecia inevitável. Essa sensação de isolamento e de cerco foi ampliada pela mudança nas relações com a China. Em 1968 e 1969, tropas russas e chinesas estavam envolvidas em uma série de confrontos ao longo de sua extensa fronteira comum. Então, em 1970, os chineses demonstraram seu desejo de se distanciar ainda mais do antigo aliado, dando início a relações diplomáticas com os próprios Estados Unidos. Contudo, enquanto os russos estavam ocupados se convencendo de que eram vítimas de um cerco, os norte-americanos, ainda lambendo as feridas da derrota no Vietnã, continuavam a referendar a ideia de que eram a nação em perigo. Essa não era uma ideia que os fabricantes de armas nos Estados Unidos, navios, aviões e foguetes pretendiam desencorajar. Havia enormes lucros a serem obtidos fomentando esse medo do ataque externo.

O resultado foi o começo do que alguns chamaram de segunda Guerra Fria. Parecia haver poucos motivos para se acreditar que o alinhamento de nações existente podia chegar a um fim no futuro próximo, e poucos observadores informados esperavam que chegasse. Mas, assim como as pressões acumuladas entre as placas tectônicas da terra antecipam um terremoto, havia forças operando, tanto na Rússia quanto em outras partes, que transformariam o equilíbrio de poder internacional.

A primeira mudança a indicar o surgimento de uma nova era ocorreu em 1973, quando um conflito — a Guerra do Yom Kippur — teve início entre o aliado próximo dos Estados Unidos, Israel, e as forças apoiadas pelos russos do Egito e da Síria. Diversos Estados produtores de petróleo da região eram membros de um consórcio conhecido como Opep (Organização dos Países Exportadores de Petróleo), e, a fim de exercer pressão sobre Israel, eles cortaram o fornecimento de petróleo e ameaçaram com embargo qualquer país que apoiasse os israelenses. As consequências dessa ação deixou não só eles próprios atônitos como também o restante do mundo. Até aquele momento, o petróleo constituíra um suprimento abundante, e seu preço baixo era um fator que contribuía para o *boom* econômico que os países industriais usufruíam. Mas a redução forçada de fornecimento em uma época de demanda recorde (a Guerra do Vietnã estava a pleno vapor) desencadeou um salto imediato e acentuado no preço do barril. Isso revelou aos países da Opep, e ao restante do planeta, a força até então insuspeitada de sua posição para negociar. Como resultado, eles puderam impor uma nova estrutura de preços, que os transformou do dia para a noite de países pobres à mercê das companhias de petróleo internacionais em países ricos, com a imensa influência internacional que passaram a deter a partir de então.

Outro beneficiário dos aumentos de preços foi a União Soviética, com suas imensas reservas de petróleo. Embora poucos estrangeiros se dessem conta disso, esse golpe de sorte veio num momento desesperadoramente importante. A economia russa continuava enormemente ineficiente, e isso, acrescido dos custos da Guerra Fria, estava não só afundando o padrão de vida dos próprios russos como também solapando sua capacidade de controlar os povos dominados por eles, tanto no Leste Europeu quanto nos rincões mais distantes do império. O rádio e a televisão transmitiam aos russos e aos cidadãos dos países satélites a prosperidade alcançada em outros lugares, e a insatisfação resultante constituía uma ameaça real para as autoridades. A moeda estrangeira que a Rússia agora podia ganhar com a exportação de suas recém-descobertas reservas de petróleo e gás a preços inflacionados possibilitou a importação de gêneros alimentícios e outros bens que aliviaram o que de outro modo teria sido uma situação muito perigosa.

Para os países da Opep, a transformação de seu status internacional foi empolgante. Mais importante, ela não era dependente de uma elevação de preços continuada. Seus países tinham populações pequenas e enormes rendimentos. Quando os preços caíram, alguns anos depois, à medida que novas jazidas de petróleo começaram a operar, numa época de recessão nos países industrializados, eles puderam viver de suas agora maciças reservas de moeda estrangeira — que lhes trouxeram enorme influência no além-mar — até o *boom* seguinte, que chegou em 1979. Quando os aumentos de preço ocasionados por esse *boom* criaram mais uma recessão internacional, eles foram mais uma vez capazes suportar um período de preços em declínio. Mas a Rússia não se encontrava em posição tão afortunada. Cada rublo obtido com petróleo era necessário e, toda vez que os preços desabavam, intensificavam-se as pressões dentro de um império ainda empobrecido. Essa situação atingiu nível de crise quando o valor do petróleo sofreu um longo período de baixa, entre 1984 e 1986.

O confronto entre Rússia e Estados Unidos, que impôs custos tão pesados sobre a Rússia em particular e trouxe tantos riscos à paz mundial, foi finalmente mantido sob controle pela capacidade de dois homens de acreditar na boa-fé um do outro. Em duas reuniões — em Reykjavik, em 1986, e em Washington, em 1987 —, o presidente russo Mikhail Gorbachev e o presidente norte-americano Ronald Reagan conseguiram calar a boca de seus conselheiros mais exaltados por tempo suficiente para chegar a um acordo que efetivamente resultou no fim da Guerra Fria.

A ideia de que a Guerra Fria pudesse de fato acabar levou algum tempo para ser absorvida. Não houve nenhuma reação repentina na produção de armas. E não houve redução alguma na espionagem de ambos os lados. Mas grande parte do calor da situação se fora, e as chances de um incidente nuclear ficaram reduzidas. Se, e quando, o acordo teria sido seguido de uma redução de verdade nos armamentos, jamais saberemos, porque os eventos agora tomavam um curso distinto.

Em 1987, Gorbachev publicou um livro em que defendia um programa baseado nos princípios da *glasnost* (abertura) e da *perestroika* (reestruturação) e em seguida introduziu elementos de democracia e liberalização da economia. Quase inevitavelmente, após setenta anos de relações inamistosas, quando a situação começou a mudar, foi devagar demais para alguns e rápido demais para outros, e Gorbachev se viu sob ataque de ambos os lados.

Era uma situação além da capacidade de controle para qualquer um, e o império russo em seguida se desmantelou numa velocidade que deixou boquiaberto até mesmo o mais crédulo dos otimistas. Em 1989, em meio a grande júbilo, o muro que separava Berlim Ocidental da comunista Berlim Oriental foi derrubado por manifestantes. Em alguns meses, todos os Estados-satélites do Leste Europeu haviam se separado da Rússia. Gorbachev, com muita frieza e coragem, se recusara a recorrer à ação militar para impedir isso. Em outubro de 1990, as Alemanhas Ocidental e Oriental se reuniram, e a Alemanha retomou ansiosamente seu lugar de direito como principal potência europeia a oeste da Rússia.

Enquanto isso, mudanças drásticas estavam a caminho na própria Rússia. Em 1990, a liberdade religiosa ficou assegurada por lei, e as repúblicas constituintes da União obtiveram um grau maior de independência. Em novembro de 1991, o Partido Comunista soviético, que conduzira os negócios da nação por mais de setenta anos, foi banido. Apenas um mês depois, a União Soviética se desmanchou em 15 estados independentes.

Fora uma das maiores reviravoltas políticas da história mundial. E acontecera quase sem nenhum tiro ser disparado.

43
Uma nova China

A ONDA DE PROSPERIDADE QUE TOMOU O MUNDO INDUSTRIALIZADO NO quarto de século posterior à Segunda Guerra Mundial passou ao largo de uma nação.

Em 1949, quando a comunista República do Povo foi fundada, a China tinha uma população de quase 600 milhões de pessoas. A maioria era de camponeses, com um padrão de vida não superior ao que seus avós haviam conhecido. O país voltara a ter um governo forte, mas apenas isso não era garantia de prosperidade. A tarefa que se apresentava diante do governo chinês era desanimadora. A guerra com o Japão fora longa e o povo chinês sofrera muito. No total, a guerra custara à China algo entre 15 e 20 milhões de mortos e deixara grande parte da infraestrutura do país arruinada. E não houve nenhum auxílio americano como o disponibilizado para ajudar na reconstrução que possibilitou à Alemanha e ao Japão lançar as bases de seus "milagres econômicos". Não ajudou o fato de que por trinta anos após a guerra a política econômica dessa ditadura fosse guiada mais pela ideologia do que por qualquer análise racional sobre como a recuperação deveria ser planejada. O líder nacional, Mao Zedong, ascendera ao poder com uma visão própria de como o milênio marxista poderia ser concretizado. Ao contrário de Marx, Mao acreditava que a maior esperança da revolução devia ser depositada nos camponeses, e não no proletariado urbano, e ele concentrou sua atenção em discipliná-los e organizá-los, pois compunham a maior parte da força de trabalho da nação.

A agricultura era a seiva vital da economia chinesa. Nos anos imediatamente após 1949, ela funcionou com gratificante eficiência, conforme reformas da terra encorajavam os fazendeiros a mostrar interesse em melhorar a produção. Mas, em 1955, Mao introduziu um programa que começou a ter o efeito oposto. Foi a coletivização forçada da agricultura. Uma política com consequências desastrosas para a Rússia nos anos 1930, não trouxe resultados melhores para a China na década de 1950.

Em 1956, Mao fez um discurso encorajando o povo a apresentar críticas à maneira como o país era governado. Doze meses depois, meio milhão de pessoas ingênuas o bastante para acreditar em sua palavra mofavam na prisão. Em 1958, ele despertou grande entusiasmo com seu anúncio de que a China ingressava em um programa que seria conhecido como "Grande Salto Adiante". Envolvia a reorganização das fazendas coletivas em unidades ainda maiores chamadas "comunas", em que novos tipos de relacionamentos sociais, conflitantes com a tradição chinesa, foram impingidos. Isso também encorajou a criação de grande número de ineficientes indústrias de fundo de quintal e metas de produção pouco realistas, que davam prioridade à quantidade de produção mais do que à qualidade, fornecendo um poderoso incentivo para se mentir a respeito dos verdadeiros níveis de produção alcançados.

Foi um desastre absoluto: "Grande Salto para Trás" teria sido mais exato. Fracassou porque a ideologia da China e seu isolamento do restante do mundo significavam que o país não tinha acesso aos recursos que teriam ajudado a modernizar sua infraestrutura. Empréstimos internacionais, receita de exportação ou ligações com empresas estrangeiras que trariam capital não eram possíveis na China maoísta, tanto quanto não haviam sido na Rússia stalinista. O contraste com os acontecimentos internos das décadas de 1980 e 1990 é uma lição objetiva sobre como fazer, e como não fazer, uma industrialização funcionar. Para Mao, assim como para Stalin, o fim justificava os meios. O que nenhum dos dois compreendeu foi que seus fins professados eram inatingíveis pelos meios que eles escolheram.

Uma das consequências da autoilusão nacional envolvida no Grande Salto Adiante foi uma certa dose de fantasia que levou a exportações maciças de cereais de que a China não podia, na verdade, abrir mão. O resultado foi um período de fome terrível entre 1958 e 1961, em que pelo menos 20 milhões, e possivelmente algo perto de 40 milhões, de pessoas morreram.

O ataque seguinte de Mao ao tecido econômico e social do país veio em 1966, quando ele deu início a um programa de reconstrução social e reeducação conhecido como "Revolução Cultural". Ela foi projetada para destruir instituições ou atitudes herdadas do passado que fossem consideradas obstáculos à criação da nova China sobre a qual estavam pousados os olhos do líder. As pessoas eram encorajadas a delatar seus vizinhos, e o resultado foi que em pouco tempo o país reverberava com o som de denúncias públicas histéricas, e confissões forçadas, que lembravam julgamentos por bruxaria medievais. O clímax chegou entre 1968 e 1969, num frenesi de delações e humilhações públicas, organizadas por vigilantes sem controle conhecidos como "Guardas Vermelhos": jovens que não conheciam coisa alguma senão a lei comunista. Durante essa explosão de insanidade, centenas de milhares de profissionais capacitados foram removidos de seus postos e forçados a se submeter a uma "reeducação política" conforme executavam trabalhos forçados no campo. Foi gerada tal devastação que, em 1970, o exército interveio, desafiando Mao, e detendo um país à beira da dissolução nacional.

Mao foi gradativamente empurrado para uma posição secundária, mas o pesadelo só terminou com sua morte, em 1976, quando estava estabelecida a justificada reputação de ter sido o líder que mais matara de sua própria gente do que qualquer outro governante na história. Após sua morte, uma avaliação racional das necessidades do país mais uma vez se tornou possível, e um programa de regeneração nacional foi iniciado. Sob um novo líder, Deng Xiaoping, que fora duas vezes expurgado por Mao devido a suas opiniões liberais sobre a economia, certa dose de liberdade econômica foi implantada. Isso tornou possível aos fazendeiros mais uma vez lucrar com seu trabalho e aos negócios operar numa base comercial. Ao mesmo tempo, indústrias estatais eram reorganizadas de modo a dar ênfase tanto à qualidade quanto ao volume da produção, e tornaram possível os sistemas de administração moderna considerados pressupostos em outros países industrializados. Pela primeira vez na história da nação, aceitava-se que havia um mundo exterior com muito a ensinar e que a China tinha muito a aprender. E, quando a porta foi aberta, empresas estrangeiras se atropelaram para entrar, atraídas pelas apetitosas oportunidades que oferecia esse país imenso e por se desenvolver, e encorajadas pelas isenções de taxa generosas como as que estavam operando a mágica na Irlanda.

No campo político não houve liberação equivalente. O Partido estava determinado a manter a tampa bem fechada contra qualquer crítica ao regime. Mas como seria de se esperar, em um país com mais de 2 mil anos de atividade mercantil atrás de si, a economia começou a avançar. À medida que a produtividade agrícola melhorou, a ameaça de fome retrocedeu, e milhões de trabalhadores rurais, um excedente de mão de obra, afluíram para as cidades, inchando as populações urbanas e fornecendo um suprimento ilimitado de braços baratos para fazer funcionar as fábricas recém-construídas. Assim como foi com a Coreia do Sul, não havia necessidade de repisar a trilha de Revoluções Industriais anteriores. Fábricas e escritórios podiam empregar a tecnologia mais recente, levando vantagem sobre países industriais mais antigos que estavam presos a maquinários e sistemas menos eficientes que não podiam ser substituídos sem grande prejuízo. Em poucos anos, essa combinação de baixo custo dos salários e tecnologia avançada transformava a China numa potência a ser levada em consideração no comércio internacional, rendendo ao país grandes quantidades de moeda estrangeira. Também trouxe as corporações de além-mar, que ofereciam conhecimento técnico e dinheiro em troca da oportunidade de participar do que prometia ser, num futuro não muito distante, o maior mercado mundial. Entre 1978 e 1998, a economia chinesa se expandiu a uma taxa média de 8 % ao ano; uma explosão de crescimento em duas décadas, ao fim da qual sua produção anual quase quintuplicou em relação ao início.

Pela maior parte desse período, o exército e o Partido conseguiram liberar a energia comercial necessária para manter a panela do empreendimento fervendo, ao mesmo tempo em que continham a liberdade política que poderia fazer o conteúdo transbordar. Mas em uma única ocasião, passando um pouco da metade desses vinte anos, um acontecimento que deixou a nação em suspenso e evocou a possibilidade de que toda essa experiência pudesse ir por água abaixo.

Em maio de 1989, a Grande Praça da Paz Celestial, no centro de Beijim, foi palco de uma impressionante série de manifestações absolutamente pacíficas de agricultores, operários e estudantes, envolvendo mais de um milhão de pessoas. Os atos públicos eram a culminação de uma explosão de insatisfação com elevação de preços, ausência de democracia e todo um complexo de crises que parecia além da capacidade de solução por parte do governo. A atmosfera era de entusiasmadas discussões políticas, possibilitadas pela crença geral de que a mera quantidade de gente tornava impossível uma intervenção das autoridades. No anoitecer do dia 2 de junho, as coisas ficaram feias, quando soldados, que não mostravam hostilidade, foram brutalizados por alguns membros mais exaltados na multidão. Na noite seguinte tanques entraram na praça e na avenida Chang'an, próxima. Pela manhã o lugar estava deserto.

Até hoje não se sabe quantos morreram ou ficaram seriamente feridos nessa noite que jamais deverá ser esquecida. Nada parecido aconteceu desde então, mas as autoridades chinesas nunca haviam sido confrontadas com um problema desses. Foi como castigar com um bastão uma criança desobediente: um ato tão violento que o restante da família fica paralisado em submissão.

A sombra de 1989 ainda paira sobre essa sociedade em tudo mais ebuliente. Neste momento em que escrevo, a combinação de oportunidade comercial e controle político ainda parece funcionar. O governo desse que é o último grande império territorial do mundo tem o exemplo do que aconteceu com o império russo na década de 1990 para lembrá-lo dos riscos que corre. E ele conta com a vantagem de trabalhar no contexto de uma sociedade que cultivou as virtudes da disciplina e do respeito pela autoridade durante 2 mil anos. O sucesso alcançado por esse experimento único ao longo dos últimos trinta anos foi assombroso. Se essa combinação de avanço econômico e repressão política é algo que pode ser mantido por muito mais tempo, a questão é difícil de responder.

44

A marcha altiva dos Estados Unidos

A VOLTA DA PROSPERIDADE À ALEMANHA E AO JAPÃO APÓS A SEGUNDA Guerra Mundial foi acelerada pela reação inteligente dos governantes norte-americanos, que haviam aprendido a lição do Tratado de Versalhes e estavam determinados a não plantar as sementes de uma futura guerra, como esse acordo provocara. Foi uma reação magnânima que merece plenamente todo elogio que já foi prodigalizado sobre ela. Mas foi também uma atitude de egoísmo esclarecido. Os Estados Unidos nada tinham a ganhar com uma repetição das décadas de 1920 e 1930 e tinham um bocado a perder.

Infelizmente, uma magnanimidade comparável não foi exibida no momento da vitória norte-americana na Guerra Fria. A reação de muitas pessoas influentes à derrocada do império russo foi caracterizada pelo triunfalismo. O "mundo livre", eles pareciam acreditar, "vencera", e era dever dos russos aceitar as consequências com espírito esportivo e dar um jeito de reorganizar sua sociedade de acordo com um modelo mais aceitável. Que aquela fosse uma nação orgulhosa com uma longa história, e um rol de realizações brilhantes, merecedora de solidariedade e respeito nessa hora de necessidade, parece não ter entrado na cabeça dos vencedores. Em vez disso o país foi tratado como um Klondike dos tempos modernos, fervilhando de recursos naturais, à espera apenas de uma corrida do ouro. Nem todos os russos se viram em desvantagem com o que aconteceu nesses anos caóticos, é claro. Fortunas foram feitas e bases de poder construídas, e provavelmente dominarão a vida russa por muitos anos. Mas, para os russos comuns, foi um período de sofrimento e humilhação nacional.

A reação de alguns norte-americanos foi mais além do que a mera celebração de vitória do *American way of life* sobre os adeptos de uma filosofia rival. Para alguns — entre eles pessoas de inteligência indubitável —, foi o triunfo dos "valores americanos" e de seu modo de organizar a sociedade sobre versões alternativas, passadas e presentes. Em 1992, um ex-funcionário do Departamento de Estado, Francis Fukuyama, cunhou uma frase para descrever o que aconteceu: "o fim da história". Muitos se sentiram encorajados por esse atraente conceito a acreditar que a combinação de organização capitalista e instituições representativas que haviam surgido nos Estados Unidos nos duzentos anos desde a Declaração de Independência era o fim natural da sociedade humana, e tudo que restava agora a fazer era proceder à sua instauração nas partes do mundo onde ela ainda não viera à luz. Dentro do governo americano, um grupo de sonhadores entusiasmados arregaçou as mangas e começou a planejar a chegada desse novo milênio. Eles chamaram sua empreitada de "Projeto para o Novo Século Americano". Foi um rótulo tão bizarro que estava além da possibilidade da ironia.

Essa certeza de que a América carregaria a tocha para a marcha de um mundo agradecido rumo a um futuro glorioso não deixava grande margem para a decepção. Logo, foi inevitável que, quando a vulnerabilidade dos próprios Estados Unidos ficou demonstrada em 2001, a nação se sentisse sacudida em suas bases.

Em 11 de setembro desse ano, os telespectadores norte-americanos, e das tevês do mundo todo, tiveram seus programas interrompidos com imagens direto de Nova York, onde um avião atingiu uma das Torres Gêmeas do World Trade Center, na parte baixa de Manhattan. Enquanto isso era assistido, um avião surgiu na imagem e atingiu a outra torre. Minutos mais tarde, ambos os prédios desabaram. Foi uma das ilustrações mais terríveis imagináveis do que se convencionou chamar "aldeia global": o novo mundo que a tecnologia criara, em que todos são vizinhos de todos e desastres distantes são uma visão em tempo real, no aconchego do sofá. Ninguém que assistia precisou ser informado de que houvera substanciais perdas de vida. Tampouco precisou ser informado de que alguma coisa mais significativa que o colapso de dois grandes edifícios acabara de ocorrer diante de seus olhos.

Notícias logo se seguiram de que um terceiro avião atingira o Pentágono, em Washington, o centro do comando militar norte-americano, e de que uma quarta aeronave caíra em terreno aberto, em circunstâncias sugestivas de que talvez estivesse destinada à Casa Branca.

Soube-se então que os aviões haviam sido sequestrados por terroristas pertencentes a uma organização conhecida como al-Qaeda. O líder da al-Qaeda era um saudita bem-nascido chamado Osama bin Laden, cuja motivação parecia ser o ódio do que considerava uma influência perniciosa da cultura norte-americana sobre a vida dos países islâmicos, intensificada pelo ressentimento com o apoio inabalável dos Estados Unidos ao Estado de Israel.

As consequências desse evento foram enormes. A nação foi varrida de costa a costa pela dor com o assassinato de cerca de 3 mil pessoas, a maioria cidadãos americanos inocentes, que estavam simplesmente cuidando de seus negócios cotidianos. Mas havia algo mais: a compreensão horrorizada de que os Estados Unidos, que vinham participando de guerras pelo mundo afora durante mais de um século mas permanecendo eles próprios imperturbados, estavam vulneráveis de maneira nunca antes imaginada. A América descobriu estar exposta a ataques de inimigos no além-mar de um tipo contra o qual suas defesas não tinham condições de funcionar. A nação mais poderosa do mundo, dona de um arsenal nuclear de estupendas proporções, não conseguira proteger-se do golpe brutal desferido por um pequeno grupo de soldados altamente comprometido armado com nada tecnologicamente mais avançado que facas comuns.

Em 2002, as forças americanas invadiram o espaço aéreo do Afeganistão, onde se acreditava que Bin Laden estaria escondido. Os danos e deslocamentos populacionais causados, e o número de civis afegãos mortos, foram consideráveis, mas as autoridades norte-americanas estavam convencidas de que o transtorno causado à organização terrorista e a derrubada do regime talibã que dominava o país tornavam a operação válida.

Um elemento influente nos círculos do governo norte-americano havia por algum tempo acalentado a ambição de "eliminar" o cruel soberano do Iraque, Saddam Hussein. Claro que havia ditadores igualmente sanguinários à solta pelo mundo todo, mas Saddam mostrava uma inimizade abertamente declarada tanto aos Estados Unidos quanto a Israel e era o governante de um país dono de imensas reservas de petróleo. Na atmosfera exaltada e confusa que se seguiu ao ataque das Torres Gêmeas, o governo dos EUA conseguiu estabelecer uma conexão na mente do público entre o regime de Saddam e uma coisa chamada "terrorismo internacional". Não havia nenhuma evidência de ligação entre Bin Laden e Saddam — antes o contrário —, mas o episódio foi nebuloso o bastante para permitir à Casa Branca convencer parte do Congresso a votar nos preparativos para um plano de invasão. A aprovação de resoluções ambíguas nas Nações Unidas e o apoio de uma força britânica considerável proporcionou ao ataque a aparência de uma operação internacional em defesa da paz mundial. A questão ficou ainda mais obscura com a alegação de que Saddam ocultava "armas de destruição em massa" que constituíam uma ameaça para países a centenas, se não a milhares, de quilômetros de distância. Posteriormente se constatou que não havia arma alguma, mas então a acusação já se prestara a seu propósito.

O ataque — codinome "Iraqi Freedom" — foi lançado em 20 de março de 2003. A resistência iraquiana foi rapidamente esmagada, mas quando o exército de ocupação anglo-americano se instalou plenamente, enormes danos haviam sido causados à infraestrutura do país, e um grande número de civis iraquianos perecera. As potências invasoras compreensivelmente se recusaram a tentar estimar o total de mortos e feridos. Não resta dúvida, porém, que em 2007 a própria guerra, e a ocupação que se seguiu, fora a causa direta de milhares de mortes civis. A essas pode-se acrescentar, segundo o gosto, parte ou o total das diversas centenas de milhares mais causadas pelo efeito combinado dos conflitos entre as diversas facções iraquianas nos anos caóticos que se seguiram, pelas ações diretas das forças de ocupação e pelas doenças e enfermidades que não teriam ocorrido se a infraestrutura do país não estivesse tão gravemente destruída.

O fato de que o ataque às Torres Gêmeas fora perpetrado por fundamentalistas islâmicos teve consequências particularmente infelizes. Foi ruim o bastante que houvesse permitido ao governo dos Estados Unidos sair-se com o rótulo de "guerra ao terror", possibilitando seu uso para qualquer ação militar contra um país islâmico. Mas pior ainda foi servir de encorajamento para que determinados elementos mais precipitados da classe política norte-americana defendessem encarniçadamente a ideia de que o mundo assistia a um "choque de civilizações". Como substituto para a reflexão, isso funcionou perfeitamente. Como contribuição para o entendimento da perigosa era em que nos encontramos hoje, foi, deve-se ressaltar, de muito pouca, se não de nenhuma, ajuda.

45

O mundo hoje

A JULGAR PURAMENTE PELOS NÚMEROS, A HISTÓRIA DA ESPÉCIE HUMANA durante os últimos séculos é uma sequência de sucessos impressionantes. A população do mundo em 1913 era de 1,6 bilhão, tendo dobrado nos 150 anos anteriores. Ela agora se aproxima dos 7 bilhões, após quadruplicar em menos de um século. Só a China hoje possui 1,3 bilhão de habitantes, quase tanto quanto o mundo todo há um século. A Índia, onde a taxa de fertilidade por mulher é quase duas vezes a da China, abriga mais de 1 bilhão de pessoas, e estima-se que ultrapassará a China por volta de 2050. O subcontinente indiano como um todo já é mais populoso que a China.

A taxa de crescimento da população mundial atingiu um pico por volta de 1970. Desde então, vem diminuindo. Previsões atuais sugerem que vai se nivelar em cerca de 10 bilhões de pessoas por volta do ano 2050. Se isso acontecer, chegaríamos a um milhão de vezes o que era quando nossa história começou, cerca de 100 mil anos atrás.

O crescimento maciço da população mundial desde 1913 não é resultado de taxas de natalidade descontroladas. Pelo menos a metade disso deriva do fato de que as pessoas estão vivendo mais tempo. Isso por sua vez resulta de uma medicina eficaz. Em 1913, pouquíssimos países tinham sistemas de saúde pública dignos do nome. Mas, à medida que o século XX progredia, o conhecimento adquirido após mais de um século de pesquisas científicas começou a ser aplicado amplamente. A partir do início da década de 1950, particularmente, antibióticos, vacinas e saneamento melhorado levaram a uma melhoria drástica nas taxas de sobrevivência. A expectativa de vida média no mundo todo em 1913 era de cerca de 36 anos. Em 1950 passara a 45. Entre 1950 e 1970, o número subira acentuadamente em um país depois do outro. E continuou a crescer desde então, embora a um ritmo mais lento, com o resultado de que a expectativa de vida média de uma criança nascida atualmente está próxima de 70 anos. E essa é uma média mundial. Em alguns países saudáveis e ricos — como o Japão por exemplo —, a expectativa de vida média está acima de 80 anos.

Em alguns países em desenvolvimento, como Taiwan e Coreia do Sul, a queda nas taxas de mortalidade foi seguida muito rapidamente por uma queda nas taxas de natalidade. Isso resultou em um aumento da proporção entre população trabalhadora em relação à população total que desempenhou importante papel nos "milagres econômicos" que esses países vivenciaram nas décadas de 1970 e 1980. Mulheres que não estavam ocupadas com bebês estavam disponíveis para trabalhar fora de casa.

Um fator importante na redução das taxas de natalidade em inúmeros países desenvolvidos, e em desenvolvimento, fora a introdução da pílula anticoncepcional, que surgiu nos anos 1960 e desde então transformou a vida de centenas de milhões de mulheres pelo mundo todo. Na China, após a morte de Mao Zedong, em 1976, o governo introduziu uma política de um filho por família, com penalidades e incentivos poderosos o bastante para alterar significativamente o comportamento. No quarto de século desde a introdução dessa política, a taxa de natalidade chinesa caiu em dois terços.

Em inúmeros países pobres, contudo, mais notadamente da África e da América Latina, as taxas de natalidade têm permanecido altas, levando ao crescimento do número de crianças dependentes e limitando a capacidade de mulheres em idade fértil de participar do mercado de trabalho. Esse é mais um fator existente nesses países a reduzir o potencial para o crescimento econômico.

O efeito combinado da melhoria da saúde pública e das taxas de natalidade estáveis foi de aumentar significativamente a população de certas partes do mundo. A África subsaariana, com algo próximo de 100 milhões de pessoas em 1913, abriga hoje 700 milhões, enquanto a América Central e do Sul, que possuíam um total combinado de cerca de 80 milhões, hoje ultrapassam os 500 milhões.

De vez em quando ao longo dos dois últimos séculos o aumento da população global tem suscitado preocupações quanto a nossa capacidade de conseguir alimentar tantas bocas. Graças aos avanços científicos durante os últimos cinquenta anos — a "Revolução Verde" da agricultura —, essa é uma ansiedade que pode em grande parte ser deixada de lado. Podemos dizer com confiança que, pelo menos na teoria, não há motivo para acreditar que seremos incapazes de alimentar uma população de 10 bilhões de pessoas daqui a quarenta anos. Um exemplo particularmente notável do potencial dos modernos métodos agrícolas — incluindo a aplicação generosa de fertilizantes nitrogenados — para obtenção de suprimentos alimentícios mais abundantes é fornecido pela experiência da China, onde a produção de alimento média per capita da população é atualmente o dobro do que foi há quarenta anos.

Nossa capacidade de prover a futura demanda por alimento vai depender da natureza da dieta consumida. A maioria das nações industrializadas celebra sua grande prosperidade entregando-se ao tipo de dieta rica em carne que os povos pobres não têm condições de sustentar. O consumo de carne é um modo incrivelmente ineficaz de uso da terra cultivável. Exige muito mais hectares de plantações destinadas a alimentar animais a serem consumidos pelos seres humanos do que de cereais, frutos e legumes cultivados para nos alimentar diretamente. Se queremos propiciar a 10 bilhões de pessoas um padrão de vida decente, será bem mais fácil fazê-lo se pudermos convencê-las dos benefícios de uma dieta vegetariana. Caso contrário, o preço da carne (e do peixe), muito antes de 2050, chegará a níveis que uma parte considerável da população mundial não poderá pagar, e todos terão de se virar com uma dieta vegetariana, quer queiram, quer não.

O mundo é um lugar muito mais desigual hoje do que era em 1913. O século passado testemunhou uma melhoria drástica nos padrões de vida dos países ricos. Em muitos países pobres, por outro lado, o padrão de vida para a massa da população está um pouco melhor do que antes. Ainda há pelo menos um bilhão de pessoas vivendo em regiões que até o momento foram incapazes de sequer começar a galgar o degrau mais baixo da escada do desenvolvimento econômico. E, embora a fome e a desnutrição sejam proporcionalmente menos comuns do que eram em 1913, a quantidade absoluta de gente sofrendo de desnutrição é maior atualmente. Os povos africanos continuam na base da pirâmide. Após ter comido o pão que o diabo amassou em diversas ocasiões ao longo do último milênio, tudo indica que continuarão a fazê-lo ainda por um bom tempo.

Ao mesmo tempo que a população mundial está explodindo, tem havido significativa mudança na quantidade de gente que habita as cidades. Industrialização e aperfeiçoamento agrícola são dois lados da mesma moeda. As fábricas modernas, e as indústrias de serviços que a sustentam, exigem grandes forças de trabalho, que precisam estar localizadas em cidades. Melhorias na tecnologia agrícola reduzem o número de trabalhadores necessários em fazendas. Assim, à medida que um país se industrializa, a porcentagem de sua população envolvida na agricultura deve diminuir e a porcentagem de sua população que vive nas cidades deve aumentar. Proporcionalmente, enquanto a quantidade de gente que habita a cidade cresce, o tamanho da cidade também aumenta.

Na metade do século XVIII, conforme a primeira Revolução Industrial progredia na Europa Ocidental, a população de suas duas maiores cidades, Londres e Paris, atingia o número na época impressionante de 700 mil habitantes cada. Essa população teria sido ainda maior não fossem as taxas de mortalidade tão assustadoras. À medida que diversos países ingressavam cada um em sua Revolução Industrial, suas populações rurais, também, afluíam para as cidades. Quando as melhorias na saúde pública se tornaram uma realidade, e os habitantes pobres da cidade passaram a viver mais, as populações urbanas explodiram, e seu número começou a ser medido em milhões. Tóquio, Mumbai, Xangai, Pequim, Londres, Nova York e Cidade do México são apenas algumas das cidades atuais com mais de 10 milhões de habitantes. E algumas delas continuam em rápido crescimento, com grande parte da população rural se deslocando em busca de trabalho. Segundo estimativas da ONU, em 1950 apenas 29 por cento da população mundial vivia em um ambiente urbano; a cifra está hoje em mais de 50 por cento. Em outras palavras, no mundo como um todo, há hoje mais pessoas vivendo nas cidades do que fora delas. Tampouco há motivo para esperar que esse processo perca a força em um futuro próximo.

Não é apenas o número de seres humanos no mundo que vem crescendo a uma taxa rápida; isso ocorre igualmente na interação entre eles.

E tal fato é verdadeiro em dois sentidos muito diferentes: na frequência e velocidade de troca de informações e na quantidade de experiência simultaneamente compartilhada (como telejornais, filmes e propaganda).

Um fator importante disso vem sendo a disseminação dos principais idiomas do mundo. O número de línguas tem caído durante a maior parte dos últimos 3 mil anos, e a taxa de mortalidade linguística atual está mais rápida do que nunca. Em todo o planeta existem ainda cerca de 5 mil línguas diferentes: a Austrália abriga por volta de duzentas; Papua Nova Guiné, mais de oitocentas. Mas muitas são faladas por apenas um pequeno número de pessoas — velhas. Em média, uma língua morre, em algum lugar do mundo, de duas em duas semanas.

45.1 Dez línguas mais faladas

		Número de falantes (milhões)
1	Chinês (mandarim)	1.050
2	Inglês	510
3	Hindi	490
4	Espanhol	420
5	Russo	280
6	Bengali	210
7	Português	190
8	Alemão (padrão)	130
9	Francês	130
10	Japonês	130
	TOTAL	3.540

Os números mostrados são dos falantes de cada uma como primeira língua, ou segunda língua ativa. O árabe não figura nesta lista devido ao caráter mutuamente ininteligível de seus inúmeros dialetos.

Fonte: N. Ostler, *Empires of the World* (HarperCollins, 2005), p. 526.

Dos quase 7 bilhões de pessoas que existem no mundo, mais da metade compartilha apenas dez línguas. Uma delas, o chinês mandarim, é a primeira ou a única de mais de um bilhão de pessoas, e três outras línguas em rápido crescimento — inglês, espanhol e hindi — são cada uma faladas por mais de meio bilhão. A expansão da internet e a influência da televisão e do cinema parecem igualmente acelerar a disseminação dessas quatro, seja como primeira língua, seja como língua franca para os negócios e a troca científica.

A introdução do computador pessoal na década de 1980 e o desenvolvimento da rede mundial de computadores na década de 1990 transformaram de tal modo o processo de intercâmbio de informações que se pode afirmar com segurança que vivemos em um mundo diferente do que existia há apenas um quarto de século. Hoje é possível a comunicação instantânea, a um custo desprezível, com pessoas do outro lado do planeta. Podemos explorar o conteúdo da imprensa mundial, e das bibliotecas de qualquer parte, sem nem tirar o pijama. Uma pessoa pode levar a público suas opiniões e necessidades para literalmente todo mundo ver. Essas coisas são milagrosas pelos padrões de qualquer época passada. Se decidimos fazê-lo, e se dispomos dos meios para isso, podemos realmente viver em uma aldeia global.

Conforme aumenta essa interação, igualmente cresce o número de descobertas e invenções e a velocidade com que novas tecnologias se espalham pelo mundo. Isso por sua vez acarreta maior aceleração no ritmo de mudança com que a sociedade funciona. Em cada geração nos países industrializados durante pelo menos os últimos duzentos anos, pessoas mais velhas disseram: "As coisas não podem continuar a mudar nesse ritmo." Eles estavam com a razão — as coisas não podiam continuar a mudar naquele ritmo. No mundo industrializado, as coisas mudam, e quase certamente continuarão a mudar, a um ritmo cada vez mais acelerado.

Há uma nova revolução tecnológica a caminho, no momento, baseada nas descobertas feitas em biologia e bioquímica durante os últimos cinquenta anos. É normal que haja um lapso de meio século ou algo assim entre as descobertas fundamentais que criam uma nova tecnologia e o início de sua exploração comercial. A descoberta em 1953 da estrutura da molécula de DNA, por Francis Crick e James Watson, da Universidade de Cambridge, foi uma delas, e estamos atualmente apenas no começo do que poderia ser um século de inovação no campo da engenharia genética. Isso vai não só revolucionar o diagnóstico e tratamento de doenças humanas; vai tornar possível melhorias maciças na produção de alimento, criando novas variedades de plantas e animais, de alto rendimento, e prevenindo doenças.

Logo ali na esquina, acena outra revolução industrial, baseada na nanotecnologia: a tecnologia do extremamente pequeno. É impossível dizer quais serão as ramificações dela, mas serão imensas. E depois disso? Não sabemos. Mas seria ridículo sugerir que simplesmente aconteceu de termos chegado a um estágio em que não há novas descobertas para fazer e explorar. Temos de presumir que por um longo tempo os seres humanos obterão cada vez mais conhecimento sobre o funcionamento do mundo e controle cada vez maior tanto sobre nosso ambiente físico como sobre os processos corporais. À medida que isso ocorre, teremos de nos acostumar com uma taxa de mudança constantemente mais rápida tanto na tecnologia quanto nas relações sociais. Aquela primeira Revolução Industrial no século XVIII deu origem ao processo de invenção contínua, e não há motivo para supor que isso chegará a um fim por um bom tempo. A menos, é claro, que alguma coisa desagradável aconteça para deter todo o processo. O que poderia ser, vamos considerar no próximo capítulo.

Essa transformação da tecnologia da vida cotidiana foi igualada por uma similar na tecnologia da guerra. Graças à sua industrialização, a guerra também se tornou mais desigual. Os países ricos do mundo hoje possuem armas de tal sofisticação e poder que são capazes de levar a morte e a destruição aos países pobres em uma escala industrial, enquanto eles próprios sofrem baixas e prejuízos materiais desprezíveis. Os cidadãos desses países ricos podem ficar sentados nos sofás, a comida congelada recém-saída do micro-ondas em seus colos, assistindo a tudo acontecer, enquanto sua solidariedade humana vai sendo encolhida por um meio de comunicação que serve uma tragédia da vida real e a telenovela num formato quase idêntico.

No momento, tais países estão livres da ameaça de guerra em que eles próprios possam sofrer danos extremos. No que lhes diz respeito, a guerra é apenas para exportação. E, a despeito dos imensos arsenais de armas de destruição em massa que eles mantêm de prontidão, seus povos dormem serenamente, sabendo que a incineração e a mutilação são, por ora, destinos reservados aos habitantes de países que cometeram o crime de ser pobres e fracos.

Devemos suspeitar que esse estado de coisas seja temporário. A arrogância dos políticos e intelectuais americanos de mentalidade mais imperialista é uma reminiscência de seus equivalentes britânicos de 150 anos atrás, antes que as realidades de um equilíbrio de poder instável aniquilasse as calculistas ilusões de grandeza *deles*. Não seria nenhuma surpresa para estudantes da história do século XIX se a força e a autoconfiança crescentes da China, da Índia e da Rússia trouxessem esse assim chamado "novo século americano" a um fim em bem menos do que cem anos. Se isso acontecer, o mundo voltaria aos contenciosos blocos de poder do fim do século XIX. E já sabemos aonde isso leva.

Os sistemas políticos particulares aperfeiçoados por essas grandes nações não serão o fator determinante nos negócios mundiais ao longo dos anos seguintes. As próximas lutas entre potências não dirão respeito a princípios políticos. Serão motivadas pelas mesmas forças que sempre comandaram essas disputas: competição por recursos naturais; por influência no comércio; e, acima de tudo, puro medo — o mesmo medo primitivo do "outro" que tem governado as relações humanas desde que nossos ancestrais caminharam pela primeira vez e perscrutaram a vasta savana.

46

Um olhar para o que passou

EM 1922, O ESCRITOR BRITÂNICO H. G. WELLS PUBLICOU SEU BEST-SELLER *A Short History of the World.* O livro terminava assim:

> No momento, mal atingimos a aurora da grandeza humana. [...] Alguém pode duvidar que em pouco tempo nossa espécie irá mais do que concretizar nossas fantasias mais ousadas, de que ela irá alcançar unidade e paz, que viverá [...] em um mundo tornado mais esplêndido e bonito do que qualquer palácio ou jardim conhecido, avançando com ímpeto crescente em um círculo cada vez mais amplo de aventura e realização?

Wells escreveu essas palavras apenas quatro anos após o desfecho de uma terrível guerra. A lembrança da carnificina obscena nos campos de batalha do mundo continuava fresca na mente de seus leitores. De onde ele tirou tanto otimismo? Ele era um homem altamente inteligente e sensível, com dotes imaginativos excelentes. Compreendia de que coisas terríveis os seres humanos eram capazes em situações de desespero. O problema era o fato de ele ser um cidadão abastado vivendo em um dos países mais ricos do mundo; uma nação cujas classes governantes haviam experimentado uma melhoria ininterrupta em seu conforto e prosperidade pessoal por mais de dois séculos.

Mesmo que fosse grande escritor e um visionário, Wells era um produto de seu tempo. Foi apenas nos cerca de cem anos precedentes que os cientistas começaram a juntar as peças da história da Terra e das origens da espéce humana. Haviam transcorrido apenas sessenta anos desde que Darwin publicara sua *A origem das espécies* e nem bem trinta de *A descendência do homem*, o primeiro estudo coerente das origens humanas. Darwin escolhera o título com cuidado, de modo que as pessoas pudessem entender que estava preocupado somente em elucidar a estrutura da árvore familiar da humanidade, e não em promover qualquer ideia de "progresso". Na última edição de *A origem das espécies* que supervisionou pessoalmente, ele usara a palavra *evolução* pela primeira vez. Mas o que queria dizer com evolução era mudança contínua, não aperfeiçoamento contínuo.

Infelizmente, com Darwin fora do caminho, a porta ficou aberta para qualquer um que não o compreendia ou que quisesse invocar seu nome e obter apoio para as próprias teorias amalucadas. Num piscar de olhos, os países industrializados foram inundados com teorias de "evolução social", um processo histórico pelo qual a sociedade humana supostamente avança em direção a modos de organização cada vez mais desenvolvidos. Não causa surpresa que o modo mais desenvolvido até hoje revelou ser o tipo de organização exibida pela sociedade em que evolucionistas sociais ocupam posições muito confortáveis e prestigiosas.

Wells não era cristão, mas nasceu em uma sociedade profundamente imbuída de filosofia cristã. Quando escreveu a *História do mundo*, sua visão das coisas, como a da maioria das pessoas em volta dele, ainda era moldada por hábitos de pensamento cristãos. O cristianismo é uma religião milenar que tem ensinado por quase 2 mil anos que a história tem um significado: é um processo linear com um fim predeterminado. Esse sentimento foi intensificado nos países cristãos mais prósperos com as revoluções científicas e industriais; mudanças que encorajaram os líderes de inclinação intelectual — por definição saídos da classe que mais se beneficiara com essas revoluções — a acreditar em um futuro dourado.

A crença na "marcha da civilização" deveria ter sido erradicada pelos horrores da Primeira Guerra Mundial, mas para muitas pessoas o efeito foi completamente oposto. O choque foi tão grande que o paciente entrou em negação. O conflito foi encarado em vez disso como um trágico interlúdio, um chamado ao despertar para um mundo que se tornara cada vez mais complacente. Era hora, pensava-se, para os homens e as mulheres de boa vontade criarem novos tipos de instituições internacionais, para assegurar que nada como aquilo pudesse acontecer outra vez. Como consolo pelo pesar com as perdas que haviam sofrido, uma racionalização foi criada: 1914-1918 fora "a guerra para acabar com a guerra". Hoje ninguém mais engole essa. Se estamos ou não um pouco mais ajuizados, é questão de opinião.

Em face da evidência dos últimos cem anos, deveríamos ter abandonado as fantasias sobre a marcha progressiva da civilização. Mas esse tipo de pensamento ainda permanece — apenas a língua muda. Alguns depositam sua fé em algo chamado "projeto iluminista", uma coleção de ideias e experiências históricas frouxamente ligadas à qual intelectuais de alguns países ricos atribuem grande significado. Nessa variante da visão histórica da "marcha da civilização", os modos de sociedade organizada desenvolvidos na Europa Ocidental e na América do Norte desde o século XVII são vistos como inerentemente superiores a quaisquer outros, e assim devem prevalecer, contanto apenas que seus praticantes não percam a coragem.

Essa visão linear da história como progressão rumo a um futuro dourado é compartilhada tanto pelo cristianismo como pelo marxismo, e também pelos "liberais iluministas", alguns dos quais não são nem cristãos nem marxistas. Mas há outras maneiras de interpretar a experiência humana. Certas culturas, por exemplo os maias e a China pré-comunismo, viram história como um processo "cíclico", em que sequências de eventos similares continuam a ocorrer por longos períodos e no qual não existe destinação última.

Alguns chegaram até a sugerir que o modo como a sociedade vê a história pode em si mesmo afetar a maneira como a história se desenvolve. Uma sociedade que a vê como processo linear, particularmente se ela encarna também uma crença no "progresso", provavelmente tem maior probabilidade de buscar meios de fazer descobertas e melhorias. Infelizmente, tais sociedades também correm o perigo de acreditar que "a história está do nosso lado". E é um curto passo que separa isso da crença de que "o fim justifica os meios", uma atitude que levou a muitas das atrocidades que desfiguraram a história humana.

Mas a visão cíclica da história tem os próprios perigos. Ela pode evitar os horrores que são perpetrados por pessoas que carregam consigo a certeza de que a História, ou Deus, está do seu lado. Mas essa é uma crença que facilmente envereda para o fatalismo: uma aceitação de que o sofrimento (especialmente dos outros) é um fato inescapável da vida e que tentativas de influenciar o curso dos acontecimentos estão fadadas ao fracasso.

Olhando para trás, para a história que é contada nestas páginas, cabe questionar se a história apresenta um padrão, seja linear, cíclico ou qualquer outro. Talvez a história da raça humana seja mais bem compreendida como uma jornada por um terreno particularmente acidentado, no escuro, em um veículo não muito bem cuidado, com uma sucessão de motoristas de competência variada, em estados variados de embriaguez. Alguns dos passageiros têm uma ideia clara do destino a que se dirigem, mas nem todos possuem uma visão realista de suas chances de chegar nele pela rota que escolheram.

Qualquer estudante de história pode ficar pasmo ao constatar a quantidade de retrocessos sofridos pela espécie humana ao longo dos últimos 150 mil anos, e que criaturas frágeis somos, tanto individualmente como na condição de espécie. Em face das estupendas forças que a natureza tem sob seu comando, um pouco de humildade vem a calhar quando especulamos acerca do futuro. Para ficar num único exemplo, existe uma imensa pluma de rocha derretida e gás borbulhando sob a América do Norte. Há 2 milhões de anos, ela estava sob o Idaho. Hoje fica sob o Parque Nacional Yellowstone, no noroeste do Wyoming. A pluma vulcânica não saiu do lugar. Foi o continente que se moveu, conforme foi carregado com uma das placas tectônicas do planeta. Essa bomba-relógio pode ficar sem explodir ainda por um longo tempo. A tendência é que entre em erupção, em média, uma vez a cada 600 mil anos. Por outro lado, ela pode explodir em um futuro muito próximo. Caso o faça, a espécie humana quase certamente vivenciaria uma calamidade tal como não vê desde a erupção do lago Toba, na Sumatra, há 74 mil anos. Esse cataclismo gerou um "inverno nuclear" de seis anos que teve um efeito devastador na distribuição de plantas e animais por todo o mundo e levou a humanidade à beira da extinção. Uma erupção semelhante em Yellowstone provavelmente aniquilaria a maior parte da população humana da América do Norte, e a poluição climática resultante traria dificuldades de uma existência civilizada para a maior parte do restante do mundo.

Esse é um exemplo do tipo de ameaça a respeito da qual nada podemos fazer. Mas existem outras que ainda está ao nosso alcance impedir. Uma é a de uma grande pandemia, como a Peste Negra do século XIV ou, um pouco menos assustadora, a gripe que percorreu o planeta em 1919. Em um mundo onde perturbamos cada recanto de nosso ambiente natural, onde as pessoas estão viajando e se misturando numa escala nunca vista e onde empreendemos experimentos de manipulação genética não só de animais e plantas mas também de vírus e bactérias, a possibilidade de que alguma coisa nova e terrível surja para devastar as populações pelo mundo afora é muito grande.

Fomos agraciados com uma ilustração dramática do poder de novas doenças para espalhar o caos entre as populações do mundo com o surgimento do vírus da Aids em meados do século XX. O HIV já causou uma das pandemias mais mortíferas da história humana, e sua carreira ainda está longe de terminar. Essa é uma experiência que porta uma série de mensagens. A primeira é de que a evolução continua a atuar vigorosamente. O vírus, e a doença no ser humano que ele causa, era desconhecido trinta anos atrás. Ele permaneceu ativo nos corpos de nossos primos primatas da África por um longo tempo antes de fazer as adaptações que lhe possibilitaram se alojar em nós. E continua a evoluir, à medida que combate as drogas com que tentamos realizar seu tratamento.

Outra mensagem que essa doença enfatiza é o imenso papel que boa e má sorte desempenham na história das nações. É o povo dos países pobres, especialmente os países pobres da África, que tem sofrido, e continua a sofrer, a maior cota desse terrível mal. Falta de instrução, carência de recursos financeiros para se proteger e os custos proibitivos de remédios e tratamento médico conspiram juntos para garantir que esses países, já atolados na pobreza, sejam os que se tornam ainda mais empobrecidos por causa dessa doença terrível, ainda que largamente evitável.

Embora alguns países ricos do mundo tenham sofrido uma quantidade significativa de mortes relacionadas com a Aids, elas não representaram uma proporção elevada da população. E a doença continua sendo um elemento sob controle na vida de tais países. Mas podemos ter certeza de que é só questão de tempo antes que algo ainda mais nocivo surja sabe-se lá onde. Enquanto a espécie humana existir, ela vai sofrer pandemias, e periodicamente devemos esperar a ocorrência de uma aflição maior.

Outra ameaça que paira sobre a Terra é a mudança climática provocada pela cultura humana. Há apenas uma geração, as evidências disso ainda eram tão incertas que se tornava perfeitamente respeitável, até sensato, questionar suas implicações e opor-se a propostas de mudanças em larga escala nos padrões de produção e consumo no mundo industrializado. Respeitável talvez ainda seja, mas sensato não é mais. Se não houvesse tanto dinheiro corporativo dominando as consequências dessa discussão, o assunto teria sido tratado como um caso iniciado e solucionado anos atrás.

Aprendemos duas coisas em anos recentes que tornam qualquer hesitação prolongada nessa questão extraordinariamente imprudente. Primeiro, sabemos que algumas oscilações climáticas do passado ocorreram muito rápido. Eras do gelo foram às vezes substituídas por períodos interglaciais — e vice-versa — em questão de anos, e não de séculos. E isso sem nenhum empurrão extra da atividade humana em larga escala. Segundo, os modelos de mudança climática sugerem que a atual margem de segurança entre um clima que muda suavemente e uma rápida reviravolta para algo mais assustador é muito pequena. Parece de fato que seria preciso apenas uma ligeira redução na capa de gelo das latitudes setentrionais (reduzindo a proporção de calor solar refletido de volta no espaço) e um sutil aumento de dióxido de carbono na atmosfera terrestre (impedindo o calor de escapar para o espaço) para dar início a uma elevação descontrolada das temperaturas globais. A ciência não oferece cem por cento de certeza, mas os riscos são tão grandes que deveríamos certamente tentar fazer com que nossa margem de segurança fosse um pouco mais generosa.

Infelizmente, enfrentamos dois problemas quando tentamos lidar com questões urgentes como aquecimento global, poluição ou controle de armas. Um deles é tão antigo quanto a humanidade. O outro existe há algum tempo, mas só se tornou sério durante os últimos dois séculos.

Esse problema antiquíssimo é o equilíbrio entre liberdade pessoal imediata e o bem da comunidade a longo prazo. A maioria de nós está preparada para aceitar algumas restrições em nossa liberdade de ação, reconhecendo que temos a ganhar com a restrição simultânea da liberdade de outras pessoas. Pouca gente perde as estribeiras se é impedida de carregar uma arma a bordo de um avião ou se passa por uma revista para assegurar que não esteja tentando fazê-lo. As pessoas ficam felizes de ter a própria liberdade de portar armas restringida em troca da segurança que usufruem resultante da liberdade de outras pessoas ser similarmente restringida. Infelizmente, digam o que disserem as pesquisas de opinião, é duvidoso afirmar que estejam igualmente predispostas a ver seu uso de carro, suas viagens para o exterior ou seu acesso a aquecimento central restringidos, ou tornados significativamente mais caros. Só podemos esperar que a mudança de disposição ocorra antes que de fato seja tarde demais.

Mas desafios como mudança climática são complicados por outro problema, com o qual mal começamos a lidar: o do poder e da motivação corporativos. As companhias de tabaco gastam anos, e milhões de dólares, difamando a pesquisa médica que sugere uma ligação entre cigarros e câncer de pulmão. As companhias de energia em particular, mas outras também, revelam um interesse escuso similar em negar a realidade da mudança climática induzida pelo ser humano e farão de tudo para impedir as ações necessárias para contê-la. Do mesmo modo, empresas de armamentos, e seus amigos em cargos importantes, têm um interesse escuso em disseminar o medo e em fabricar inimigos. Em um mundo sem medo, armas seriam muito difíceis de vender, e essas instituições correriam o risco de quebrar.

As influências perniciosas não surgem porque os diretores das empresas, como classe social, são mais venais, ou menos honestos, do que as outras pessoas. Mas porque um negócio comercial socialmente responsável — como um porco com asas — é uma contradição em termos.[5] Porcos não são capazes de voar, e corporações privadas não foram projetadas para servir ao bem público. Isso não significa que devem ser caracterizadas como inimigos, meramente que precisam ser reconhecidas pelo que de fato são: dispositivos destinados a possibilitar que os acionistas maximizem seus proventos e que os executivos seniores maximizem seu poder *e* seus proventos. Mesmo se um determinado quadro de diretores, bizarramente,

[5] A expressão idiomática de língua inglesa "quando porcos voarem" ou "quando porcos criarem asas" significa que algo nunca vai acontecer, isto é, "no Dia de São Nunca". [*N. do T.*]

desejasse abrir mão da maximização do lucro e depositar igual ênfase no incremento do bem-estar público, ele não poderia fazê-lo, porque a deterioração resultante nos lucros de curto prazo levaria a um colapso do preço das ações da companhia e à chegada de novos gerentes com atitudes mais simpáticas ao mercado de ações.

Tendo devotado tantas palavras neste livro aos benefícios que a humanidade extraiu de proporcionar ao empreendimento capitalista seu lugar de honra, e os danos provocados por ideologias que negaram esses benefícios, nada mais justo do que assinalar o imenso potencial para o mal que a busca descontrolada de lucro traz em si.

Adam Smith, aquele sábio filósofo e velho ícone da ciência econômica, é reverenciado por economistas e homens de negócios por sua explicação dos benefícios advindos à comunidade — como um derivado, não intencionalmente — da competição genuína entre firmas que operam no mesmo mercado. Mas o que Smith enfatizou com igual vigor foi o prejuízo que deve resultar para o bem público caso os negócios possam atuar sem levar em consideração as consequências mais amplas de sua busca de maximização dos lucros. Legislação apropriada e instituições públicas com poderes adequados são necessárias para manter esse objetivo dentro de limites razoáveis. Não é nenhum bicho de sete cabeças. Leis como as que punem a adulteração de alimentos não interferem na eficiência dos negócios. Elas proíbem o abuso, enquanto preservam o campo de jogo nivelado que a competição exige. Uma legislação que forçasse os negócios a tomar medidas drásticas para reduzir suas emissões de gases do efeito estufa, e outras formas de poluição, não iria contra os princípios da livre competição. E possivelmente proporcionaria à humanidade uma chance de chegar ao ano 2050 em condições razoáveis e sem sofrer uma redução muito grave em sua população.

Controlar o abuso de poder dos monopólios nacionais é um pouco mais difícil, mas o obstáculo em geral é a falta de vontade por parte dos governos, mais do que qualquer empecilho técnico. É quando temos de lidar com interesses poderosos cujas operações se estendem por mais de um continente que o problema se torna realmente desafiador. Mas, mesmo então, a chave para o sucesso é desmascarar a mentira de que negócios sem controle são essenciais para o bem-estar público. Em uma economia global, negócios sem controle e negócios cujas operações permanecem ocultadas do escrutínio público são monstruosidades que acarretam mais mal do que bem. Qualquer argumento que procure defendê-las apelando para princípios de livre competição derivados do estudo de pequenos mercados é pura tapeação.

Mas isso basta para um livro pequeno. Vamos encerrar com uma nota de otimismo. A história humana conheceu inúmeros triunfos e — para as pessoas de sorte — avanços imensos na riqueza, no bem-estar social e no controle sobre o meio ambiente. E, excetuando algum acidente mais catastrófico, é possível que surpresas maravilhosas ainda nos aguardem. Há menos de 100 mil anos, a espécie humana somava apenas cerca de 10 mil pessoas, vagando em pequenos bandos pela savana africana. Hoje existem mais de 6 bilhões de seres humanos, espalhados por cada canto do planeta. A despeito dessa população assombrosa, os mais afortunados — e isso corresponde a muita gente — estão razoavelmente bem alimentados e gozam de uma vida confortável quanto a moradia, saúde, alimentação e água potável, viagens e entretenimento com que nossos tataravós mal poderiam ter sonhado.

Enquanto estas palavras estão sendo escritas, atletas por todo o globo treinam para a edição de 2008 dos Jogos Olímpicos.[6] O que foi outrora um festival de um dia só em um campo na Grécia meridional será uma celebração envolvendo 10 mil competidores, disputada diante de 1 bilhão de espectadores. O fato de que as Olimpíadas terão lugar na capital chinesa, Pequim, é um símbolo do rápido erguimento dessa grande nação, após mais de dois séculos de comparativo declínio.

Caso nenhum desastre venha a impedir os Jogos Olímpicos de ocorrer, podemos ter certeza de que serão um triunfo de organização e que os atletas chineses conquistarão diversas medalhas em disputa. Africanos, e homens e mulheres de ancestralidade africana recente, também figurarão com frequência no pódio dos vitoriosos. Quase certamente não haverá tantos medalhistas "brancos" quanto houve no passado. A supremacia nos jogos e

[6] Edição original de 2007. [*N. do T.*]

esportes pelas nações que os inventaram se foi para sempre. Outras nações podem dispor do alimento e do tempo necessário para ser boas neles. Mas seja qual for nossa ancestralidade, e seja qual for nossa cor, poderemos nos congratular com os feitos dos vencedores. Somos todos africanos, afinal de contas, ainda que alguns de nós de fato sejam mais claros que outros.

Cronologia da História Mundial

A MAIORIA DAS DATAS SÃO APENAS APROXIMAÇÕES — QUANTO MAIS ANTIGA a data, mais grosseira a aproximação.

a.C.	
6 milhões	Divisão entre linhagens de hominídeos e chimpanzés
4 milhões	*Australopithecus afarensis* vivendo no leste da África
2,5 milhões	*Homo habilis* vivendo no sudeste da África
1,6 milhão	Mais antigo *Homo erectus* de que se tem notícia (na África)
500.000	Divisão entre linhagens do *Homo sapiens* e do neandertal
250.000	Mais antigos neandertais (não na África)
200.000	*Homo erectus* ainda vivendo em China, Java e Cáucaso
150.000	Primeiros humanos modernos na África (ou mais tarde, dependendo da definição de "moderno")
100.000	População humana total *c.* 10.000 (toda ela na África)
60.000	Migração de uma pequena população fundadora para fora da África (população ancestral de todos os humanos modernos fora da África)
50.000	Primeiros humanos modernos na Austrália
30.000	Primeiros humanos modernos na Europa Ocidental
	População humana total *c.* 500.000 (nenhuma nas Américas)
18.000	Primeiros humanos modernos na Ásia Central
13.000	Primeiros humanos modernos nas Américas
9000-8000	Domesticação de plantas alimentícias no Crescente Fértil

7000	Domesticação de plantas alimentícias na China
6000	População mundial em torno de 10 milhões
5000	Saara começa a secar
4000	Eridu, na Mesopotâmia, tem 5 mil habitantes
	População mundial em torno de 30 milhões
3500	Mais antiga imagem conhecida de uma roda
	Primeiras cidades-Estado na Mesopotâmia
3000	Início da agricultura na América Central
	Escrita cuneiforme em uso na Mesopotâmia
	Primeiro bronze manufaturado
2700	Uruk (Mesopotâmia) tem 50 mil habitantes
2500	Uruk tem 200 mil habitantes
	Civilização do vale do Indo prospera
	Grande Pirâmide de Gizé, no Egito
2000	Primeiros cavalos usados como montaria (Ásia Central)
	Agricultura estabelecida nos Andes Centrais
2000-1500	Falantes de grego invadem a Grécia vindos do norte
2000-1000	Polinésios colonizam o oeste do Pacífico
1800	Primeira manufatura do ferro (na Anatólia, Turquia)
1500	Mais antiga escrita chinesa
	Cavalaria nômade na Ásia Central
	Arianos invadem a Índia vindos do noroeste
1100	Fenícios utilizam escrita alfabética
1000	População mundial em torno de 120 milhões
	Cultura olmeca floresce no golfo do México
	Arianos na Índia adotam agricultura fixa
800	Épicos homéricos são escritos
776	Data tradicional dos primeiros Jogos Olímpicos
551	Nascimento de Confúcio
c. 550-420	Nascimento de Gautama (o Buda)
507	Clístenes lança as bases da democracia ateniense
500	Uso disseminado do ferro na Índia
	Cultura de arrozais alagados no vale do Yangtze
	Roma é uma cidade-Estado com 50 mil habitantes

401	Atenas é uma cidade-Estado com 60 mil cidadãos que votam e uma população de 500 mil habitantes
326	Alexandre, o Grande, parte para suas conquistas
321	Dinastia Maurya estabelecida na Índia
300	Roma tem uma população de 100 mil habitantes; Cartago, de 250 mil
268-233	Reinado de Asoka
221	China unificada ao fim do período de Estados em guerra
214	Término da Longa Muralha da China (precursora da Grande Muralha)
200	Arreios de tirante em uso na China
146	Destruição de Cartago
100	Rota da Seda em uso
	Chineses utilizam perfurações profundas para obter sal e gás natural
85	Chineses plantam sementes com arados de múltiplas lâminas
6-4	Nascimento de Jesus

d.C.

30	Morte de Jesus
100	Chineses usam papel e porcelana
150	Império romano se estende da Escócia ao golfo Pérsico — população de 50 milhões e um exército regular de 300 mil
313	Édito de Milão estabelece tolerância do cristianismo por todo o império romano
320	Índia reunida sob a dinastia Gupta
324	Constantinopla feita capital do império romano oriental
380	Cristianismo torna-se religião oficial de todo o império romano
391	Japoneses conquistam três reinos coreanos
410/415/476	Roma saqueada por visigodos/vândalos/godos
500	Era dourada dos tiahuanaco (população 50 mil)
	Era dourada de Teotihuacán (população 150 mil)

	Civilização maia em pleno florescimento
	População do Japão atinge 5 milhões
570	Nascimento de Maomé
611	Término do Grande Canal da China
622	Fuga de Maomé para Medina (hégira)
632	Morte de Maomé
638	Forças muçulmanas capturam Jerusalém
664	Forças muçulmanas capturam Cabul
711	Forças muçulmanas invadem a Espanha
768	Carlos Magno coroado rei dos francos
800	Carlos Magno coroado sacro imperador romano
	Maoris chegam à Nova Zelândia
800-900	Introdução do arado pesado e do arreio em colar no norte da Europa
900	Uso da pólvora e da bússola magnética entre chineses
1000	Uso do papel-moeda entre os chineses
1054	Divisão entre cristianismo ocidental e oriental
1066	Invasão francesa normanda da Inglaterra
1071	Turcos seljúcidas derrotam exército bizantino na batalha de Manzikert
1095	Papa Urbano II proclama Primeira Cruzada
	População mundial em torno de 300 milhões
	População da China em pelo menos 80 milhões
1099	Cruzados tomam Jerusalém e massacram população
1100	Cahokia (Mississippi) tem 200 mil pessoas
1177 e 1229	Os milaneses constroem o Naviglio Grande e o Canale della Muzza
1214	Gengis Khan toma Pequim
1240	Mongóis destroem Kiev e cobram tributo da Rússia
1260	Kublai se torna o grande Khan
1300	Veneza tem população de 200 mil
1348-50	Peste Negra na Europa
1368	Fundação da dinastia Ming chinesa
1405-33	Viagens de Zheng He

1434	*Casamento de Arnolfini*, de Van Eyck
1453	*Das revoluções dos mundos celestes*, de Copérnico
	Turcos otomanos capturam Constantinopla
1455	Grande Bíblia de Gutenberg
1492	Colombo chega às Antilhas
1497	Vasco da Gama contorna o cabo rumo à Índia
1498	A Suíça se torna uma república
1504	*Davi* de Michelangelo
1517	Martinho Lutero desafia a Igreja
1519-22	Magalhães circunavega o globo
1521	Cortés completa a conquista do império asteca
1525	Dinastia mogol fundada na Índia
1533	Pizarro captura a capital inca de Cuzco
1545	Os espanhóis descobrem depósitos de prata em Potosí
1547	Ivã IV coroado tsar da Rússia
1599	*Noite de reis* de Shakespeare
1620	Expedição do *Mayflower* chega a New Plymouth
	Primeiros escravos negros desembarcam em Jamestown, Virginia
1638	Comerciantes de peles russos chegam ao Pacífico
1644	Manchus terminam dinastia Ming
1652	Colonizadores holandeses chegam à África do Sul
1674	Colônia holandesa de Nova Amsterdã se torna colônia britânica de Nova York
1687	*Principia* de Newton divulga sua teoria da gravitação universal
1707	A Lei da União une Inglaterra e Escócia
1709	Abraham Darby introduz fundição de ferro com coque
1750-70	Revolução Industrial inglesa "decola"
1763	Fim da Guerra dos Sete Anos entre Inglaterra e França
	População mundial perto de 800 milhões, vivendo metade na Índia e na China; Paris e Londres têm cada uma 700 mil habitantes
1766	James Watt patenteia seu condensador de vapor

1769	Cook descobre a Nova Zelândia e a costa leste da Austrália
1776	*Riqueza das nações*, de Adam Smith
	Declaração de Independência dos Estados Unidos
1787	Fim da Guerra de Independência americana
	Convenção Constitucional na Filadélfia cria os Estados Unidos
1788	A Primeira Frota transporta condenados para a Austrália
1789	Revolução Francesa
1807	Abolição do tráfico de escravos no império britânico
1808	Argentina se torna independente da Espanha
1812	Napoleão bate em retirada de Moscou
1819	O navio a vapor americano *Savannah* atravessa o Atlântico
1821	Vitória de Bolívar em Boyacá prepara o caminho para a independência de Colômbia, Equador e Venezuela
1822	Brasil obtém independência de Portugal
1825	Ferrovia Liverpool and Manchester
1835	Primeiro uso da palavra "socialismo"
1839-42	Primeira Guerra do Ópio
1844	Morse demonstra o telégrafo elétrico
1848	Publicação do *Manifesto comunista*
1853	Esquadra naval americana sob o comodoro Perry obriga o Japão a admitir comerciantes estrangeiros
1858	Lei do governo indiano abole a Companhia das Índias Orientais
1859	*A origem das espécies* de Charles Darwin
1861-5	Guerra Civil americana
1863	Escravidão abolida nos Estados Unidos
	Unificação da Itália completada
1870-1	Guerra Franco-Prussiana
1871	Alemanha unificada sob rei prussiano
1873	Primeiro motor elétrico comercial
1882	Usina geradora de Pearl Street em Nova York leva a luz elétrica aos Estados Unidos
1896	Primeiros Jogos Olímpicos modernos (em Atenas)

1901	Unificação da Austrália
	Marconi envia uma mensagem de rádio através do Atlântico
1903	Primeiro voo dos irmãos Wright, em Kitty Hawk
1904-5	Guerra Russo-Japonesa
1910	Colônias soberanas britânicas na África meridional formam a União da África do Sul
1912	A China se torna uma república
1913	Primeira linha de montagem de Henry Ford
1914-18	Primeira Guerra Mundial
1917	Revolução de Outubro, ou Revolução Russa
1924	Morte de Lenin; Stalin sucessor
1929	Quebra da Bolsa de Nova York
1933	Hitler ascende ao poder
1934	Comunistas chineses completam a Longa Marcha
1935	*Teoria geral* de Keynes
1939-45	Segunda Guerra Mundial
1944	Computador ENIAC, da Universidade da Pensilvânia
	Guerra civil estoura na China entre nacionalistas e comunistas
1947	Índia e Paquistão conquistam a independência
1949	Inauguração do Estado de Israel
	Fundação da República Popular da China
1953	Crick e Watson determinam a estrutura do DNA
	Fim da Guerra da Coreia
1958	Inauguração da Comunidade Econômica Europeia
1959	O primeiro chip de silício
1960	A primeira pílula anticoncepcional
1966	Mao Zedong proclama a Revolução Cultural
1969	Primeiro pouso na Lua (*Apolo 11*)
1973	Guerra do Yom Kippur entre Israel e Egito
	Fim da Guerra do Vietnã
1980-8	Guerra Irã-Iraque
1982	A Lei do Canadá estabelece o Canadá como um estado independente livre de obrigações legais com a Inglaterra

1989	Queda do Muro de Berlim
1990	Tim Berners-Lee inventa a rede mundial de computadores
1991	Fim do comunismo na Rússia
2001	Projeto Genoma Humano é completado
	Atentado do World Trade Center, em Nova York
2003	Invasão anglo-americana ao Iraque

Leitura complementar

AS DATAS DAS EDIÇÕES APRESENTADAS NÃO SÃO NECESSARIAMENTE DA primeira publicação. Edições posteriores foram citadas quando a obra contém material novo ou provavelmente é mais fácil de ser obtida.

ATLAS

Esses três atlas são altamente recomendados, tanto por seus esplêndidos mapas como pela qualidade soberba dos comentários que os acompanham:

Haywood, John, *The Penguin Historical Atlas of Ancient Civilizations*, Penguin Books, 2005
Culturas antigas do mundo todo, da Revolução Agrícola no Crescente Fértil ao povoamento maori da Nova Zelândia.

Ruthven, Malise, com Nanji, Azim, *Historical Atlas of the Islamic World*, Oxford University Press, 2004
A disseminação do islamismo e o desenvolvimento da cultura islâmica, das primeiras missões de Maomé até o presente.

Smith, Dan, com Bræin, Ane, *The State of the World Atlas*, Earthscan, 2003
Um retrato do mundo no início do século XXI, cobrindo tópicos como suprimento de água, mudança climática, direitos humanos, turismo e gastos militares. Repleto de estatísticas.

PANORAMA GERAL

Blanning, T. C. W. (org.), *The Oxford Illustrated History of Modern Europe*, Oxford University Press, 1996

Coletânea prodigamente ilustrada de ensaios escritos por historiadores eminentes, cobrindo o período da Revolução Francesa à queda do Muro de Berlim.

Miles, Rosalind, *The Women's History of the World*, Harper Collins, 1990
Um olhar sob a superfície da historiografia tradicional que revela a realidade cotidiana das mulheres e a contribuição muitas vezes subestimada de algumas delas notáveis ao curso da história humana.

Overy, Richard (org.), *The Times Complete History of the World*, 6ª ed., Times Books, 2004
Essa obra magnífica é uma combinação de atlas e enciclopédia histórica. Comprar um exemplar novo sai caro, mas é um ótimo investimento. Um exemplar usado pode ser uma pechincha valiosa.

Roberts, J. M., *The New Penguin History of the World*, Penguin Books, 2004
Com razão, considerada a melhor síntese da história mundial encontrada atualmente.

Woodruff, William, *A Concise History of the Modern World*, Abacus, 2005
Um exame geral da história humana desde 1500, com particular ênfase ao século XX.

ESTUDOS MAIS APROFUNDADOS

Os livros a seguir, listados na ordem em que os assuntos aparecem neste livro, são recomendados para estudo suplementar:

Diamond, Jared, *The Rise and Fall of the Third Chimpanzee*, Vintage, 1992
Premiado estudo do relacionamento entre humanos e outros primatas, com reflexões sobre as possíveis consequências de nossos instintos primatas.

Dunbar, Robin, *The Human Story: A New History of Mankind's Evolution*, Faber, 2004
Especulações fascinantes sobre as origens da consciência, linguagem, religião etc., por um psicólogo evolucionário eminente.

Pinker, Steven, *The Language Instinct*, Penguin Books, 1994

Estudo fascinante sobre o modo como crianças e adultos adquirem um idioma e uma exploração do argumento de que a língua é instintiva, mais do que inventada.

Oppenheimer, Stephen, *Out of Eden: The Peopling of the World*, Constable & Robinson, 2003
Os períodos e o padrão de disseminação dos humanos modernos para fora da África, como revelado pela análise genética.

Smith, Bruce D., *The Emergence of Agriculture*, Scientific American Library, 1995
Uma história detalhada da domesticação de animais e plantas no mundo todo.

Temple, Robert, *The Genius of China*, Prion, 1998
As realizações impressionantes da antiga tecnologia chinesa, como revelam as pesquisas de Joseph Needham.

McNeill, William H., *Plagues and Peoples*, Blackwell, 1977
O papel desempenhado pela doença na história da humanidade desde 500 a.C.

Ziegler, Philip, *The Black Death*, The Folio Society, 1997
A disseminação da Peste Negra na Europa e seus efeitos sobre a sociedade.

Oliver, Roland, *The African Experience*, Phoenix, 2000
Uma história da África desde o surgimento dos primeiros hominídeos até a década de 1990.

Fritze, Ronald H., *New Worlds*, Sutton Publishing, 2002
Um relato ilustrado das grandes viagens de descoberta, 1400-1600.

Bernand, Carmen, *The Incas: Empire of Blood and Gold*, Thames and Hudson, 1994
Um livro pequeno e muito bonito, fartamente ilustrado, apresentando um relato da sociedade inca e da conquista de Pizarro, com excertos de documentos da época.

Mann, Charles C., *1491: The Americas before Columbus*, Granta Publications, 2006

Um fascinante novo olhar sobre a América do Norte pré-colombiana, desafiando a visão tradicional do continente como uma terra quase vazia de culturas primitivas.

Taylor, Alan, *American Colonies: The Settling of North America*, Penguin Books, 2002
Um estudo magistral do povoamento da América do Norte, desde a primeira travessia do estreito de Bering, em 13.000 a.C., até o fim do século XVIII.

Hobhouse, Henry, *Seeds of Wealth*, Shoemaker and Hoard, 2004
Como cinco produtos agrícolas — madeira, vinho, borracha, tabaco e café — influenciaram a história humana. A seção sobre madeira tem particular relevância para a Revolução Industrial britânica.

Hobhouse, Henry, *Seeds of Change*, Shoemaker and Hoard, 2005
Abordagem similar de seis outros produtos: quinino, açúcar, chá, algodão, batata e coca.

Pope-Hennessy, James, *Sins of the Fathers: The Atlantic Slave Traders 1441-1807*, Phoenix Press, 2000
História detalhada, baseada em cartas e diários da época.

Williamson, Edwin, *The Penguin History of Latin America*, Penguin Books, 1992
Este livro fornece uma boa introdução ao período de domínio espanhol e português, mas sua principal virtude reside no relato detalhado da história pós-independência dos países da América do Sul e Central.

Keay, John, *India: A History*, HarperCollins, 2000
Um bom livro para qualquer pessoa que procura uma abordagem detalhada de toda a história da Índia, desde as invasões arianas ao fim do século XX.

Judd, Denis, *The Lion and the Tiger: The Rise and Fall of the British Raj*, Oxford University Press, 2004
Uma excelente história breve sobre os ingleses na Índia, de 1600 a 1947.

Pomeranz, Kenneth, *The Great Divergence: China, Europe and the Making of the Modern World Economy*, Princeton University Press, 2000

Uma análise detalhada das várias explicações que foram aventadas para explicar por que foi a Europa, e não o leste da Ásia, que assumiu a ponta da Revolução Industrial.

Longworth, Philip, *Russia's Empires*, John Murray, 2005
Os altos e baixos da história russa, da pré-história a Putin.

Hughes, Robert, *The Fatal Shore*, Vintage, 2003
O relato clássico da história do transporte de condenados para a Austrália.

Reynolds, Henry, *The Other Side of the Frontier*, Penguin Books, 1982
A história da resistência aborígene ao povoamento europeu da Austrália, do ponto de vista dos aborígenes.

Weightman, Gavin, *The Industrial Revolution: The Creation of the Modern World 1776-1914*, Atlantic Books, 2007
Um relato fascinante sobre as vidas interligadas dos pioneiros industriais nos séculos XVIII e XIX e dos processos pelos quais suas ideias e invenções se espalharam pelo mundo.

Crump, Thomas, *A Brief History of the Age of Steam*, Constable & Robinson, 2007
Relato fascinante sobre o papel desempenhado pela máquina a vapor na Revolução Industrial dos séculos XVIII e XIX.

Chancellor, Edward, *Devil Take the Hindmost*, Macmillan, 1999
Pura e simplesmente o melhor livro existente sobre o tema das bolhas e quebras financeiras, da tulipamania à crise asiática do fim da década de 1990.

Galbraith, J. K., *The Great Crash 1929*, Penguin Books, 1975
O relato clássico da quebra da Bolsa de Nova York, escrito por um grande economista que vivenciou o fato. Continua tão estimulante e divertido quanto na época em que foi escrito.

Buruma, Ian, *Inventing Japan*, Phoenix Press, 2006
Um relato curto mas envolvente sobre o curso da história japonesa desde a missão do comodoro Perry, em 1853, até a quebra do mercado de ações de 1997.

Strachan, Hew, *The First World War*, Pocket Books, 2006

Brilhante narrativa que descreve o curso da guerra desde o assassinato do arquiduque Ferdinand à assinatura do armistício.

Taylor, A. J. P., *The Origins of the Second World War*, Penguin Books, 1991
Relato brilhante e controverso de Taylor sobre a ascensão de Hitler ao poder e os eventos que levaram à guerra de 1939-45.

Mitter, Rana, *A Bitter Revolution*, Oxford University Press, 2004
Uma história da China de 1919 à aurora do século XXI.

Short, Philip, *Mao: A Life*, John Murray, 2004
Biografia magistral sobre uma das figuras mais destacadas do século XX.

Pearce, Fred, *The Last Generation*, Eden Project Books, 2007
Uma explicação lúcida sobre os mecanismos da mudança climática global e uma análise lúcida e absolutamente convincente da ameaça que o aquecimento global representa para a continuidade da vida civilizada como a conhecemos.

Índice

Números de páginas para tabelas, diagramas e mapas estão em itálico.

Este livro foi composto na tipologia Garamond, em corpo 11,5/16
e impresso em papel off-white 80g/m² no Sistema Cameron
da Divisão Gráfica da Distribuidora Record.